本书是教育部人文社会科学研究青年基金项目“英语通识教育中大学生批判性思维培养研究：影响、机制与策略”（项目编号：18YJCZH001）的最终研究成果

课程思政导向的大学英语批判性思维教学研究

艾蓉 著

图书在版编目(CIP)数据

课程思政导向的大学英语批判性思维教学研究/艾蓉著.—武汉:武汉大学出版社,2024.3

ISBN 978-7-307-24138-1

Ⅰ.课…　Ⅱ.艾…　Ⅲ.英语—教学研究—高等学校　Ⅳ.H319.3

中国国家版本馆 CIP 数据核字(2023)第 219398 号

责任编辑:郭　静　　责任校对:鄢春梅　　版式设计:马　佳

出版发行:**武汉大学出版社**　(430072　武昌　珞珈山)

(电子邮箱:cbs22@ whu.edu.cn　网址: www.wdp. com.cn)

印刷:武汉邮科印务有限公司

开本:720×1000　1/16　印张:25.5　字数:377 千字　插页:1

版次:2024 年 3 月第 1 版　2024 年 3 月第 1 次印刷

ISBN 978-7-307-24138-1　定价:99.00 元

前　　言

本书是教育部人文社会科学研究青年基金项目“英语通识教育中大学生批判性思维培养研究：影响、机制与策略”(18YJCZH001)的最终成果。

《大学英语教学指南》(2020)的修订出版，明确了大学英语教学是大多数非英语专业学生在本科教育阶段必修的公共基础课程和核心通识课程，同时，大学英语教学应主动融入学校课程思政教学体系，使之在高等学校落实立德树人根本任务中发挥重要作用。课程设置应该以提高课程质量为抓手，对标一流课程建设的要求，体现创新性和挑战难度，将课程思政理念和内容有机融入课程。为了使该研究项目适应国内近期的发展趋势，笔者在原研究项目中增加了课程思政的内容，明确了大学英语的通识课程性质，并探索如何在大学英语教学中培养学生的批判性思维能力，因而将本书命名为《课程思政导向的大学英语批判性思维教学研究》。

批判性思维最初来自古希腊，“critical”一词的词源来自两个希腊词根：kritikos（敏锐的判断）和 kriterion（标准）。20 世纪 80 年代之后，人们对批判性思维重要性的认识日益加深，并开始广泛关注。联合国教科文组织多次在世界有关教育的会议上强调，批判性思维能力是一种现代人赖以生存和发展的核心技能，因此需要在教育中促进培育批判性思维的能力。这也得到了世界上许多发达国家和发展中国家高等教育政策的认可，这些国家已经将批判性思维作为人才培养所必需的核心素养列入人才培养的重要目标。我国也把增强大学生的批判性思维能力作为高等教育的重要目标之一。2010 年教育部颁布的《国家中长期教育改革和发展规划纲要(2010—2020 年）》中明确提出，建设创新型国家需要培养具备创新精神和解决实际问题能力的创新性人才。要达到人才创新目标，其基本要求之一就是要培养具有批判性思维的人才。2016 年发布的《中国学生发展核心素养》将"科学精神"列为学生必须具备的六大核心要素之一，而科学精神即理性思维、批判质疑和勇于探究的精神，主要体现在学生学习、理解、运用科学知识和技能所形成的价值标准、思维方式和行为表现。2014 年教育部《关于全面深化课程改革落实立德树人根本任务的意见》中进一步明确提出："注重培养学生的理性思维、批判质疑、勇于探究的精神；要求学生逻辑清晰，具有问题意识；能独立思考、独立判断。"只有具备批判性思维能力，才能打破思维僵化的束缚，做出理性的判断，以崭新的、开创性的视角去分析问题、处理问题，成为对国家、对社会有用的人才。

从我国目前开展的批判性思维教学看，存在诸多问题：一是单独开设批判性思维课程的高校数量十分有限，二是各校批判性思维课程设置和教学内容不统一，三是缺乏相应的课程评价体系。如笔者所在的高校就没有单独开设批判性思维课程，其中外国语学院只是在大学英语教学中探讨如何提高学生批判性思维的教学方法。

英语作为一门国际化语言，是大学生必备的交际工具，是高等教育培养国际化高阶思维人才、语言服务人才和国家传播人才的关键。大学英语作为高校学生必修的一门通识课程，不能仅停留在对学生听、说、读、写等外语语言技能的提高上，更是要将语言知识的传播和批判性思维能力的培养与训练密切结合，辩证看待多元文化世界，使中国和其他国家的文明相互交流、相互促进，并且在交流的过程中树立文化自信，让中华优秀文化走出去、走得远。

本书以"课程思政为目标，大学英语为载体，批判性思维为手段"进行研究，以问题为导向，试图厘清它们之间的关系。从学术界的研究成果看，分别研究大学英语教学与批判性思维、课程思政与大学英语教学的相关文献有很多，但将三者结合起来一起研究的文献几乎没有，显然笔者的研究思路和视角有所创新。大学英语教学中如何评判语言的价值观？如何看待不同文化政治立场存在的差异性？是辩证地否定还是全盘吸收外国文化的立场？作者认为，这就需要运用批判性思维进行判断和鉴别，需要认同民族文化，需要确定民族自信心，这就是课程思政的核心所在。

批判性思维的条件主要包括：第一，语言知识和文化对比；第二，立场问题——如何比较和批判，如何扬弃；第三，批判性思维的方法和技能。外语教学中的批判性思维就是通过文化进行回应，由此建立自己的价值观和思维。所以本书重点考察了文明互鉴、建立文化自信等方面的内容。

大学英语教学中重点介绍了两个方面的内容：一是语言和思维的关系；二是大学英语的批判性思维的重点。威廉·冯·洪堡特在其《论人类语言结构的差异及其对人类精神发展的影响》一书中提出了语言的四个核心概念：(1)语言是思维的形式——大学英语用外来语与不同民族的语言来思考问题；(2)语言是民族的标记——西方语言背后是它的文化价值观，因此需要文化审辨，同时以开放的心态接纳外国文化；(3)语言是历史的记忆——不同的语言反映不同的文化传统，英语教育中一定会教英语的文化史；(4)语言是文化的载体。但是，英语学习不是全盘接受西方文化，而是中华民族文化与西方文化的比较、中国价值观与西方价值观的比较，是对我国文化尊崇又不妄自尊大。因此，既要文明互鉴，又需要文化自信，只有这样才能真正达到课程思政的目的。

本书内容共有八章。第一章首先就批判性思维的核心素养作用，课程思政、批判性思维与大学英语教学改革的关系做了概述；接着对国内外批判性思维研究现状，以及国外思想政治教育与国内课程思政研究现状进行了综述；最后理出了相应的研究思路。第二章分析了批判性思维与思辨、审辨、怀疑等其他思维的关系。第三章在引入价值目标概念的基础上，分析了自主建构与批判性思维的关系；接着探讨了批判性思维的价值目标与价值运用；最后分析了批判性思维的技能与能力表现。第四章是本书的重要章节。本章从分析语言、文化和思维之间的关系入手，进一步探讨了课程思政、大学英语以及批判性思维之间的逻辑关系。运用批判性思维分析和判断语言的价值观，对于揭示文化政治立场存在的差异性，辩证地分析外国文化的立场，增强民族自信心都具有重要的意义。第五章揭示了中西语言、文化和思维所存在的差异。不同文化导致的冲突实质上都反映了在它们背后掩藏着的一种文明，因此需要文化互鉴。第六章对批判性思维的常用标准、大学英语教学中批判性思维的表现标准、大学英语教学中批判性思维的表现标准、批判性思维的条件以及批判性思维的过程与应用进行了具体分析。第七章也是本书的重要章节：首先对批判性思维的量具研究、测量实践和培养研究进行综述；接着建立了基于研究目的的分析框架；最后采用定性和定量研究相结合的方法分别对学生和教师批判性思维发展现状进行了实证研究。第八章介绍了任务型语言教学法的概念、特征和任务框架，并分别基于《新世纪综合英语》的教学思路阐述和《新视野大学英语视听说教程》的教学设计，探索借助任务型语言教学法在课程思政导向的大学英语教学中培养批判性思维的应用。

本书也是笔者在华中师范大学攻读博士学位期间的部分成果，得到了博士生导师郭元祥教授的悉心指导，也在交流中得到华中科技大学张清根博士的帮助，在此向他们表示深深的谢意！

由于笔者水平和时间有限，书中难免有不足之处，敬请各位读者批评指正！

目　录

第一章 绪　论

一、研究背景

世界上有许多国家已经将批判性思维作为人才培养所必需的核心素养列入人才培养的重要目标。德里克·博克(1991)曾指出："培养没有条条框框，具有批判能力、能够吸收人类价值观念的丰富营养，具有应对当今这个不断变化的、十分复杂的社会的能力的大学生，是高等教育的重要目标。"①布朗(M. Brown，1986)也指出：批判性思维是高等教育重要的学习内容和目标。当任何一个高等教育机构的教学记录对批判性思维没有给予足够的重视，并确保其毕业生具备批判性思考的能力，那都将是不正常的。② 由此可见，批判性思维在教育领域应该具有极高的地位并且能够发挥重要作用。

(一)批判性思维是21世纪人才需要具备的核心素养之一

20世纪80年代之后，人们对批判性思维重要性的认识日益加深，批判性思维受到了广泛的关注。这是因为，人类生活在一个复杂多变的世界，这个世界上存在许多相互冲突，许多问题没有共同的答案，因此依赖

---

① 德里克·博克．美国高等教育[M]．乔佳义，译．北京：北京师范学院出版社，1991：36.

② Brown，M. Preconditions for encouraging critical thinking on the campus [J]. *International Journal of Social Education*，1986 (3)：18-27.

现有知识是远远不够的。只有那些具有批判性思维能力，能够思考复杂问题的人才能适应这样的社会。

联合国教科文组织在其他教育文件中同样也涉及包括所有层次类型学生的批判性思维培养问题。例如，1996 年联合国国际教育大会第 45 届会议发表的第 80 号建议《加强教师在多变世界中的作用之教育》在肯定教师对教育变革巨大作用的基础上，明确建议教师在教学实践中，“不仅应促进学习，还应促进公民的培训和积极地融合于社会，发展好奇心、批判性思维、创造性、首创精神以及自我决心”①。

联合国教科文组织于 1998 年 10 月在巴黎召开了“21 世纪的世界高等教育：展望和行动”大会，在会后的宣言中，更加明确地提出了在日新月异的世界上，“高等教育机构及其员工应当通过不断地对新出现的社会、经济、文化和政治趋势进行分析，加强自己的批判性和前瞻性功能”，同时，“高等院校必须教育大学生成为学识渊博、理想崇高的公民，能够以批判精神进行思考，会分析社会问题，能研究和运用解决社会问题的办法，而且能承担起相应的社会责任”。② 此外，为了实现以上目标，宣言还建议重新设置课程、选用新的教学方法和测试方法等。

批判性思维能力是一种现代人赖以生存和发展的核心技能，得到了美国、英国、加拿大、澳大利亚、菲律宾、委内瑞拉、埃及等越来越多发达国家和发展中国家高等教育政策的认可。

1983 年美国国家高质量教育委员会发布的报告《国家处在危险之中：教育改革势在必行》中指出：美国很多 17 岁的青年没有掌握包括批判性思维能力在内的许多“较高层次”的能力，“几乎 40%的青年不会从文字材料中做出推论；只有 1/5 的青年可以写一篇有见解的文章；只有 1/3 的青年

① 赵中建．全球教育发展的历史轨迹：国际教育大会 60 年建议书[M]．北京：教育科学出版社，1999：525.

② 朱清时．21 世纪高等教育改革与发展：国外部分大学本科教育改革与课程设置[M]．北京：高等教育出版社，2002：11-12.

能解答需要几个步骤的数学题”①。20世纪80年代后，美国高等教育机构逐步形成了这样的共识：批判性思维能力是所有大学生应该发展的最重要认知技能之一。其中，1989年由布什总统签署的《2000年目标——美国教育法案》目标中明确提出：具有批判性思维、有效交流与问题解决等高技能等级的大学毕业生人数应该大量增加。②

南非教育部门近年来非常重视具有独立精神和批判性思维能力人才的培养，要求此类人才具备质疑能力、会综合权衡各种论据、能够做出有见识的判断以及能够以坦然的心态接受知识的不完整性。该国计划在10年左右的时间内，将批判性思维目标内化在各层次、各类型的学校正式课程的要求中。③

国外教育部门对批判性思维能力培养的要求有的是借助于通识教育来实现，有的则是借助于专业教育来实现的。

目前人们公认的21世纪人才需要具备的核心素养可以概括为“4C”核心能力，即：创新能力(Creativity)、合作能力(Collaboration)、沟通能力(Communication)和批判性思维能力(Critical Thinking)。批判性思维在西方具有深厚的历史传统，已经成为一些教育发达国家推崇的必备内容。如，2009年美国制定的“中小学教育共同核心标准”，其实质就是批判性思维和深度分析的能力。芬兰于2014年发布新一轮基础教育核心课程改革，于2016年8月开始在全国实施新《国家核心课程大纲》，该大纲也将培养学生的批判性思维能力作为重要内容之一。从本质上看，这些国家都是要培养学生的批判性思考和创新的能力，培养学生的好奇心、严密的逻辑思维和

① Brown, M. Preconditions for encouraging critical thinking on the campus [J]. *International Journal of Social Education*, 1986 (3): 18-27.

② 吕达，周满生．当代外国教育改革著名文献·美国卷(第三册)[M]．北京：人民教育出版社，2004：162.

③ Lombard, K., Grosser, M. Critical thinking: Are the ideals of OBE failing us or are we failing the ideals of OBE? [J]. *South African Journal of Education*, 2008, 28(4): 28.

独立的思考以及实际解决问题的能力。① 美国教育委员会的调查报告也指出，大学本科教育最重要的目的是培养学生的批判性思维能力：能熟练和公正地评价论据的质量，具有发现错误和伪装、鉴别虚假信息、摆脱偏见的能力，这对个人的成功和国家的需要都有核心的重要性。②

美国的哈佛大学、斯坦福大学、芝加哥大学、加州大学伯克利分校等著名学府纷纷借助通识教育培养学生的批判性思维能力。与此同时，批判性思维能力要求逐步在以上院校的本科生毕业标准中呈现出来，成为本科毕业生必须具备的素质之一。

美国许多专业协会或专业学位(证书)标准制定机构也非常重视批判性思维课程的开设和批判性思维能力的培养。比如，美国哲学学会要求，主修哲学的学生可以选学两种逻辑课程：一是符号逻辑；二是批判性思维。据初步统计，目前在美国大学，特别是在美国大学的哲学系，开设批判性思维课程的系所已经占到40%以上。③ 美国护理联盟(National League of Nursing，USA)不仅将批评性思维能力作为护理专业学生必备的核心技能，而且在学生申请学位证书时，也将批判性思维能力作为必考项目之一。④

西方教育界高度重视批判性思维的研究和培养，主要基于以下目的：一是为了提高学生在信息时代中的生存和发展能力，要消除互联网可能对社会产生的负面影响，必须提高学生和社会成员的批判性思维能力；二是为了加强学生创新精神和创新能力的培养，要求人们善于发现问题，并能从普遍认为的定论、真理、事实中发现不合理的因素，善于用批判的眼光

---

① 张萍．批判性思维：理论与实践[M]．北京：人民出版社，2019：2.

② 董毓．批判性思维原理和方法：走向新的认知和实践[M]．北京：高等教育出版社，2010：4.

③ 陈波．逻辑导论[M]．北京：中国人民大学出版社，2003：274.

④ Lenburg，C. B. Confusing facets of critical thinking[J]. *Tennessee Nurse*，1997(8)：13-14.

去看待遇到的一切事物。①

批判性思维从本质上讲是一种能动和独立的思维能力，同时它与创造性思维有着密切的关系。因为如果要创造，首先需要人们质疑和发现问题。虽然它们两者是不同形式的思维，但是批判性思维和创造性思维却具有相互影响、相互作用的特征。如：批判性思维可以对创造性思维所提出的创新思路和方案进行分析、判断和评价；而创造性思维也必须以批判性思维为依据，创造出高质量的创新成果。因此，批判性思维能力的培养不仅对大学生的学习和创新有重要意义，而且对高等教育和社会健康发展有着十分重要的价值。所以，大多批判性思维研究专家或高等教育研究学者对大学生的批判性思维能力培养问题极其重视。如美国批判性思维著名学者理查德·保罗(R. Paul，2010)指出："批判性思维是你的思想利器，你需要用它来思考生活中和工作中一切需要思考的事情。"②福瑞里(A. J. Freeley，2009)等也认为批判性思维能力是制约所有人能否做出良好、合理以及合乎道德决定的主要因素。③

20世纪末，美国和加拿大等国已有40%以上的哲学系开设以批判性思维为目标的非形式逻辑课程。布莱尔以常春藤大学(不含康奈尔)哲学系和加拿大有博士学位计划的9所大学哲学系为样本，考察了2006—2007年本科生逻辑、推理、论证、批判性推理等导论性课程，发现有两种情况，一种不提供非形式逻辑、论辩或批判性思维课程(哈佛大学、普林斯顿大学、耶鲁大学和麦吉尔大学)；另一种(绝大多数系)则提供。后者又有两种可能，一是将逻辑导论与论证分析和批判性思维组合成单一的导论课程(布朗大学、哥伦比亚大学、达特茅斯大学、卡尔加里大学和皇后大学)；二

① 罗清旭．批判性思维理论及其测评技术研究[D]．南京：南京师范大学，2002：3-4.

② 理查德·保罗，琳达·埃尔德．思考的力量：批判性思考成就卓越人生[M]．丁薇，译．上海：格致出版社，上海人民出版社，2010：12.

③ Freeley，A. J.，Steinberg，D. L. Argumentation and debate，critical thinking for reasoned decision making[J]. *Wadsworth Cengage Learning*，2009，27(3)：137-140.

是将导论逻辑课程和批判性思维、批判性推理或论证分析课程分开来（英属哥伦比亚大学、西安大略大学、约克大学、多伦多大学和渥太华大学）。①

虽然我国直到现在还没有正式明确将批判性思维列入高等教育人才培养体系，但我国2016年发布的《中国学生发展核心素养》将“科学精神”列为学生必须具备的六大核心要素之一，而科学精神即：理性思维、批判质疑和勇于探究的精神。② 它主要体现在学生学习、理解、运用科学知识和技能所形成的价值标准、思维方式和行为表现。另外，在由教育部高等学校大学外语教学指导委员会编制，高等教育出版社2020年出版的《大学英语教学指南2020年版》中，规定的教学目标是培养学生的英语应用能力，增强跨文化交际意识和交际能力，同时发展自主学习能力，提高综合文化素养，培养人文精神和思辨能力，使学生在学习、生活和未来工作中能够恰当有效地使用英语，满足国家、社会、学校和个人发展的需要。

（二）课程思政和批判性思维能力培养是大学英语教学改革的有力支撑

2020年，教育部发布了《高等学校课程思政建设指导纲要》，对落实“课程思政”提出了具体要求。课程思政的目标是既育才更育人，引导学生将实现个人的价值与国家发展、民族复兴、人类福祉紧密相连。

大学英语教学目标的修订全面贯彻了党的教育方针，落实立德树人的根本任务，体现了价值塑造、知识传授、能力培养和素质提升的融合。《大学英语教学指南2020年版》借鉴了大学英语教学目标的需求调查分析结果，在教学目标修改中增加了“思辨能力”和“人文精神”，以提高学生的“综合文化素养”，从而适应新时代对大学英语教学的要求。这里体现了注重培养批判性思维能力的要求。

---

① 转引自：武宏志．四国大学哲学系的逻辑课程[J]．延安大学高等教育研究，1999(1)：24-29，1999(2)：23-29.

② 中国学生发展核心素养基本要点[N]．中国教育报，2016-09-14(9).

大学英语课程的素材大部分取自西方英语国家，批判性思维理论也源自西方，与东方文化既有一定的冲突，也有一定的融合。我们既不能全盘否定、排斥那些先进的科学和文化素养，也不能全面照搬、全盘西化。由于语言与文化之间存在着密切联系，在大学英语教学的过程中必然会涉及西方的文化。因此培养学生的批判性思维能力，使他们能够分析、识别和评判西方文化中的精髓和糟粕，是大学英语教学研究的重要方向，学生的批判性思维能力的高低与他们能否正确理解西方文化也存在显著的关系。

2022 年 1 月 16 日至 17 日，全国教育工作会议在北京召开。这次会议确定了我国教育领域出现的新形势。会议强调，要以习近平新时代中国特色社会主义思想为指导，深入学习贯彻党的十九大和十九届历次全会精神，认真贯彻落实习近平总书记关于教育的重要论述，增强“政治、大局、核心、看齐四个意识”、坚定“道路、理论、制度、文化四个自信”、做到“两个维护”，弘扬伟大建党精神，深刻认识“两个确立”的决定性意义，坚持稳中求进工作总基调，全面贯彻新发展理念，服务构建新发展格局，坚持和加强党对教育工作的全面领导，全面贯彻党的教育方针，落实立德树人根本任务，着力转变观念，守正创新，攻坚克难，守住底线，加快教育高质量发展，推进教育现代化，建设教育强国，办好人民满意的教育，培养德智体美劳全面发展的社会主义建设者和接班人，以实际行动和优异成绩迎接党的二十大胜利召开。

此次会议还强调，在“中华民族伟大复兴战略全局和世界百年未有之大变局”的背景下，教育内外环境发生深刻变化，必须跳出教育看教育、立足全局看教育、放眼长远看教育，准确识变、主动求变、积极应变，抓住重大机遇，开创教育新局面。

因此，我们需要坚定“四个自信”，坚持中体西用。在学习西方语言和文化的过程中，通过课程思政形成正确的价值观，同时运用批判性思维的质疑、分析、论证和判断等技能，培养正确的情感和态度，吸收其精华，排除其糟粕，学好和掌握大学英语课程，从而增强跨文化交际意识和交际能力，同时发展自主学习能力，提高综合文化素养，用好全球优质教育资源，讲好中国故事。由此可见，批判性思维能力的培养是课程思政和推动新形势下大学英语教学改革的有力支撑。

二、文献综述

(一)国外批判性思维研究现状

批判性思维起源于古希腊苏格拉底的“精神助产术”，此后，培根的“四假象”、笛卡儿的“普遍怀疑”论、康德的“批判哲学”、黑格尔的“反思论”、马克思的“社会批判理论”、皮亚杰心理发展“四阶段”等推动了批判性思维的发展。从最初的哲学拓展到心理学、教育学等学科领域，有大量的研究成果呈现。我国古代虽然也有与批判性思维相关的表述(如《礼记·中庸》中的“博学之，审问之，慎思之，明辨之，笃行之”)，但却没有深入系统地形成理论体系。改革开放后，我国虽然于2000年以后在批判性思维研究方面取得了较快进展，但与西方国家相比还有明显的差距。

1. 批判性思维的起源与发展简述

通常人们的共识是，批判性思维最早起源于苏格拉底的“精神助产术”，他把“诘问”这种方式引入哲学和教育学界。“古希腊三贤”：苏格拉底、其学生柏拉图以及柏拉图的学生亚里士多德，被后人广泛认为是西方哲学的奠基者。而亚里士多德在哲学上最大的贡献在于创立了形式逻辑这一重要分支学科。而且他在研究方法上习惯于对过去和同时代的理论持批判态度，并使用演绎法去推理，用三段论的形式进行论证。

古希腊所形成的怀疑论创建了客观世界是否存在、客观真理能否被人们认识而表示怀疑的学说和体系。

近代批判性思维一般公认来自杜威1910年提出的反思性思维，他在《我们如何思维》中提出“思维”通常有三种含义。首先是一种广泛的甚至可以说是不严谨的用法：凡是脑子里想到的，都可以说是思维。第二种，是指我们对于自己并未直接见到、听到、嗅到、接触到的事物的想法。第三种含义则更窄一点，指人们根据某种征象或某种证据而得出自己的信念。这一种含义又可以再区分为两种：在某些情况下，人们并没有多想甚至完全没有去想根据何在，就得出自己的信念；在另一些情况下，人们则是用心搜寻证据，确信证据充足，才形成信念，这一思维过程就叫作思考、思索。只有这种思维才有教育意义。①

正是上述三套体系的建立，为批判性思维提供了形成起因（怀疑是批判性思维形成的逻辑起因），形式逻辑以及后来的非形式逻辑为批判性思维提供了相对严谨的分析方法，反思性思维则为批判性思维提供了具体分析和判断的思路。

爱德华·格拉泽于1941年撰写的博士论文《批判性思维发展的实验研究》奠定了他对现代批判性思维发展的重要贡献。他认为批判性思维需要的能力包括：找出解决问题的可行手段，收集和整理相关信息，识别未陈述出的假设和价值，理解和运用具有准确性、清晰性和分辨性的语言，解释数据资料，评价证据和评估论证，确认命题之间是否存在逻辑关系，得出有正当理由的结论和概括，检验结论和概括，在更广泛经验的基础上重塑一个人的信念模式，对日常生活中的具体事物和品质做出精准判断。②由此可见，格拉泽受杜威的影响，他将杜威“反思性思维”的基本概念加以细化，同时也确定了批判性思维的主要要素构成。

到20世纪70年代，西方批判性思维研究和推广得到快速发展，1990年以后更是取得了很大进展。其原因在于：一是随着批判性思维从哲学向教育学和心理学等学科延伸，批判性思维所涉及的内容越来越多，其应用的范围也越来越广；二是以美国为代表的西方国家对批判性思维越来越重视，1980年以后，美国首先在高校通过通识课程引入批判性思维进行新型

① 杜威．我们如何思维(第2版)[M]．伍中友，译．北京：新华出版社，2015：1.

② Edward，M. G. An experiment in the development of critical thinking[D]. New York：Columbia University，1941：5-6.

人才培养；三是联合国提出了关于培养高校学生批判性思维能力的倡议。联合国教科文组织是学生批判性思维能力培养的积极提倡者，在该组织的许多文件中都提到了要培养包括本科生在内各层次各类型学生的批判性思维能力。比如，《高等教育变革与发展的政策性文件(1995年)》提出了要创办“进取性大学”(pro-active university)的主张，而批判性精神和能力正是此类大学的构成要素。该文件提出，这样的大学首先应该是“一个以博大精深的批评精神辨别、争辩和讨论地区、国家和国际上的重大问题并提出解决办法的地方，一个鼓励群众积极参与有关社会、文化和知识发展之辩论的地方”①。

正是因为人们意识到，任何国家要保持经济发展，必须依赖国家的创新能力，而国家的创新又需要建立在人的基础上，因此需要人们破除迷信，善于质疑和反思那些被普遍推崇的结论、假说和定理，用批判性思维进行研究和判断，只有这样才能培养出合格的创新人才。

2. 批判性思维研究的期刊与学位论文情况

2022年4月，笔者通过查询CALIS外文期刊网，以“critical thinking”为关键词查询，1992—2022年，共检出403414篇论文。其中1992—1999年，平均每年约6000篇；2000—2020年呈现出波动的情况，其中，2000年迅速上涨到13609篇，2007—2010年每年发表相关论文2万多篇，此后，除2012—2013年下降到平均9000多篇以外，其他年份平均每年11000篇左右；由于查询时为2022年4月，因而当年1月至4月收录论文数为2190篇。另外，从1960年至2020年，笔者检索到美国批判性思维著名学者罗伯特·恩尼斯(Robert H. Ennis)发表相关论文393篇，理查德·保罗(Richard Paul)发表相关论文386篇。

同时，作者通过查询《UMI-ProQuest博士论文全文数据库》，以“critical

① 赵中建．全球教育发展的研究热点：90年代来自联合国教科文组织的报告[M]．北京：教育科学出版社，1999：181-182.

thinking"为关键词并分别输入哲学、教育学和心理学等其他检索条件进行查询，自1970年至2022年，检索出的哲学博士学位论文共610篇，其中，1970—2004年的35年为145篇，而2005—2022年的17年增长到465篇。另外，1970—2022年检索出的教育学和心理学博士学位论文共11267篇，其中，1970—1999年的30年共为1437篇，2000—2019年的20年增长到6187篇，2020—2022年仅4个月就达到3643篇。

学术领域的研究动向对学位论文的选题十分敏感，往往体现出导师的研究领域和他所关注的研究方向。随着国际社会越来越关注如何加强培养高校学生的批判性思维能力，学术研究领域也越来越重视批判性思维的研究。

3. 批判性思维研究的书籍出版情况

通过查询美国国会图书馆（Library of Congress），在Books/Printed Material项目中以关键词"critical thinking books"做检索，1900—2022年共检索出与批判性思维有关的书籍5649本，其中，包括罗伯特·恩尼斯的著作《批判性思维》(*Critical Thinking*)和其他相关著作5本，理查德·保罗的批判性思维相关著作8本。

4. 批判性思维三条研究主线的内容

批判性思维研究沿着三条主线进行。一是批判性思维的定义及其延伸含义，二是批判性思维能力测量的依据，三是批判性思维的测量工具。在此基础上，人们对如何通过教学来培养和提高批判性思维能力的方式和方法进行研究，笔者将在后面的章节中作详细分析。

（二）国内批判性思维研究现状

我国高等教育政策对创新思维和意识能力的培养十分重视，但对批判性思维能力的培养却没有足够的重视，只有很少的教育政策附带提到了批判性思维的应用。如，我国科学技术部2006年2月9日颁布的《国家中长期科学和技术发展规划纲要(2006—2020年)》，谈到了在创新人才培养中，“要提倡理性怀疑和批判，尊重个性，宽容失败，倡导学术自由和民主，鼓励敢于探索、勇于冒尖、大胆提出新的理论和学说。激发创新思维，活跃学术气氛，努力形成宽松和谐、健康向上的创新文化氛围”。但也只是提出了批判性思维为创新服务，却没有意识到批判性思维和创新思维具有相互补充和互为基础的性质。我国目前仍然没有把批判性思维列入高等教育人才培养体系，已经落后于联合国教科文组织大力倡导的批判性思维能力的教育培养。

1. 批判性思维研究的期刊文献与学位论文数量

2022年4月，作者以批判性思维为关键词，通过查询中国知网中的CSSCI和CSCD，1980—2022年共检索出10834篇论文，研究主题包括：批判性思维(4979篇)、批判性思维能力(1123篇)、批判性思维培养(595篇)、培养学生(530篇)、阅读教学(483篇)、批判性思维技能(204篇)、批判性思维培养(144篇)等。通过仔细检查对照，发现是从1992年才开始在CSSCI和CSCD等核心期刊上出现与批判性思维有关的论文。

同时，作者以批判性思维为关键词，通过检索中国知网中的学位论文，共检索论文出1186篇硕士论文和博士论文，其中，硕士论文从2011年至2021年共1132篇，博士论文从2002年至2021年共54篇。主题分布情况为：批判性思维(517篇)、批判性思维能力(114篇)、批判性思维培养(96篇)、批判性思维倾向(79篇)、培养研究(61篇)、阅读教学(59篇)、中学生(48篇)、高中英语阅读教学(42篇)、相关性研究(41篇)、实证研究(37篇)、批判性阅读(37篇)、策略研究(35篇)、高中生物(27篇)、深度学习(27篇)、高中英语(26篇)、英语阅读教学(24篇)、教学中的应用(20篇)、相关性(20篇)、高中英语阅读(20篇)、批判性阅读教学(18篇)。虽然其中有一些包含两个及以上主题，因此总数超过实际总篇数，但也可以看出，主要研究主题为批判性思维、能力、倾向和培养等。按学科分：中等教育(726篇)、外国语言文学(426篇)、高等教育(101

篇）、教育理论与教育管理（91 篇）、初等教育（52 篇）、计算机软件及计算机应用（36 篇）、医学教育与医学边缘学科（32 篇）、心理学（19 篇）、哲学（13 篇）、逻辑学（11 篇）、企业经济（10 篇），其中，教育与外国语言文学两个学科占到了绝对多数。

另外，作者分别以思辨性思维和审辨性思维进行检索，检索到思辨性思维相关学位论文共 71 篇，其中，2010 年博士论文 1 篇，硕士论文从 2013 年第一篇开始至 2021 年共 70 篇，平均每年不到 9 篇。检索到与审辨性思维有关的学位论文共 33 篇，其中，2019 年博士论文 1 篇，硕士论文自 2004 年第一篇开始至 2021 年共 32 篇，平均每年不到 2 篇。

总体而言，我国现在关于批判性思维的期刊文献和硕博士论文研究还远远少于国外的相应研究。

2. 批判性思维研究的学术著作

2002 年以前，国内关于批判性思维的著作极少，发表的文章也不多，主要是对国外批判性思维进行一般性的介绍。

从 1989 年由姜丽蓉等翻译《批判性思维》（作者：查菲）开始到 2018 年 7 月，国内一共有 88 本相关著作和教材出版，2016 年最多，出版了 15 本，其中《什么是批判性思维》（作者：琳达・埃尔德）等 7 本是翻译过来的，出版数量最多的是延安大学武宏志教授出版的《批判性思维》《批判性思维初探》等 9 本，接下来是中国人民大学周建武教授的 4 本和华中科技大学外聘董毓教授的 3 本。① 其中也包括一些教材，如：谷振诣、刘壮虎编著的《批判性思维教程》，武宏志、刘春杰编著的逻辑学教材《批判性思维以论证逻辑为工具》，董毓编著的《批判性思维原理和方法——走向新的认知和实践》等。

2018 年以后，武晓蓓出版了《批判性思维研究》，荣艳红出版了《批判

① 黄存良．通识课程视阈下大学审辨性思维课程设计研究［D］．上海：上海师范大学，2019：23.

性思维能力的培养和中国本科教学模式改革》，张萍出版了《批判性思维：理论与实践》等。与此相对应，国内大大加快了对国外批判性思维著作的翻译。如，从2016年到2022年，外语教学与研究出版社共出版“思想者指南系列丛书”22本(《如何通过思辨学好一门学科》《如何提问》《如何促进主动学习与合作学习》《如何进行思辨性阅读》《什么是分析性思维》《像苏格拉底一样提问》《透视教育时尚》《识别逻辑谬误》《如何进行思辨性写作》《什么是批判性思维》《如何提升学生的学习能力》《大脑的奥秘》《思辨阅读与写作测评》《思辨能力评价标准》《什么是工科推理》《什么是伦理推理》《批判性思维术语手册》《什么是科学思维》《批判性思维与创造性思维》《思维的标准》《批判性思维概念与方法手册》《思想者指南系列套装》)；琳达·埃尔德和理查德·保罗著，冯涛和任倩译的《什么是批判性思维》(*The Guide to Critical Thinking*)(2021年出版)；理查德·保罗和琳达·埃尔德著，郑文博译的《如何通过思辨学好一门学科》(*How to Study & Learn a Discipline*：*Using Critical Thinking Concepts & Tools*)(2021年出版)；琳达·埃尔德和理查德·保罗著，王晓红译的《如何提问》(*Asking Essential Questions*)(2022年出版)。

3. 批判性思维能力测量依据与测量工具

我国的林崇德教授于2006年提出了三菱结构思维能力测量模型，主要包含六个成分：思维的目的、思维的过程、思维的材料、思维的品质、思维的自我监控以及思维的非认知因素。思维的自我监控符合元认知概念，对其他五个成分有积极作用，因此为三菱结构思维模型的顶点。①

文秋芳等(2009)提出层级思辨能力测量模型。该模型将思辨能力细化为元思辨能力和思辨能力两个层次：第一层次的元思辨能力是指对自己的思辨计划、检查、调整与评估的技能，第二层次思辨能力包括与认知相关

① 林崇德．思维心理学研究的几点回顾[J]．北京师范大学学报(社会科学版)，2006(5)：35-38.

的技能和标准，以及类似情感倾向的好奇、开放、自信、正直、坚毅这些情感特质。①

我国对学生批判性思维能力的测量主要是借鉴国外测评工具及其汉化版本进行的。对批判性思维的人格(情感)倾向的测试就是对加利福尼亚批判性思维人格倾向问卷(CCTDI)进行翻译、修订和应用；对批判性能力的测试也是对加利福尼亚批判性思维能力测试(CCTST)进行翻译和应用。然而，仲海霞(2018)指出：包括批判性思维能力测试部分等在内的权威测评工具，在测评中国学生能力时都存在文化适切性问题。② 虽然华中科技大学课题组于2016年自主研发了一套专门针对中国本科生的“全国本科生批判性思维能力测评”(NACC-CT)工具，但在广泛推广使用之前还有很多工作要做。

(三)国外思想政治教育研究现状

思想政治教育是维护国家统治阶级利益的重要手段。由于历史、文化和社会制度等都存在差异，世界各国基本上都没有思想政治教育的专门学科，但大多国家对思想政治教育都极为重视，通常是在通识教育课程中进行思想政治教育。虽然各国思想政治教育的方式有很大的不同，但在任何国家都发挥着重要作用。不同国家基于自身文化背景，结合实际需求，通过不同的传播手段实现思想政治教育的目的。

1. 国外思想政治教育研究简述

陈立思教授(2000)曾指出：在我国，思想政治教育有统一的概念，是一门独立的学科；而在其他国家或地区，则使用公民教育、国民精神教育、法制教育、共同价值观教育、民族振兴教育、传统文化教育、宗教教

---

① 文秋芳，王建卿，赵彩然，等．构建我国外语类大学生思辨能力量具的理论框架[J]．外语界，2009(1)：37.

② 仲海霞．批判性思维能力测试评介[J]．工业和信息化教育，2018，6(5)：77-90.

育、道德教育、历史地理教育、社会问题研究、社会工作等。①

美国的大学虽没有思想政治课程，但思想政治教育却以隐性的方式存在，所有通识教育(general education)课程中都含有思想政治教育的内容。学生可以修社会学、政治科学、世界历史等课程来满足这类要求，美国在思想政治教育的传播中更注重营造道德文化氛围。主要包括强调做自由、平等、民主的“合格美国公民”的公民教育，将道德教化和素质训练通过秩序化的实践锻炼予以强化，通过法律、仪式等方式强化国家认同的爱国主义教育。

英国在经历了一系列改革后，将德育课程作为思政教育的核心。德育课程又将宗教知识与现代公民道德教育相结合，同时注重大众媒体和学术界的结合，实现青少年的公民教育，即：青少年通过互联网、公民道德教育、电视、广播专栏等渠道获取公民知识。

德国的思想政治教育主要来源于它的政治社会化理论。在大学阶段，思想政治教育则以一种更高级的“隐形教育”形式展现出来。政治教育作为教学原则被贯彻到各类课程中，通过社会学、哲学、历史学、教育学、心理学等通识课程的传递，各专业、各学科的渗透，将德国的主流政治文化传授给学生，以塑造健全的政治人格；德国高校注重公民教育，强调培养“有用的国家公民”，公民要具有正确的国家意识、一定的职业技能以及国家所需的道德品质，最终适应于国家政治制度的发展需要；德国高校注重劳动教育，培养学生的社会实践能力，通过劳动不断激发爱国情感，以更好地培养踏实肯干、实事求是的精神。

澳大利亚是将思想政治教育融合在某些课程里，譬如“跨文化管理”课程中就有很大篇幅宣传西方主流价值观，从最基础的概念，如宪法、公民、法律体系、民主制度、人权等方面进行教育；也有课程比较各国的文化与政治差异及其对经济、社会的影响，并告诉学生要注意哪些禁忌，学

① 陈立思．当代世界思想政治教育的理论研究述评[J]．教学与研究，2000(11)：39-43.

会不同的礼节与沟通方式的差异等。

俄罗斯在爱国主义教育中的传播手段相对更加多样化，主要分为两部分：创新利用传统媒体和利用互联网。

日本高校将思想政治教育的内容分以下几类：爱国主义教育、人生观教育、人格与群体教育、国际交往和劳动教育。

新加坡在建国初期实行了“英才政策”，强调物质利益和经济进步，却忽视了道德要求，导致国家出现经济困难时大批人才外流。因此，该国吸取了教训，对青少年进行效忠国家、社会责任和个人品德三方面的德育教育，取得了较好的成绩。

由此可见，无论是西方还是东方的国家，都不敢轻视思想政治教育的作用，都把思想政治教育提高到战略地位，并且看到了它所拥有的巨大潜能。

2. 思想政治教育研究的期刊与学位论文情况

2022年4月，作者通过查询CALIS外文期刊网，以“思想政治”(ideological politics)为关键词查询，自1992年至2022年，共检索出341525篇论文。其中，1992—1995年平均每年7600篇左右；1996—1999年每年在10000篇上下波动，2000—2012年平均每年发表相关论文15000篇左右，此后2013—2021年下降到平均7000多篇。由于查询时为2022年4月，因而当年1月至4月收录论文数为1913篇。

同时，作者通过查询《UMI-ProQuest博士论文全文数据库》，以“ideological politics”为关键词并输入“博士论文”选项，自1970年至2022年，共检索出相关博士学位论文16306篇，其中政治学专业方向的最多，达16090篇。其中，1970—1979年为823篇，1980—1989年为1409篇，1990—1999年为3592篇，2000—2009年为3669篇，2010—2019年为4849篇，2020—2022年减少到1964篇。

从上述各年代的篇数分布来看，期刊论文在1992—1995年平均每年7600篇左右，1996—2012年增加到平均每年10000篇到15000篇左右，此后下降到每年7000篇左右，有下降的趋势。从博士论文看，最初的1970—1979年共10年间的博士论文最少，以后每10年的博士论文不断增加，虽然2020—2022年这两年4个月只有1964篇，但若按10年推算，至少不会低于2010—2019年的年平均篇数。

（四）国内课程思政研究现状

2004年以来，中央先后出台关于进一步加强和改进未成年人思想道德建设和大学生思想政治教育工作的文件，上海也由此开启了学校思想政治教育课程改革的探索之路。2010年，上海通过探索形成了以社会主义核心价值观为核心的教育指向，以政治认同、国家意识、文化自信和公民人格为重点的顶层内容设计构架。2014年起，上海将德育纳入教育综合改革重要项目，逐步开始探索从思政课程到课程思政的转变。2016年，习近平总书记提出了我国的高等教育要坚持把立德树人作为中心环节，把思想政治工作贯穿教育教学全过程，实现全程育人、全方位育人。2017年教育部首次提出了“课程思政”，提出了在高校全面推进课程思政建设，落实立德树人的根本任务。

1. 国内大学英语课程思政研究状况

大学英语课程思政的目标是通过中西方文化的比较，在教学环节中融入社会主义核心价值观，从而落实立德树人。在研究方面，一是分析大学英语课程本身所含的内容需要课程思政，即大学生在大学英语教学中学习和理解西方文化，在“吸收外国优秀文明成果的同时，也会接触到西方文化的糟粕，诸如一些消极的道德标准、价值观念和生活方式，并且受其影响”①。这就需要大学英语教师在教学中注重对学生的思想品德教育，及时贯彻课程思政。大学英语教学内容背后是外国文化以及与我们不同的价值观和文化理念，假定“任何话语都具有价值取向，表达或隐含着一定的价值标准，因此可以从思想政治的角度来考察”②。这里的思想政治的角度就

---

① 张德禄．外语教学中的评价与品德教育[J]．英语研究，2019(1)：12-22.

② 黄国文．思政视角下的英语教材分析[J]．中国外语，2020，17(5)：21-29.

是指课程思政。也有学者对大学英语教材进行了分析，发现某大学英语教科书中有超过五分之四的课文呈现了与社会主义核心价值观不同的方面。① 二是分析课程思政对大学英语教学的作用。大学英语“课程思政就是要把价值观引领与语言知识的传授和语言应用能力的培养有机地结合起来，要有意识地在知识传授和能力培养的过程中，始终重视价值观的引领，并把价值观引领摆在重要的位置”②。三是提出大学英语课程思政更有优势。“大学英语结合课程开展以育人为核心的课程思政更有优势。大学英语课程是隐性地(潜移默化和润物无声地)通过语言教学实现立德树人功能。”③ 作为兼具工具性、人文性和国际性的高校通识大类课程，学生可以通过英语学习了解西方国家的不同文化，能够逐步树立正确的世界观、人生观、价值观，不断提高文明互鉴意识以及人类命运共同体意识。④ 四是提出英语教学课程思政元素的切入点与原则，“切入点是‘从思政角度思考’和‘语言为本原则’”⑤。五是认为课程思政对大学英语课程具有导向性，因此主张在大学英语课程思政中采用渗透式教学设计。⑥ 六是通过问卷调查得出的结论为：英语教材“缺乏课程思政元素”，“缺少讲好中国文化和中国故事地道的英语文章”，“课文中中国元素和声音缺失”，“中西文化的对比和

① 张彧凤，杨勇萍．社会主义核心价值观视域下大学英语课程思政元素挖掘与教学实施——基于教科书的文本分析[J]．山西高等学校社会科学学报，2023，35(5)：181-184.

② 肖琼，黄国文．关于外语课程思政建设的思考[J]．中国外语，2020，17(5)：10-14.

③ 蔡基刚．课程思政与立德树人内涵探索——以大学英语课程为例[J]．外语研究，2021，38(3)：52-57.

④ 龙玉红，符冬梅．新时代大学英语课程思政创新人才培养路径探索[J]．语言与翻译，2023(1)：77-80.

⑤ 黄国文．外语课程思政元素的切入点与原则[J]．外语教育研究前沿，2022，5(2)：10-17.

⑥ 夏玉玲，钱慧．大学英语课程思政渗透式教学设计与实践[J]．高教学刊，2023，9(S1)：106-112.

分析比较少”。①

2. 大学英语课程思政的期刊与学位论文情况

2023年6月，作者同时以“大学英语与课程思政”为关键词，通过查询中国知网中的CSSCI和CSCD，自2017年至2023年6月共检索到在重点核心期刊上发表学术论文1046篇，其中，课程思政论文845篇，思政建设、思政教学、思政课程、思政教育论文共264篇，大学英语课程只有29篇。最早从2017年开始，当年发表5篇，2018年31篇，2019年71篇，2020年168篇，2021年295篇，2022年335篇，2023年半年内发表141篇。从发展趋势看，呈现出逐年上涨的趋势。

同时，作者以“大学英语与课程思政”为关键词，通过查询中国知网中的学位论文，共检索出611篇硕士和博士论文，其中，硕士论文从2008年的2篇开始，2009年14篇，2020年45篇，2021年154篇，2022年371篇，2023年23篇，共609篇，博士论文共2篇，均为2022年提交，涉及的主题均为课程思政。

三、研究意义

大学英语是一门提升大学生跨文化双向交际能力的公共必修课程，包含中西文化的教学，担负提高学生文化素养、培养学生跨文化交际和批判能力的使命，是课程思政导向和批判性思维融入教学的最佳课程选择之一。

2010年公布的《国家中长期教育改革和发展规划纲要(2010—2020年)》明确指出，要“促进学生全面发展，着力提高学生服务国家服务人民

① 张虹，李会钦，何晓燕．我国高校本科英语教材存在的问题调查[J]．外语与外语教学，2021(1)：73.

的社会责任感、勇于探索的创新精神和善于解决问题的实践能力”，“倡导启发式、探究式、讨论式、参与式教学，帮助学生学会学习。激发学生的好奇心，培养学生的兴趣爱好，营造独立思考、自由探索、勇于创新的良好环境”。显然，上述内容既体现了对课程思政的要求，也体现了对批判性思维能力培养的要求。

我国通过“一带一路”的建设，与世界的联系也越来越紧密，对于具有跨文化交际能力和批判性思维能力的人才需求越来越大，因而在人才培养和提高学生批判性思维能力方面既要与世界接轨，同时也要保证所培养的人才具有正确的价值观。通过课程思政导向的大学英语批判性思维教学研究为我国高校进行批判性思维能力培养提供理论支持，也为大学英语课程教学批判性思维能力培养提供了思路，因而具有重要的理论意义和实践意义。

(一)理论意义

在大学英语课程教学中以课程思政导向的大学英语批判性思维教学研究，既能提高学生服务国家服务人民的社会责任感，又能在大学英语课程教学中批判性地看待西方文化和社会，理解东西方传统文化之间的冲突性和兼容性，这对于建构本土化的批判性思维能力培养方式具有重要价值。

批判性思维能力包含技能与倾向。如何在大学英语教学中引入批判性思维，需要详细分析课程的内容，在课程教学设计中安排提问、分析、讨论等方式引入批判性思维，从而在教学中提高学生的阐释、分析、推理、评价等认知能力。在此过程中，既要注意符合知识的逻辑规律，也要注意符合课程的教学要求，这对我国普通高校学生批判性思维能力培养具有十分重要的意义。

在课程教学中引入批判性思维的实践已受到我国高等教育的普遍关注。最初的实践是在通识课程中专门设置批判性思维课程的教学，它是逻辑导论性课程的拓展和延伸，教师主要来自哲学和其分支学科——逻辑学。此后，有多位研究者分别在多门课程教学中尝试引入批判性思维，前文通过对知网的期刊和博士硕士论文检索，可知批判性思维教学已涉及多个方面，其中教育(含大学英语教学)、外国语言文学两个学科占到了绝对多数。因此，如何在大学英语课程教学中以课程思政为导向，更好地引入批判性思维，实现三者有效的融合，无疑具有一定的理论参考意义。

(二)实践意义

国际组织和世界多国对大学生批判性思维能力的培养都十分重视，因为创新是国家的核心竞争力，而创新思维离不开批判性思维强有力的支持，它们都是人类必须具备的关键能力。《国家中长期教育改革和发展规划纲要(2010—2020年)》提出：建设创新型国家，需要培养具备创新精神和解决实际问题能力的创新性人才，强调在培养创新人才过程中注重学习与思维的结合。因此在大学英语课程教学中如何引入批判性思维培养，是本节研究的依据。

国外批判性思维课程通常是与通识课程进行融合，而大学英语课程在我国属于核心通识课程，因此可以将国外的方法本土化，实现将批判性思维融入大学英语教学。在大学英语听、说、读、写的教学过程中，教师在知识传授时，不断地提出问题，让学生去思考和交流，同时回顾已经学过的知识，寻找证据，得出结论，从而提高学生的批判性思维能力。需要注意的是，要实现这一目标，需要充分了解学生已经具备的知识水平，选择学生能够思考和交流的问题，同时可以采取小组讨论的方式进行，这样还可培养学生的团队精神。

随着全球化进程的加快，迫切需要培养具有跨文化双向交际能力、具有创新思维能力和批判性思维能力的优秀人才，笔者通过研究，以未来发展趋势分析英语教学如何融入批判性思维能力培养，提出批判性思维融入大学英语教学的建构思路，因而本研究具有一定的实践意义。

四、研究内容和方法

(一)研究内容

1. 批判性思维在大学英语教学中的应用

《大学英语教学指南》(2020版)要求为国家培养“具有世界眼光、国际意识和跨文化交际能力,通晓国际规则,精通国际谈判”,能够“促进国家改革开放和社会经济发展、提高我国履行国际义务及参与全球治理的能力、构建人类命运共同体”的优质人才。

大学英语课程是一门通识课程,是包含中西文化的教学,具有提高学生文化素养、培养学生跨文化双向交际和批判能力的使命,适合批判性思维融入教学的课程选择。在大学英语教材中,有许多内容直接来自国外的原文,需要学生具备批判性思维能力对其进行阐释、分析、评价、判断等认知活动得出自己的结论。由此可见,大学英语课程教学改革极为需要培养大学生的批判性思维能力。

2. 课程思政教育

课程思政是指将思想政治理论融入各类课程,把德育、民族责任感和文化自信贯穿教学全过程形成协同效应,在潜移默化中对学生进行具有社会主义核心价值观、公民意识感以及家国情怀的教育过程。在每一门课程中实现“学科德育”理念和德育的核心内容的有机渗透,并充分体现出其育人功能和教师的育人责任①,由此研究课程思政在大学英语教学过程中的具体融入方式。

---

① 何亚卿.基于思政的批判性思维教学在大学英语阅读课中的应用研究[J].高教学刊,2020(20):130.

3. 课程思政、大学英语、批判性思维教学

从总体上看，各种文献中研究批判性思维与大学英语教学的有很多，研究大学英语教学与课程思政的也有很多，但是将课程思政、大学英语教学以及批判性思维联系在一起的研究基本上没有。本研究整体脉络及创新之处是从课程思政、大学英语、批判性思维三个概念出发，厘清“课程思政是目标，大学英语是载体，批判性思维是手段”的关系，并在对三者关系的分析中探索它们辩证统一关系形成合力的实践价值指向和途径。整个研究是站在一条主线上：反思过往、把握现实、开创未来。力求达到的目标是促进大学英语课程教学者转变教育理念，明确大学英语课程的人文学科属性，以提升大学生的人文素养为其终极目标和跨文化交际能力为主要目标，力图用批判性思维帮助和促进大学英语课程思政的教育实践。

4. 研究思路

笔者将从核心概念的引入分析大学英语教育与批判性思维的关系，研究批判性思维与大学英语课程思政的教学效果，对武汉地区高校学生批判性思维能力的现状调查，形成完善课程教学设计方案的思路。

主要内容将围绕以下问题进行研究：

(1)对批判性思维、课程思政、大学英语教育等主要的概念进行界定；

(2)分析课程思政、大学英语教育、批判性思维的关系和作用，制订出促进大学英语课程思政教学和培养学生批判性思维能力的框架和思路；

(3)对武汉地区高校学生批判性思维能力的现状进行测试调查，分析学生批判性思维能力的差别；

(4)完善课程思政导向的大学英语批判性思维培养的课程教学设计方案。

(二)研究方法

1. 文献研究法

笔者主要通过查阅图书馆、国内外相关期刊和文献网站、相关书籍和

成果等多种途径，收集与研究相关的资料，针对“课程思政背景下的大学英语批判性思维教学”，对国内外在批判性思维研究、课程思政研究、外语教学中的批判性思维研究、课程思政背景下的外语教学研究等方面进行了文献梳理，同时，对批判性思维的核心概念、研究内容以及课程思政、批判性思维与大学英语教学的相互融入现状和问题等方面进行了全面分析，为进一步深入研究、建立理论框架打好基础。

2. 问卷调查法

问卷调查是一种比较普遍的调查方法，具有简洁、易操作、可以大规模发放等优点，对于了解事物的发展现状具有重要价值。本研究参考了《加利福尼亚批判性思维倾向问卷》《加利福尼亚批判性思维能力问卷》《Z阶段康奈尔批判性思维量表》《教师批判性思维倾向量表》等成熟问卷，结合中国师生的实际情况设计了相关的调查问卷，通过编制问卷、发放问卷和回收问卷并进行数据处理和分析的方式展开调查。问卷调查以线上的方式进行，基于问卷星平台在线发放和回收。通过分析问卷调查的结果，探究影响高校师生批判性思维倾向性和能力的相关因素，从而评估批判性思维在大学英语教学中的实际应用情况。

3. 访谈法

访谈法，又称为晤谈法，是心理学中一种基本研究方法，通过采访员和受访人面对面地交谈，以了解受访人的心理和行为。该方法旨在收集被询问者提供的客观、无偏见的事实材料，从而准确地展示样本在统计意义上对总体的代表性。访谈法因其灵活性和适应性而备受推崇。访谈法可以采用问卷或调查表，可以在测量问卷后进行灵活补充，以特定问题为焦点进行详细的访谈，适用于一般性调查结果的整理之后对特定问题的补充调查。

本研究设计了访谈提纲，作为问卷的补充，对 16 名英语教师进行访谈，以此更进一步地探究大学英语教师在课堂中的批判性思维倾向。访谈涵盖了对批判性思维的认知程度、批判性思维培养意识、教学策略和方法、教学反思、教学中存在的难题，以及培养批判性思维倾向所需的客观条件等多个方面，力求进一步剖析在大学英语教学环境中影响受访者批判性思维倾向形成的多样因素。

第二章　批判性思维与其他思维的关系

批判性思维在我国虽然越来越受到重视，对批判性思维的研究也有一些论述，但对批判性思维的概念界定也有争议，甚至针对“critical thinking”这一术语也出现诸多不同的表述，比如，“思辨性思维”“审辨性思维”“明辨性思维”等。本章对批判性思维概念本身进行了界定，并分析了其他思维与批判性思维的相关关系。

一、核心概念的界定

批判性思维通常被认为是高等教育最理想的成果之一。然而，从文献中可以清楚地看出，批判性思维是一个有争议的话题，它产生了无数不同的概念。事实上，很难确定概念的重点，因为概念阐述往往是高度抽象的，在某些情况下与现实脱节。考虑到“批判性思维是西方教育定义的概念之一，得到了广泛的认可”，这种概念缺乏清晰性的现象可以说是令人担忧的原因。① 笔者认为，如果教育者不清楚批判性思维是什么，就不可能对其进行讲授、学习、实践、提炼，甚至向他人做出令人满意的解释。

鉴于界定批判性思维是一个复杂而困难的问题，对“批判”和“思维”概念的解析更有助于理解“批判性思维”概念。为了更好地理解批判性思维概念的丰富性，本节将首先从词源学意义和学术渊源入手，解析“批判”一词

---

① Barnett, R. *Higher education: A critical business* [M]. Milton Keynes: Open University Press, 1997: 1.

的核心概念，及其在塑造批判理论方面的影响，并由此将其目前在教育哲学中的体现作为一种“批判精神”和“理性评价”的框架。①

(一)“批判”概念的界定

由于批判性思维(Critical Thinking)中的“批判”二字给人的感觉就是挑错和找缺陷，不仅在英语语境中被认为是否定性的，在汉语语境中，尤其是受我国“文革”期间的“大批判”的影响，更是导致对“批判”一词的负面联想，使其难免成为一个“敏感词”。因此，下面分别对“批判”的汉语和英语词源学意义及其学术渊源做简单的概念阐述。

1.“批判”的词源学意义

《现代汉语词典》第七版对“批判”作为动词有两种解释：(1)对错误的思想、言论或行为做系统的分析，加以否定；(2)批评。而对“批评”的解释也有两种：一种是指出优点和缺点；一种是专指对缺点和错误提出意见。可见，汉语中“批判”与“批评”在含义上是一致的，可视为同义词。

按照《汉语大词典》第六卷的解释，“批判”一词有三个基本意思。(1)批示、判断。司马光《进呈上官均奏乞尚书省札子》：“所有都省常程文字，并只委左右丞一面批判，指挥施行。”《三国演义》第五十七回：“手中批判，口中发落，耳内听词，曲直分明，并无分毫差错。”《孽海花》第三十五回：“遇到关着奸情案件的批判，你格外来得风趣横生，这是为着甚么来?”(2)评论、评断。《朱子语类》卷一：“而今说天有箇人在那里批判罪恶，固不可；说道全无主之者，又不可。”牛本寂《少林寺西堂法和塔铭》：“评论先代是非，批判未了公案。”《清史稿·选举志一》：“令诸生有心得或疑义，逐条札记，呈助教批判，按期呈堂。”(3)对所认为错误的思想、言行进行批驳否定。郁达夫《迟桂花》：“我对于我刚才所触动的那一种自己的心情，

① Siegel, H. *Educating reason: Rationality, critical thinking, and education*[M]. New York: Routledge, 1988: 23.

更下了一个严正的批判。”周恩来在《坚决肃清党内一切非无产阶级的意识》中提出：“主要的还在批判一切机会主义的观念，使全党同志有明白的认识。”①

由此可见，汉语语境中的“批判”本质上是个中性的词，意为深入到对象内部，对其“是”或“非”进行深刻而全面的分析、辨别与评价，而并非单纯的否定和驳斥。也就是说，“批判”是首先正视对象的正反、优缺、好坏的两面性，核查、反思问题背后的理由，接着做出合二为一的解决方案。可见，汉语语境中的“批判”包含“正反合”的辩证思想在内。“批判”的英语释义在《汉英大词典》中也有两种：(1) criticize，(2) critique。按照《牛津词典》的解释，criticize[动词]所对应的名词是 criticism 和 critique(后者既可作名词也可作动词)，它们派生于同一个词根 critic(批评家，评论家；爱挑剔的人)。它们的形容词均是 critical(批评的；批判性的；挑剔的；极重要的；关键的)。《美国传统英语词典》第五版对“critique”的释义是：(1)名词，批判性的评价或分析，尤指对艺术或文学作品的批判性的评价或分析(a critical evaluation or analysis, especially one dealing with works of art or literature)；(2)动词，批判性地评价或分析(to evaluate or analyze critically)。

“critical”一词的词源来自两个希腊词根：kritikos（敏锐的判断）和 kriterion(标准)。从词源学的角度来看，这个概念意味着一种“基于标准的辨别判断”(Paul, Elder & Bartell, 1997)。② 因此，如果将批判性思维应用于更广泛的思维，人们可能会暂时将其定义为：旨在根据适当的评价标准制定有洞察力的判断思维。恩尼斯(2013)在《批判性思维的本质》中指出：尽管英语中的“critical”一词有时被用于否定意义，但这里提出的批判

① 罗竹风主编，汉语大词典编辑委员会，汉语大词典编纂处编纂. 汉语大词典(第六卷)[M]. 上海：汉语大词典出版社，1990：366.

② Paul, R., Elder, L., Bartell, T. *California teacher preparation for instruction in critical thinking: Research findings and policy recommendations* [M]. California: California Commission on Teacher Credentialing, 1997: 2.

性思维的概念并不是否定的。据我所知，批判性思维运动的参与者都不赞同消极的观点。①

20 世纪中叶，英语世界最重要的马克思主义文化批评家，文化研究的重要奠基人之一雷蒙·威廉斯(Raymond Williams，1921—1988 年)在其《关键词：文化与社会的词汇》(*Keywords：A Vocabulary of Culture and Society*)一书中将 criticism 一词在当时的主要含义解释为"'挑剔'，或者至少是'负面的评论'"。威廉斯(2005)重点指出："问题的症结不仅在于 criticism 与'挑剔'(fault-finding)两者之间的关系，而且在于 criticism 与'权威式的'(authoritative)评论两者之间存在着更基本的相关性：二者皆被视为普遍的、自然的过程。"②

综上可知，"批判"是一个对事物、观点做出完整评价的过程。因此，"批判"应是多层面的、多视角的。就批判的结果而言，可能是肯定，也可能是否定，还可能是既有些肯定又有些否定的"扬弃"。汉语语境与英语语境中"批判"内涵的差异之一便在于，前者更为强调批判之后的"合"，后者更强调看待事物的复杂性和多角度性。

由此，武宏志(2011)认为：选择汉语"批"和"判"组合来翻译 critical，完全抓住了汉语、英语和希腊词根相关语词的契合点。将 critical 译为"批判(性)的"反映了这个英语词的本义，也与该词的希腊词源相一致。③

笔者对此观点表示赞同。既然对"critical"一词的各种表述都基于一个共同的核心概念：质疑思想或行为背后的假设，分析和评价其合理性，所以保留原来的表述"批判(性)的"比较好，多种不同的翻译可能会造成概念上的混乱，从而徒增学习者的负担。

---

① Robert H. Ennis. The nature of critical thinking：Outlines of general critical thinking dispositions and abilities[EB/OL]. http：//criticalthinking. net/wp-content/uploads，2018-01.

② 雷蒙·威廉斯．关键词：文化与社会的词汇[M]．刘建基，译．北京：三联书店，2005：97，99.

③ 武宏志．批判性思维：语义辨析与概念网络[J]．延安大学学报(社会科学版)，2011(1)：5-17.

2."批判"的学术渊源

"批判"的学术渊源似乎是起始于康德的"三大批判":《纯粹理性批判》(*Critique of Pure Reason*)、《实践理性批判》(*Critique of Practical Reason*)和《判断力批判》(*Critique of Judgment*)。

自启蒙运动以来,启蒙批判在西方社会如何理解自身及其基本制度方面发挥了至关重要的作用。然而,关于对批判的理解和评价,意见分歧很大。康德的批判哲学,开创了"批判时代"。康德(1960)提出:"现代尤为批判时代,一切事物皆需受批判。"①

康德也是自我调节和反思性思维的提倡者,其哲学研究的中心议题是:"我之所论就者,惟在理性本身及其纯粹思维……""我之所谓批判非指批判书籍及体系而言,以批判普泛所谓理性之能力而言。"②可见,康德的所谓批判是对认识本身的批判。康德批判哲学的主要目的是研究人的认识起源与认识的范围或可能性。他的批判哲学的中心任务是要解决知识的问题与认识论的问题,解决知识本身是否可能与如何可能的问题,解决能不能认识世界以及在认识世界时能够达到什么界限的问题。在他看来,只有先确定我们认识事物的能力,才能确定我们能否确切地认识事物。

康德以批判性精神来看待以前的哲学,认为只有批判才能使理性的探讨建立在坚实的基础之上,要把批判作为一种消除偏见与错误的武器。"只有通过批判,才能铲除那些可能变得普遍有害的唯物论、宿命论、无神论以及带有自由色彩的不信、狂信、迷信以及那些难于涉及公众而主要危及学院哲学的唯心论和怀疑论。"③康德对批判性思维早期形态有以下几点看法:

(1)批判性思维是对认识本身进行批判,人的认识的可能界限和范围成为批判的对象。

---

① 康德.纯粹理性批判[M].蓝公武,译.北京:商务印书馆,1960:3.

② 康德.纯粹理性批判·序[M].蓝公武,译.上海:上海三联书店,2001:2.

③ 康德.纯粹理性批判[M].蓝公武,译.北京:商务印书馆,1960:21-32.

具体而言有三层含义。一是认识的本质，是主体在实践基础上或通过实践对客体能动的、创造性的反映。二是对认识本质规定的理解，即实践是认识的基础和来源，认识既不是主观自生，也不是直接来源于客体，而是通过主体能动地改造客体的实践活动获得。因而坚持了唯物主义的反映论原则，即认识是以客体为原型，是对客体的反映。三是认识对客体的反映具有能动性和创造性的特征，包括一定的选择性、重构性，而不是简单的或直接的摹写。由此可知，人作为主体通过实践可以产生认识。而这种认识是否客观和正确，需要批判性思维进行分析和判断。

(2)批判涉及了自我。康德把自我作为一种先验活动过程进行批判，这样的批判就深入了自我意识。

对很多人来说，批判自我是难以接受的，当听到别人的批判时，受批判者的第一反应就是思考如何反驳对方的观点。然而，能虚心接受别人批判意见的人，就能找到自身的劣势并加以改善，用冷静理性的态度对待批判，使自己通过别人的质疑与批判发现一些思维误区，虽然可能导致自己痛苦，但事后也可以使自己得到升华。因此，除别人可以批判自己，还必须自己批判自己。自我批判是自我革新进步的一种方式，人只有不断地发现问题，寻找答案，才能让思维得以升华。批判性思维如果用在个人身上，进行积极地自我批判，则能大大提升思维质量和认知水平，让自己的思想前进一大步。

西方哲学史上，直到康德才对自我意识问题形成一种学说，即康德的先验自我意识理论，该理论从某种角度上为科学奠定了坚实的哲学基础。康德将自我作为一种先验活动过程进行批判，先验自我意识理论通过对先验自我意识在认知活动中得以表现，通过先验自我意识具体化为感性、知性、理性三个层次递增的经验的认知能力，同时在三个阶段分别产生纯直观形式、知性范畴、理性理念，从而使批判深入自我意识。

(3)怀疑、质询、批判都需要进行判断。康德把认识的可能性、范围作为标准，认为只有在认识的可能性和范围当中，逻辑前提才是现实的，思维才能走向科学的道路。

无论是怀疑、质询还是批判，都需要对其所怀疑、质询和批判的事项进行分析和判断，从而得出正确的结论。同时，他还把认识的可能性和范围作为标准，确定了只有在这个范围内，才能对怀疑、质询、批判进行有效的分析和判断；只有在这个范围内，逻辑前提才是现实的，因而思维才能走向科学的道路。

“批判”是康德哲学的灵魂，“批判”精神是康德哲学的根本精神。康德的批判不是针对具体对象的批评，而是对一般形而上学的可能性进行审查。他一步步展示了他的分析批判，并由此形成了他的全新哲学体系。

康德所倡导的批判精神，对知识的进步产生了重要的影响。德国诗人海涅(1972)对此给予高度评价，他指出：康德倡导的批判运动的意义，“与其说是通过他的著作的内容，倒不如说是通过在他著作中的那种批判精神，那种在当前已经渗入于一切科学之中的批判精神”①。康德的理论涉及了批判性思维的自我意识批判，他确立了批判精神的概念。

康德在概括批判并使其不可避免的同时，明确地将批判理解为一种肯定的、内在的活动。这种积极的概念不仅在纯粹和实践理性的批判和判断的批判中盛行，而且这些批判方式为当代思想中的三大批判设定了方向。

米歇尔·福柯(Michel Foucault)在1978年的演讲《什么是批判?》(*What Is Critique?*)中提出了西方传统中的“批判的态度”(the critical attitude)。福柯指出：“‘批判’的作用正是确定在什么条件下运用理性才是正当的，以断定人们所能认识的、应该去做的和可以期望的东西。”福柯认为，康德的文章“在某种程度上处于批判的思考和对历史的思考的接合点上”②。在文章的结尾处，福柯总结道：“我们自身的批判的本体论，绝不应被视为一种理论、一种学说，也不应被视为积累中的知识的永久载体。它应被看作态度、‘气质’、哲学生活。”③

按照康德和福柯的回答和认识，启蒙的精神就是批判精神，启蒙不但塑造了现代性，也塑造了后现代性。作为一种批判的哲学态度和气质，后

---

① 海涅．论德国宗教和哲学的历史[M]．海安，译．北京：商务印书馆，1972：113.

② 杜小真编选．福柯集[M]．上海：上海远东出版社，1998：533.

③ 杜小真编选．福柯集[M]．上海：上海远东出版社，1998：542.

现代性和现代性一样，都是启蒙精神的时代表征。现代性运用先验分析的方法，理性的批判，确立了启蒙批判的否定性意义；后现代性运用考古学方法，系谱学的批判，凸显启蒙批判的肯定性意义。

卡尔·波普尔(Karl Popper，1902—1994年)是批判理性主义(critical rationalism)的创始人。波普尔从爱因斯坦和康德的思想中汲取两个理论来源：批判主义和唯理主义，并独创性地把它们糅合成他的“批判理性主义”，建立了自己的科学发现方法论：“猜想—反驳方法论”；而后的理论则是对这个核心内容的补充。波普尔(1998)强调否定的论据，例如，否定的事例或反例，反驳和尝试性反驳——简言之，批判。①

波普尔相信科学本质上就是 critical，它是由大胆猜想所组成，由 criticism 控制，因而可以将批判描述为革命。关于波普尔在其论著《猜想与反驳》和《客观知识——一个进化的研究》中对批判的论述，可以概括为以下几个方面：②

第一，批判是理性主义的传统。希腊哲学允许或鼓励各学派之间进行批判性讨论，还允许和鼓励一个学派内部进行批判性讨论。我们在那里发现了变化、新思想、修正和对宗教的直率批判。理性主义传统是批判性讨论的传统，不是为讨论而讨论，而是为了寻找真理。③ 有意识地采取批判态度解决问题是理性态度或理性的最高形式。④

第二，批判的态度是科学的态度、合理的态度、理性的态度。所有理论讨论的方法都是清晰地陈述一个问题，批判性地审查所提议的各种解决办法。强调“理性讨论”和“批判地”这些词语，为的是强调理性态度等同于

---

① [英]卡尔·波普尔．客观知识——一个进化的研究[M]．舒炜光，等译．上海：上海译文出版社，1987：23.

② 武晓蓓．批判性思维研究[M]．北京：人民出版社，2018：16-18，20-22，24-26，28.

③ [英]卡尔·波普尔．猜想与反驳[M]．傅季重，等译．上海：上海译文出版社，1986：142-144，502.

④ [英]卡尔·波普尔．客观知识——一个进化的研究[M]．舒炜光，等译．上海：上海译文出版社，1987：259.

批判性态度。只有当我们尽可能清晰地陈述了我们的问题，用十分确定的形式——可以批判地讨论它的形式，提出我们的答案，批判才会富有成效。① 因此，“批判”是“合理性”的最佳同义词。

第三，批判是科学的本质。科学始于问题，从问题进到批判地评价的竞争理论。评价总是批判性的，其目的是发现和消除错误。批判的方法就是科学的方法。科学的方法就是大胆地推测并巧妙而严峻地尝试反驳这些推测的方法。②

第四，批判的主要手段是批判性讨论。波普尔说，我心目中的批判性讨论，当然是那种经验在其中起重要作用的讨论：观察和实验不断被用来对我们的理论进行检验。以可检验性或可反驳性为分界标准的科学观把批判方法作为自己最重要的特征。由此，科学家看一种理论应当看它是否能被批判地讨论；看它是否让自己暴露于各种批判，如果是这样，是否能经得起批判。

第五，批判的推理法是逻辑。逻辑论证、演绎逻辑的推理对批判方法的重要性在于，只有通过纯演绎推理才能发现理论内涵，从而有效地对其进行批判。逻辑规则保证从逻辑上较强的前提将真传递到逻辑上较弱的结论，反过来，谬误从结论传递到前提，因而逻辑成为合理批判的工具——反驳的工具。③ 在证明科学(demonstrative sciences)中，逻辑主要用于证明——真之传递，在经验科学中逻辑学几乎完全用作批判、反驳——逆传递谬误。

第六，批判性论证是“第三世界”的重要成员。按照波普尔的三个世界理论，客观知识的世界属第三世界，是人类创造的最重要的一个世界，也是一个基本自主的世界。只有在语言、猜想、理论和论证的第三世界，有

---

① Karl Popper. The logic of scientific discovery[M]. London: Routledge, 2002: xix.

② [英]卡尔·波普尔. 客观知识——一个进化的研究[M]. 舒炜光，等译. 上海：上海译文出版社，1987：154，86.

③ [英]卡尔·波普尔. 猜想与反驳[M]. 傅季重，等译. 上海：上海译文出版社，1986：72，91.

关理性批判的问题和标准才能发展。从某个问题出发，提出一个尝试性的解答或理论，经由批判性讨论或实验检验组成的消除错误的阶段，新问题自发从新的关系领域中涌现出来。用符号表示为：P1→TT→EE→P2，即“一切科学讨论从问题(P1)开始，对于问题我们提出某种试探性的解决——试探性理论(TT)；然后批判这个理论，试图排除错误(EE)，并且正如辩证法的情况一样，这个过程又重新开始：理念及其批判修正提出了新的问题(P2)。”①

第七，批判和创造不可分割。经验是创造的，它是由严肃的批判和严格的检验支配的、自由的、大胆的和创造性的解释的结果。②

第八，批判是知识获取和科学进步的途径。虽然出发点是常识，但获得进步的主要手段是批判，波普尔把常识的批判哲学与以前哲学家观点的不同概括为9个方面，其中有6点提到批判。“怀疑”一词完全可以被解释为“批判性探究(critical inquiry)”。③

第九，批判促进个人成长。理性批判和客观真理的标准使知识结构进化，接受它们给每个人带来了尊严，使其在道德和理智上都有责任感，使其不仅理性地活动，而且对相互竞争的各种理论进行思考、判定和鉴别；可以使其领悟到，他的成长归功于他人的批判，而合理性就是准备聆听批判。

第十，批判是论证形式的需要。波普尔指出，没有历史学家会非批判地接受文献的证据。因为这涉及一系列难题：真诚性、偏见、先前来源的重建、事件发生时该作者是否在场、作者可能说谎，等等。波普尔认为，

① [英]卡尔·波普尔．无尽的探索：卡尔·波普尔自传[M]．邱仁宗，译．南京：江苏人民出版社，2000：130.

② [英]卡尔·波普尔．客观知识——一个进化的研究[M]．舒炜光，等译．上海：上海译文出版社，1987：115-130.

③ [英]卡尔·波普尔．客观知识——一个进化的研究[M]．舒炜光，等译．上海：上海译文出版社，1987：36，106，111-112.

诸如此类的知识来源不具权威性。① 实际上，这些知识来源所遇到的难题，再往前走一步，就能转换成批判所谓“根据知情地位论证”中“证人证言论证”的批判性问题，而这正是批判性思维在合情论证评估上的体现。

(二)“思维”概念的界定

哲学上对“思维”的定义一般有广义和狭义之分。广义的“思维”是相对于物质而与意识、精神同义的范畴，它是“对客观存在、物质及其规律性的反映”；狭义的“思维”是相对于感性认识而与理性认识同义的范畴，指人脑对客观事物的概括的和间接的反映。个体以已有的知识经验为中介，对通过感知所获得的各种信息进行分析、综合、比较、抽象、概括、系统化和具体化，从而达到对事物的本质及其规律的认识的复杂心理过程。②马克思主义哲学对“思维”概念的界定是：“第一，人脑是思维的器官，思维是人脑的机能和产物，我们的意识和思维，不论它看起来是多么超感觉的，总是物质的、肉体的器官即人脑的产物。第二，思维是人脑对外部客观现实世界的反映。观念的东西不外是移入人的头脑并在人的头脑中改造过的物质的东西而已。第三，思维是人类认识的高级阶段，是对客观事物概括的、间接的、能动的反映。”③

杜威(1910)在《我们如何思维》一书中，提出“思维”一般有三种含义：一是最广泛的或者说是不严谨的说法，即凡是脑子里想到的，都可以说是思维；二是指我们对于自己并未直接见到、听到、嗅到、接触到的事物的想法；三是更窄意义上指人们根据某种征象或某种证据而得出自己的信念，这种含义还分为两种情况，即没有考虑根据就得出的信念和用心搜寻证据、确信证据充足才形成的信念。杜威把后一种情况的思维过程叫作思

---

① [英]卡尔·波普尔．猜想与反驳[M]．傅季重，等译．上海：上海译文出版社，1986：33-34.

② 中百科大辞典编委会．中国百科大辞典[M]．北京：华夏出版社，1990：891.

③ 马克思，恩格斯．马克思恩格斯选集(第4卷)[M]．北京：人民出版社，1972：217.

考、思索。他认为只有这种思维才有教育意义。①

杜威(2001)对“思维”的界定是：“思维乃是一个探究的过程，一个观察事物的过程和一个调查研究的过程。在这个过程中，获得结果总是次要的，它是探究行动的手段。”②

从上述概念界定中可知，思维是认识活动的高级阶段，思维具有概括性、间接性和能动性等特征，思维的过程包括分析、综合、比较、抽象与概括等步骤。此外，思维可以从不同的角度进行分类：根据思维的内容可以将思维分为直观动作思维、具体形象思维和抽象逻辑思维；根据思维的逻辑性可以将思维分为直觉思维和分析思维；根据思维的指向性可将思维分为聚合思维和发散思维；根据思维的创新型程度可以将思维分为常规思维和创造性思维。③

在保罗的批判性思维框架内，思维要素是一系列理论结构的纽带。有时它们被称为“思维要素”或“思维结构”，或“推理的一部分”。保罗认为，人类思维，无论它在哪里存在，都是由八个要素组成的，或以八个要素为前提——观点、目的、争论的问题、信息、解释与推理、概念、假设、影响与结果(见图 2-1)。

这些被提到的元素都是不可分割的相互关联的，并且经常以圆圈的形式加以说明，以强调它们的非线性性质以及它们之间的相互依赖性。保罗和埃尔德为他们的立场提供的理由主要是基于在功能性和有说服力的批判性思维概念中对流动性的需要。用他们的话说：这些结构中的每一个都对其他结构有影响。如果你改变了你的目标或议程，你就改变了你的问题。如果你改变了你的问题，你将被迫寻找新的信息和数据。如果你收集新的信息和数据，你将被迫改变你的目的。当然，这并不是什么新鲜事，在许

① Dewey J. *How we think*[M]. Boston, New York and Chicago: D. C. Heath, 1910: 6, 13.

② 杜威. 民主主义与教育[M]. 王承绪，译. 北京：人民教育出版社，2001: 62.

③ 彭聃龄. 普通心理学[D]. 北京：北京师范大学，2004: 248-249.

多方面，这是不言而喻的。然而，在其公开的简单性背后，隐藏着它的功效。

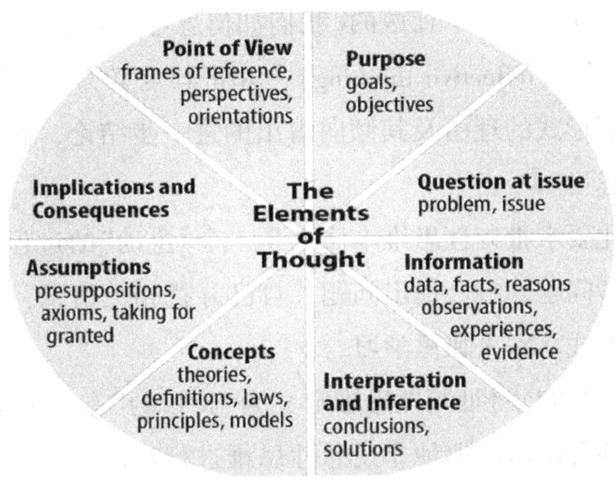

图 2-1　思维的要素（保罗和埃尔德，2007）①

(三)"批判性思维"概念的界定

历史上，苏格拉底被认为是批判性思维之父。2000 多年前，他开创性地推出了逻辑反驳/诡辩(elenchus)——通过反问得出真理的辩证方法。通过这些辩证的对话，苏格拉底试图把一个人从一种观点状态带到知识状态。这种苏格拉底式的提问方法一直持续到约翰·杜威(John Dewey 1859—1952 年)，他在 20 世纪早期推动了批判性思维运动的复兴。批判性思维这一概念在"批判性思维运动"过程中得到了深入的研究。由于批判性思维综合了各种不同的技能，因此学界从不同方面对批判性思维的定义形成了不同的理解，其中具有代表性的经典定义主要有以下几种。

① Paul, R. W. & Elder, L. *The thinker's guide to the art of Socratic questioning, based on critical thinking concepts & tools*[M]. California: The Foundation for Critical Thinking, 2007: 5.

1. 约翰·杜威——“反思性思维”

约翰·杜威被广泛认为是现代批判性思维传统之父。“批判性思维”一词的第一个已知用法来源于杜威的《我们如何思考》(*How We Think*)。他称之为“反思性思维”(reflective thinking),并将其定义为:根据支持一种信仰或假定的知识形式的理由及其倾向得出的进一步结论,做出主动的、持续的和谨慎的思考。①

这种概念化要求批判性思维本质上是一个“主动”的过程——在这个过程中,自己思考问题,自己提出问题,自己寻找相关信息,等等,而不是以一种被动的方式从别人那里学习。

杜威(1910/1997)将批判性思维定义为“持续的”和“谨慎的”,是在将其与我们有时都会做出的那种非反思性思维进行对比,例如,在不加考虑的情况下“贸然”得出结论或“仓促”做出决定。杜威在书中指出:批判性思维的本质是悬而未决的判断;而这一悬念的实质是在试图解决问题之前进行调查,以确定问题的性质。这比任何其他事情都更能将单纯的推理转化为经过检验的推理,将建议的结论转化为证据。②

然而,杜威的定义最重要的是他所说的“支持”一个信念的理由和“它倾向于得出进一步的结论”。换言之就是,重要的是我们相信某事的理由以及我们信仰的含意。也就是说,批判性思维非常重视推理、给出理由以及尽可能地评估推理。熟练的推理是关键因素。

2. 爱德华·格拉泽——基于杜威的思想

爱德华·格拉泽(Edward Glaser)是《沃森·格拉泽批判性思维评估》(*Watson Glaser CT Assessment*)一书的合著者,该书已成为世界上使用最广泛的批判性思维测试方法。他将批判性思维定义为:(1)一种倾向于以深思

① Dewey, J. *How we think*[M]. New York: Dover Publications, 1909: 9.

② Dewey, J. *How we think*[M]. Lexington, MA: D. C. Heath and Company, 1910/1997: 74.

熟虑的方式来考虑个人经历范围内的问题的态度；(2)了解逻辑探究和推理的方法；(3)运用这些方法的技巧。批判性思维需要根据支持任何信仰或假定的知识形式的证据及其倾向于得出的进一步结论，对其进行持续的检查。①

显然，这个定义在很大程度上是基于杜威最初的定义。格拉泽用“证据”(evidence)代替“理由”(grounds)，但其他表述基本相同。格拉泽首先提到了对问题深思熟虑的“态度”或“倾向”，并认识到可以运用“逻辑探究和推理的方法”。这两个元素在批判性思维的传统中都有所体现，认识到批判性思维在一定程度上是具有某些思维技能的问题，但又不仅仅是拥有这些技能的问题，也是一个愿意使用这些技能的问题(比如，有些人可能非常擅长做某些事，但可能不愿意去做)。

3. 罗伯特·恩尼斯——一个广泛引用的定义

美国批判性思维运动的开拓者恩尼斯(Robert H. Ennis)是发展批判性思维传统最著名的贡献者之一。他详尽分析了“批判性思维”概念，将其定义为合理的反思性思维，专注于决定相信什么或做什么。② 这个定义在学术界赢得了广泛认同。

恩尼斯强调“理性”和“反思”，这是对早期定义的总结，但恩尼斯提到了“决定相信什么或做什么”，这是对早期定义的发展。因此，在恩尼斯的概念中，决策是批判性思维的一部分。类似的迭代将批判性思维定义为“以反思的方式判断应该做什么或相信什么”③。这两种解释都包含了批判性思维是导致信念或行动的反思性判断的需要，并坚定地将其定位为元认

① Glaser，E. An experiment in the development of critical thinking[D]. New York：Columbia University，1941：5.

② Ennis，R. H. A taxonomy of critical thinking dispositions and abilities [A]. J. B. Baron and R. J. Sternberg (Eds.) *Teaching thinking skills：Theory and practice* [M]. New York：W. H. Freeman and Company，1987：9-26.

③ Facione，P. A. The disposition toward critical thinking：Its character，measurement，and relation to critical thinking skill[J]. *Informal Logic*，2000：20(1)：61-84.

知运用。

恩尼斯认为批判性思维的这个定义(或概念)抓住了批判性思维支持者通常使用这个术语的核心。在决定该相信什么或做什么时，一个人可以通过运用一系列批判性思维倾向和能力来获得帮助。他还认为这种批判性思维的概念可以作为批判性思维课程及其评估的一套综合目标，也可以作为一门课程或批判性思维课程的教学大纲。

4. 理查德·保罗——“思考自己的思维”

美国批判性思维基金会主席理查德·保罗(Richard Paul)等给出的批判性思维的定义与上述的其他定义有很大不同。他们的定义是：批判性思维是一种关于任何主题、内容或问题的思维方式。在这种思维方式中，思考者通过巧妙地掌握思维中固有的结构并对其施加理智标准来提高其思维质量。①

这个定义的特点是，发展批判性思维能力的唯一现实途径是通过“思考自己的思维”，通常称为“元认知”(metacognition)，并有意识地通过参考该领域的一些良好思维模式来改进批判性思维能力。在接受《思考》杂志(1992 年 4 月)的采访中，保罗指出，定义充其量只是头脑的脚手架(scaffolding)。批判性思维是对思维的思考，以使思维更好。有两点是至关重要的：(1) 批判性思维不仅仅是思维，而是需要自我提高的思维；(2) 这种提高来自使用标准的技能，人们可以根据这些标准适当地评估思维。简单地说，就是通过(评估思维的)标准来提高自我(思维)。保罗把批判性思维表述为：建立在良好判断的基础上，使用恰当的评估标准对事物的真实价值进行判断和思考。他认为，批判性思维有分析、评估和创造性三个维度。批判性思维是一种对思维方式进行思考的艺术，该艺术能够优化我们的思维方式，包括三个紧密联系和互相影响的阶段，即分析思维方式阶

① Paul，R.，Fisher，A. and Nosich，G. Workshop on critical thinking strategies [M]. California：Foundation for Critical Thinking，1993：4.

段、评估思维方式阶段和提高思维方式阶段。

5. 迈克尔·斯克里文——批判性思维的新发展

美国著名教育家、心理学家迈克尔·斯克里文(Michael Scriven)提出,批判性思维是“一种类似于阅读和写作的学术能力”,具有类似的根本重要性。他认为,批判性思维是对观察、交流、信息和论证的熟练而主动的解释和评估。斯克里文将批判性思维定义为“熟练”活动,他指出,要做到批判性,思维必须符合一定的标准:清晰、关联、合理等,并且可能在这方面具有或多或少的技巧。他将批判性思维定义为一个“主动”的过程,一部分是因为它涉及提问,另一部分是因为元认知所起的作用——思考自己的思维。他在继承上述批判性思维传统的基础上,将“解释”(interpretation)(即对文本、演讲、电影、图形、动作甚至肢体语言的解释)包括进去,因为“与说明(explanation)一样,解释通常涉及构建和选择几个备选方案中的最佳方案(这是对复杂主张得出结论的关键性预决条件)”。他将“评估”包括在内,因为“这是确定事物的优点(merit)、质量、价值(worth)或用途(value)的过程”,① 而批判性思维与评估主张的真实性、可能性或可靠性有关。②

在批判性思维的定义中明确提及“观察”是不常见的,然而,人们日常的所见所闻通常需要解释和评估,这很可能需要使用批判性思维技能。斯克里文认为,“信息”一词指的是事实主张,而“交流”一词指的是超出信息范围的问题、要求、其他语言话语、信号等。最后,“论证”包括给出结论理由的语言。也许这个定义最显著的特点是它认识到“观察”可能是批判性思维的问题,这是对批判性思维概念综合性的扩展。

综上所述,批判性思维的概念一直在不断变化和发展,但其核心保持

---

① Alec Fisher, Scriven M. *Critical thinking: Its definition and assessment* [M]. Norwich: Edge Press and Centre for Research in Critical Thinking, 1997: 21.

② Alec Fisher. *Critical thinking—An introduction* [M]. Cambridge: Cambridge University Press, 2001/2011.

不变。1990年由46名公认的批判性思维专家组成的国际小组对批判性思维的定义进行合作研究后，最终制定了批判性思维“专家共识声明”报告。该报告指出：批判性思维是一种有目的、有规则的判断过程，这个判断过程产生对证据、观念、方法、标准或者语境的诠释、分析、评价、推理和解释。批判性思维本质上是一个探索的工具，它也是一个复杂的思考过程，涉及很多技巧和态度。教育者通常认为批判性思维至少有三个特征：(1)这样做的目的是下定决心相信什么或做什么；(2)参与思考的人试图达到与思考相适应的充分性和准确性标准；(3)该思想在一定程度上满足了相关标准。我们可以总结出包含这三个特征的核心概念，即批判性思维是慎重的目标导向思维。这些相互竞争的定义可以理解为同一基本概念的不同概念：针对目标的慎重思考，而且在任何情况下都以慎重思考的核心概念为前提。

一般而言，批判性思维具有以下特点：一是知识的获得与应用。批判性思维能够确定符合事实信念的知识并将知识应用于决策和行动。二是反思性。批判性思维是关于思维的思维，是对别人和自己思维的反思，也包括对标准和方法本身合理性的反思。而且，反思能够加强创造性、认知和成长，培养人们的独立性。三是合理性。批判性思维是理性的思维，即信念和行动要建立在合理的基础上，在信念和行动中要有好理由，同时要有方法和规则。四是公正性。批判性思维在分析评估论证时不能带有偏见和成见，如在观念、信仰、爱好等方面的偏见，应当从不同角度出发评估论证，真正做到开放、客观和公正。五是建设性。批判性思维不仅仅是用来发现缺点、弱点和负面事物的，它也包括积极和正面的事物。

总体而言，批判性思维的目的是要找到正确的思想和知识，它是对已有观念和论证资格的有意识的审核过程，是作出决定的过程，同时也是一个探索的过程，即它是对已有观念、知识和决策进行批判性反思，试图运用经验、逻辑等方法来找到更好的观念，推进知识的进步，作出合理的行动。本质上，批判性思维关心的是我们是如何思维的以及确定什么是值得相信的。

二、批判与思辨之间的关系

(一)什么是思辨

《汉英大词典》对思辨的中文释义是：(1) 亦作“思辩”，即思考辨析。语本《礼记·中庸》：“博学之，审问之，慎思之，明辨之，笃行之。”(2) 哲学名词。即纯粹思考，对经验的思考而言。英文释义为“make intellectual enquiries”(进行理智调查)和“speculation”。

《大英百科全书》(*Britannica Dictionary*)对 speculation 的定义是：关于未知事物的想法或猜测。《牛津词典》对 speculation 的释义是：推测、猜测、推断，即在不知道所有事实的情况下，对已经发生或可能发生的事情形成看法的行为。

思辨性是指脱离社会实践，只是通过抽象的思考、推理、论证得出结论的哲学。任何物都要经过辨识，才会区别物与物之间的差异；任何事只有用辩证的眼光看，才能分清事与事之间的联系。

思辨方法在一段时间很受推崇，哲学家认为通过思辨，人可以为自然界建立规则。近代科学的发展将思辨方法逐渐从主流的地位赶了下来，而把科学实验方法推上主流，实践才可使主观见之于客观。

然而，根据笔者于 2022 年 2 月在中国知网上输入关键词“思辨性思维”检索，共有 294 篇文献，其中有 97 篇文献名称包含“思辨”，多数文献在“思辨”一词后附加了其英文注解“(critical thinking)”，其余 200 篇左右的文献则与批判性思维有关。而在与思辨有关的文献中，有不少文献在阐述思辨的概念、性质和作用时，所引用的参考文献的名称却是批判性思维，表述的也是批判性思维的概念、性质和作用。因此，本章认为，国内相关文献中所谓的“思辨性思维”就是指的批判性思维。

(二)思辨能力

思辨能力就是思考辨析的能力。所谓思考指的是分析、推理、判断等思维活动；辨析指的是对事物的情况、类别、事理等的辨别分析。思辨能力首先是一种抽象思维能力。例如，能区分狗和猫，不算有思辨能力，因为仅凭经验观察就能够加以区分。但要搞清楚“先有鸡还是先有蛋”这个问题，仅靠经验观察是不行的，必须有较强的思辨能力才能做到。

关于如何理解思辨能力、逻辑能力、批判能力三者之间的关系，有学者指出：思辨能力包含了逻辑分析和批判性思维。逻辑分析是基础，是思维的基本要素，但无法指导思维过程。而批判性思维是分析和评估思维过程，以改进思维能力的专门技能。基本要素和工作过程相结合，形成思辨能力。关注形式的是逻辑，体现内容的是思辨，综合提出不同观点的是批判。逻辑是指考察论证过程中，对考察对象之间的关系进行分析。在分析过程中不具体关注论证内容，仅仅关注这个过程是否严谨，是否能将结果推演出来。我们常常会把“有道理”与“有逻辑”混淆，虽然听上去可能有道理，但不一定符合形式逻辑。如果不能依据论点推演出结论，就不能说“有逻辑”。相反，如果一段分析话语听上去毫无道理，但它的形式却是正确的，则可以说是“有逻辑的”。一个好的形式逻辑推演，也会体现出一种思辨性，即思考的深度。但总的来说，逻辑仅仅关注形式，也就是关注论证形式是否正确。所谓思辨，则是通过一套较为严密的论证，对某一问题有新的突破、新的认识，能够体现出一种思考问题的深度，这就是思辨能力。一般而言，思辨能力通常表示对问题的思考富有深度，能得出别人得不出的观点，因此它更关注内容。所谓批判，就是提出不同的观点。这要求批判必须有起码的逻辑，有一套形式正确的推演过程，同时得出的观点必须有一定深度，因此它也有内容。好的批判源于其内容的深度性与形式论证的严密性，因而批判能力是一种高级能力。

分析问题先要把思考的层面区分开，这是因为在不同的层面上对同一个问题所做出的分析，得出的认识或结论往往不同，甚至完全相反。如“先有鸡还是先有蛋”，在经验的层面上是一个容易解决且不易引起争议的问题；在理论或科学的层面上，它又是一个不恰当的问题；在逻辑层面，它不再是个问题，因为鸡生蛋就是先有鸡，而蛋孵鸡则是先有蛋，但此鸡非彼鸡，此蛋非彼蛋，因此被称为“恶性循环”这种思维错误的代名词。其次，需要注意在同一个层面上分析问题的条理性。这是分析方面的要求特征，也就是说，分析要讲究层次和条理。还有一个十分重要的特征就是说理，说理就是对所做出的分析结果进行解释和论证，解释和论证要明白和有力。

简要地说，层次分明、条理清楚的分析，清楚准确、明白有力的说理，即是思辨能力的主要特征。如果一个人在思考问题时能做到条理清楚，说理明白，我们就说其具有较好的思辨能力。

（三）批判与思辨

批判性思维与思辨性思维均基于相同的步骤：思辨性思维包括两部分：一是检验旧观点或旧信仰，生成新观点或新信仰的知识和技能；二是思维习惯，即主动运用思辨性思维看待世界，并采取行动。布鲁克菲尔德（Brookfield，2012）提出，批判性思维包括四个步骤。首先，寻找已有的假设。第二，检查假设。第三，从不同角度看待这个假设。第四，采取改进后的行动。① 从这个意义上看，思辨可以被理解为“思考+辨别”，更接近批判性思维。

文秋芳等人（2009）将“思辨能力”与“critical thinking skills”相对应，也就是将思辨等同于批判性思维（critical thinking），这正好与百度百科中思辨的外文名为“critical thinking”的表述相同。从这个意义上看，思辨与批判性思维只不过是英语原文在汉语翻译表述上的不同。然而，如果仔细分析，两者在侧重面上似乎又略有不同。文秋芳等人指出：“思辨能力只是思维能力的重要部分，不能涵盖思维能力的全部，比如不包括形象思维能力。”②

---

① Brookfield, S. *Teaching for critical thinking* [M]. San Francisco: Jossey-Bass, 2012.

② 文秋芳，王建卿，赵彩然等．构建我国外语类大学生思辨能力量具的理论框架[J]．外语界，2009（1）：38.

也有的研究者认为，思辨性思维能力这一表述从源头上看来自西方教育术语，国内学者将该术语引进作为对某一学习能力的表述。西方将思辨性思维界定为：学习主体有目的性调节的能力，同时是学习主体判断与思考各类证据、概念、标准、语境的过程。①

笔者赞同文秋芳等人的观点，人类思维只包括形象思维和概念性思维，其中抽象思维是概念性思维当中的一种。因为思辨能力是一种抽象思维能力，所以思辨也是概念性思维中的一种。

美国哲学联合会（APA）委托彼得·法乔恩（Peter Facione）组成“德尔菲”项目组提出的二维结构批判性思维的能力测试模型，将其界定为技能和倾向两个维度。其中技能包括6项认知技能：阐释、分析、评价、推论、说明和自我调节（分析、评价与推论为核心技能）；情感倾向包括：“好奇、自信、开朗、灵活、公正、诚实、谨慎、善解人意等。”②

思辨能力则是指思考和辨析的能力。思考指的是分析、推理、判断等思维活动；辨析指的是对事物的情况、类别、事理等的辨别分析。

从批判性思维与思辨两者的比较来看，两者既有共同处，也有细微的区别。然而，就目前我国的研究看，只有文秋芳项目组创建了批判性思维的技能测试问卷，借鉴和校对了国内翻译的加利福尼亚批判性思维的人格倾向问卷（CCTDI）。虽然该项目组将之称为思辨能力测试，但实际上就是批判性思维的能力表现的测试问卷。因此本章作者认为，虽然前述思辨能力、逻辑能力、批判能力之间存在一定的不同，但批判性思维与思辨从本质上看并没有多大的差异，只是对英语原文翻译上和对含义解释上的不同。采用这样的译法，可能与中国的传统文化有关，因为大多数中国人眼中的“批判”多少含有否定的含义，而西方所采用的“批判”并非否定，而是指由于怀疑而产生质疑，从而进一步阐释、分析、评价和论证。

---

① 王婷婷．厘清二语习得理论展望关键问题研究——评《二语习得中的关键问题》［J］．山西财经大学学报，2021，43（1）：132.

② 文秋芳．中国外语类大学生思辨能力现状研究［M］．北京：外语教学与研究出版社，2012：29.

三、批判与审辨之间的关系

（一）什么是审辨

《汉语大辞典》对审辨的解释：审慎辨别。外文名"critical thinking"。(1)哲学上指逻辑推导而进行纯理论、纯概念的思考。(2)思考辩论：也作思辨。

《新汉英大辞典》对"审辨"一词的中文释义为"审慎辨别"，审辨的英文释义为"probation"。

《韦氏词典》(*Merriam-Webster Dictionary*)给"probation"的定义是：critical examination and evaluation or subjection to such examination and evaluation(批判性审查和评估或服从此类审查和评估)；其同义词有：delving(钻研)、disquisition(研究)、examen(考察)、examination(审查)、exploration(探索)、inquest(勘查)、inquiry(询问)、inquisition(盘问)、investigation(调查)、probe(探查)、probing(追根究底)，research(研究)、study(学习)。

王世赟(2019)认为：在古今中外的典籍中，有不少与审辨式思维相关的阐述，比如，孔子曰："学而不思则罔，思而不学则殆。"《礼记·中庸》有言："博学之，审问之，慎思之，明辨之，笃行之。"约翰·杜威言："我们不从经验中学习……我们从反思经验中学习。"①显然，该学者认为审辨式思维等同于思辨，等同于批判性思维。

（二）审辨能力

根据前面关于审辨的定义，可以简单地延伸出审辨能力就是审慎辨别的能力。事实上，文献中少有关于审辨能力的表述，大多采用审辨式思维

① 王世赟．审辨式思维是什么，怎么教[N]．中国教师报，2019-10-23.

能力或审辨性思维能力来表述。

维基百科对“critical thinking”采用的汉译为“审辨式思维”，① 但刘欧(2010)认为：更普遍使用的汉语翻译是“批判性思维”。② 谢小庆(2014)认为“critical thinking”应该翻译为“审辨式思维”，从而其汉语解释即为：“审辨式思维是一种判断命题是否为真或部分为真的方式。审辨式思维是学习、掌握和使用特定技能的过程。审辨式思维是一种通过理性达到合理结论的过程，在这个过程中，包含着基本原则、实践和常规意义上的热情和创造。”③

具有审辨式思维的人，不仅质疑他人，也质疑自己。审辨式思维表现突出的特点在于：凭证据说理、论证观点符合逻辑、善于提问和质疑、自我反省和包容、深度认识和理解所论证命题的适用范围、果断决策并承担责任。显然以上这些表述与批判性思维的基本内涵没有太大的区别。

美国教育协会和美国国家教育测量学会共同编写出版的《教育测量(第4版)》中，将效度研究基于图尔敏(Toulmin)的论证模型之上。在论证中包含资料、必要条件、理据、限定、反驳和结论等6个基本要素。根据此模型，论证的基本过程是：资料和必要条件共同构成了理据，在接受了反驳之后，经过限定，使结论得以成立。谢小庆在他的“审辨式思维能力及其测量”中引用的图尔敏论证模型也正是美国批判性思维的能力测试模型之一，从而进一步说明它与批判性思维没有实质性的差别。

(三)批判与审辨

根据前面的介绍，作者认为批判与审辨的关系实质上是对英文“critical thinking”不同的汉语翻译。无论是从审辨英文释义的同义词比较，还是审

① 维基百科汉语版“审辨式思维”词条[DB/OL]. http://zh.wikipedia.org/wiki/审辨式思维.

② 刘欧. 美国核心教育成果为重心的高等教育评估[J]. 中国考试，2010(5)：31-36.

③ 谢小庆. 审辨式思维能力及其测量[J]. 测量与评价，2014(3)：9-10.

辨式思维与批判性思维的汉语概念和内涵进行比较，都没有实质性的差别。尽管有人可能会认为审辨式思维不完全等同于批判性思维，因为其目的并不是想要驳倒或者否定什么。然而这在实质上可能是不了解批判性思维同样也是中性的，批判性思维是让思考者保持科学的怀疑精神，而不是一味地否定他人。另外，虽然有些中国学者赞同将"critical thinking"译为审辨式思维，也有人主张译为思辨能力、明辨性思考、明审性思考、慎思明辨等，但更多的学者赞同译为批判性思维。而采用审辨式思维的学者在对相关概念、理论分析和判断展开论述时，基本上是对"critical thinking"相关文献的翻译表述。此外，审辨的字面意义"审慎辨别"似乎更强调辨别而对思考却有所欠缺。

尽管如此，此举也有非常值得肯定的地方。作者认为，这种方式可以更好地促进"中体西用"，使中西方文化交融，而不是全盘照搬国外的批判性思维，从而能够逐渐形成良好的环境，使之适合本国国民学习和提高批判性思维的能力。

四、批判与怀疑之间的关系

(一)什么是怀疑

"怀疑论"来源于古希腊语 skepsis，意思是"探究(inquiry)"。最初希腊语 skeptikos 的意思是"一个询问者(an inquirer)"，一个不满意并且仍在寻找真相的人。①

按照《中文百科》的解释：怀疑论是一种认识论，是认识问题的一种态度，它拒绝对问题作随意的不够严格的定论，对事物的看法采取一种类于"中立"的立场，既怀疑"是"也怀疑"不是"。怀疑论的反面是迷信，或更确切地说独断论。怀疑论或怀疑主义是哲学上对客观世界是否存在、客观

① Richard H. Popkin. *The history of scepticism from erasmus to spinoza*[M]. California: University of California Press, 1979.

真理能否被人们认识表示怀疑的学说和体系。①

自古以来，怀疑论就是一种强大的哲学立场。哲学中有两种有着本质区别的怀疑主义：不可知论的怀疑主义和可知论的怀疑主义。

不可知论的怀疑主义是对客观世界的认识和对客观真理持怀疑态度，从而否认知识客观性的知识论。把怀疑作为认识一切事物的原则，对客观事物和客观真理是否可知持怀疑态度，并怀疑它们是否存在。不可知论的怀疑主义的代表有古希腊怀疑派哲学家皮浪(Pyrrho)和18世纪英国哲学家大卫·休谟(David Home，1711—1776年)。

皮浪认为，由感觉和理性得来的知识都不可靠，事物是不可认识的，人们不能说出任何肯定的东西，甚至不能说出事物的存在，故人们应放弃判断，放弃认识。②

他的口号是："不做任何决定，悬搁判断。"他主张悬搁对事物的判断，其理由是事物本身的不确定性。皮浪及其继承者认为，既然得不到确定的知识，在思想上最好不作明确的肯定和否定，免得去进行无休止的争论；也免得因做了"不正当"的行为而自责。他们企图以不作判断来避免纷争，求得心灵的宁静。皮浪的怀疑主义认识到探求知识的困难，是应该肯定的；但他们的结论则是消极悲观的。

休谟的怀疑论是从经验的观点出发的，他赞同英国哲学家约翰·洛克(John Locke，1632—1704年)主张的"所有的知识都来源于经验"，即经验哲学。作为经验哲学基础的是"外部直观或内心感受所提供的材料"，因而，休谟的怀疑论就是从这种外部直观和内心的经验出发，其基本观点是"认为我们的概念是从经验取得的"，它的全部推论都是建立在这一基本观点或基本原则之上的。休谟的怀疑论既揭露了理性主义形而上学的独断性，又把经验主义推到了逻辑终局，昭示了经验主义和理性主义的弊病和思维与存在的矛盾，成了近代西方哲学的否定环节，直接促使德国哲学家

---

① 彭漪涟．逻辑学大辞典[M]．上海：上海辞书出版社，2004.

② 顾明远．教育大辞典[M]．上海：上海教育出版社，1998.

伊曼努尔·康德(Immanuel Kant，1724—1804年)走上批判哲学的道路，从一个新的方向解决思维与存在、经验和理性等矛盾。

休谟对康德的影响是直接而且重大的。这不仅表现在休谟探讨和解决问题的思维方式深深地打动了康德，而且还表现在休谟的经验主义怀疑论为康德的批判哲学提供了思想资料，奠定了批判哲学的基本框架。休谟的怀疑论暴露了以往哲学一个很大的弱点，即：无论是唯理论还是经验论，都形而上学地割裂了经验与理性、认识与实践的关系，因而都不能真正解决世界的可知问题。康德正是在休谟的启发下，通过对唯理论和经验论的改造和综合，力图解决思维与存在、认识论与本体论的矛盾，从而在西方哲学史上树立起一块新的里程碑。对康德来说，经验科学是合法的，但形而上学和哲学基本上是非法的。这种合法与非法的划分最重要的例外是伦理。康德认为，这些原则可以通过纯粹的理性来理解，而不需要诉诸经验知识所需的原则。因此，对于形而上学和哲学(伦理学是例外)，康德是一个怀疑论者。所以简单地说，康德所做的工作就是推翻两个世界的假设，而这也就是《纯粹理性批判》的研究领域。

中国古代道家代表庄子的怀疑主义与皮浪的怀疑主义有其相似之处。庄子的怀疑主义首先表现于崇尚‘不知’，以不知为真知。庄子的怀疑主义的论证过程具体表现为：首先，庄子揭示了人类认识能力的局限性；其次，强调认识标准的主观性；最后，强调事物的变易性。庄子怀疑主义从根本上否认现象世界的可知性，庄周梦蝶的故事提出了“物化”这一概念，“物化”其实就是对现实世界的怀疑。①

可知论的怀疑主义的代表有勒内·笛卡儿(René Descartes，1596—1650年，法国哲学家、物理学家、数学家)。笛卡儿的《第一哲学沉思集》中的第一个沉思就是从普遍的怀疑开始的，把一切打倒，重新建立。这种怀疑主义的怀疑是手段而不是目的，这种怀疑主义不但是哲学必不可少

① 刘笑敢．庄子哲学及其演变(修订版)[M]．北京：中国人民大学出版社，2010：161-166.

的，而且对哲学有着至关重要的作用，甚至可以说，没有这种怀疑，就不可能有近代哲学的产生。怀疑精神不仅是科学发展的动力，也是哲学发展的基础，这最明显地体现在笛卡儿的普遍怀疑精神上。

笛卡儿认为自然界的存在物只有精神性实体，即充满宇宙的客观精神，人类知识具有天赋的普遍必然性，“观念原先就是存在于我们心灵中”。笛卡儿怀疑一切知识乃至外部世界的存在，并由此推出“我思故我在”的著名命题，从而奠定了自己整个学说的基础。“我思故我在”的意思是：从我在思考这一点上就能推导出我的存在（拉丁语：Cogito，ergo sum），直译为“我思考，所以我存在”。由“思”而知“在”，笛卡儿认为这是一个绝对可靠的真理与第一原理。

“我思故我在”是笛卡儿全部认识论哲学的起点，也是他“普遍怀疑”的终点，是笛卡儿为一个无可置疑的陈述所进行的探索的结束。他发现他不能怀疑自己的存在，“因为当我否认、怀疑时，我就已经存在！因为我在思考在怀疑的时候，肯定有一个执行‘思考’的‘思考者’，这个作为主体的‘我’是不容怀疑的，这个我并非广延的肉体的“我”，而是思考者的‘我’。所以，否认自己的存在是自相矛盾的”。由这种简单的逻辑出发，笛卡儿将此作为形而上学中最基本的出发点，确证了人类知识的合法性。

现代西方哲学中的第一个怀疑论假设出现在勒内·笛卡儿的《关于第一哲学的思考》中。在书的结尾，笛卡儿写道：“我想……某个邪恶的恶魔，有着极大的力量和狡猾，用他所有的精力欺骗了我。”“缸中之脑（brain in a vat）”假说是用科学术语表述的。它假设一个人可能是一个被疯狂的科学家放在大缸里的、没有实体的大脑，并以虚假的感官信号为食。怀疑的假设可用于对某一特定主张或某类主张的怀疑论论证。通常情况下，该假设假定存在一种欺骗力量，它欺骗我们的感官，破坏知识的正当性，否则被认为是正当的。

笛卡儿的怀疑是为了更好的确信，使理论有更牢固的基础。历史上哲学体系之间更替、科学史上不同范式之间的更替都以这种怀疑精神为基础。这种怀疑与理性有着内在的联系，如果没有这样的怀疑，理性就不是真正的理性，它与理性和科学是不冲突的。

法国著名的希腊罗马思想史和哲学史专家莱昂·罗斑(Leon Roban，2003)认为，古代怀疑主义者“对问题的各方面作严格且孜孜不倦地渴求穷尽的分析；无与伦比的辩证的精细；一种绝不肯自己欺骗自己的精神的固执的诚实；对无论什么成见或学说都毅然决然地抱敌对态度；对纯粹事实的尊重，专注于谨慎地注意事实之间的关系和在实践上利用这种事实——这就是希腊的怀疑论发展到最后阶段的一些特点。”“面对着各学派的那种学说上的不容忍以及偏见的专横，它那种批判的态度表示出一种勇敢的企图，要使科学成为自主的，要求科学只专注于为了有用的实践的目的而严格地决定它的专门的方法程序。在这方面，它是实证精神的先驱。”①由此可见，莱昂·罗斑不仅深刻分析了古代怀疑主义的怀疑特点，也强调了他们的批判精神。

(二)怀疑与批判的关系

怀疑就是提出问题；批判是对观念、言论或行为做辩证分析和论证，然后得出结论。人们经常要对前人的论点或客观现象提出疑问并加以论证，这就是怀疑与批判的关系。

在人类发展的过程中，批判和怀疑起着无可置疑的推动作用。古人认为“学起于思，思源于疑”。无论是孔子在《论语》中所说“学而不思则罔，思而不学则殆”，还是宋人陆九渊在《陆九渊集·语录下》中提出的“为学患无疑，疑则有进”，宋人张载在《经学理窟·学大原》中所说的“在有疑而不疑者，不曾学，学则须疑”，以及朱熹在《朱子语类·学五·读书法下》中提出的“读书无疑者，须教有疑，有疑者却要无疑，到这里方是长进”，无一不在强调存疑对于增进学问的重要性。

怀疑和批判，是建立在否定既成形态和意识的基础之上，对旧事物的

---

① ［法］莱昂·罗斑．希腊思想和科学精神的起源［M］．陈修斋，译．桂林：广西师范大学出版社，2003：332.

否定则是尝试新事物的基础。任何一种既成的社会形态和人们形成的思想意识，都是发展过程中的一次顶峰，而人们对这种形态和意识的默认，就意味着发展过程的停止。反之，对这些形态和意识的怀疑和批判，则意味着发展过程正在逐步前进。积极的怀疑会更好地解决问题、发现新的规律，肯定新的形态，建立新的思想，进而推动历史的发展创新和创造力的产生！

科学具有鲜明的怀疑和批判传统。勇于和善于怀疑，自由批评和讨论，是保证真理在长时段肯定获胜的法宝。科学是追求真理和知识的，要追求真理，既要扫清前进道路上的思想障碍，又要为自己开拓新的通向知识王国的路径，这样的重任非怀疑批判精神莫属。

波普尔出生于自然科学的革命时代，培养了他对于科学始终持有怀疑和批判的精神。他所出版的《科学发现的逻辑》标志着批判理性主义的形成，从而建立了证伪主义，提出科学是在“猜想——反驳”的过程中不断进步的。波普尔把科学看作一个持续试错的过程，主张科学应具有批判精神和创造精神。波普尔对逻辑实证主义的理论主张进行反驳，提出科学理论的判定不在于其可证实性，而在于其可证伪性。他认为，经验的结果再多也是个别，而科学理论的阐述则囊括全部，这本身就是不科学的。另一方面，个别的经验事实也能证伪普遍命题，即如果根据演绎推理得出的结论是假的，其前提必假。在他看来，一种理论所提供的经验内容愈丰富、愈精确和普遍，它的可证伪度就愈大，科学性就愈高。①

与科学的怀疑精神经常并提和并联在一起的，是科学的批判精神。这两种科学精神是彼此接近、形影不离的。怀疑前先有批判性的分析，怀疑后紧接着的是系统性的批判；批判往往以怀疑为先导，深入批判之后更能坚定怀疑态度。

科学的怀疑批判精神是有根据、有条理的怀疑批判。所谓有根据，就

① 波普尔．科学就是可证伪，批判和怀疑精神不可或缺[DB/OL]．https：//baijiahao. baidu. com/s? id=1667267892317765222.

是要摆事实；所谓有条理，就是要讲道理——以实证精神和理性精神贯穿怀疑批判的始终。这样的怀疑批判精神才是所向披靡的，才能使科学和人永葆青春活力。

批判性思维包含于怀疑主义的哲学框架之中。怀疑主义是一种涉及世界观、价值观的哲学取向，而批判性思维更多的是一种认识论的实用工具与方法。

批判性思维是怀疑方法的基本原则，是一种支持利用科学方法(研究、分析和同行评议)为思考者的观点提供证据。怀疑论者可能比其他人花更多的时间进行批判性思考——分析他们自己的动机和行为，这可能是怀疑论者构成的一部分。批判性思维能培养良好的决策能力，并能帮助他人。如果我们正在做一个重要的决定，那么使用一些智慧、洞察力和批判性思维是很重要的，而批判性思维的运用一直是人类构成的重要组成部分。

批判性思维是怀疑主义的认识论基础，不拥有批判性思维，谈何怀疑？关于如何理解批判性思维，邓晓芒(2014)认为它至少有三个层次：第一个层次是灵感和想象力，这也是批判性思维的一种表现；第二个层次是怀疑精神，怀疑和批判的能力；第三个层次是自我批判，最典型的是康德提出的“批判哲学”，对自己所使用的理性加以批判——《纯粹理性批判》。①

由此可见，怀疑与批判性思维相互影响：正是因为怀疑，才会导致质疑，从而引起进一步的思考、分析和论证。因此，怀疑是批判性思维的引导，而批判性思维的结论是对怀疑的回应。从这个意义上而言，怀疑与批判是推动人类文明进步的源泉，二者共同推进科学和社会的不断发展。

从一定意义上来讲，没有怀疑、批判，就没有人类的文明进步；没有怀疑、批判，就没有科学技术日新月异的发展。但是，我们看重怀疑，倡导批判，并非主张“怀疑一切，打倒一切”。“怀疑一切，打倒一切”是历史虚无主义的反应，我们提倡的“怀疑与批判”则是唯物辩证思想的体现。

---

① 邓晓芒．原创性的源泉：批判性思维[J]．工业和信息化教育，2014(3)：3-4.

人类社会向前发展，靠的就是人类无时无刻不在进行的创造。而所谓的创造，指的是什么呢？创者，破也；造者，立也。创造就是打破旧的，创立新的。所谓不破不立，不疑不进也。可见，“破”的作用是十分重要的。

在人类的发展进程中，一切已知的认识都是探索性的；今天的真理很可能是明天的谬误。所以，我们的思想也必须随之更新与完善，这就要求我们不断去怀疑、去创造。

2013年7月17日，习近平总书记在中国科学院考察时发表重要讲话，他通过引用古人所说“学贵知疑，小疑则小进，大疑则大进”，提出要创新，就要有强烈的创新意识，凡事要有打破砂锅问到底的劲头，敢于质疑现有理论，勇于开拓新的方向，攻坚克难，追求卓越，不断开创我国创新驱动发展新局面。

五、小　　结

本章通过权威词典中对“批判”“思辨”“审辨”和“怀疑”等词语的中英文解释，介绍了它们在定义和概念上的异同。根据一些研究者的诠释和相关文献发现，“批判性思维”中的“批判”或“批评”一词在早期使用的英语是“criticism”，被认为是指对某事或某人吹毛求疵，是指出或强调作品、个人、态度、信仰、项目、政策或任何其他方面有缺点的行为。恰好与汉语中对“批判”的解释相同，都含有否定的意义。虽然在20世纪70年代和80年代，criticism被法语的critique所取代，意为对事物的详细分析或客观的评价，既包括正面的评价，也包括负面的评价。然而，人们仍然认为criticism和critique是可以互换使用的同义词，认为critique是一种像criticism一样对书面作品吹毛求疵的行为。也许正是critique一词所包含的“批评”和“批判”的双重意义，使得研究者们有可能将criticism与critique二词联系起来，对二者的重叠与差异加以思考，从而在中国国内一些相关的研究中使用中国文化中概念与“critique”相似的话语“思辨”“审辨”和“明辨”等来描述“critical thinking”。据此，关于批判与思辨和审辨之间的关系，本章认为无论从词语的英汉解释还是在相关文献中的论述及实际应用，思辨式思维和审辨式思维与批判性思维的概念和内涵都没有实质性的差别，它们都具有以下特点：

(1)在本质方面，“批判”“思辨”“审辨”都是一种有目的、有规则的思维方式，是一种探究的过程。它们都由怀疑引导，质疑已有的观念，从而引起进一步的思考、分析和论证，试图根据经验、逻辑和辩证的方法来找到更好的观念，推进知识的进步，做出合理的行动。

(2)在目的方面，“批判”“思辨”“审辨”和“怀疑”都是为了决定我们应该相信什么和做什么，即获取知识和决定合理的行动。都是为了冲破盲从，破除迷信、偏见、陈规、误导、封闭、单一和绝对的观点；提倡独立思考、开放心灵、公正考察所有已知的事实和不同观点。

(3)在思维的过程方面，都遵循了4个特有的原则：(1)发现和质问基础假设；(2)检查事实的准确性和逻辑的一致性；(3)说明背景和具体情况的重要性；(4)想象和开创替代选择。①

(4)在思维特点方面，都具有合理性、反思性、建设性和决策性。

综上所述，对于“critical thinking”所引出的多种中文表述，可能与中国的传统文化和对词义的理解有关，因为大多数中国人眼中的“批判”或“批评”多少含有否定的含义，容易引起误解，导致负面情绪。采用中国传统文化中的话语“思辨”或“审辨”更容易被国人理解和接受。此问题的解决方式应该顺其自然，且还需进一步具体分析中西文化对批判含义的异同点。

另一方面，采用中国传统文化中的话语描述西方的“批判性思维”可能更好地促进“中体西用”，使中西方文化交融，而不是全盘照搬国外的批判性思维，从而能够逐渐形成良好的环境，使之适合本国国民学习和提高批判性思维的能力。

① [加]董毓．批判性思维原理和方法——走向新的认知和实践(第二版)[M]．北京：高等教育出版社，2017：3.

邓晓芒先生(2004)在其《让哲学说汉语——从康德三大批判的翻译说起》中引用了黑格尔的一段箴言：“一个民族除非用自己的语言来习知那最优秀的东西，否则这东西就不会真正成为它的财富，它还将是野蛮的。”为此他提出要“教给哲学说德语”，认为“如果哲学一旦学会了说德语，那么那些平庸的思想就永远也难以在语言上貌似深奥了”。邓晓芒认为，如果把这句话中的“德语”换成“汉语”，这仍然是一条至理名言。他认为，黑格尔的看法很值得我们中国学人参考。他强调，真正要把外国哲学研究透，更重要的还是要精通母语，即对中文的娴熟把握。因为所谓“研究透”，对于中国人来说就意味着能用汉语思维透彻地理解乃至于表达外国人的哲学思想，而不是仅仅能够用外语复述外国哲学家的文本。①

再者，根据前面的分析，不难看出在中西文化交流过程中，由于文化差异可能产生相应的误解和误判。武晓蓓(2018)曾指出：“不同文化中的批判性思维有不同的表现，不同的形式，不同的焦点和不同的发展水平。中国文化中的明辨、思辨、审辨集中代表了批判性思维的中国话语表达，可以与西方的批判性思维相互取长补短，形成一种中国话语表达的批判性思维。”②这里并没有强调怎样翻译更为准确，而是对这些尝试予以肯定和鼓励。笔者也认为，真正要把批判性思维研究透，更重要的还是对中文的娴熟把握，这意味着能用汉语思维透彻地理解和表达外国人的批判性思维。

---

① 邓晓芒．让哲学说汉语——从康德三大批判的翻译说起[J]．社会科学战线，2004(2)：23-24.

② 武晓蓓．批判性思维研究[M]．北京：人民出版社，2018：134.

第三章 批判性思维的价值目标与能力体现

批判性思维的本质是探讨语言的价值观。对不同文化政治立场的差异性，是辩证否定还是吸收外国的立场，这是一种对民族文化的认同，确定民族自信心，这就是课程思政的核心所在。在大学英语中融入课程思政，提高学生的文化自信和民族自信，增强他们的荣辱观意识，把社会主义核心价值观当作自己的世界观、人生观、价值观。只有这样，才能达到课堂思政与大学英语相互促进，协调发展的目的。本章通过引出自主建构与价值引导，分析了批判性思维与自主建构的关系，以及批判性思维的价值目标与价值运用，最后阐述了批判性思维的技能与能力表现。

一、价值目标

价值目标是价值观和目标的结合。它们是通过了解为什么设定目标和为什么持有某些价值观而形成的。价值目标是人一生的首要目标，是完善成就目标的实用指南。美国律师、词典学家布莱恩·安德鲁·加纳(Bryan Andrew Garner)2019年主编出版的《布莱克法律词典》第11版对价值目标解释为：某种事物的重要性，值得获得性或者实用性；就是人们对某种客观事物(包括人、事、物)的意义、重要性、值得获得性或者实用性的总评价和总看法。①

---

① Bryan A. Garner. *Black's law dictionary* (*11th Edition*) [M]. Eagan: West Publishing Co., 2019.

(一)社会的价值目标

目前国际社会由资本主义和社会主义两种社会制度组成，由此形成了两种不同的核心价值观。

资本主义核心价值观，是建立在资本主义经济基础和政治法律制度基础之上的意识形态，是资本主义国家整合多元价值、维护政治统治、规范民众行为的重要工具。一些学者如亚当·斯密、哈耶克、弗里德曼、以及洛克、密尔、罗尔斯等都将自由、民主、平等、人权即西方所谓的“普世价值”作为资本主义核心价值观，论证了该价值观的必要性、可能性、可操作性以及作为人类价值的“普适性”。其中极端个人主义与拜金主义、享乐主义互为因果，构成资本主义核心价值观的价值目标和本质特征。崇尚个性自由与个体权利的思想，曾经客观地推动了资产阶级革命与资本主义社会的发展。资本主义核心价值观具有一定的历史进步意义，同时又存在根本缺陷。

我国是社会主义国家，信奉的是社会主义核心价值观。党的十八大提出，倡导富强、民主、文明、和谐、自由、平等、公正、法治、爱国、敬业、诚信、友善，积极培育和践行社会主义核心价值观。富强、民主、文明、和谐是国家层面的价值目标，自由、平等、公正、法治是社会层面的价值取向，爱国、敬业、诚信、友善是公民个人层面的价值准则，这是社会主义核心价值观的基本内容。

为了实现中华民族伟大复兴的中国梦，必须实现价值共识和共同价值追求。社会主义核心价值观是实现社会主义价值目标的重要保障，因而可以凝聚和汇集实现中华民族伟大复兴的中国力量。

批判性思维对理解和把握社会主义核心价值观是十分有利的。在社会主义建设实践中，人们应该运用批判性思维进行反思，总结经验和教训，建立和完善社会主义核心价值观。尤其在大学英语课程教学中，需要对来自西方的观点进行分析与评判，接受其中有益的思想，对其中有害的部分予以扬弃。其次，批判性思维也有利于形成价值认同。这是指个体或组织通过相互交往，在观念上对某类价值的认可和共享，形成共同的价值观。批判性思维在价值认同建构中可以发挥重要作用，通过批判性思维在判断和推理的基础上进行价值评估和选择，形成自己的价值观，并不断通过实践，加强自我控制和调节自己的行为规范。另外，批判性思维有利于辨明腐朽或不良的思想价值观念。“价值观的树立是一个非常复杂的过程，它需要人的高级思维活动。”①大学生要牢固地树立社会主义核心价值观，既需要批判性思维发现优点、关注长处的肯定性思辨，也需要它独立思考、敢于质疑、追求客观的逆向思维。通过批判性思维，分析、判断、辨别不同意识形态中优劣的思想观念，以及纷繁复杂社会中具体价值观念的对与错、美与丑、善与恶。坚持肯定和吸收中华民族优良传统美德和其他外来文化中值得借鉴并学习的文化遗产，坚决抵制和否定国内遗留的落后的封建观念和思想，以及西方社会一些腐朽和一味追求私利的价值观念。批判性思维能力能够系统地分析某些理论基础、逻辑关系、论据、结论的不合理和错误之处，以及可取之处，从而形成科学的思维定势。如果说批判性意愿和倾向的构成要素是“‘勇于批判’的精神和心向，那么批判性思维技能的构成要素则是‘善于批判’的策略和能力。”②

对“什么是社会主义、怎样建设社会主义”的反思，进而重新揭示社会主义的本质，并围绕这一基本和首要问题，深刻反思中国社会主义实践中的经验教训，促进中国特色社会主义从实践到理论的体系形成。以改革创新为时代精神是中国人克服因循守旧的思维惯性，解放思想、实事求是、大胆改革、不断创新积淀下来的精神气质的提炼和总结；而社会主义荣辱观在提倡社会主义道德的同时，也会重视由于商品经济导致人们出现的“拜金主义”以及封建社会遗留的各种腐朽的价值观。因此，扬弃腐朽和糟粕的社会主义核心价值体系具有鲜明的时代性。它“所坚持的马克思主义，

① 马萍．社会主义核心价值观形成过程中批判性思维的作用[J]．河南社会科学，2009(5)：9.

② 罗清旭．论大学生批判性思维的培养[J]．清华大学教育研究，2000(4)：81-82.

是具有与时俱进品格、适应时代发展要求、反映时代发展特点的马克思主义；社会主义核心价值体系将以改革创新为核心的时代精神包含其中，鲜明体现了其面向时代的精神气息；中国特色社会主义共同理想、社会主义荣辱观，既是时代的诉求，也是时代的召唤”①。显然，社会主义核心价值观要在受教育对象头脑中树立起来，思想政治教育工作者如果仅仅把它作为一个既定的知识体系加以灌输，而不讲清它在形成过程中对各种社会思潮和腐朽价值观的反思与批判，也就无法使受教育对象明确为何将此作为核心价值体系的内容，它经过了怎样的选择和扬弃才得以形成，它作为国家的价值定位和是非标准的意义何在。显然，这种对核心价值体系确定过程的“还原”，就是一次展示并引导受教育对象运用批判性思维的过程。缺乏受教育对象批判性思维的积极参与，受教育者想要深刻理解和把握核心价值体系将是非常困难的。

（二）教育的价值目标

教育的价值目标是教育对人和社会的意义或作用。具体包括：教育主体对教育客体和对象是否满足其需要的评价和态度；教育主体改造教育客体和对象，使其变成符合其希望或者理想和需要的客体和对象的过程、目的和结果。

教育的价值目标也是人们在观念中对教育的价值要求和追求；通过价值目标的指向性，将动机付诸实施，从而产生价值成果。② 教育的价值目标与教育的科目有关，不同的教育科目有不同的价值目标。比如：体育教育，最符合体育实践本质的目标追求是“体育精神”，体育精神是体育实践的价值标准③；劳动教育需要组织学生参加劳动，让学生动手实践和接受锻炼，从而“有助于培养学生正确劳动价值观和良好劳动品质”，“培养勤

① 朱伟．论社会主义核心价值体系的建构［J］．郑州大学学报（哲学社会科学版），2008（3）：33.

② 陈振明．政策科学［M］．北京：中国人民大学出版社，1998：489.

③ 马焕．体育中品格教育开展的价值目标和环境营造［J］．新课程研究，2018（1）：68.

俭、奋斗、创新、奉献的劳动精神"①；医学教育的价值目标"是培育医务人员仁爱救人、平等公正、尊重体谅、严谨诚信以及自律慎独"②；教育立法也有价值目标，可以概括为教育功效、教育自由、教育公平、教育秩序等方面；思想政治教育的价值目标应该包括两个部分：一是思想政治教育必须尊重受教育者的基本需要，二是将受教育者培养成为自由全面发展的人作为最终的价值目标；大学英语教育的价值目标是："既能促进人的自由全面发展又有利于满足社会对人才的需求。"③

教育价值论是教育哲学理论体系中最具特色的内容。价值，从哲学的角度看，是反映主客体之间的需要与满足的一种关系范畴。教育价值是作为社会实践主体的人的需要与作为客体的教育现象的属性之间的一种特定的关系，对这种关系的认识和评价就构成了人们的教育价值观。④ 在教育价值中人的价值与社会价值的关系、教育价值观、教育价值取向等问题的探讨上，已取得了不少成果。⑤

价值观不仅强调个人的价值，更强调个人价值和社会价值的统一；不仅强调科学的价值，更强调科学的价值和人文价值的统一；不仅强调人类价值，更强调人类价值和自然价值的统一，从而使受教育者内心确立起对真善美的价值追求以及人与自然和谐和可持续发展的理念。教育也要求培养受教育者的想象力、形象思维能力以及思维的创造性和批判性等。

1956年，美国著名的教育心理学家布卢姆(B. S. Bloom，1913—1999年)立足于教育目标的完整性，制定了教育目标分类系统。他提出把教育目标分为认知、情感和动作技能三个目标领域。根据布卢姆等的教育目标分类理论，结合我国教育教学的实际，教育界将课程目标分为知识与技

---

① 申培轩．劳动的教育价值与劳动教育目标[J]．现代教育，2020(10)：1.

② 张瑞宏．基于德性伦理学的医学道德教育价值目标探析[A]．中华医学会医学伦理学分会第十九届学术年会暨医学伦理学国际论坛论文集[C]．2017-07-20.

③ 王凤清．人的发展：大学英语教育的终极价值目标[J]．网友世界，2013(9)：77.

④ 王坤庆．21世纪中国教育哲学发展前瞻[J]．教育研究，1998(3)：19-24.

⑤ 郑金洲，王方林．教育价值研究十七年[J]．山东教育科研，1996(1)：17-19.

能、过程与方法、情感态度和价值观三个维度。它是一个问题的三个方面，集中体现了素质教育在学科课程中培养的基本途径，集中体现了受教育者全面和谐发展、个性发展和终身发展的客观要求。

中华人民共和国成立之后，我国经历了从传统高等教育价值目标到转型时期高等教育价值目标的转变。传统高等教育有两大价值目标：一是培养国家现代化建设急需的大量人才，二是为工农大众服务，满足广大工农群众的教育需求。① 改革开放以后，我国由计划经济体制向社会主义市场经济体制转型，我国高等教育也由单一的政府模式逐步转变为以政府为主导，市场、社会、学校等多元并存模式。此外，原来高度集中在中央政府的高等教育管理权向地方政府和高校适度放权，既带来了办学主体多元化、多层次化和资金来源的多样化，又导致了高等教育价值目标的多重性、多样性和复杂性。从国家层面看，转型时期高等教育的价值目标是：为适应新时期我国现代化建设的需要，提高民族素质，要多出人才、出好人才。显而易见，这一时期高等教育政策的价值取向是“效率优先，兼顾公平”，即在相对公平的基础上实现“多出人才、出好人才”的目标。②

（三）心理学的价值目标

心理学中的价值目标称为价值取向，它是人们对特定事物所采取的价值观。它是与具体事物和情境相联系的，是人们在特定对象之上所进行的价值选择。心理学上将价值观解释为人们关于事物重要性的观念，是依据客体对于主体的重要性，对客体进行价值评判和选择的标准；价值观与价值目标两者既有共同点也有差异。价值观强调认知层面，注重人判断事物价值的视角，而价值目标的指向性更为明确，与更为具体的行动选择相关

① 中央教育科学研究所．中华人民共和国教育大事记(1949—1982)[M]．北京：中国大百科全书出版社，1983：8.

② 崔华华，赵志业．我国高等教育政策历史变迁中的价值目标解析[J]．江苏高教，2014(1)：30.

联，是个人价值观的内化和体现。①

价值观是社会成员用来评价行为、事物以及从各种可能的目标中选择自己合意目标的准则。价值观是人们对社会存在的反映。个人价值观有一个形成过程，是随着知识的增长和生活经验的积累而逐步确立起来的。个人的价值观一旦确立，便具有相对的稳定性，形成一定的价值取向和行为定势，是不易改变的。价值观将人的价值取向和价值追求凝结为一定的价值目标，同时表现为价值尺度和评价准则，这种尺度和准则成为人们判断事物价值大小的判断标准。

心理学对思维的训练，主要体现在逻辑实证思维方面，更倾向于用实证、理性的角度来看待，而不是以感性、经验的角度来看待。心理学的价值目标就是为了完全了解人类行为及感受的特征和原因。显然，在价值观和价值目标形成的过程中，运用批判性思维能够通过理性和实证进行可靠的分析和判断，从而形成正确的价值目标。

教育心理学的价值目标主要针对发展价值、功能价值以及作用价值进行具体探究。② 早期传统的价值目标主要是作用价值，反映了教育心理学对施教对象所产生的具体作用所进行的分析，但并未深化研究。除作用价值外，还必须结合发展价值及功能价值这些价值目标，对教育心理学的内在结构、培养模式以及实践形式进行具体分析，反映出教育心理学价值目标所具有的推动作用。从功能性价值角度而言，其主要强调对教育心理学人才的社会引导功能、心理引导功能以及社会意识形态的引导功能进行全面增强，促使价值引导能够保持高度的准确性。③

积极心理学是美国心理学家赛利格曼在 20 世纪末倡导的。有学者认为，社会主义核心价值观与积极心理学的价值目标具有一致性。具体表现

---

① 金盛华．社会学心理学[M]．北京：高等教育出版社，2010.

② 唐雯谦．以表层认知为主体的教育心理学内在发展本质探究[J]．黑龙江高教研究，2016(1)：121-123.

③ 朱虹，刘晓陵，胡谊．社会文化观下的教育心理思想——维果斯基的机能性系统分析视角[J]．全球教育展望，2012，42(3)：25-30.

在：一是精神内核的一致性；二是社会价值目标的一致性；三是个人价值目标的一致性。① 另一方面，需要全面强调社会发展价值和社会应用价值，体现价值指向性全面发展的新方向具有系统、具体和全面等三个方面的新特征。②

高校教育心理学价值目标的构成要素中，主要针对发展价值、功能价值以及作用价值等三个方面进行具体探究。[①]对作用价值的分析通常只是涉及教育心理学对教育对象的具体作用，往往比较浅显；对发展价值的分析涉及教育心理学对社会发展的主观能动性进行的探究，可以体现教育心理学对价值目标所具有的推动作用；对功能性价值的分析主要体现教育心理学人才的社会引导功能、心理引导功能以及社会意识形态的引导功能进行全面增强，促使价值引导能够保持高度的准确性。③

价值目标实际上涉及较多的范围，此节只简介其中主要和相关的部分。批判性思维也涉及相应的价值目标，将在本节后面分析。

二、自主建构与批判性思维

(一)自主建构与价值引导

自主建构是指“主体通过利用文化内部建构的基本认识原则组织经验发展知识”。④ 自主建构意味着：受教育者是一个有自由意志、独立自主的个体；他的心智与个性是他在社会交互作用活动中能动地生成的，任何外在事物的意义必须经过受教育者自我主观理解才能转变为他自己的经验，

① 张洁．基于积极心理学视角下高职高专院校大学生社会主义核心价值观培育路径探析[J]．高教学刊，2017(13)：165-167.

② 冯静．论积极心理学视角下的教育改革[J]．教育探索，2014(12)：136-137.

③ 朱虹，刘晓陵，胡谊．社会文化观下的教育心理思想——维果斯基的机能性系统分析视角[J]．全球教育展望，2013(3)：25-30.

④ 温彭年，贾国英．建构主义理论与教学改革——建构主义学习理论综述[J]．教育理论与实践，2002(5)：17.

即形成自主建构。同时，“自主建构也是指受教育者的精神世界是自主的、能动地生成与建构的，而不是外部力量塑成的”。①

教育是通过文化的传承来培养新的社会成员的过程；其目的是使新的社会成员不仅能继承现有的社会文化，而且要能发展这一文化，以求不断地认识世界和改造世界；其具体的途径就是要将人类社会历史文化内化为个体的心理智慧；其所关注的是理想个体的心理发展。而个体的心理发展是个体自身的自主建构与社会文化的外在引导共同作用的结果。②

教育从实质上看就是一种价值引导，它的价值目标是对人和社会具有意义或作用。也就是说，教育具有明确的目的，不同的社会有不同的目的。价值引导主要体现在教育传播过程中通常蕴涵着教育者的价值选择。此外，教育者和受教育者之间的关系表现在，教育者是受教育者的引路人，即教育者对受教育者进行价值引导，指导和帮助受教育者形成自主建构。因此，教育的价值引导是指教育者通过自己的价值选择和价值预设对受教育者实行的引导活动。

价值引导体现着社会的意志：在阶级社会中，体现着统治阶级的意志，体现着教育的性质，体现着教育者的人生追求和教育意向。③ 教育是一种文化和心理过程，必然涉及价值引导和自主建构。因此，任何教育活动都离不开价值引导的目的，教育者必然含有相应的价值选择和价值预设。此外，受教育者并不是直接通过外界力量被动形成价值选择和建构，而是需要积极主动地进行并完成自主建构的过程。“建基于价值引导与自主建构相统一的教育，从学生的成长过程来说，是潜能的显发、精神的唤醒、内心的敞亮、独特性的彰显与主体性的弘扬。教育的真义：价值引导

---

① 肖川.“人性本善”：主体性德育人格教育的价值预设[J]. 华东师范大学学报(教育版)，1999(3).

② 刘儒德. 论批判性思维的意义和内涵[J]. 高等师范教育研究，2000(1)：58.

③ 肖川. 教育的真义：价值引导与自主建构[J]. 上海教育科研，1999(3)：10-12，17.

与自主建构的统一。”①

根据对象性活动理论可知：“现代教学作为一种培养人的社会实践活动，是以增强学生的主体意识、发展学生的主体能力和培养学生的主体人格为目标，试图通过活动来引发学生主体与环境客体之间的相互作用，从而塑造和建构教学活动主体，促进学生主体性的发展。学习不是知识由外到内的转移和传递，而是学习者通过自主活动，通过新经验与原有知识经验的相互作用，来充实、丰富和改造自己的认知结构。”②从而完成自主建构，这个过程仅仅依赖于受教育者本身。

另一方面，道德情感是人们依据一定的道德规范和准则评价自己或他人行为是否符合道德需要时产生的主观体验。③ 为了实现教育者的价值引导和受教育者的自主建构，既需要教育者对受教育者进行道德价值引导，培养受教育者的道德理性，也需要注重道德情感的培养，借助这一道德认识通往道德行为的桥梁，促进其道德的自主建构。④ 课程思政就是体现我国通过教育实施的价值引导，培育受教育者热爱祖国，努力使之成为德智体美劳全面发展的社会主义建设者和接班人的重要举措。

很显然，自主建构决定于受教育者本身，而价值引导决定于受教育者外部的社会文化，通过受教育者自身自主建构和教育的价值引导共同作用，使受教育者心理不断成熟和发展。而受教育者心理成熟和发展是否快捷和正确，则与教育者和受教育者双方各自采用的引导和接受的思维方式有关。

(二)批判性思维与自主建构

教育本身不是指教育者对受教育者进行强制性的规定和指导，而是对

① 黄旭．价值引导与自主建构——对福建省一项教改实验的考察[J]．教育评论，2002(1)：43-45.

② 张天宝，王攀峰．试论新型教与学关系的建构[J]．教育研究，2001(10)：35-40.

③ 林崇德．思想品德教学心理学[M]．北京：北京出版社，北京教育出版社，2001.

④ 洪艳梅．思想政治课教学中道德情感的培养——兼论如何实现教师价值引导和学生道德自主建构的[J]．思想理论教育，2005(9)：70.

受教育者进行价值引导，同时帮助受教育者在教育活动中反思自身，从而实现自主建构与自我发展的过程。建构主义理论认为，知识并非只是通过教育者的传授得到，受教育者也可借助学习资料自学，或者得到其他人的帮助，从而通过自主建构而获得。作为教育者，需要引导受教育者考察和评判所学知识的真实性、准确性与价值所在，学会如何评价和判断所学的知识，也就是引导受教育者提高批判性思维能力，培养受教育者的想象力、形象思维，以及创造性思维等。

批判性思维既可作为教育者实施价值引导的有力助手，也可作为受教育者自主建构的有效工具。批判性思维基于充分理性和对客观事实进行评估，不受感性认识和缺乏事实依据的影响，通过质疑、推理、论证和评估，使受教育者实现自主建构。批判性思维除了质疑、反思、论证之外，还有追求知识和进行评价的建构过程。建构不仅包括经过探究而形成的充分的、确切的逻辑检验所形成的理论体系，而且还应有合理的价值主张。否认自主建构，就会使价值引导蜕化为机械的灌输和传递，从而导致行为主义的教育观和绝对的外铄论，其结果是“把受教育者当作物，而不是有自由意志、独特而丰富的内心世界、以及独立判断能力的人”。① 只有承认价值的引导而非主导作用，才能谈论自主建构的意义；也只有确定自主建构在心理发展中的内涵(即内化社会文化经验)，才能谈论价值引导的作用②。

建构主义理论提出，受教育者要不断判断自己学习的进展以及与预期目标存在的差距，同时还需采用各种增进理解和帮助思考的策略，并对学习活动进行回顾与批判性反思，不断调整学习策略，即受教育者的自主学习就是一个自主建构的过程。关于教学理论学科方面，有学者指出：教学理论话语是教学理论学科生成与发展的承载者，教学理论话语的自主建构必然成为新时代教学理论研究的发展力与生命力，中国教学理论话语的自

① 肖川．教育的真义：价值引导与自主建构[J]．上海教育科研，1999(3)：10-12.

② 刘儒德．论批判性思维的意义和内涵[J]．高等师范教育研究，2000(1)：59.

主建构必须立足于中华民族的独特教育文化传统。我国教学理论话语自主建构存在的现实困境表现在以下三个方面：一是与教育传统断裂，侵蚀我国教学理论话语的立足根基；二是现实观照的缺乏，弱化教学理论话语建构的自主性；三是教学规律的消解，或致教学理论话语科学理性弱化①。而实践与教育有着相似的目的指向，教学理论话语极有可能在具有本土现实意义的教学实践中得到充实与丰富。②

冯·格拉斯费尔德（Glasersfeld，2009）依据知识建构的主观性，提出了激进建构主义的新理论。③ 他认为，"人们定义的所有知识仅存于头脑中，思考的主体也只能在自我经验基础上进行知识建构"。这一论调，使激进建构主义划入了"极端"误区。④

批判性思维与激进建构主义都强调知识并非认知主体被动获得，而是在特定的文化氛围内积极主动寻求外援而获取的。⑤ 此外，激进建构主义在认识论层面以及科学哲学层面，都为批判性思维的发展提供了坚实的理论基石。因为批判性思维根植于古希腊哲学的怀疑主义（即否定客观实在能被认识）和主观主义（即每种认识都依赖于主观条件）。⑥

批判性思维的认知因素和倾向因素共同构成教育的关键因素。无论受教育者身处哪个学科领域，如法律、科学、历史以及哲学等，质疑假设的机制以及评估论点的说服力，都是一种非常理想的基本技能。盖尔德（Van Gelder，2001）在澳大利亚进行的一项实证研究中测量了大学推行批判性思

---

① 李晓玉，杨丽．中国教学理论话语自主建构中的困境及可能性路径[J]．湖北社会科学，2020(9)：155.

② 李晓玉，杨道宇．论我国课程话语的本土意识[J]．教育理论与实践，2016，36(10)：64.

③ Von Glasersfeld. Key works in radical constructivism [M]. Rotterdam: Sense Publishers，2009：76.

④ 董毓．批判性思维三大误解辨析[J]．高等教育研究，2012(11)：64-70.

⑤ 崔诣晨，刘青玉，李凡姝．批判性思维的意蕴及其培养：基于激进建构主义的视角[J]．当代教育论坛，2018(5)：89-94.

⑥ Hitchcock，D. The effectiveness of computer-assisted instruction in critical thinking [J]. *Informal Logic*，2004(3)：183-218.

维教学的效果。在这里，学生们被教导通过论证映射来解构论证，审查推理，识别并避免错误推理，并仔细评估归纳和演绎论证的说服力。经过一个学期的沉浸式课程（主要使用一个名为“基本原理”的论证映射软件程序），学生们在笔试（研究生入学考试的写作评估）和多项选择批判性思维测试中都取得了巨大的进步。在此基础上，盖尔德（Van Gelder）得出结论，明确的批判性思维教学方法“似乎大大加快了批判性思维的提高，特别是与师范大学教育的间接策略相比”。①

作为受教育者，需要在受教育过程中充分运用批判性思维。为了精通批判性思维的技能领域，受教育者需要经常练习这些技能。受教育者练习得越多，就会变得越好。实践需要受教育者进行广泛的认知努力，没有简单或肯定的快速方法来灌输批判性思维。由此可知，受教育者的批判性思维能力越强，他所形成的自主建构则越是合理和成熟，这不是简单和不完全理解的全盘灌输所能达到的目的。

三、批判性思维的价值目标与价值运用

（一）批判性思维的价值目标

价值目标涉及主体与客体。在教育领域，教育主体是指在教育活动中有意识地作用于客体的人，与教育客体相对。教育理论界对教育主体的认识如下：一是指教育者，主要指教师。教育者有目的、有计划地对受教育者施教，以自身传授知识的教学活动促进受教育者的身心健康发展，教师在教育活动中发挥主导作用；二是指受教育者，也就是学生。受教育者在教育过程中不是完全被动地接受教育，而是具有主观能动性，可以自觉地学习和自主建构，教师不过是学生学习的指导者和引路人。教育客体则是指在教育活动中被有意识针对和作用的人和物，与教育主体相对：一是指

① Van Gelder，T. How to improve critical thinking using educational technology［D］. Melbourne：The University Melbourne，2001：539-548.

教育的对象，即受教育者。受教育者有自己的身心发展规律和个性特点，对教育者的教学活动会做出反应，因而有一定的制约作用。二是指教育过程中教育主体认识的对象或客体。对教育者来说，其认识的客体有受教育者本身以及所教的教材与相关知识材料；对受教育者来说，其认识的客体有教育者本身的言行和施教影响以及所学的教材与相关知识材料。由此可见，教育者和受教育者都是有主体意识的人，在教学中都有自己作用的客体，两者都是教育主体；同时在某种程度的意义上，又表现出互为对方的教育客体。

批判性思维的价值目标同样涉及教育主体与客体。从概念上看，批判性思维是一种思维方式，本身并没有什么价值目标。所谓批判性思维的价值目标是指教育主体在教学过程中对教育客体提出满足自身需求和达到何种程度的设想，从而设定相应的价值目标。在教育者“教”的过程中，教育者是主体，受教育者是客体，主体对客体有意识地施教，同时对客体提出满足自身需求，也就是通过批判性思维达到教好所教知识的价值行为目的。另一方面，在受教育者“学”的过程中，受教育者成为了教育主体，教育者本身的言行和施教影响以及所学的教材与相关知识材料是客体，主体对客体有意识地学习和分析，积极主动地运用批判性思维技能分析问题和自主建构；同时对客体提出满足自身需求，也就是通过批判性思维学好所学知识的价值行为目的。教育的本质是通过提高和发展受教育者个体的主体性，使全体受教育者全面获得发展。教育的目的是使受教育者掌握知识，使知识成为受教育者主体的能力，使之能够运用所学知识解决实际问题。教育是创新能力的提高，实质在于把人类优秀的文明成果化为内在的心智结构。

“德尔菲法”国际研究小组认为：“批判性思维即作出有目的、自我监督的判断的过程。这种判断表现为解释、分析、评估、推论，以及对判断赖以存在的证据、概念、方法、标准或语境的说明。”①显然，批判性思维依据独立思考、自我监督、求真、和理性，要求主体在形成判断时需要有

① 彼得·法乔恩．批判性思维：思考让你永远年轻[M]．李亦敏，译．北京：中国人民大学出版社，2013.

足够的理由和有力的证据。

批判性思维的价值目标是教育主体所需要的价值观念，以现实价值关系为基础，满足主体需求的预先设定。价值目标是教育主体需求的表现形式，主体需求则是价值目标的实质。价值目标是教育主体在了解客体属性的基础上建立起来的，通过对客体属性的掌握，达到满足主体需求的目的。另一方面，教育主体设定的价值目标必须与实际需求相符合，需要通过批判性思维进行反思和论证。此外，由于教育主体是由群体组成的，无论是教育者还是受教育者主体，都是由不同的人所组成的，因而他们的知识水平不同，所掌握的批判性思维能力也不同，从而分别具有不同“教”和“学”的水平，所以不同水平的教育主体具有不同层次的价值目标。由此可见，我国通过文明互鉴，引进和推广批判性思维方式，可以提升我国教育主体的价值目标。

批判性思维的价值目标设定是确定教育主体与客体价值关系的重要步骤，对人类的价值行为具有极为重要的意义。教育主体通过价值行为实现价值目标，因此，行为是手段，价值目标则是行为的目的。教育主体对价值目标设定的依据是客体对主体的意义所在，主体设置价值目标的行为则完全取决于主体的选择，因而，需要具有批判性思维能力的主体进行反思才能做出合适的选择。此外，设置批判性思维的价值目标本身就是教育主体的选择和创造，主体所拥有的批判性思维能力越强，所选择和设置的价值目标则越合理。

(二)批判性思维的价值应用

适当的方法可以帮助受教育者知识内化、技能迁移以及掌握知识背后的价值观。有研究表明：批判性思维与大学生成功存在正相关关系，并能在长期显著提高学生的成绩①。也有学者指出，批判性思维课程学习能显

① Fong C. J., Kim Y., Davis C. W., et al. A meta-analysis on critical thinking and community college student achievement[J]. *Thinking Skills and Creativity*, 2017(26): 71-83.

著提升本科生批判性思维能力增值①。

当前我国高校正在深入实施课程思政，尝试“寓价值观引导于知识传授之中”②，从而实现高等教育“立德树人”的根本任务。自从课程思政提出来之后，课程思政的学理研究还需认真思考如何建立课程核心素养培育与课程思政探索的理论与实践联系。批判性思维的培养离不开文化情境、价值澄清和社会参与等多重因素，而这又恰好与课程思政改革的多个诉求相一致。因此，将培育批判性思维融入课程思政的探索，不仅可以为我国学生发展批判性思维提供本土化的新思维，还可为正在实施的课程思政改革提供进一步的学理论证与实践参考③。事实上，学界最初对课程思政的理解侧重于单纯的思想政治教育。此后有学者提出了课程思政的“要义在于育人和育才的齐头并进和辩证统一”，“力求培育德才兼备、和谐发展之人”，这才是课程思政的“根本旨归所在”④。

批判性思维的本质是探讨语言的价值观。对不同文化政治立场的差异性，是辩证否定还是吸收外国的立场，这是一种对民族文化的认同，确定民族自信心，这个就是课程思政的核心所在。人们对语言的一系列价值判断或态度则充分地体现他们的语言价值观。⑤

大学阶段是大学生成长的关键时期，需要尽快培养他们的人生目标，使他们形成正确的价值观和人生观。这就需要不断提高大学生的批判性思维能力，使他们通过批判性手段不断地进行分析和论证，从而使他们更好地掌握所学的知识。批判性思维的运用要求依据一定的标准，这种评价性

① 张青根，唐焕丽．课程学习与本科生批判性思维能力增值——基于2016—2019年“全国本科生能力追踪调查”数据的分析[J]．高等教育研究，2021，42(8)：79.

② 习近平．论党的宣传思想工作[M]．北京：中央文献出版社，2020：384.

③ 陈嘉欣．批判性思维培养融入高校课程思政的可行性探讨——知识通达价值的“4C”进路检验[J]．大学，2023(12)：70-71.

④ 唐德海，李枭鹰，郭新伟．课程思政”三问：本质、界域和实践[J]．现代教育管理，2020(10)：52-58.

⑤ 周明朗．语言价值观与语言多样性[J]．云南师范大学学报(哲学社会科学版)，2019，51(5)：57-64.

思维兼具反思、完善和合理的特点。这种思维倾向和思维技能得以科学、有效的运用，不仅能促进培养学生的批判性思维，还能有效分析学生的价值取向，从而能够进一步了解和改善学生的思维状态，使其逻辑结构不断趋于完善。

现行的《大学英语教学指南》(2020 年版)指出，大学英语的教学目标是培养学生的英语应用能力，增强跨文化交际意识和交际能力，同时发展自主学习能力，提高综合文化素养，培养人文精神和思辨能力，使学生在学习、生活和未来工作中能够恰当有效地使用英语，满足国家、社会、学校和个人发展的需要。

大学英语课程的教学应用目标是培养学生的英语应用能力。英语应用能力的形成建立在学生的语言技能、语言知识、情感态度、学习策略和文化意识等素养整体发展的基础上。如前所述，教育界将课程目标分为知识与技能、过程与方法、情感态度和价值观三个维度。而语言知识和语言技能、学习策略、情感态度和文化意识分别对应知识与技能、过程与方法、情感态度和价值观这三个维度。

知识与技能是培养学生的英语应用能力的基础，而学生的知识则是由自身建构出来的。此外，学生在学习中不能局限于对知识的掌握，还必须将所学到的知识转化为相应的技能。而实现这种建构需要在受教育过程中充分运用批判性思维。在知识与技能这一维度中，批判性思维的价值在于帮助学生通过质疑假设等机制，引导学生认识和获取知识，并且批判性地质疑知识，从而建构和完善知识。通过批判性思维方式获得的知识又是形成有效转化为相应技能的重要基础，由此可以使学生获得综合运用英语能力的牢固基础。也就是通过提问→获取知识→质疑与反思→建构和完善知识→转化为技能。

过程与方法贯穿于知识与技能、情感态度和价值观形成的全部过程，强调学生学习过程的体验和科学方法的掌握。批判性思维具有冲破盲从、养成独立思考的个人素质，促进认知能力和知识的增长，进行思维深度和广度的拓展，促进决策和行动的质量提升，探究本源以及奠定创造性思维基础等特点，正好将过程与方法联系在一起。学生在英语学习的过程中，选择恰当的方法学习所学的内容，通过批判性思维，将所学内容建构为自己的知识和技能，并进一步形成正确的情感态度和价值观。显然，在英语学习和跨文化交流能力培养的过程中，需要注重运用批判性思维，在整个学习过程中以提高思维品质和跨文化交流能力为目的，不断运用批判性思维的质疑、反思、评价、论证等方法，引导学生提高跨文化交流能力。由此可见，批判性思维的价值恰恰是与过程和方法的相互补充和相互配合，这是因为批判性思维本身就是一种质疑和反思的思维过程。

教育部2007年制定的《全日制义务教育普通高级中学英语课程标准(实验稿)》指出，情感态度是指学生在英语学习过程中的“兴趣、动机、自信、意志和合作精神等影响学生学习过程和学习效果的相关因素以及在学习过程逐渐形成的祖国意识和国际视野”，不仅指学习兴趣和责任，更重要的是乐观的学习态度、求实的科学态度、宽容的人生态度；而价值观不仅强调个人的价值，更强调个人价值和社会价值的统一，从而使学生内心确立起对真善美的价值追求以及人与自然和谐和可持续发展的理念。批判性思维体现质疑和反思，“是一种怀疑的、审慎的心态，是一种理性精神、思维品质和人格特征”,① 这种思维方式与情感态度和价值观相一致。批判性思维追求独立思考，倡导分析和论证，在不断质疑、反思、评价和论证的过程中形成符合逻辑的思想意识。情感态度和价值观的形成需要学生通过逻辑分析与论证进行自主建构，批判性思维能够更好地促进情感态度和价值观的形成和培养。显然，批判性思维的价值在于不仅可以帮助学生形成正确的情感态度和价值观，而且能够促进学生英语水平和跨文化交流能力的提高。

① 吴格明．逻辑与批判性思维素养[M]．北京：语文出版社，2003：11.

四、批判性思维的技能与能力表现

(一)技能、能力与知识

技能是指人们通过学习和训练而掌握的动作方式与活动，分为操作技能和心智技能(智力活动)。操作技能(如驾驶汽车)的动作是由操作者机体的运动实现的，其动作的对象为物质性的客体；心智技能(如逻辑推理)的动作一般需要借助于个人主体内在的智力操作来实现，其动作对象为有关事物的信息。操作技能的形成，依赖于机体运动的反馈信息；而心智技能则是通过操作活动模式的内化而形成。

现代汉语词典对“能力”解释是，完成一项目标或者任务所体现出来的素质。心理学对“能力”的解释是，能顺利、有效完成某种活动所必须具备的心理条件。美国著名心理学家大卫·麦克利兰于1973年提出了“冰山模型”，他将人员个体素质的不同表现划分为“冰山以上部分”和“冰山以下部分”。其中，“冰山以上部分”是基本知识和基本技能，属智力素质，是一种比较容易了解和考量的外在表现；而“冰山以下部分”是社会角色、价值观、自我形象、人格特质和动机，属非智力素质，是人内在的、难以考量的部分。由此可见，能力实际上是一个人的综合素质，不仅包括智力因素，也包括非智力因素。智力是一个人能力的基础，智力因素主要包括一个人的注意力、观察力、记忆力、思维力和想象力；能力则是学习者对学到的知识和技能经过内化的产物，是使活动顺利完成的个性心理特征。非智力因素则是学习者取得学习成果的基本保证，如果学习者价值观正确、人格健全、学习动机明确、善于采用批判性思维方式自主建构，就能获得好的学习成果。

知识的定义一般是从哲学角度作出的。《中国大百科全书·教育》指出：“所谓知识，就它反映的内容而言，是客观事物的属性与联系的反映，是客观世界在人脑中的主观映象；就它的反映活动形式而言，有时表现为主体对事物的感性知觉或表象，属于感性知识，有时表现为关于事物的概念或规律，属于理性知识。”①从这一定义中我们可以看出，知识来源于外部客观世界，但知识本身并不是客观现实，而是客观事物的属性与联系在人脑中的反映；知识是在主客体相互作用的基础上，通过人脑的反映活动而产生的。

知识是技能和能力的基础，知识和技能又是能力的基础。但需注意的是，只有可以被广泛应用和迁移的知识和技能，才能转化成为能力。能力不仅包含了一个人现在已经达到的成就，而且包含了该人所具有的潜力。能力和知识虽然都是保证活动获得成功的重要条件，但它们本身是不同的。知识是人类社会历史经验的总结和概括；能力则是个人比较稳定的个性心理特征，其中很大一部分来自知识的转化，能力形成远远慢于知识获得。能力和知识又是密切联系着的：一方面，能力是在掌握知识的过程中形成和发展的；另一方面，掌握知识又是以一定能力为前提的，能力是掌握知识的内在条件和可能性，制约着掌握知识的快慢、深浅、难易和巩固程度。同时，能力和知识的提高并不完全一致。比如，不同的人可能具有相同的知识，但他们的能力并不一定相同。又如，一个人虽然读书很多，但解决实际问题的能力却十分低下，说明他所学的知识只停留在书本上，没有转化为实际能力。

(二)批判性思维的技能

1987年，美国哲学联合会(APA)委托Peter Facione组成由46位不同领域的专家形成的“德尔菲”项目组。经过两年多的反复探讨达成了共识，于1990年完成了“德尔菲报告”，并在报告中指出，批判性思维主要包括下面介绍的6项技能。②

(1)阐释：指理解和表达多样的经验、情景、数据、事件、判断、习

① 中国大百科全书·教育[M]. 北京：中国大百科全书出版社，1985.

② Peter A. Facione. *The Delphi report* [M]. California：California Academic Press，1990：6-11.

俗、信念、规则、程序或规范的含义或意义。子技能包括分类、解读意义和澄清含义。

(2)分析，指识别意在表达信念、判断、经验、理由、信息或意见的陈述、问题、概念、描述或其他形式的陈述之间的实际推论关系。子技能包括审查观念、检测论证和分析论证。

(3)评价，指评价陈述的可信性或其他关于个人的感知、经验、境遇、判断、信念或意见的描述；评价陈述、描述、问题或其他形式之间的实际或意向推论关系的逻辑力量。子技能包括评估主张、评估论证。

(4)推论，指识别并保证得出合理结论所需的要素；形成猜想和假说；考虑相关信息并根据数据、陈述、原则、证据、判断、信念、意见、概念、描述、问题或其他表征形式得出结果。子技能包括查询证据、推测选择和得出结论。

(5)说明，指陈述推论得出的结果；应用证据、概念、方法论、规范的术语来说明推论的正确性；以强有力的论证形式表达论证。子技能包括陈述结果、证明程序的正当性和表达论证。

(6)自我调节，指监控人的认知行为以及这些行为中使用的要素，特别是在分析和评估自己的推论性判断和导出结果时，敢于质疑、确认、验证或改正个人的推论或结果。子技能包括自我检查、自我校正。

其中，分析、评价与推论为核心技能。虽然在现有文献中关于批判性思维的技能有不同的表述，而且各自表述技能的多少也有所不同，然而，“德尔菲”报告毕竟是经过46位专家反复探讨才达成的共识，具有广泛的影响力和普及意义。因此，作者将其作为批判性思维技能的主要表述。

(三)批判性思维的能力表现

关于批判性思维的能力，有一些学者直接将其翻译为“批判性思维能力”，文秋芳(2019)则认为该译文歪曲了原义，建议将其翻译为“高层次思维能力”，后来通过与相关专家讨论，决定采用“思辨能力”①作为正确与

① 文秋芳，王建卿，赵彩然，刘艳萍，王海妹．构建我国外语类大学生思辨能力量具的理论框架[J]．外语界，2009(1)：37.

合理的译文表达。作者在此处采用“批判性思维的能力表现”来表达批判性思维的能力，同时也强调批判性思维的能力正是通过批判性思维的认知技能和思维倾向相组合而形成并表现出来的。

对此，国内外一些学者分别建构出了不同的测试模型和量具，用来评判学生个体批判性思维的能力表现。

测试模型：

第一为“德尔菲”项目组提出的二维结构批判性思维的能力测试模型，将其界定为技能和倾向两个维度。其中，技能指上一小节所论述的 6 项认知技能：阐释、分析、评价、推论、说明、和自我调节；情感倾向包括：“好奇、自信、开朗、灵活、公正、诚实、谨慎、善解人意等。”①

第二为保罗和埃尔德(Paul & Elder，2006)从思维要素、智力标准和智力特征三个层面考量，形成了三元结构批判性思维的能力测试模型。② 该模型以思维的八个要素即目的、问题、观点、信息、推理、观念、意义、假设作为主要的测试依据，并运用清晰性、准确性、精确性、相关性、深度、广度、逻辑性、重要性、完整性、公正性这 9 条智力标准进行检验，同时也列出了类似于情感倾向的谦恭、独立、正直、勇敢、坚持、自信、同情、公正这些智力特征。

第三为林崇德(2006)提出的三菱结构思维能力模型,③ 主要包含六个成分：思维的目的、思维的过程、思维的材料、思维的品质、思维的自我监控以及思维的非认知因素。思维的自我监控符合元认知的概念，对其他五个成分有积极作用，因此为三菱结构思维模型的顶点。

第四为文秋芳等(2009)在借鉴上述三个模型的基础上，提出的层级思

① 文秋芳．中国外语类大学生思辨能力现状研究[M]．北京：外语教学与研究出版社，2012：29.

② Paul. R & Elder L. *Critical thinking*：*Learn the tools the best thinkers use*[M]．New Jersey：Pearson Prentice Hall，2006.

③ 林崇德．思维心理学研究的几点回顾[J]．北京师范大学学报(社会科学版)，2006(5)：35-38.

辨能力模型。① 该模型将思辨能力细化为元思辨能力和思辨能力两个层次：第一层次的元思辨能力是指对自己的思辨计划、检查、调整与评估的技能，作者认为批判性思维技能中的自我调节具有类似的功能，因为元认知就是对自身已经形成的认知的再认知，因此，第一层次的元思辨能力可以管理和监控第二层次的思辨能力；第二层次思辨能力包括与认知相关的技能和标准，以及类似情感倾向的好奇、开放、自信、正直、坚毅这些情感特质。层级模型借鉴了二维模型的框架，但在认知维度上增加了三元结构模型中的“标准”。此外，层级模型的认知技能只列举了二维模型中的三项核心技能，即分析、评价与推论，并分别列举了各自所对应的子技能。此外，层级模型将三元结构模型中的标准精简为5条，包括清晰性、相关性、逻辑性、深刻性和灵活性。

从总体上看，二维结构模型提出时间较早，且汇聚了多位专家的共识，具有广泛的影响力和普及意义，并且形成了具有广泛影响的测量工具。理查德·保罗是美国批判性思维领域最有影响的学者之一，他和琳达·埃尔德所建构的三元结构模型以8个元素为依据，同时运用9个标准进行检验，并且配合使用情感倾向，从而形成对批判性思维的能力表现进行测量的理论框架。比较前述的两个模型，两者都有类似的情感倾向，这意味着他们都认为认知技能与情感倾向具有密切联系，共同决定批判性思维的能力表现；另一方面，两者也有不同：一是前者关注认知技能，后者关注思维元素；二是三元结构模型包含了检验思维能力的9条智力标准。显然，设置标准的目的有利于个体的自我调节和对思辨能力的评价。林崇德提出的三菱结构模型的重要贡献在于提出了思维的自我监控符合元认知的概念，主张将它作为三菱结构模型的顶点。这一贡献为文秋芳所建立第一层次的元思辨能力提供了依据。从总体上看，文秋芳所建立的模型既保留了二维结构模型中核心技能和情感倾向，又增加了三元结构模型中挑选

① 文秋芳，王建卿，赵彩然，刘艳萍，王海妹．构建我国外语类大学生思辨能力量具的理论框架[J]．外语界，2009(1)：37.

和改进的5条标准，可见，她所建立的模型综合了前述几个模型的优点，对在我国建立批判性思维的能力测试模型作出了贡献。

测试量具：

西方国家研发批判性思维的能力测试量具时间较早，尤其是20世纪80年代以后，形成了较全面的多种测试量具，目前已有近30种测试量具投入使用。

最早的为沃森-格拉泽测试量具，已有80多年的历史。测试量具是依据对“批判性思维三维度定义：批判性思维是态度、知识和技能的综合体”①来进行建构的。该测试量具包括5个子测验：一是推断，指基于给定信息评判为真的可能性，包含真、很可能真、数据不充分、很可能假、假共5种程度；二是假设识别，指辨识给定陈述背后未陈述出来的假设；三是演绎，指确定特定结论是否从给定信息中用逻辑方法导出；四是解释，指权衡证据并说明结论是否基于数据的概括而且是正当合理的；五是论证评估，指评估某一特殊问题或议题论证力量的强弱和相干性。②

第二为加利福尼亚批判性思维人格倾向问卷(CCTDI)，测试内容包括求真性、开放性、分析性、系统性、自信度、好奇心、认知成熟度。

第三为加利福尼亚批判性思维技能测试量具(CCTST)，测试内容包括分析、评价、推论、归纳和演绎。

第四为康奈尔批判性思维测试量具(CCTT-Z)，测试内容包括归纳、演绎、观察、假设、定义认可、意义等。

第五为剑桥思维能力测评量表(CTSA)，测试内容包括解决问题的能力和批判性思维的能力，(包括：概括结论、推论、识别假设、评价信息对论证的影响、识别推论错误等)。③

---

① 武晓蓓．批判性思维研究[M]．北京：人民出版社，2018：47.

② Watson-Glaser™. *Critical thinking appraisal user-guide and technical manual: UK supervised and unsupervised versions*[M]. London: Pearson Education Ltd, 2012: 3-4.

③ 文秋芳．中国外语类大学生思辨能力现状研究[M]．北京：外语教学与研究出版社，2012：14，33-34.

从我国的情况看，对批判性思维的人格(情感)倾向的研究，基本上就是对 CCTDI 进行翻译、修订和应用。文秋芳项目组也是通过对罗清旭译订的 CCTDI 进行校对后，于 2018 年进行了第一次研究和测试，此后在对问卷题进行修订和改编后，于 2019 年又进行了第二次研究和测试。对于批判性思维的技能测试，文秋芳项目组将其分成了客观题和主观题两部分，对客观题部分分别采用了先导研究、第一次正式研究和第二次正式研究；对主观题部分展开了第一次正式研究。[①]从总体上看，虽然文秋芳项目组在人格(情感)倾向和批判性思维的能力表现测试方面取得了较多的成果，但我国在总体水平上与国外相比，还存在不小的差距。

五、小　结

本章首先通过引入社会、教育、心理等的价值目标，分析了不同对象、学科、目的等不同的价值目标，接着介绍了自主建构的含义以及其与价值引导之间的关系：从本质看，教育就是一种价值引导，主要体现在教育传播过程中教育者的价值选择；任何外在事物的意义必须经过受教育者自我主观理解才能转变为他自己的经验，也就是形成自主建构。

本章接着讨论了批判性思维的价值目标和价值应用，并指出批判性思维只是一种思维方式，本身没有任何价值目标，所谓批判性思维的价值目标是指教育主体在教学过程中运用批判性思维对教育客体提出达到其价值目标的设想。

本章进一步指出：批判性思维的本质是探讨语言的价值观。对不同文化政治立场的差异性，是辩证否定还是吸收外国立场，这表明是否认同民族文化，直接影响到是否增强民族的自信心，这就是课程思政的核心所在。人们对语言的一系列价值判断或态度则充分地体现他们的语言价值观。

此后，本章介绍了美国哲学联合会“德尔菲”项目组提出的关于批判性思维的 6 项主要技能，主要包括：阐释、分析、评价、推论、说明、自我调节。接着介绍了"德尔菲"项目组、保罗和埃尔德(Paul & Elder)、林崇德、文秋芳等国内外学者关于批判性思维的能力测试模型；沃森-格拉泽、加利福尼亚、康奈尔、剑桥等国外批判性思维技能测试量具；加利福利尼批判性思维人格倾向问卷(CCTDI)以及我国对CCTDI进行翻译、修订和应用情况。

第四章　课程思政和批判性思维与大学英语教育的关系

外语教学的关键在语言、文化和思维。缺了这些基础，其他能力的培养和训练只能是无米之炊、无源之水、舍本逐末。① 语言、文化和思维之间的关系是复杂的。不同领域的经验证据表明，文化影响语言，语言影响思维，普遍共享的感知和认知制约着语言的结构。当我们思考语言或文化如何影响思维时，我们通常也会考虑思维方式如何导致语言和文化的差异。本章从分析语言、文化和思维之间的关系以及中西文化差异入手，厘清"课程思政为育人目标，大学英语为载体，批判性思维为手段"的关系。批判性思维的作用就是在大学英语教学中如何分析和判断语言的价值观。在大学英语教学中，如何看待不同文化政治立场存在的差异性，是辩证地否定还是全盘吸收外国文化的立场，这需要对民族文化的认同，需要确定民族自信心，这就是课程思政的核心意义所在。

一、语言与文化

(一)语言的定义、特征与功能

1. 语言的定义

不同的权威性书籍和词典分别对于语言的定义做出了不同的解释。

① 徐立新．外语教学的关键在语言、文化和思维[N]．中国教育报，2023-07-14：9.

《语言与语言学百科词典》认为语言是人类社会用来交际或自我表现的约定俗成的声音、手势或文字系统；《语言学百科词典》认为语言是作为人类交际工具的音义结合的符号系统；《不列颠百科全书》对语言的定义是：人们用来互相表达思想和感情的词语或符号系统；《简明语言学词典》认为“语言是人类特有的交际工具、思维工具，也是人类特有的信息工具。语言学史上多国著名语言学家和哲学家则从不同的角度给语言下了定义。例如，美国语言学家伯纳德·布洛赫(Bernard Bloch)和乔治·特拉格(George L Trager)的定义是：“语言是一个由任意声音符号组成的系统，社会群体通过它进行合作。”①德国比较语言学创始人之一威廉·冯·洪堡特(Wilhelm von Humboldt)认为，语言是一种创造性的精神活动，是一种世界观，是精神力量的主要表现形式。② 美国语言学派创始人萨皮尔(Edward Sapir)认为，语言是利用任意产生的符号体系来表达思想感情和愿望的人类特有的非本能的方法。瑞士语言学家费尔迪南·德·索绪尔(Ferdinand de Saussure)认为，语言是表达思想的符号体系。德国历史比较语言学家奥古斯特·施莱赫尔(August Schleicher)指出：“语言是耳朵所能接受的一个物质综合体活动的表现形式。这个物质综合体是由大脑(包括神经、骨骼、肌肉等在内)和言语器官构成的。”弗拉姆·诺姆·乔姆斯基(Avram Noam Chomsky)认为，语言是一种能力，是人脑中一种特有机制。法国语言学家梅耶(Antoine Meillet)认为，语言毫无疑问是社会现象。英国语言学家韩礼德(M. A. K. Halliday)认为，语言是人类在社会中的一切活动形式，具有可类型化的特点。

虽然以上诸多语言学家对语言的定义在表述上不同，但都是从语言的本质出发，大多数语言学家都强调，语言是人类所特有的，是区别于其他动物的最根本特征。

---

① 郭梦秋．语言的本质观与外语教学[J]．沈阳教育学院学报，2002(2)：64-66.

② ［德］威廉·冯·洪堡特．论人类语言结构的差异及其对人类精神发展的影响[M]．姚小平．译，北京：商务印书馆，2017.

2. 语言的特征

无论是口头的、书面的，还是通过动作和手势暗示的，语言的以下几个特征对人类交流是相关和重要的。

(1)语言是任意性的。语言是任意的，因为一种语言的单词与其含义或所传达的思想之间没有内在的关系。成年女性在英语中被称为“woman”，在汉语中被称为“妇女”，在法语中被称作“Femine”，这是没有理由的。选择一个词来表示特定的事物或想法纯粹是任意的，但一个词一旦被选择用于特定的指称，它就会保持原样。如果语言不是任意的，世界上就只有一种语言。

(2)语言是社会性的。语言是人类在社区中进行交流时使用的一组约定俗成的交流信号。从这个意义上讲，语言是一个社会群体的财产，包括一套不可或缺的规则，允许其成员相互联系、相互互动、相互合作；它是一种社会制度。语言存在于社会中，它是滋养和发展文化、建立人际关系的一种手段。

(3)语言是符号表征性的。语言由各种声音符号及其用于表示某些物体、事件或意义的文字符号组成。这些符号是任意选择的，并且通常被接受和使用。语言中的单词不仅仅是符号或图形，而是意义的象征。一种语言的可理解性取决于对这些符号的正确解释。

(4)语言是系统性的。尽管语言是符号表征的，但它的符号是在一个特定的系统中排列的。所有语言都有自己的编排系统，每种语言都是一个系统。所有的语言都有语音和语法系统，在一个系统中有几个子系统。例如，在英语语法系统中，有形态和句法系统，在这两个子系统中，有复数、语气、体、时态等系统。

(5)语言是有声的。语言主要由声音组成，只有通过人体的生理发音机制才能产生。语言开始只是作为声音出现，书写是在很久以后才出现的。书写只是语言声音的图形表现。所以语言学家们说言语是首要的。

(6)语言是非本能的、约定俗成的。没有一种语言是在一天内由一群人共同商定的公式创造出来的。语言是进化和约定的产物，每一代人都将这种约定传递给下一代人。像所有人类习俗一样，语言也会变化、消亡、成长和扩张。语言是非本能的，因为它是人类习得的。

(7)语言是有生产力和创造力的。人类语言的结构元素可以结合在一起产生新的话语，说话者和听话者都可能从未在彼此面前发出或听到过某些话语，但双方都能毫不费力地理解这些话语。

(8)语言是动态的。语言根据社会的需要而变化。现代人在电脑/网络上交流所用的词语与几十年前人们所使用的截然不同。地域差异也导致方言的产生。南美洲英语与北美洲英语非常不同，澳大利亚等其他国家的英语也是如此。

语言还具有其他特征，如声音和意义两个系统的二元性；移位意味着跨越时间和空间的对话能力；人性意味着动物无法获得它；通用性意味着人类在语言基础上的平衡；能力和表现意味着语言是天生的，是社会产生的；此外，语言是文化传播的，它是人们从长辈那里学到的，并代代相传。

3. 语言的功能

一般地说，语言有三种基本功能：(1)从人与文化的关系看，语言是人类社会不可分割的一部分，人类文明只有通过语言才能实现。(2)从人与世界的关系看，语言是人认识世界的工具，人们既用语言进行思维，又用语言调节行为。(3)从人与人的关系看，语言是交际方式和交流思想的手段，它是任意的，它是诸多系统中的一个系统。

俄国杰出的语言学家罗曼·雅各布森(Roman Jakobson)是结构语言学(structural linguistics)的先驱之一。结构语言学认为，语言是一个由相互关联的形式单位(units)组成的结构化系统。结构语言学分析单词结构、句子语法和语音等单位之间的关系。雅各布森创造了一种交际理论(Communication Theory)，并在其中确立了他所说的语言的六种功能。

(1)参照功能(referential)。语言的主要功能之一是与听众分享信息，这是用来以客观的方式传达信息的语言。例如：本季度销售额增长了3%。

(2)情感功能(emotive)。也被称为表达(expressive)功能，这一功能帮助我们解读交际对象(subject)的情感、感受、欲望和情绪。情感功能为我们提供了有关发话者语气(tone)的直接信息。例如：我为我买的新车感到兴奋!

(3)意向功能(conative)。此功能的重点是消息的接收者。与此功能一起使用的语言旨在引起受话者的注意或反应。例如：你能告诉我在哪里可以找到创可贴吗?

(4)交流功能(phatic)。交流功能仅仅用于交流情感，用于建立社会联系，而不需要真正交流任何有意义的信息。这种类型的语言用于启动或中断对话，或检查发话者和受话者之间的连接。例如：问候语“你好吗?”“我很好。”“回头见。”

(5)诗意功能(poetic)。这也被称为语言的审美(aesthetic)功能。此功能关注信息以及信息的传达方式。这意味着信息可能会被修辞(rhetorical figures of speech)或“华丽”(flowery)的语言所修饰。你会在引语和俗语(quotations and colloquial sayings)中找到诗意的作用。例如：I feel lucky to have met you! 我能认识你真是三生有幸啊!

(6)元语言功能(metalingual)。元(meta)基本上被定义为自我意识(self-awareness)。元语言是指谈论语言本身——它的特征、单词定义、澄清歧义和描述刻意的文字游戏都是元语言的功能。如果外来词被用来赋予特殊的意义或强调，那么元语言功能在翻译中也是相关的意义。例如：I couldn't help but feel a touch of Schadenfreude (a sense of pleasure or joy from the failure of others) when the other team lost by 50 points. 当对方以50分之差落败时，我忍不住感到一丝幸灾乐祸(一种从他人的失败中获得的快乐或喜悦)。此处Schadenfreude是德语名词Schaden的组合，意为“伤害”或“损害”，Freude意为“快乐”。因此，Schadenfreud的意思是对他人遭受的伤害或不幸感到高兴。

雅各布森的理论着眼于语言交际过程中需要呈现的东西，而不仅仅是发送和接收信息的简单关系。雅各布森认为，语言有六种功能是进行交际所必需的。此外，在交际过程中还有六个要素(elements)或因素(factors)。每个功能都关注交际过程中的一个因素，并与之互动。交际的六个要素是：

(1)发话者(addresser)。这是向特定受众传递信息的人。

(2)受话者(addressee)。这是接收信息的受众。必须至少由一个人组成，但可以包括许多人。

(3)语境(context)。语境构成了将要传达的信息的背景或原因。

(4)联系(contact)。发话者和受话者之间需要有一个关系渠道和联系。这种连接使交际渠道保持畅通。

(5)通用代码(common code)。该代码包括组成消息的规则，并与所使用的语言类型相对应。

(6)信息(message)。信息是由发话者发送的，与经验、想法、解释等相对应。

这些要素共同作用，实现了交际过程。它们是成功交际的步骤，每种交际都包括一个发话者和一个受话者。

发话者建立信息的语境，以便能够理解信息，这包括信息所处的环境、条件以及信息何时何地发出，它还可能包括交际过程中的潜在干扰。

受话者在信息发出期间和之后向发话者提供反馈，这建立了保持交际渠道畅通的联系。反馈可以是口头的，也可以是非口头的。比如，点头表示同意或表示信息已被理解。

为了使交际清晰易懂，要使用一个通用代码。例如：在IT行业中工作的人都了解API、BUG、DBMS和Scrum指的是什么。现在所有人都明白COVID-19指的是“新型冠状病毒肺炎”。

因此，语言不仅仅是知道很多不同的单词以及这些单词的含义。如果我们不知道如何把这些词组合在一起，它们就没有多大意义。我们通过听别人说话和学习语法来学习如何造句和短语。语法帮助我们理解书面或口语句子的系统、结构和含义。

韩礼德(Halliday)提出的语言元功能(the meta functions of language)是对人类语言高度抽象概括的功能，包括概念元功能(ideational)、人际元功能(interpersonal)和语篇元功能(textual)。三个元功能中的每一个都从更广泛的意义上处理世界的不同方面，如图 4-1 所示。

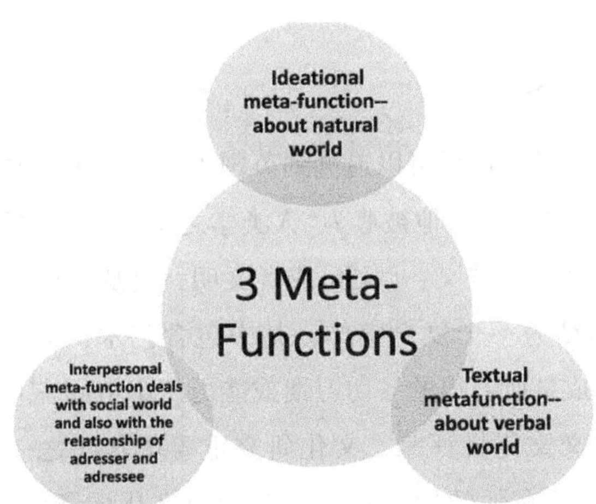

图 4-1　语言的三个元功能（Halliday，1970）

概念元功能亦是语言的重要信息功能。语言反映思维的内容，记载、记录信息。人际元功能处理的是社会环境，也处理发话人与受话人之间的关系。因此，语言具有反映人与人之间关系的功能。语篇元功能是关于言语世界。语篇功能反映了语言和语境的关系，简单地说就是语言的“组织”功能。我们每个人在说话写作的时候都在组织自己的语言，使之尽可能地完整、有章法、句与句之间具有衔接性。

韩礼德(Halliday，2009)认为，“功能”是语言的主要资产，其功能基础在概念意义、人际意义和语篇意义上都得到了语义把握，其中，子句(clause)在概念元功能中被解释为表征；子句在人际交往中被解释为交际；子句在文本中被解释为信息。①

① 韩礼德 . The Gloosy Ganoderm：Systemic Functional Linguistics and Translation [J]. 中国翻译，2009，30(1)：17-26.

社会语言学家则认为，语言的主要功能可概括为：表白功能、认识功能、人际功能、信息功能、指令功能、执行功能、情感功能和美感功能等。

(二)文化的定义及分类

1. 文化的定义

对于文化的定义，最早可以追溯到英国人类学家爱德华·伯内特·泰勒(Edward Burnett Tylor)，他被尊为“人类学之父”。他在《原始文化》一书中，将文化做了这样的定义：“文化或者文明，是从广泛的民族学意义上来说的，可以归结为一个复合整体，其中包含艺术、知识、法律、习俗等，还包括社会成员所习得的一切习惯或能力。”①20世纪中叶英语世界最重要的马克思主义文化批评家、文化研究重要奠基人之一雷蒙·威廉斯(Raymond Williams)在他的社会科学字典中对文化词条做过这样的说明：“文化是英语中两个或三个最复杂的词汇之一。原因在于欧洲复杂的语言发展历史以及文化本身已成为好几种不同知识学科、好几种互相冲突的思维系统的概念。”②荷兰心理学家霍夫斯塔德(Geert Hofstede)将文化称为“心灵的程序(mental program)”或“心灵的软件(software of the mind)”，能将一类人与其他人区分开来。人虽然不像计算机那样被编程，但人的部分行为是由他的心灵程序预先决定的，即个人的思维、情感、价值观体系等部分地决定人的行为举止。他将教育、文学、艺术这类的教养作为狭义的文化，即“第一种文化”；将作为心灵软件的文化作为广义的文化，即“第二种文化”。③ 与人类学家不同，霍夫斯塔德关注深层的心理文化。胡文仲

---

① ［英］爱德华·泰勒．原始文化［M］．连树生，译．桂林：广西师范大学出版社，2005：209.

② Williams，R. *Keywords*［M］. London：Fontana Press，1976：87.

③ Hofstede，G. H. *Cultures and organizations*：*Software of the mind*［M］. New York：The McGraw-Hill Companies Inc.，1991：4-5.

和高一虹认为文化是“特定人群的整个生活方式，即特定人群的行为模式以及支配行为的价值观念系统”①。

文化人类学对于文化的定义层出不穷。美国人类学家克莱德·克拉克洪(Clyde Kluckhohn)和阿尔弗雷德·克洛依伯(Alfred Kroeber)于1952年共同编写了《文化：概念与定义的批判性回顾》，收集了164种关于文化的概念。他们认为，应将文化定义为“历史上所创造的生存方式的系统，既包括显型方式又包括隐型方式；它具有为整个群体共享的倾向，或是在一定时期中为群体的特定部分所共享”②。

文化是一个广义的术语，指的是人类社会中普遍存在的社会规范和行为。它还包括通过特定社会群体、国家或人民的学习过程获得习俗、信仰、价值观、符号、知识、能力、习惯和艺术。文化是人类在不断认识自我、改造自我的过程中，在不断认识自然、改造自然的过程中，所创造的并获得人们共同认可和使用的符号(以文字为主、以图像为辅)与声音(语言为主，音韵、音符为辅)的体系总和。简而言之，文化是语言和文字的总和。③

帕特里克·R·莫兰(Patrick R. Moran，2001)描述了文化的五个维度：产品(products)(艺术形式、风俗习惯、场所和文物)、实践(practices)(行为、活动、设想和生活)、个人(身份和生活史)、观点(perspectives)(感知、信念、价值观和态度)和社区(communities)(民族、共存和关系)。④并采用了以下定义：文化是一群人不断发展的生活方式，由一组与一组共享产品相关的共享实践组成，基于一组对世界的共享视角，并设置在特定的社会背景下。如图4-2所示。

总之，文化被定义为人们生活和表达自己的方式，它是社会学的核心

① 胡文仲，高一虹．外语教学与文化[M]．长沙：湖南教育出版社，1997：9.

② Clyde Kluckhohn，A. L. Kroeber，Alfred G. Meyer. *Culture：A critical review of concepts and definitions*[M]. New York：Kracus Reprint Co.，1952.

③ 区文伟．区文伟文集：浅谈文化[M]．广州：花城出版社，2015：3-4.

④ Moran Patrick. *Teaching culture：Perspectives in practice*[M]. Boston：Heinle Cengage Learning，2001：24.

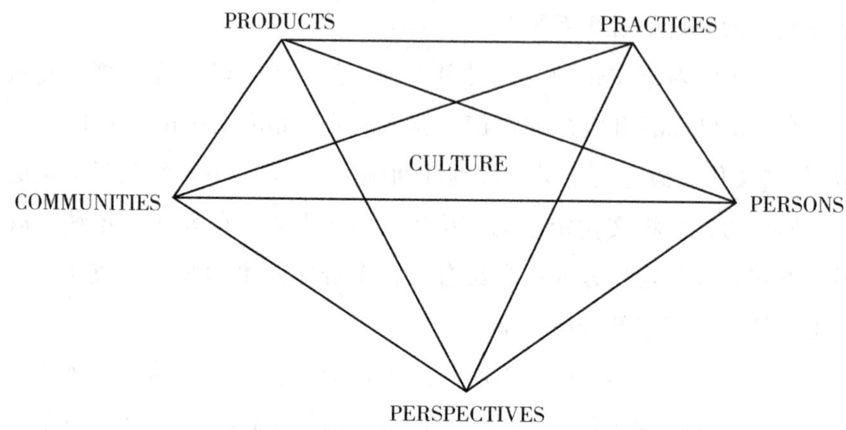

图 4-2 《文化的五个维度》莫兰(Patrick R. Moran，2001)

关注点。文化是指通过符号、规范和价值观等外部形式培养个人。它是一种生活方式，满足共同需求，可以是物质的，也可以是非物质的。它可以学习和继承，它可以被定义为管理一个社会的一套规则和资源。文化是将人们联系在一起、使他们强大和团结的纽带，并为社会和谐、经济进步和身体健康铺平道路。文化是一个重要的概念，在我们的社会生活中起着至关重要的作用，有助于勾勒社会关系，挑战社会秩序，塑造我们在社会中的日常行为。

2. 文化的要素

(1)语言。文化的首要要素是语言，它是用来传递知识、思想和信息的工具。大多数文化都是通过一种共同的语言和说话方式融合在一起的，它有助于与人们建立直接联系，并使人们能够更好地了解任何特定的情况。在语言(如英语或汉语)中也存在地区方言，这往往是文化最能表达自己的地方。

(2)符号。每种文化都有被用作非语言交流手段的符号，甚至代表动作和反应。文化群体的传统象征包括一种文化的旗帜以及国鸟或国花等元素，如美国的文化可以通过星条旗和老鹰等标志来识别。在加拿大北部，可能会将枫叶视为一种国家和文化象征。对于中国人来说，文化象征可能包括中国龙、熊猫或红灯笼等。

(3)规范。每种文化都有自己的规范。“norm”(规范)与“normal”(正常)一词同源。文化规范是我们在文化中做的看似正常或自然的事情，但不同的文化会有不同的规范。这就是为什么在你自己的文化中，你可能会感到舒适和完全“正常”，但当你处在另一种文化中，可能看起来有点奇怪！

例如，用叉子吃饭是西方文化中的一种常态，但使用筷子是许多亚洲文化中的常态。

其他规范包括说“你好”和“再见”的方式。规范可以是正式的，也可以是非正式的。正式规范是法律，是指对每个社会最重要的行为标准。非正式规范通常被称为习俗，指的是行为标准，虽然不那么严格，但仍然会产生很大影响。

(4)价值观。许多文化围绕着一套特定的价值观融合在一起，它是决定一个人的行为以及他认为对与错的要素价值。在西方，自启蒙运动以来，个人自由一直是一个中心文化标志。中华价值观强调个人对他人、社群甚至自然界所负有的责任，体现出强烈的责任意识。

(5)习俗。习俗是公认的做法、规则和传统，在社会中被认为是适当的。

(6)仪式。仪式是在特定情况下发生的一系列具有特定意义的活动。文化仪式和仪式类似于节日，但往往具有更庄严和纪念的元素。例如，中国传统的婚礼仪式是：一拜天地、二拜高堂、夫妻对拜，送入洞房。西方的婚礼仪式有牧师主持、新郎新娘誓言和交换戒指。

总之，文化是一种表达，它提供了一个社会所共有的风俗、目标、道德、价值观、态度和观点的信息。这种复杂的概念对人类生活的方方面面都有直接和间接的影响，并给我们一种归属感。

(三)语言与文化的关系

语言与文化的关系众说纷纭，最突出的有两种不同的观点：一是语言与文化密不可分，二是语言和文化可以分离。第一种观念最初由洪堡特于19世纪提出："不同的文化背景导致了不同民族从各自独特的语言角度观察周围的事物，因此，他们所看到的世界景象也存在显著的差异。如果个体不能跨越自身语言的限制，他们的认知和思维将会受到束缚。"①他还指出："语言就如民族精神的外在表现；民族的语言亦是民族的精神，民族的精神亦是民族的语言。"②著名的"萨皮尔-沃尔夫假设"延续了不可分论的思想，认为一个人看世界的眼光和思考事物的方式受到自身语言的牵制。萨皮尔(Edward Sapir)还指出：语言需要环境，而且语言不能脱离文化而存在或与社会传承的传统和信仰分开。③ 德国哲学家赫尔德(Johann von Herder)明确地把具体文化与具体语言进行关联，认为文化与语言共存。④ 这在21世纪人类学的文化定义中相当明确，影响最大的是法国作家、哲学家、人类学家、结构主义人类学创始人克洛德·列维-斯特劳斯(Claude Levi-Strauss)，他认为文化和语言由相同材料组成，如逻辑关系、异议、符号等类似材料，人们可以透过文化表层现象来确定它们相互联系的不变成分与方式，如神话、烹饪以及亲属关系等。⑤

另一方面，文化包括人类的物质财富和精神财富，语言正是人类在其进化的过程中创造出来的一种精神财富，属文化的一部分，物质财富与精

---

① 转引自，姚小平．西方语言学史[M]．北京：外语教学与研究出版社，2011：228.

② 威廉·冯·洪堡特．论人类语言结构的差异及其对人类精神发展的影响[M]．北京：商务印书馆，1997：50.

③ Sapir E. *Language*: *An introduction to the study of speech*[M]. New York: Harcourt Brace and Company, 2000: 221.

④ Williams. R. *Keywords*[M]. London: Fontana Press, 1976: 87.

⑤ Strauss, C. L. *Myth and meaning*[M]. London: Routledge & Kegan Paul, 1978: 4.

神财富均为人类社会所有。作为文化的重要组成部分，语言与文化存在内在联系，两者密不可分。一种语言必须依附于一种文化，同样一种文化必须通过一种语言才能够传播。语言作为人类特有的符号系统，是文化信息的载体。语言是一种自然现象，更是一种文化现象。Agar(1994)认为文化存在于语言中，语言中充满了文化。① 他甚至创造了新词“languaculture”来强调语言与文化之间的不可分割的联系。这个新词语体现了语言和文化之间紧密的关联。

由于文化的发展往往比语言的变化要快，我们更多地看到的是语言是如何反映文化的。美国第二语言教育家克莱尔·克拉姆契(Claire Kramsch)认为：语言表达文化现实，语言体现文化现实，语言象征文化现实；文化是语言形成和发展的基础，语言形成和发展的原动力是文化的发展变化。②他将语言与文化的关系概括为：语言是文化的体现，能有效地记录文化和传递文化。它不仅可作为人类的交际工具，而且人们在利用语言工具的同时，也把人类对社会现象和自然现象的认识凝固在语言中，从而实现语言记录文化的功能。由此可见，语言和文化相互依存。③

文化乃社会生产和生活之结果，代表着特定民族的精神风貌。实际上，文化的本质在于具体的价值观念和思维方式。由于每个民族都存在于特定的自然地理环境、历史背景以及文化传统中，因此塑造了各自独特的思维方式。④ 一个民族文化的形成、发展、传承和吸收，都要通过语言来表现，在语言中存储着前人的劳动和生活经验。⑤

---

① Agar, M. *Language shock: Understanding the culture of conversation* [M]. New York: William Morrow and Company, 1994.

② Kramsch, C. *Context and culture in language teaching* [M]. Shanghai: Shanghai Foreign Language Education Press, 1998: 3.

③ Kramsch, C. *Language and culture* [M]. Shanghai: Shanghai Foreign Language Education Press, 2000.

④ 连淑能. 论中西思维方式[J]. 外语与外语教学, 2002(2): 41.

⑤ 王璐. 论语言、思维、文化的关系——自历史生成论视角[J]. 东岳论丛, 2009, 30(11): 43.

美国人类学家瓦尔德·古德诺夫(Ward H. Goodenough)在他的著作《文化——人类学与语言学》(*Cultural Anthropology and Linguistics*)中详细探讨了语言与文化之间的紧密关系。他强调了语言与文化之间的密不可分，认为语言是文化的一个方面，是文化的组成要素之一。他还指出，语言在学习文化方面扮演着至关重要的角色，因为人们通过学习和运用语言来获得文化知识。①

斯大林是"可分论"的倡导者。他于1950在《真理报》上指出："文化与语言是两个不同的东西，文化可以有资产阶级的和社会主义的。语言是交际工具，永远是全民性的，它可以为资产阶级文化服务，也可以替社会主义文化服务。"②从文献检索看，虽然国外学者没有公开阐述"可分论"，但该理念在国外外语教学的实践中得到了较大程度的认可。如欧洲的内容教学法的基本理念就是斯大林的"可分论"的具体体现，即语言可以与任何课程相结合。

由此，我们可以看出，对于语言与文化的关系，两种极端的观点都显得过于简单。语言既不是单纯地驱使文化，也不是完全被文化左右。它们之间存在着相互影响、相互作用的复杂关系。

语言学家韩礼德的观点强调，语言和文化是同时变化和发展的，它们互相塑造。语言是文化的一部分，同时也受到文化的影响，反映文化的丰富内涵。这表明语言不仅仅是一种交流工具，还是文化的承载者，蕴含着民族的历史、文化背景以及对生活的看法和思考方式。

在外语教学中，强调文化教学的重要性变得十分明显。学习一门外语不仅仅是学习其语法和词汇，还需要理解其背后的文化，因为语言和文化密不可分。文化教学有助于学生更深刻地理解语言现象，增强对英语国家

① Goodenough, W. Cultural anthropology and linguistics [A]. In Garvin, Paul L. (ed.). Report of the seventh annual round table meeting on linguistics and language study [C]. Washington, D. C.: Georgetown University, Monograph Series on Language and Linguistics, 1957: 167-173.

② 转引自，罗常培．从斯大林的语言学说谈中国语言学上的几个问题[J]．科学通报，1952(7)：421-426.

文化的敏感性，培养英语思维能力，拓宽知识面，并提高与英语国家人士交流的能力。

综合来看，这种综合性的观点有助于我们更全面地理解语言与文化之间的复杂关系，同时也为外语教学提供了指导原则，强调了在教学中融入文化要素的必要性。

作为一门世界通用的语言，英语包含了丰富的思想和文化元素，同时反映了特定的道德观和价值体系。大学生接受英语教育后，不仅需要掌握英语以进行交流，还应深入挖掘语言所蕴含的文化内涵，并将其与中国传统文化进行对比，这样才能以正确客观的批判性思维来展开深入分析。

二、语言与思维

(一)思维的定义与分类

1. 思维的定义

在汉语中，术语“思维”与“思考”以及“思索”之间存在一定的联系，在某些语境中，它们可能被视为近义词。然而，这三个词汇之间依然存在微妙的差异：“思维”指的是人脑进行思考、认知、分析和判断的过程，这是一个广泛的认知过程，涉及对信息的处理和组织。思维代表了一种综合性的心理活动，包括了各种概念、观念和信息的处理。“思考”侧重于对问题、主题或观点的深入思考和评估，重点在于对特定问题或主题的分析、推理和评价。“思索”与思考类似，但更强调对抽象或深刻问题的深思和反思，更注重问题的探讨和思想的深层挖掘。尽管在某些情境下这些词汇可以互换使用，但它们在语义上有各自的重点。此外，这些词汇的理解也与文化、背景和个人经验有关。

值得注意的是，《词源学》是一门专门研究词汇起源和演变的领域，提供的解释和定义可能受限于特定文献和语境。语言是一个动态体系，词汇的含义也可能随时间演变而发生变化。根据 1988 年版的《韦伯斯特新世界词典》，“think”一词通常被定义为一种通用词汇，指的是运用智力来形成想法并得出结论。思维也与“理性”“思考”和“反思”等词汇存在同义关系。对于人类而言，思维是一个不可或缺的过程，它使我们能够解决问题，学习新信息，理解概念，处理经验。思维涉及学习、记忆和心理组织的整个过程，以便更好地理解信息并在以后进行回想。研究人员通常使用“思维”一词来指代概念的表征，同时也用它来表示一系列功能，如感知、推理和学习。简而言之，思维是人类大脑对现实世界中客观事物的认知过程的全面体现，包括概念、判断、推理(归纳推理和演绎推理)、假设、理论等多种形式，既反映客观世界，又通过实践对客观世界作出积极反应。思维的定义具有如下多重角度：

(1)信息处理观点。思维可以被理解为一个信息处理的过程，根据这个观点，思维包括接收信息、存储信息、加工信息和输出信息等一系列活动。这些信息可以来自外部环境，也可以源自内部的记忆和经验等。思维的任务在于处理这些信息，以更好地理解和适应客观现实。

(2)生理学观点。从生理学角度看，思维被视为脑内高级生理现象的表现，它牵涉到脑内的生化反应和神经元之间的相互作用。思维被认为是第二信号系统的产物，这一系统以语言作为刺激来实现反应。与第一信号系统不同，后者以电、声音、光等感官直接接收的信号作为刺激。

(3)思维的固有特性。思维的固有属性包括具有意识性，它代表了人脑对客观现实的自我感知、间接反映和概括性处理。这意味着思维是一个有意识的过程，个体在思维中有能力出于自我意识地处理信息和思考问题。思维也是一种间接性过程，因为它通过符号、符号系统和内部表征来反映客观现实。与此同时，思维是概括性的，因为它有能力将不同的信息和经验整合在一起，形成更高层次的认知结构。

(4)思维的角色。思维被看作认知的理性阶段。在这个阶段，人们构建概念，形成判断(命题)，进行推理和论证。这意味着思维是我们进行理性思考和决策的基础，使我们能够处理复杂信息、提取有用的结论，并发展新的概念和理论。思维作为所有认知活动和过程的基础，是人类独有的。它牵涉到对从环境中获取的信息进行处理和分析，这种处理和分析包括提取、推理、想象、解决问题、判断和决策等。

备受赞誉的教育家，前美国心理协会主席戴安·哈尔彭(Diane F. Halpern)强调，思维是人类与其他生物不同的独特特征之一。它涵盖了对内部表征的操作和转化。当我们开始思考时，我们会利用我们的知识来实现一些目标。① 从这个角度看，思维能力成为我们生活的基石，因为每个人都需要追求各自的目标。此外，在社会中，人际关系至关重要，没有人能够孤立存在。

笛卡儿认为，思维就是推理，而推理是通过应用严格的逻辑规则连接起来的简单思想链(McGregor，2007)。② 学习和思维这两个概念相互促进，相互完善。

思维包含两个要素：思维对象和思维主体。思维对象具有以下特征：

(1)目标性。思维对象是思维的目标，可以是具体事物、概念、问题、情境等，它指引了思维的方向。

(2)无限多的数量。这表示思维对象可以包括无穷多的元素，如自然数集合、数学中的实数集合等，展示了思维对象的广泛性和多样性。

(3)无限多的属性。思维对象通常有多种属性和特征。例如，一个人可以具有性别、年龄、职业、爱好等多种属性。

(4)无限多的变化。思维对象的状态和属性会随时间、条件或其他因素而变化，这表明思维对象的复杂性。

思维主体则表现出以下特征：

(5)主体性。思维主体是思维的执行者，通常指的是个体的头脑或意识，是思考、分析和推理的源泉。

---

① Halpern, D. F. *Thought & knowledge: An introduction to critical thinking* (*4th ed.*)[M]. New York: Lawrence Erlbaum Associates Publishers, 2003: 84

② McGregor Debra. *Developing thinking, developing learning* [M]. London: Open University Press, 2007: 9.

(6)实践活动。思维主体通常从事实际活动，包括感知、观察、思考、决策等，这与思维对象密切相关。

(7)思维过程。思维主体通过思维过程来处理思维对象，包括感知、认知、记忆、判断、推理等思维活动。

思维对象和思维主体之间存在紧密的互动关系。思维主体的思维活动以思维对象为基础，用于思考和处理思维对象的信息。思维对象的性质、数量、属性和变化性都会影响思维主体的思考方式和决策过程。因此，在认知心理学和哲学中，研究思维对象和思维主体之间的关系具有重要意义，有助于更好地理解人类思维和决策的机制。

2. 思维方式的分类

最常见的思维方式或风格有七种：分析思维(Analytical thinking)、具象思维(Concrete thinking)、抽象思维(Abstract thinking)、发散思维(Divergent thinking)、聚合思维(Convergent thinking)、创造性思维(Creative thinking)、批判性思维(Critical thinking)。

(1)分析思维。分析思维是一种有序、系统地处理任务的方式，包括归纳推理、演绎推理和证明等逻辑思维方法。这种思维方式涉及经过深入研究和逐步分析，最终得出明确结论。

(2)具象思维。具象思维是指以具体形象为基础的思考方式，是一般形象思维的最初阶段。它借助于鲜明、生动的表象和语言，具象性是中国古代思维的显著特点。古代智者善于借助具体的事物来解释和描述相对抽象和晦涩的概念，使抽象概念变得更具形象性。这种做法类似于使用易于理解的具体事例来阐释抽象概念，如“以形喻意”“生动形象地表达思想”“借用具象比喻解释原理”等。

(3)抽象思维。抽象思维是一种以抽象概念为基础的思考方式，它代表了人类思维的核心形态。抽象思维主要通过概念、判断和推理来进行，是人类最常用和广泛应用的思考方式之一。抽象思维使用词语作为媒介来反映现实，因此也被称为“词汇思维”或“逻辑思维”。这是思维的本质特征，也是人类思维与动物心理之间的根本差异。

(4)发散思维。发散思维又被称为求异思维、逆向思维、多向思维，它构成了创造性思维的一个要素，尽管不属于人类思维的基本形式；其作用在于引导创造性思维的方向。发散思维的实践者追求的是一条探索无限解决方案的路径，他们致力于深入、广泛地寻找最有效的解决方法。这种思维方式有助于解决问题或选择最佳解决方案。

(5)聚合思维。聚合思维是一种有方向、有条理的思考方式，用于从已知信息中产生逻辑结论，以及从现有数据中找到正确答案。它也被称为趋同思维，即将各种信息综合考虑，快速做出判断，朝着同一个方向得出正确答案的思维方式。聚合思维还包括从不同来源、不同材料和各种可能性中迅速做出判断，以找到解决问题的最佳方法。

(6)创造性思维。创造性思维是“超越框架思维”(thinking outside the box)的同义词。它代表了一种能够突破既定思维、理论、规则和程序的能力，使个体能够从不同的角度看待全新的创意想法。创造性思维用于创造前所未有的全新事物的概念，或者用于发现新事物的本质属性，以及揭示未被认知的事物之间内在联系的规律。创造性思维的过程包括六个要素，分别是发散思维、形象思维、逻辑思维、直觉思维、辨证思维和横纵思维。

(7)批判性思维。批判性思维(critical thinking)属于科学思维方式，是教育理论中的一种认知模式。批判性思维是一种评价思维的方式，通过一定的标准来改善和提升思维能力。它不仅是一种思维技能，同时也是一种思维倾向，具有合理性和反思性。从教育工作者的角度来看，批判性思维不仅包括可以教授的逻辑技能，还包括一种可以培养的反思性、开放性和探究性的倾向。在批判性思维的应用过程中，人们会进行深入的评估和判断，以确定事物的真实性、准确性、意义、有效性或价值。与简单地将信息分解为多个部分不同，批判性思维者会探索可能影响结论的各种因素。批判性思维涵盖了独立自主、自信、深入思考、不盲从权威、拥有开放的思维、尊重他人等六大要素。这种思维方式也是本研究重点探讨的内容，在本书其他章节有详细的介绍。

思维风格是指一个人在认知过程中表现出的偏好。按照美国心理学家罗伯特·斯滕伯格(Robert J. Sternberg) 的观点，思维风格是运用一种或者几种能力进行思考的方式，反映了个体运用自己思维能力的方式和特点，而不代表思维能力的高低。① 即思维风格不是能力，而是表达一种或多种能力的首选方式。

3. 思维技能的分类

20 世纪 50 年代，美国教育心理学家本杰明·布鲁姆(Benjamin Bloom)发展了一种思维技能(Thinking skills)分类，被称为布鲁姆分类学(Bloom's taxonomy)，即教育目标分类法(taxonomy of educational objectives)。他列出了以其命名的布鲁姆六种思维技能，按复杂性排列为：记忆(Remembering)、理解(Understanding)、应用(Applying)、分析(Analyzing)、评估(Evaluating)和创新(Creating)(见图 4-3)。

(1)记忆。这是第一项也是最基本的思维技能，也是知识(Knowledge)层次。在这个层次上，老师试图确定学生是否能够从记忆中检索或重复信息或观点，即：识别和回忆信息。例如：1812 年战争(War of 1812)涉及哪些国家？

(2)理解。在这个层次上，老师从书面、口头或图形来源解释、构建意义、推断或解释材料，希望学生能够以某种方式组织信息。阅读是最常见的理解技能；这些技能是从早期教育开始培养的。例如：在《队友》(*Teammates*)一书中，作者描述了杰基·罗宾逊作为一名棒球运动员的挣扎，以及皮威·里斯公开为罗宾逊辩护的方式。老师让学生用自己的话描述罗宾逊的挣扎，以及里斯为帮助他成为一名成功的棒球运动员所做的一切。

① Sternberg, R. J. *Thinking styles* [M]. New York: Cambridge University Press, 1997.

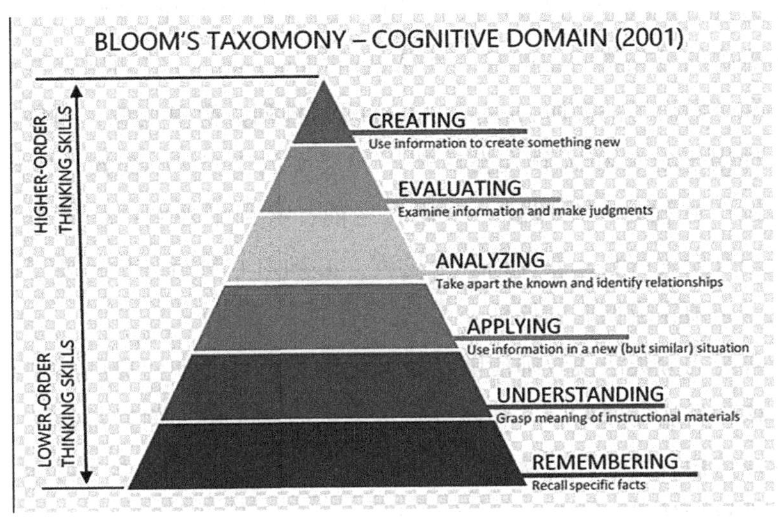

图 4-3　布鲁姆六种思维技能

(3)应用。在这个层次上，老师开始使用抽象来描述特定的想法或情况。例如：温度变化对盐酸等化学品可能产生的影响是什么？这项技能通常从中学开始使用(在某些情况下更早)。

(4)分析。在这个层次上，老师将材料或概念分解为关键元素，并确定各部分如何相互关联或与整体结构或目的关联。这项技能中包含的心理动作包括：检查、对比或区分、分离、分类、实验和推断。例如：描述奴隶制对美国内战的影响。

(5)评估。在这个层次上，根据观点、信息或数据进行评估、判断和得出结论。老师帮助学生理解思维的复杂性，以便他们能够认识到概念和事实是如何逻辑一致或不合逻辑地发展的，从而批评材料的价值和有用性。这种技能包含了大多数通常被称为批判性思维的元素。

(6)创造。这一层次是将所学知识重新组合，以新的方式、形式或者加入自己产生的信息，形成一个新的整体的能力。这个过程是最困难的心理功能，它涉及具有特色的表达、制定合理的计划和可实施的步骤、根据基本材料推出某种规律等活动，强调特性与首创性，包括突破常规思维模式，十分具有挑战性，是高层次的要求，也是学习知识的终极目的。

布鲁姆的分类将问题的复杂性从低阶(lower-order)的知识类型到需要更复杂和全面思考的高阶(higher-order)问题排列。简单地说，布鲁姆分类法是一种用于定义和区分人类认知不同层次的工具——思维、学习和理解。其运作过程是：在理解一个概念之前，必须记住它；要应用一个概念，必须首先理解它；要评估一个过程，必须对它进行分析；要得出准确的结论，必须完成彻底的评估。

布鲁姆的分类法使教师能够以结构化的方式思考如何提问学生和提供内容。该分类法的原始版本和修订版本帮助教师了解如何通过将学习目标与学生评估相一致，以及从认知复杂性的角度提高学生的学习目标，来增强和改进教学效果。

布鲁姆主要关注认知维度。大多数教师在很大程度上依赖认知领域的六个层次来塑造他们在课堂上传递内容的方式。布鲁姆的分类法产生了一种将学校中使用的教育目标、课程和评估相一致的方法，它构建了教师为学生提供的教学活动和课程的广度和深度。很少有教育理论家或研究者能像布鲁姆那样对美国教育实践产生如此深远的影响。

(二)语言与思维的关系

人们长期以来对语言和思维之间的关系存在争议，至今尚未达成共识。总结起来，主要有以下两种观点：

1. 语言决定思维的观点

这一观点也被称为语言决定论(Linguistic Determinism)，主张语言对思维和行为具有塑造作用。最早由爱德华·萨皮尔(Edward Sapir)提出，后来在20世纪30年代由他的学生本杰明·李·沃尔夫(Benjamin Lee Whorf)进一步发展。萨皮尔认为：语言的结构规定了思维的结构，一个文化中的思维结构从根本上决定了该文化的结构类型。学习一门语言，实际上就是在学习一种思维方式，也就是在探索一种文化模式。沃尔夫理论的核心包括语言决定论和语言相对论(Linguistic Relativity)：语言决定论认为语言决定了个体的思维方式，而语言相对论则认为不同语言对人们的思维方式产生不同影响。沃尔夫认为，一种文化的语言结构会影响该文化中的思维方式和行为模式。举例来说，使用较少颜色词汇的语言使用者对颜色的感知可能不如那些使用多种颜色名称的语言使用者细致入微。因此，不同语言的使用者在时间、空间或颜色等概念上存在差异。语言决定论认为，语言的结构会影响说话者的世界观和认知。萨皮尔-沃尔夫的假说认为，思维和语言(包括语法和词汇)与文化之间存在紧密联系。由于沃尔夫语言相对论涉及语言、思维、文化等复杂的关系，不同学者对其理论有不同的理解，甚至产生了质疑。

批评者指出，假若“语言影响思维”的观点成立，不同语言的社群和种族可能会遇到沟通障碍，语言互译可能会受到限制。因此，高度发展的社群或许会保持其领先地位，而相对滞后的社群可能继续滞后。然而，如果我们坚守“语言塑造思维”的理念，是否意味着天生聋哑盲人缺乏思维？显然，这个观点有些绝对。语言确实对人类思维的塑造和演化产生深远影响，但并非单一决定性因素。社会学家菲什曼曾强调，若这一假设成立，或许会引发两种不安：一是被动的不安，因为我们难以避免使用语言，于是语言成为我们的束缚；二是绝望的不安，因为我们可能感到无法实现相互理解和交流。不可忽视的是，使用不同语言时可能融入不同的社会价值观，受到不同文化的影响。然而，如果说语言差异会导致对宇宙有不同看法，这显然与实际情况不符。科学史告诉我们，人类对宇宙的看法多次演变，但并非由于语言的缘故，而是因为科学思维的不断推动。科学思想的传播也不受语言的束缚，否则就无法实现跨社群、跨文化的交流与沟通，任何语言中的科学发现和创造都将难以被其他语言理解。

因而，对语言决定论的主要批评是它过于确定(too deterministic)，缺乏科学依据，可概括为以下几点：(1)语言决定论因缺乏实证支持(empirical support)、循环推理(circular reasoning)、假二分法(false dichotomies)、无法预测语言变化和实证主义取向(positivist orientation)而受到批评；(2)语言决定论是一种还原论理论(reductionist theory)，因其无法解释语言和文化的复杂性而受到批评；(3)该理论认为，包括思维在内的所有人类行为都是由一个人的母语决定的。批评者认为，语言决定论在塑造个人个性时没有考虑其他因素，如：社会经济地位或家庭动态；(4)它被批评过于狭隘地关注语言，没有考虑到决定个人行为的其他因素，如：文化、阶级或性别；(5)语言决定论是一种过时的理论。它假设语言是人们思维和行为的最重要因素，它还假设所有语言都是平等的，但事实并非如此。

语言相对论是一种弱假设，主张语言中的结构和我们日常习惯的语言用法可能对我们的思维方式和日常行为产生一定程度的影响。然而，在其发展过程中，不乏学者对这一理论提出否定和批判。这种质疑主要源于两个方面的原因：首先，人们对其核心理论概念的定义存在误读，导致对其举例产生误解；其次，由于人们过于盲目地崇尚后来居上的普遍主义，忽视了语言相对论的合理性，使得其在六七十年代陷入低谷。① 然而，随着20世纪80年代认知语言学的兴起，语言相对论再度受到重视。出现了一批新沃尔夫主义者(Neo-Whorfianist)，他们通过一系列实验研究，从某些角度验证了沃尔夫的观点具有科学性和合理性，并逐步被学术界接受。基于当前在欧美实验过程中获得的科学性较高的实验结果，语言或多或少都会对人类的抽象常规思维产生一定影响。

2. 思维决定语言的观点

瑞士心理学家皮亚杰(J. Piaget)和苏联心理学者维果茨基(Lev Vygotsky)对语言和思维的关系持有截然不同的观点。皮亚杰在深入研究儿童的智力发展时，深刻地考察了语言与思维之间的互动。在他的著作《儿童心理学》中，他指出，儿童通过使用语言，从感知运动性思维的直接行动中解脱出来，从而认知活动以前所未有的速度和广度进行。② 他认为语

① 张会平，刘永兵. 语言、文化、思维方式之关系论——对语言相对论的重新审视[J]. 语言学研究，2014(2)：12.

② 皮亚杰. 儿童心理学[M]. 北京：商务印书馆，1980.

言具有逻辑结构。无论是从语言和思维的历史起源的角度来看，还是从语言和思维在儿童个体身上的发展过程来看，逻辑应用都早于语言或言语的出现。皮亚杰强调，一旦语言出现，它将显著地推动思维的发展和完善，这一点可以从以下三个方面得以体现：首先，语言通过叙述和回忆的方式促进思维的速度，使思维能够超越感知-运动阶段的限制。其次，相比于感知-运动阶段，语言使得思维不再受时间和空间的限制，因而具有更大的灵活性。最后，思维通过语言能够同时表达所有因素的有组织结构，这使思维的效率和表达能力得到进一步提高。

然而，皮亚杰的理论也存在一些局限性。在生物学领域，他的理论无法回答一个重要问题：为什么成年的类人猿智力水平与人类六七岁儿童相当，但类人猿不会使用语言进行交际？这一疑问挑战了皮亚杰的观点，因为根据他的理论，思维决定语言，但这并不能解释类人猿的情况。

《思维和有声语言的遗传根源》这篇文章中，维果茨基指出，思维和有声语言在遗传起源上存在差异，因此它们的发展轨迹并不平行，常常交织在一起。首先，我们来考察黑猩猩的思维能力。黑猩猩展现了原始智力的一面，例如，它们可以运用工具，将小树枝拼接成长枝以采摘水果。维果茨基认为，这种原始智力与有声语言毫无关联，因为黑猩猩的思维并不依赖语言。其次，黑猩猩拥有一种独特的“语言”，可以通过面部表情、手势和声音进行交流。它们能够传达和理解彼此的表情和手势，这些交流方式与具体动作直接相关。声音主要用于表达欲望、情感和主观状态，并非客观事物的符号。尽管黑猩猩可以发出声音，但这些声音与思维没有直接联系。

因此，维果茨基认为，语言和思维的产生不是同时发生的，而是思维先于有声语言。在《思维与语言》一书中，维果茨基更详细地界定了思维和语言之间的关系，他提出了前思维语言和前语言思维两个概念。总的来说，他从以下三个方面对思维和语言的关系进行了总结：

首先，思维和语言分别独立产生不同的起源。它们的发展路径是分离的，沿着不同的轨迹发展。人类和类人猿之间存在微小但关键的遗传基因差异。这种微小差异是原始的偶然事件，恰恰是这种偶然性导致了类人猿无法产生语言。可以将思维和语言视为两个相互交叉的领域，它们在这个相互交叉的区域同时出现，这部分被称为言语思维，这种言语思维只有人类具备。但并不是所有形式的思维和语言都是言语思维，因为大部分思维与语言无关，大部分语言也不涉及思维过程。因此，思维和语言之间存在一定的局限性，这种局限性不仅表现在儿童身上，而且表达在成年人身上。

其次，在思维的演化过程中存在一个前语言阶段，而语言的发展也经历了前思维阶段。儿童的思维在早期发展中常被称为"黑猩猩期"。这表明儿童在尚未具备语言能力之前能够进行各种活动，这些活动在主观上已具备意义，是有意识和目的的，能够区分目的和行为，标志着思维的初步显现。

相对应地，语言的前思维阶段表现为儿童在习得语言之前使用一些示意性的手势，或通过哭声来表达情感或需求。这表明儿童的一些动作和哭声已经具有一定的社交功能，可以用来表达他们的思想和意见。不容忽视的是，语言并不一定依赖于声音，因为聋哑人可以使用手势语言来表达其意思。无论是声音还是手势，关键在于这些信号的功能性用途。与之不同，黑猩猩和类人猿的手势和声音主要源自情感，与本能和条件反射紧密相关，缺乏社交功能，因此与思维和语言之间的紧密联系不同。

最后，思维与语言犹如一对双股绳，各自源自不同渊源，然后在其发展过程中逐渐交融，构成了儿童习得语言的关键期。在儿童习得语言的早期，言语仅仅是对物质的指称。伴随着儿童认知和思维的不断演化，这种指称保持稳定，但词汇的含义却变得更为丰富，这是其周围环境互动的结果。从儿童学会语言的这一关键时刻开始，语言开始为智力服务，受到智力的影响和塑造。

"思维主导语言观"主张，语言是思维的外在表达，思维在语言之前形成，并在语言的产生和发展中发挥决定性作用。也就是说，人类的认知发展始于内在过程，塑造了人类采用声音、语义和结构的符号系统来表达其思维方式。这一观点可以从三个方面予以证实。首先，随着年龄的增长，从婴儿到成年人，思维水平逐渐提高，因此他们所说和所写的内容逐渐变得更丰富，结构也变得更复杂。其次，思维分为多种类型，如直觉、下意识和灵感式思维，这些不能通过语言传达。特定类型的思维才能通过语言表达。此外，语言本身具有限制性和固定性。最后，表达的过程实际上就是用语言来描绘内在的认知模式。当思维不够清晰时，语言表达会变得混乱，语法错误也频繁出现。因此，思维先于语言而存在，思维塑造语言，语言在思维的发展过程中逐渐演变。

那么，语言和思维之间的关系应该如何理解呢？首先，需要承认语言和思维属于不同的领域。思维是大脑反映客观世界的过程，是人脑的一种功能。语言不仅包括可感知的声音等物质要素，还包含可感知的精神内涵。当语言作为思维的工具或手段时，这两者共同参与其中。即使是内部语言，也不是纯粹的思维，而只是思维活动中用以进行的、外部人无法感知的语言材料。

同样，必须承认，语言与思维之间存在紧密纽带。不管是语言塑造思维还是思维塑造语言，二者相辅相成，语言直接显现思维的本质。威廉·冯·洪堡特被认为对语言与思维关系的研究作出了杰出的贡献。在《论人类语言结构的差异及其对人类精神发展的影响》中，他提出了语言的四个核心概念：(1)语言是思维的形式。(2)语言是民族的标记。(3)语言是历史标记，是历史的记忆。(4)语言是文化的载体。洪堡特认为，语言绝不是产品，而是一种活动；它是构成思维的官能。每一种语言都包含着独一无二的世界观，个人的世界观基本上是通过语言形成的。“思维和语言构成不可分割的整体”。① 比如，在不同文化和文明中，“moon”一词作为代表不同的思想、情感和天体重要性的象征具有重要意义。对于古希腊人来说，moon 代表着女性气质；对于许多美洲原住民部落来说，moon 在他们

① 转引自，敬南菲. 浅析中西思维方式的差异及其成因[J]. 安徽工业大学学报，2006(3)：70.

的文化和精神信仰中发挥着重要作用；拉科塔苏族人(Lakota Sioux)在旅行和迁徙期间将 moon 视为他们的指路明灯；同样，阿帕奇(Apache)部落认为 moon 控制着潮汐，影响了他们的农业实践，并提供了抵御邪恶灵魂的保护。英文单词"moon"所对应的中文表达是"明月"。这常常唤起中国人对故乡的思念，引发了"举头望明月，低头思故乡"的情感。而在中秋节期间，明亮的"明月"也让人联想到"月饼"和"团圆"等文化象征。这突显了英语中的"moon"无法提供的思维延伸和文化记忆。因此，思维过程首先离不开语言的参与，语言在表述思维时是不可或缺的。此外，语言和思维的生成和演化过程密不可分。语言促进思维的发展，而思维的进展也对语言的演进产生影响。思维的质量对语言作品的质量具有关键影响，反之，语言形式的高低也直接影响思维质量和思想表达效果。

总结上述内容，语言和思维之间的关系可以归纳为以下几个要点：

(1)思维实际上是语言的内在本质，而语言则是思维的外在表达方式。二者相互依赖，没有思维就不会有语言，反之亦然。思维的特定方式受历史、地理、文化、习惯等因素的制约，在不同的环境条件下形成，同时也受语言的塑造和影响。

(2)语言对于抽象思维是必不可少的。根据俄国生理学家和心理学家伊万·彼得罗维奇·巴甫洛夫的高级神经活动生理学原理，语言在人类大脑中反映了外部现实的神经生理机制，负责信息的传递。思维以一种抽象的方式间接地、综合地反映外部现实。语言的基本单位是词汇，它们是对客观事物的抽象概括，没有词汇，抽象思维将无法正常进行。

(3)语言被视为思维的外部工具，是表达思维不可或缺的手段。思维的成果通过语言记录、传达，代代相传并积累，这使得思维能够在继承以前成果的基础上不断发展。

(4)思维是人脑的机能，它反映了外部现实。思维和语言是人类反映现实的意识形式中两个相互关联的方面，它们的统一构成了人类独特的语言思维形式。

(5)语言和思维就像一条双向的信息高速公路，我们的语言能力发展和扩展得越多，我们的认知能力也就越广泛。

总之，语言和思维代表了人类独特的意识形态。然而，特定的思维方式是在特定的自然和社会历史条件下形成的。一旦某种思维方式确立，它通常会形成一种“思维定势”，也被称为“思维惯性”，这种定势影响着人们看待世界的方式和方法。因此，人们会按照这种特定方式获取知识，建构个人的文化世界。思维方式与语言一样，是文化的重要组成部分，也是文化的核心，决定了文化的一切，包括思维方式的体现、广度和深度，以及思维的直接和间接产物，即精神文化和物质文化。

正如萨皮尔所说：“语言，作为一种结构来看，它的内部是思维的形式。”①当语言用来传达思维时，它高度揭示了思维的本质，同时也映射了人类心智的组织方式。然而，“语言离开思维，就会成为空洞的声音，不再是音义结合的交际工具。”②

从语言、文化和思维的相互关系角度来看，语言作为文化的重要组成部分，不仅是传承和传播文化的关键工具，也是表达思维的重要手段。同时，我们所处的文化环境深刻地塑造了我们的语言和思维方式。

因此，语言、文化和思维之间存在着深刻的相互影响和相互作用。一方面，语言构成了文化的基础，语言的演化推动了文化的进步；另一方面，每种语言都是特定民族文化长期演化的产物，语言不仅映射了该民族的社会历史和文化底蕴，同时也受到该民族思维方式和生活方式的影响。

三、课程思政的核心要义与内涵

(一)课程思政的核心要义

课程思政是指在所有课程中都针对课程本身的特点，寻找与之相适应

① 萨皮尔．语言论[M]．北京：商务印书馆，1964：13.

② 王德春．语言学概论[M]．上海：上海外语教育出版社，1994：14.

的思政元素进行课程育人。因此，每一门课程都是课程思政的载体。课程思政的核心要义是“培养什么人”“怎样培养人”“为谁培养人”，课程思政的本质在于课程育人。虽然课程思政与专门的思政课程都承担着立德树人的任务，但课程思政是“以润物无声的方式高度嵌入、深度融入课程建设和课堂教学过程”。①课程思政并不需要在其他课程中全盘讲解思想政治课程的教育内容，而是针对所教课程运用与之契合的思政元素与其配合，在专业知识传授过程中实现价值引领。

教育最重要的问题是培养什么人的问题。课程思政意味着课堂教学体现育人责任，是具有中国特色的课程观，是寓价值观于知识传授之中的隐性思政。课程思政育人理念强调思政教育和道德教育不再局限于专门的思政和道德教育课程，而是融入各学科课程的教学过程中，促进思想政治教育与知识体系教育的有机统一，通过二者的彼此影响及相互促进培养学生的综合素质，实现专业教育和思政教育的协同发展。

课程思政的要义还包括：一是在知识传授的过程中实现价值引导，在价值引领过程中不断丰富知识的传授；二是思政课程体现的显性教育与课程思政体现的隐性教育共同发力；三是课程思政与教育实践相联系。此外，课程思政的本质并非在课堂上专门介绍思政的内容，而是将思政元素与专业知识相结合，既传授了课程专业知识，又实现了价值引领。课程思政主要是通过充分运用各门课程中蕴含的思政元素，完成知识传授、价值引领和能力培养。

课程思政是通过深化课程目标、内容、结构、模式等方面的改革，把政治认同、国家意识、文化自信、人格养成等思想政治教育导向与各类课程固有的知识、技能传授有机融合，实现显性与隐性教育的有机结合，促进学生的自由全面发展，充分发挥教书育人的作用。

高校课程思政建设的价值目标是以德育目标、课程目标、文化目标为

① 郭根. 高校课程思政建设的理论内涵、实践偏差与经验检视[J]. 国家教育行政学院学报，2023(6)：52-60.

基础的。课程思政的“德育”目标是“立德树人”，立德是课程思政的价值目标，应贯穿于整个思想政治教育的过程中。将价值塑造、知识传授和能力培养三者融为一体，培养学生将自己所学的知识转化为“内在德行”。① 掌握认识世界和改造世界的能力和方法。“让学生通过学习，掌握事物发展规律，通晓天下道理，丰富学识，增长见识，塑造品格，努力成为德智体美劳全面发展的社会主义建设者和接班人。”②课程思政的“课程”目标是将所有课程、所有教育的阶段都向着同一个目标发力，形成教育的同心力和同向力。课程思政的文化目标是依托一定的思想政治教育元素，挖掘专业课程中所蕴藏的科学精神、人文精神和文化内核，以文化人和以文育人，达到“无声胜有声”的教育效果。

从人才培养、课程建设、高校治理等角度认识推进课程思政建设的价值目标。站稳教育的政治立场是课程思政建设价值目标的起点，打造教学的知识宽度是课程思政建设的基本价值取向，塑造人才的思想深度是课程思政建设的价值旨归。③

课程思政是目标，为的是实现文化自信和文明互鉴。因此，课程思政的重要意义还包括坚持文化立场。我国的文化立场是在祖国大地上产生和发展的共同文化价值观、思维方式、人文理念和核心思想，称为中华文化立场。西方国家所对应的文化立场被称为西方文化立场。不同的文化立场影响人们看问题的角度和方式，从而影响他们采用不同的方式分析和处理问题。

文化立场可以随着时代的进步发生一定的变化和完善，比方说，社会的变革可能来自引进了外来的先进思想。如马克思、列宁主义被引入中国，又与中国革命有机结合，成为中国革命成功的重要依据。另一方面，由于文化具有传播性和交流性，而且西方国家从来没有放弃对其他国家的

① 邱伟光. 课程思政的价值意蕴与生成路径[J]. 思想理论教育，2017(7)：10.

② 教育部. 高等学校课程思政建设指导纲要[S]. 教高[2020]3号.

③ 徐蓉. 深刻认识全面推进高校课程思政建设的价值目标[J]. 马克思主义与现实，2020(5)：176-178.

文化侵略，企图将自己的文化立场全盘植入其他国家。因此，近现代以来，中国和西方意识形态之间的相互冲突不断发生，使我国在文化领域的选择也形成了不同主张，如出现过主张全面西化的立场。如今我们面临多元文化迅速交流和交融的时期，如何坚持我国的民族文化立场，如何引进和吸收外来文化中的优秀部分，需要我们不断地认真思考。

课程思政的要点之一是坚持我国的文化立场。我国地域广阔、人口众多、有56个民族，有5000多年的历史，党的十九大报告重申引导人们树立和坚持正确的"历史观、民族观、国家观、文化观"，因此，坚持我国的文化立场，使国民具有正确的价值观、思维方式和理念等，这是我国民族团结、绝不分裂的重要保证。

课程思政的要点之二是捍卫我国的文化立场。意识形态对社会引领具有导向作用，需要采取价值引导的方式，不能简单地全盘灌输。而价值引导必须依赖相应的文化背景，从而能更好地说明和论证相应的政治目标。另一方面，价值引导需要采用适当的方式，既要与执政党的政治纲领、经济纲领和总体目标相配套，又要和国家的历史文化相适应，还要和代表人类文化的发展趋势和潮流相协调。我国的文化立场总结了我们党在文化建设上的整体理念，也能够适应当今世界多元文化相互交流和共同相处的格局。它有助于培养担当民族复兴大任的时代新人，有助于培育中国特色社会主义的信念、树立共产主义远大理想，使人民的信仰在"归属感、认同感、尊严感、荣誉感"中更加自觉和坚定。

(二)课程思政的内涵

有学者指出，课程思政的最根本内涵在于以课程为基础，遵循知识传授规律，展现思政价值引领，并充分发挥课堂主渠道作用，大力提高新时代人才培养质量。同时，有学者认为课程思政的本质内涵尚未形成权威共识。有观点认为课程思政是针对思政课程之外的其他课程的，主张课程思政应与思政课同向同行；另一些观点则认为课程思政是一种育人理念，其主体是所有课程。

在此背景下，提出了应从我国高等教育、高等学校、高校教师的新定位，准确把握课程思政的本质内涵。学术界对课程思政内涵的研究可以从“认识和实践两个层面进行界定”。其一认为是“一种教育理念，表明任何课程教学的首要任务是立德树人”；其二认为是“以德为先”的课程价值论，以及“立德”与“求知”相统一的课程发展观。其三认为课程思政是一项主流价值引领活动，其侧重点在课程，着眼于思想政治教育，核心在于“主流价值引领”。① 其四认为课程思政是一种隐性思想政治教育，“依托课程这一载体，以隐性教育的方法，将思想政治教育的原则、要求和内容与课程设计、教材开发、课程实施、课程评价等有机结合起来”。②

作者认为，立德树人是课程思政的核心内涵，也是课程思政的根本任务，需要将每门课程的课堂教学都作为育人的主渠道，从而健全“三全育人”。课程思政的内涵是课程育人，载体是所有课程，方式是协同贯通。

另一方面，每一门课程都有不同的课程思政所针对的内容，与课程的学科性质有关。例如，大学英语课程具有本身的特点，教材内容大多取自西方语言素材，具有很强的西方色彩。大学英语作为语言课程，所以它是思维的工具；同时两者又具有极密切的关系，不论是语言决定思维，还是思维决定语言，两者都离不开对方。大学英语教学涉及价值引领和自主建构，以及文明互鉴、比较鉴别和审辨，因此《大学英语教学指南》将“满足国家需要”定为大学英语教学的总体目标。有学者提出了外语教学课程思政的国家意识内涵，包括属性、内容、载体、形成过程和培育模式等多个维度。③

又如，教育学专业课程的目的是将学生培育成为学习和反思型的未来教育者，推进课程思政教学内涵式发展，提升教育学专业的课程思政效果

① 高德毅，宗爱东. 从思政课程到课程思政：从战略高度构建高校思想政治教育课程体系[J]. 中国高等教育，2017(1)：43-46.

② 陆道坤. 课程思政推行中若干核心问题及解决思路——基于专业课程思政的探讨[J]. 思想理论教育，2018(3)：64-69.

③ 陆丹云，赵冉. 从国家意识到批判性跨文化素养——教育语言学视阈下外语课程思政内涵式发展研究[J]. 外语界，2023(3)：63-70.

具有独特的意义和价值。“让教育在孕育人性之美的过程中发挥应有的作用和力量。”①

四、课程思政、批判性思维与大学英语教育的关系

本节的主要思路是分析和厘清课程思政、批判性思维以及大学英语教育三者之间的关系，从而探讨如何充分发挥各自的作用并形成合力，使三者向着同一个方向迈进。

(一)批判性思维是实现课程思政的前提和手段

对于大学英语教学而言，批判性思维是实现课程思政的前提和手段，这是作者在本章前面两节所论述的语言、文化和思维的关系所决定的。威廉·冯·洪堡特(Wilhelm von Humboldt)提出了语言的四个核心概念：(1)语言是思维的形式，即大学英语是用目的语(即英语)来思考历史知识与文化；从语言与文化和思维的关系看，语言是文化的组成部分，是传播和传承文化的重要载体，同时语言也是思维存在的形式和表达思维的工具，而我们所处的文化环境又会影响我们的语言和思维方式。(2)语言是民族的标记，语言背后的核心是文化价值观和精神层次；大学英语学习不是全盘吸收西方语言背后的历史文化价值观、思维方式和文化精神立场，而是需要进行文化思辨和文化比较，从而树立我们的文化自信并开放文化互鉴。(3)语言是历史的标记，是历史的记忆；大学英语教学或多或少地反映了不同民族的文化历史传统，所以大学英语教学会包含某些文化史或文学史的内容。(4)语言是文化的载体，语言反映的是不同民族的文化，因此大学英语教学应该着重分析英语语言的本质；英语学习不是全盘接受，而是要进行比较思辨。大学英语教学需要对中华民族语言文化与西方语言文化

① 祁东方．追寻人性之美——教育哲学课程思政的价值意蕴与旨归[J]．学术探索，2022(2)：139-145.

进行比较，也需要对中华文化历史精神与西方价值观和文化精神进行比较，这就是对不同民族文化的互鉴，这种互鉴的过程不是全盘接受，也不是妄自尊大，而是批判、继承或扬弃，这就需要批判性思维，也只有这样才能更好地实现课程思政。由此可见，课程思政是目标，其目的是实现文化自信和文化互鉴。批判性思维则是促进课程思政的过程和手段，是学习方式，也是一种开放性思维，能够促进文化比较、文化鉴别和文化反思。大学英语是进行文化自信和课程思政的载体，也就是怎样在大学英语教学中实现课程思政。

大学英语教材中的语料大多直接来源于西方，由于大学英语教学具有工具性和人文性的特点，而语言又是民族的标记，西方语言背后的核心是文化价值观和精神层次；而批判性思维同样来源于西方，体现了西方语言、文化和思维，因此运用批判性思维对于大学英语教学具有极大的优势。在大学英语教学中运用批判性思维进行分析，对作者的观点进行辨别和判断，分析其中合理的论点，辨别其中的偏见；从而有针对性地进行课程思政，培养学生形成正确的价值观。

批判性思维能力是整个高等教育人才培养的目标，人文学科最常见的培养目标就是批判性思维能力，批判性思维是各个专业的核心与命脉所在和内在核心价值之一。①

刘学东、袁靖宇(2018)通过梳理国外文献归纳出批判性思维能力的五项定义：(1)是一种复杂的思维方式；(2)是一种有效的思考能力；(3)是一种良好的评判能力；(4)是一种有效的问题解决能力；(5)是一系列认知技能的综合。② 课程思政并不是全盘灌输政治思想内容，而是针对专业课程以相应的思政元素进行课程思政，因而需要借助批判性思维能力分析课堂教学内容。

---

① 郭英剑．外语专业与课程思政建设：问题、理论与路径[J]．外语教学理论与实践，2022(3)：27-35.

② 刘学东，袁靖宇．美国大学生批判性思维能力培养研究——以斯坦福大学为例[J]．高教探索，2018(9)：44-50.

有研究表明，层级任务践行思政育人理念，通过《中国英语能力等级量表》描述语指标体系将批判性思维认知能力与语言运用能力的培养有机融合，在循序渐进的认知过程中达到对学生语言能力与价值观等方面的引导，既锻炼了学生批判性思维的运用能力，对外语课程达到育人目标也具有积极的促进作用。在中国语境下，批判性思维更能拓展课程深度，推动外语课程达到育人目标，实现对学生品格的塑造和价值观念的引领。①

也有研究从整体角度强调，外语课程思政教学的核心体现在外语教师将思想政治理论融入所授专业课程的能力。关于课程思政教学能力的构成，学者们将大学英语教师的能力总结为三个方面，即课程育人价值的认知能力、思政元素的分析挖掘能力和课程思政实践的教学能力。此外，一些学者还分析了课程思政教学能力的政治性、生成性、情境性和融合性四个特点，并从育人素养、学科素养、教学素养、研究素养和全球素养这五个维度构建了外语课程思政教学能力的模型。②

课程思政的核心目标是将育人的内容、要求、原则与英语课程紧密结合，实现与课程知识的有机融合。英语教育提供了机会，协助学生提升知识水平、技能和意识，以更好地认识自己和他人，深入理解中国和世界的文明与思想文化，从而实现对学生的塑造、改变和发展的目标。③ 另一方面，教育材料是在特定的社会文化、政治和历史背景下编写的，自身携带着价值观和意识形态。因此，可以理解教育材料本身不可能是价值中立的，因此引入课程思政的内容对于教学和学习将发挥关键作用。这是因为“语言教育是一种与文化、政治意识形态相关的社会、文化生产和再生产

---

① 徐海艳，李晖．外语课程思政视阈下大学生批判性思维认知能力的培养［J］．外语电化教学，2021(6)：57-62.

② 张文霞，赵华敏，胡杰辉．大学外语教师课程思政教学能力现状及发展需求研究［J］．外语界，2022(3)：28-36.

③ 徐锦芬．高校英语课程教学素材的思政内容建设研究［J］．外语界，2021(2)：18-24.

的政治行为。”①因此，批判性思维在推动课程思政方面具有重要的支持作用。

根据高玉垒和张智义的研究，大学英语教师在各种不同的情境下，有着重要的任务，那就是有意识地挖掘课程中所蕴含的思政元素，并将其巧妙地融入大学英语教学的各个层面，以促使学生在塑造个性、提升能力和积累知识的过程中展现出独特的心理特质和行为表现。事实上，大学英语教师的课程思政教学能力不仅包含了通用的教学技能，还必须遵循特定的课程思政内在要求。因此，它可以被看作是一种融合了多个方面能力和多种因素的复杂体系。②

语言被认为是文化和思维的媒介，它承担着凸显国家实力、传承文化、传播意识形态和思维模式的使命。如阎光才所强调的，批判教育的目的是通过教育来推动社会的进步、民主、公正以及个体的解放。这在西方教育领域被定义为培养受教育者的批判性语言能力和批判性语言意识。然而，值得注意的是，我国的大学英语教学长期以来一直将语言视为纯粹的信息传递工具，而忽略了其在社会、政治、经济和文化生活中发挥意识形态作用的重要性。此外，对思维能力和价值取向的培养也未受到足够重视。正如唐丽萍所提出的，将批判教育融入中国高等英语教育是一个成熟但紧迫的需求。③

因此，批判性思维被视为构建和谐社会、提升社会主义民主以及增强整个社会创造力的重要精神资源和智力保障。正如朱新秤指出的，它在培养大学生思维能力方面具有不可替代的作用，④ 因此批判性思维不仅是课程思政的前提，也是其核心手段。

---

① Widodo H. P. et al. *Situating moral and cultural values in ELT materials: The southeast asian context* [M]. Cham: Springer, 2018: 2.

② 高玉垒，张智义. 大学英语教师课程思政教学能力的结构模型建构[J]. 外语电化教学，2022(1)：8-14.

③ 唐丽萍. 中国高等英语批判教育的哲学追问[J]. 外语与外语教学，2008(11)：25-29.

④ 朱新秤. 论大学生批判性思维培养[J]. 高教探索，2002(2)：62-64.

教学内容的再开发或重构的基本出发点和依据在于文本所蕴含的思想主题。在这一主题的引领下，再开发的过程变成了实现课程思政、培养批判性思维能力和语言能力的有机融合的途径。然而，以往的外语教育更注重学习目标语国家的社会、政治、经济和文化等方面内容，这种语言教育观念不可避免地反映在教材编写的原则、理念和方法上。这一反映主要体现在以下三个方面：(1)把语言能力过度简化为仅仅是语言知识的学习，而在教材编写中，这表现为孤立地学习词汇和语法结构等知识；(2)将语言中蕴含的文化价值观简化为纯粹的文化知识的学习；(3)将对教材文本内涵的理解过于简单地视为对文本结构的分析。在课堂教学中，注重教授词汇、语法和篇章结构的知识。然而，真正的课程思政需要的是"因材施教"原则。在今天的全球化环境下，外语教育的重要任务之一是讲述中国故事，吸收来自国际领域的卓越文化。要实现这一目标，必须将目标语文化与母语文化并列，采用比较教学的方法，使学生能够通过比较深刻地理解中国文化对世界的影响，同时也认识到自身的不足，从而明确未来的努力方向。①

(二)课程思政是大学英语的育人目标

课程思政是我国政府为了推动高等教育教学改革而制定的国家政策。该政策要求所有课程都必须融入思想政治教育，旨在培养德智体美劳全面发展的社会主义建设者和接班人。

显而易见，高等教育中的各个学科和课程具有多样性，因此，每门具体课程的思政目标也因课程性质的不同而异。以大学英语课程为例，它既具备人文性，又具有工具性，相较于一般的自然科学(强调科学性)和社会科学(强调人文性)课程更为复杂，也更为重要。

1. 大学英语课程思政的必要性

(1)培养学生的家国情怀是外语教育的核心内涵。中共中央和国务院

---

① 刘正光，郭应平，施卓廷. 主题统领二次开发实现课程思政、思辨能力与语言能力三位一体培养新目标[J]. 外语教学，2023. 44(4)：56-62.

颁布的《新时代爱国主义教育实施纲要》，以及教育部发布的《高等学校课程思政建设指导纲要》《外国语言文学类本科专业教学质量国家标准》《普通高等学校本科外国语言文学类专业教学指南》等文件都明确指出，培养家国情感是爱国主义教育的核心内容。语言不仅仅是文化的重要组成部分，还是人类思维和交流的媒介。使用某种语言的习惯和规则经常会塑造特定的思维模式和认知结构。在全球化、信息化、多元价值体系和文化霸权主义等复杂因素的影响下，语言战略已经成为当今国际竞争中的关键要素，直接涉及国家的安全和稳定。外语教育必然要面对不同文化之间的价值观碰撞，进行跨文化分析。一旦学生内心认同目标语言文化，他们会努力融入目标文化中，同时对自己母语文化的认同会受到质疑和动摇。因此，大学英语教育者不仅仅要关注学生语言技能的学习，更重要的是帮助学生在掌握和应用英语的基础上，综合审视本国政治、经济、历史和文化传统，深刻理解和准确把握“中国特色社会主义道路”的内涵。通过英语教育来培养学生的家国情怀，帮助年轻学生树立正确的价值观和增强文化自信的内在需求，这是响应时代的呼唤，推动中华民族伟大复兴的时代使命。因此，我们急需准确理解家国情感教育的内核，积极挖掘和应用家国情感的教育资源，以及科学重构教室教学设计等方法，以满足外语教师在课程思政方面的紧迫需求。

(2)抵御西方不良思想的侵蚀。大学英语课程具有鲜明的人文特色，涉及中西文化的融合和冲突。西方价值观与我国价值观之间存在明显差异，例如，西方强调个人英雄主义和个人利益，而我国注重集体主义和集体利益。因此，课程思政在引领学生的价值观方面具有重要作用。如果在大学英语教学中忽视了对学生价值观的引领，学生有可能受到西方某些错误思想的影响，从而影响其健康成长。再者，我国的高校教育环境存在一个问题，即中华传统文化往往没有得到应有的呈现，学生对中国文化、中国故事和国家精神了解不足。外语学习不只是一种单向的跨文化交际，它需要建立双向沟通的机制和效果。这意味着不仅需要了解外语课程的语言文化知识，还需要掌握如何运用外语作为沟通的桥梁，生动地讲述中国故事，展示中华文化的时代价值和全球意义。因此，将大学英语课程与思想政治教育有机结合起来变得非常重要。通过大学英语课程思政教育，可以帮助学生拓宽视野，了解国外思想观念，并加强对我国社会价值观和历史文化的了解，同时也培养他们对本国传统文化的认同感，实现立德树人这一根本任务。

(3)大学英语课程的性质要求。大学英语课程与思想政治教育理论课一样，具有人文特质。两者皆属于人文学科领域，这一领域具有引导自然科学的功能，塑造人们的价值观，培养健全人格。因此，大学英语课程兼具实用性和人文性两种特点。

语言作为人际交流和文化传承的媒介，是文明的体现。语言与文化相辅相成，语言是形式，文化则是其内容，语言的工具性和文化内涵共同决定了它在教育中的关键作用。因此，在大学英语课程的教学中，英语教师必须通过英语文章和英语对话来帮助学生掌握英语语言技能，因为这些材料包含了对西方文化、生活方式和价值观的深入了解，有助于学生认知中外文化关系，体现了大学英语课程的人文性。

作为一门语言课程，大学英语不可避免地涵盖了众多与国外风俗文化相关的文学作品。然而，年轻的大学生可能缺乏政治意识，以及对不同文化的辨别能力。因此，在英语教育的过程中，英语教师的价值观引导变得尤为重要，强调了人文性，这要求大学英语课程承担培养人才的使命。作为一种媒介，英语教师需要在语言和道德之间建立桥梁，引导学生以辩证的态度看待西方文化，确保他们接受正确的价值观，增强对本国文化的自信，培养爱国情感。可见，大学英语课程的性质以及它所追求的育人目标与思想政治教育的初心是一致的。教师应当发现大学英语课程中蕴含的人文内涵，将语言技能的培养与道德素养的提高以及价值观的引领相结合，实现大学英语课程的实用性和人文性的统一。

2. 大学英语课程思政的可行性

文秋芳强调，大学英语课程思政旨在将立德树人的理念有机融入外语课堂教学的各个层面，包括外语教师的主导作用、外语教学内容、课堂管理、评价制度，以及教师言行等方面。这一综合性举措的目标在于积极促进学生正确的世界观、人生观和价值观的塑造。①

鉴于大学英语课程的课程要求和学习内容，我们将从以下三个方面探讨英语教师在大学英语课程中进行思想政治教育的实际可行性。

(1)更新教学理念。为了在高校大学英语教学中有效融入“课程思政”，我们可以以建构主义学习理论为基础，实现对“课程思政”的理论追溯，最终使其成为大学英语课程中全面培养学生的新途径和突破口。为了达到教育目标，教师有必要积极更新他们的教学理念。以下是一些具体示例：

在大学英语口语教学中，我们要将知识传授、能力培养和价值引导融为一体。这可以通过多种途径，如实践体验、教学模拟、语言模仿和情感共鸣来实现。例如，我们在英语课程中，将教育目标从传统的语言技巧培训转向语言和文化的协同教育，致力于创造身临其境的语言环境和情境教学，通过多元文化的交汇，传承并弘扬我们民族的卓越文化传统。例如，在学生进行英语语言对话的过程中，教师可以引导他们深刻思考对话内容，分析英语与中文对话之间的关键差异，以便深入研究中西方语言文化的核心价值观。这样，学生能够更深刻地思考中国语言文化的本质，从而在英语交流中实现跨文化交流和文明对话，有助于构建母语文化的世界。这个过程将潜移默化地培养学生的爱国主义情感和坚定的文化自信，从而实现个人成长与国家繁荣发展的同向同构。这种隐性而有力的方法探讨了外语课程如何培养家国情感，有助于解决外语教学中的问题，如过于强调语言教学而忽视思想政治教育，以及教书和育人之间的脱节。

(2)重构教学模式。在外语课程中实施对话教学需要重新定义教师与学生之间的互动。教师的作用应从传授知识者演变为学习的引导者，这要求在认知、情感、态度和价值观等各个层面都发挥作用，促使学生与教师

① 文秋芳. 大学外语课程思政的内涵和实施框架[J]. 中国外语，2021，18(2)：47-52.

共同深入合作学习，以实现知识共享和情感共鸣。将“实现中华民族伟大复兴”明确设定为外语课程的学习愿景，有助于为教师和学生确立共同的目标、价值观和使命感。这将为外语课程从学习共同体发展为共同命运体提供强大的推动力。外语学习的核心在于对话，这种对话使得教育者不再是单向传授的角色，而是能够参与多向互动的研学过程，从而将教学摆脱“自我独白”的模式。同时，学生也不再仅仅是知识的被动“聆听”者，而是对话生成的积极参与者。

对话本身是教学的媒介，教师和学生能够一起思考、互相启发，共同构建对话场景，促进平等的互动。这使得他们可以自由地表达思想和情感，充分挖掘潜在的能力，同时也重新激活已有的知识和经验。首先，在对话形式方面，需要强调多样性。对话教学不仅仅体现为传统的师生问答，它可以在课堂中呈现为师生之间的互动，也可以表现为角色扮演的生生对话，甚至可以在智慧课堂中进行人机对话。然而，真正的对话的本质在于双方的共同思考。这个过程是生成性的，不受特定的教学方法或技巧限制，而是在默契的传达与感应中形成的教学心理“场”效应。其次，在对话内容方面，需要注重丰富性。对话教学通过师生共同解释和讨论既定议题来展开，使学生从传统的知识接收者逐渐演化为知识的主要生成者。不同观点的碰撞和教师的巧妙引导可以激发学生的质疑和合作精神，提高他们的反思和批判思考能力，从而促进道德升华。最后，在对话的推进过程中，需要强调逐步渐进。对话始终围绕着已设定的议题展开。

(3)创新教学方法。教学方法直接影响学生的学习成果和教育的深度。基于这一点，为了更好地构建全面的课程培养体系，发挥英语课程在思政教育中的作用，教师应积极创新教学方法。

蔡基刚强调，大学英语课程思政需要经历四个关键转变：首先，由外向性跨文化教育向内省的立德树人教育转变；其次，从单一的人文教育向人文教育和科学教育并行转变；再次，从去语境通识教育向专业通识教育转变；最后，从文化素质培养向批判性思维和沟通能力培养的范式演变。

这一系列变革旨在培养全面发展的学生。①

批判性思维有助于个人成为主动有效的终身学习者，成为重要的问题解决者，从而增强能力。鉴于批判性思维在教育中的重要地位，批判性思维是近年来英语领域中一个突出的概念。大学英语课程思政对于大学生的价值观、人生观和世界观的形塑具有重要意义。课程思政和批判性思维相辅相成，通过运用批判性思维技能，学生可以积极参与大学英语课堂，吸收和应用课程思政元素。在大学英语课程中，涉及西方文化背景的内容相当丰富。在这种情境下，更应该融合思政教育和批判性思维的培养，鼓励学生以语言为媒介，深入比较中西方文化价值观，增强对自身文化身份和世界公民身份的认同，从而使英语真正成为当代大学生向世界传播中国文化的工具。②

3. 大学英语课程思政需要批判性思维

大学英语的人文特色在于其强调跨文化教育，语言本身作为文化的一部分也愈加显著。大学英语课程所使用的材料主要源自西方，这意味着语言不可避免地受到西方文化的影响。若我们不在课程中融入思政元素，学生可能会受到西方不良文化的冲击，导致其形成错误的价值观。因此，实施思政教育成为必然之选，它不仅能引导学生正确理解和运用英语，还能在语言学习的过程中培养学生的社会主义核心价值观，协助他们确立正确的人生观、价值观和世界观。这种全面的教育方式将有助于培养高度文化素养和积极社会责任感的人才。

大学英语课程思政以跨文化能力、跨文化意识培育作为主要目标，是我国对西方文化霸权的回应，也是对大学英语教学实现价值引领的可靠保

---

① 蔡基刚. 课程思政视角下的大学英语通识教育四个转向：《大学英语教学指南》(2020版)内涵探索[J]. 外语电化教学，2021(1)：27-31.

② 方校军. 多模态视阈下的大学英语课程思政资源开发与批判性思维培养——以宜立特大学英语第二册 Unit2 Environmental Protection 为例[J]. 校园英语，2020(28)：10-11.

证。英语学习不是全盘接受，而是需要进行批判性比较。拜拉姆(Byram，1997)曾指出：批判性文化意识能批判地分析本国和对象国的文化，与知识、态度和技能协作，共同形成跨文化能力。① 由此可见，批判性思维是为课程思政服务的，大学英语课程思政需要批判性思维。

批判性思维的研究涵盖了课程思政的核心，这意味着教师在传授知识的同时，也应该致力于培养和塑造学生正确的价值观。培养和塑造观念属于思维领域的一部分，因此教师应该在理解和遵循思维规律的基础上开展课程思政教育。此外，课程思政还能够促进批判性思维的应用。

批判性思维被解释为一组解决问题的思维技能以及运用这些技能的趋势，这与许多学者的观点一致。学者们主要从两个方面理解批判性思维：一方面，批判性思维总是与特定的技能相关，例如论证和判断；另一方面，批判性思维与运用这些技能的趋势相关联。

荷兰阿姆斯特丹大学教育科学教授达姆(Geert ten Dam)和沃尔曼(Monique Volman)曾经指出，高等教育应该培养具有批判性的公民，教育设计既不能通过论证技巧，也不能通过认知活动，而应该以批判的方式在社会实践和活动中完成。批判性思维至少在某种程度上应该被概念化为批判性地参与社区和社会实践的能力。② 关于批判性思维的适用范围有两种不同的观点，一种观点认为批判性思维适合所有学科领域，即任何学科领域都能运用和培养批判性思维，从而将批判性思维称为通用思维，另一种观点则持反对态度，认为批判性思维只适合特定场合。

通用思维的倡导者主张，批判性思维技能在各个学科领域都具有普遍性，因此可以通过多种途径加以应用。他们并不认为学术辩论中的论点运用和语言使用存在学科的差异。③ 然而，麦克派克(John McPeck)持相反观

---

① Byram M. *Teaching and Assessing Intercultural Communicative Competence* [M]. Clevedon: Multilingual Matters, 1997: 53.

② Geert ten Dam & Monique Volman. Critical Thinking as a Citizenship Competence: Teaching Strategies[J]. *Learning & Instruction*, 2004. 14(4): 359-379.

③ Martin Davies. Critical Thinking and the Disciplines Reconsidered [J]. *Higher Education Research & Development*, 2013, 32(4): 529-544.

点。他强调，思维总是与特定的对象相关联，而不可能是抽象的或一般性的。① 摩尔(Tim John Moore)支持麦克派克的观点，他指出：真正有用的思维技能通常仅适用于特定领域或较为狭窄的应用范围，因此教育的目标应在于使学生在其学科范畴内不断培养批判性思维。②

有一些学者提出反对意见，认为麦克派克的观点将思维与特定对象紧密联系起来，认为没有对象的思维是毫无意义的，从而否认了通用思维技能的存在。然而，他们也指出，思维本身可以包括一般的推理技巧，例如逻辑或非形式逻辑，这与思维的具体运用不矛盾。因此，即使在通用性批判性思维教育中，广泛使用各种实例也是重要的。批判性思维的运作过程确实与特定对象相关，各种专业议题都可以成为批判性思维的素材。然而，批判性思维本身也可以培养共通的技能，而逻辑在思考和推理中扮演着重要的角色。非形式逻辑的原则也同样重要。③

科学知识被定义为人类对客观物质世界认识与改造过程中所产生的文化知识。而人文知识则侧重主观世界，涵盖了人类对内在精神和情感领域的需求，以及在物我关系的认知和处理方面形成的文化知识。这两种知识表现形态的构建骨架都依赖于价值标准、审美标准和道德规范等元素。

科学知识和人文知识在批判性思维方面展现出不同的特征。科学知识中的批判性思维注重于大胆提出质疑、理性判断和实证检验，主要面向逻辑思维不足、神学和迷信等领域进行批判。相反，人文知识中的批判性思维更强调价值观的反思、主体精神的培养和开放与融合，其主要批判对象是技术主义的弊端和绝对客观主义。④

---

① John E. McPeck. *Critical thinking and education*[M]. New York: St. Martin's Press, 1981.

② Tim John Moore. Critical Thinking and Disciplinary Thinking: A Continuing Debate[J]. *Higher Education Research & Development*, 2011, 30(3): 261-274.

③ 简成熙. 批判式思维是不是普遍性思维能力？——环绕 McPeck 的相关论辩[J]. 山西大学学报(哲学社会科学版), 2021, 44(1): 85-97.

④ 夏青. 批判性思维视角下科学知识与人文知识的融合及其教学启示[J]. 教育科学, 2021, 37(1): 61-68.

批判性思维的个体倾向，通过激发学生的追求真理的意识、培养学生的理性思维，以及引导学生塑造完善的人格，从而促进学生道德品质的发展。这在学校德育中具有重要地位。杰出的批判性思维者是那些能够统一能力和态度的人，智育和德育需要协同融合，以培养全面发展的个体。2016 年 9 月发布的《中国学生发展核心素养》中明确提出："要求学生具备问题意识，能够独立思考、做出独立判断，思维要严密，能够从多个角度辩证地分析问题并作出选择和决策"。①

课程思政的核心目标是引导学生以学生为中心的方式进行分析和探索，以提高他们的批判性思维能力。有学者指出，课程思政旨在通过深度学习全面提升教育质量，培养高阶思维，如批判性思维。② 以批判性思维为导向的教学过程旨在通过学生的批判性思考和判断，帮助他们学习和理解所学知识。因此，课程思政旨在构建具有创新性和批判性思维状态的教育环境，使学习者能够在解决问题时灵活运用所掌握的知识。③

(三)大学英语教育是培养批判性思维的载体

1. 大学英语教育的发展历程

为了更好地说明大学英语教育是实现课程思政和培养批判性思维的载体作用，首先必须了解我国大学英语教育在课程定位、培养目标、教育理念等指导教学的纲领性政策的发展历程。

教学大纲是指导教学的重要文件，它规定了教学目标、内容、方法、考核等方面的要求。从中华人民共和国成立到现在，我国的大学英语教学大纲经历了多次修改和完善。

---

① 核心素养研究课题组. 中国学生发展核心素养[J]. 中国教育学刊，2016(10)：1-3.

② 郑旭东，饶景阳等. STEAM 教育的本体论承诺：理想的追问与反思[J]. 电化教育研究，2021，42(6)：14-19.

③ 沙景荣，看召草等. 混合式教学中教师支持策略对大学生学习投入水平改善的实证研究[J]. 中国电化教育. 2020 (8)：127-133.

第一阶段：20 世纪 60 年代(起步阶段)

从中华人民共和国成立到 20 世纪 60 年代初，我国高校外语教育主要以俄语为主，但随着时间推移，英语课程开始逐渐增加。1962 年，教育部颁布了第一部英语教学大纲，重点培养学生的阅读能力，以科技英语为主要内容。

第二阶段：20 世纪 80 年代初期(复苏阶段)

“文化大革命”结束以后，我国进入改革开放时期，英语作为一门重要的工具语言变得日益重要。1980 年，我国颁布了改革开放后的第一部大学英语教学大纲，分为基础英语和专业阅读两个阶段，以满足不同学科的需求。

第三阶段：20 世纪 80 年代中后期(发展阶段)

随着改革开放的深入，大学英语教学进入稳健发展期。1985 年和 1986 年，我国相继出台了适用于不同学科的大学英语教学大纲，统一了高等学校本科用的英语教学大纲，强调培养学生在阅读、听、译、写、说方面的综合能力。

第四阶段：20 世纪 90 年代末期(探索阶段)

在世纪之交，我国大学英语教学进入改革探索阶段。1999 年，制定了新的大学英语教学大纲，取消了文理科的分科，将教学阶段划分为基础和应用两个阶段。新的大纲强调培养学生的阅读、听、说、写、译能力，以适应社会发展和经济建设的需要。

第五阶段：21 世纪初期(深化阶段)

1999 年的大纲颁布标志着大学英语教学进入深化阶段。随着新世纪的到来，国际国内形势不断变化，社会对大学生英语能力的要求也在不断提高。因此，大学英语教育在持续深化中，不断适应社会需求，为学生提供更高质量的英语教育。2002 年，教育部高等教育司正式启动大学英语教学改革，张尧学司长对大 学英语教学所存在的问题进行一一披露，并提出了六条改革建议。2004 年，《大学英语课程教学要求(试行)》(以下简称《要求(试行)》)印发。随即，专家学者对《要求(试行)》之精神展开了解读和分析。如，2004年胡壮麟从语言学理论各个视角剖析了《要求(试行)》的合理性。2007年，教育部正式发布了《大学英语课程教学要求》(以下简称《要求》)，其教学目标是："培养学生的英语综合应用能力，特别是听、说能力，使他们在今后工作和社会交往中能用英语有效地进行口头和书面的信息交流，同时增强其自主学习能力、提高综合文化素养，以适应我国社会发展和国际交流的需要。"①《要求》强调听、说能力的培养，使学生能用口语进行交流。

此外，2004年发行的《大学英语四、六级考试口语考试大纲及样题(附考生手册)(第2版)》、2006年发行的《大学英语四级考试大纲(2006修订版)》和《大学英语六级考试大纲(2006修订版)》明确阐释了四、六级考试和口语考试的考试性质、考试目的、考试形式、考试对象、考试内容等。

第六阶段：21世纪20年代初期(完善阶段)

为贯彻落实全国教育大会精神，顺应我国高等教育新的发展需求，教育部高等学校大学外语教学指导委员会(2018—2022)根据《中国教育现代化2035》和《关于加快建设高水平本科教育 全面提高人才培养能力的意见》等文件，对《大学英语教学指南(2017版)》进行了修订，形成了《大学英语教学指南(2020版)》(以下简称《指南(2020版)》。这次修订在以下五个方面进行了重要调整。

一是关于课程思政。《指南(2020版)》明确提出：大学英语教学应积极融入学校的课程思政教学体系，使之在高等学校落实立德树人的根本任务中发挥重要角色。课程设置以立德树人为核心任务，着重提高课程质量，满足一流课程建设的标准，注重高阶创新和挑战性，将课程思政理念和内容融入课程之中。

二是教学要求。《指南(2020版)》的教学要求部分有机地融入了《中国英语能力等级量表》的相关内容。在制定过程中，充分借鉴了该量表的研

① 中华人民共和国教育部高等教育司编．大学英语课程教学要求[M]．上海：上海外语教育出版社，2007.

究成果，结合大规模问卷调查的结果，在三个级别的教学目标即基础目标、提高目标和发展目标的描述中，提供了整体描述和语言技能方面的描述。

三是教学内容。《指南(2020 版)》强调，大学英语教材的编写应当反映新时代的需求，体现党和国家对教育的基本要求，为高等教育的教学改革和人才培养提供支持，同时反映人类文化知识的积累和创新成果。在选择教材时，应有意地融入社会主义核心价值观和中华优秀传统文化，以引导学生树立正确的世界观、人生观和价值观。同时，教材也应及时反映全球科技的进步，吸纳人类文明的杰出成就，以培养具备前瞻性思维和国际视野的人才。

四是教学方法与手段。《指南(2020 版)》指出，在信息化和智能化时代，多媒体技术、大数据、虚拟现实和人工智能等现代信息技术已经成为外语教育教学的重要手段。鼓励高校积极创造多元的教学和学习环境，充分利用信息技术，建设或采用在线开放课程、线下课程、线上线下混合课程、虚拟仿真和个性化课程等精品课程，实施混合式教学模式，以引导学生朝着主动学习、自主学习和个性化学习的方向发展。

五是教师发展。《指南(2020 版)》对高校大学英语教师提出了五个方面的素养提升要求，包括育人素养、学科素养、教学素养、科研素养和信息素养，并提供了高校推动大学英语教师发展的指导性意见。

《指南(2020 版)》进一步明确了大学英语课程具有工具性和人文性双重性质。工具性包括提高学生的英语听说读写能力，通用英语(General English)，以及专门用途英语(ESP)、学术英语(EAP)或职业英语(EOP)，以培养学生在学术或职业领域的交流能力。人文性包括加强学生对中外文化的了解、对比、理解和认识，培养跨文化交际的能力，同时培养学生对中华文化的理解和阐释能力。通过巧妙融入中国文化，丰富课程的人文内涵，结合“听、说、读、写、译”等英语语言技能，才能真正体现大学英语课程的工具性和人文性双重性质。

《指南(2020 版)》凝聚了大学外语教育指导委员会和国内相关专家的

智慧，为全国各普通高等学校制定大学英语教学大纲、进行大学英语课程建设、实施大学英语课程教学与评价等方面发挥了重要作用。

回顾和分析我国大学英语教学大纲的发展历程，不难发现，作为广泛普及的公共基础课程，大学英语在我国高等教育课程体系中占有重要的地位。我国大学英语教学大纲的变迁是建立在我国国情基础之上，也是时代、社会、人才培养要求等综合作用的结果。通过对教学大纲的不断调整，我国大学英语教育在各个阶段都在不断进步，为培养具有国际竞争力的人才提供了坚实的语言基础。

2. 大学英语教育是培养批判性思维的载体

大学英语教育兼具工具性和人文性双重属性，其教学目标不仅包含培养学生的英语综合应用能力、跨文化交际能力、自主学习能力，还包含在英语学习过程中了解中国的国情、党情、民情，使学生增强政治认同、思想认同和情感认同，具有批判性思维能力，关注社会现实问题，培养其爱国主义精神，增强民族自豪感，能够正常进行文明互鉴的交流，具有用英语讲述中国故事的能力。

语言是文化的载体，文化是语言的基础。英语语料是反映西方社会和文化的重要载体，是英语语言应用的精华内容和经典素材。大学英语课程思政教学过程中英语文学作品语料的引入有助于锻炼和提高学生的批判性思维能力与批判性文学鉴赏能力。因此，大学英语教学要根据所授课程的特点恰当引入思政元素，通过中西方文化的比较，让学生形成自身对西方文化的分析、评估、判断和理解，在理解和尊重英语文化的基础上，更好地继承和发扬中华民族的传统文化，并通过中西方文化的比较形成文化自省和文化自信。

大学英语课程思政，归根结底是要回答培养什么人、怎样培养人的问题。大学英语教学不仅应注重知识传授与能力培养，更应注重价值塑造，提升学生的政治素质和品德修养，使他们树立社会主义核心价值观，以三位一体的育人理念开展教学。

大学英语教育的本质是人文精神的培养。语言既是一种文化现象，也是文化的载体。英语教育不仅是学习语言，同时也是在学习语言背后的文化。大学英语教材涵盖了西方国家的自然科学和社会科学知识，蕴含着丰富的人文内涵，但也含有一些西方文化的糟粕。因此，不仅要在教学中充分激发学生的学习兴趣和求知欲望，还应引导学生了解语言文字背后的文化内涵，并通过课程思政的价值引导和批判性思维的论证和判断，摒弃西方文化中的糟粕，从而为国家培养合适的人才。因此，大学英语教育是培养批判性思维的载体。

在大学英语教学中，应该充分认识到西方文化与本国文化之间的差异。教师和学生都要理性地看待西方文化，逐渐了解和熟悉西方文化，从而提高文化认知和提升自我水平。同时还需要进一步开阔文化视野，寻找不同文化的相同点。大学英语教育必须加强学生的跨文化交流能力，“文化教育必须凸显中国文化的主阵地角色，培养学生善于用中国文化贡献世界文化发展的能力”①。大学英语学习不是全盘接受，而是需要比较和批判性思维。大学英语教育要对中华民族语言和文化与西方语言和文化进行比较，中华文化历史精神与西方价值观文化精神进行比较，这是对不同民族文化的互鉴，这种互鉴过程不是全盘接受，也不是妄自尊大，而是要批判、继承、扬弃，这就需要批判性思维。也就是说，大学英语教育是培养批判性思维的载体。

批判性思维的核心是基于怀疑的前提进行分析，运用证据进行论证，并依据思维过程的产出做出明智判断，以得出个人的结论，这显然是科学方法的基础。在大学英语教学领域，接触的是西方语言与文化，因而需要运用批判性思维进行认真的思考和判断。因此批判性思维的应用载体就是大学英语教育。

香港浸会大学荣誉教授 Littlewood W. 曾指出：批判性思维体现于以文

---

① 李颖．中西方文化比较研究对大学英语教学的影响——评《大学英语跨文化交际：中西文化比较研究》[J]．中国高校科技，2020(6)：106.

化为基础、以行动为导向的具有规约性的人际交往的判断中，教师需要就道德伦理、社会规约标准和传统作出合理的解读和决定①。为了更好地培养批判性思维能力，大学英语教学需要培养学生对不同文化的认知能力和鉴赏能力，还需促进他们拥有开放的文化态度。而且，培养批判性思维并不会削弱学生的民族文化素养，相反，它将因学生批判性思维能力的提高，有助于他们正确评估西方文化，并更好地利用民族文化。

Mcpeck J. E. 指出：学生首先要学习了解本族文化的基本信息，这样他们就会有"批判性"看待的东西②。戴维森(Davidson)也曾指出，批判性思维在任何文化或者语境下都可以找到，只是实施运用程度不同，因此批判性思维不应该与某一特定文化关联到一起。③ 也就是说，批判性思维能够适用于各种场合，更不用说是针对来自西方素材的大学英语课程教学。这也再次说明，大学英语教育是培养批判性思维的载体。

五、小　结

本章通过分析语言、文化、思维之间复杂的关系，揭示了它们是培养各种能力的基础。语言的基本功能有三种：语言是文化信息的载体；语言是人认识世界的工具；语言是交际方式和交流思想的手段。文化是一种复杂的社会现象，渗透于社会生活的各个方面，是人类社会物质生活和精神生活所取得成就的总和。语言和文化之间并不存在因果关系，而是同时变化和发展的。语言与文化相互影响、相互作用；理解语言必须了解文化；理解文化必须了解语言。思维是思考、理解、总结或概括以及反映人类大脑对现实世界中客观事物的认知过程。从语言与文化和思维的关系来看，

① Littlewood W. Defining and developing autonomy in East Asian Contexts[J]. *Applied Linguistics*, 1999, 20(1): 73.

② Mcpeck J. E. *Teaching critical thinking*[M]. London: Routledge, 1990: 44.

③ Davidson B. W. Comments on Dwight Atkinson's a critical approach to critical thinking in TESOL[J]. *TESOL Quarterly*, 1998, 32(1): 119-123.

语言是文化的组成部分，是传播和传承文化的重要载体，同时语言也是思维存在的形式和表达思维的工具，而我们所处的文化环境又会影响我们的语言和思维方式。因此，语言、文化和思维相互影响、相互作用。一方面，语言是文化的基础，语言的发展促进文化的发展；另一方面，每种语言都是特定的民族文化长期发展的产物，语言既映射了该民族的社会历史和文化背景，同时语言又受到该民族思维方式和生活方式的影响。不同领域的经验证据表明，文化影响语言，语言影响思维，普遍共享的感知和认知制约着语言的结构。当我们思考语言或文化如何影响思维时，我们通常也会思考思维方式如何导致语言和文化的差异。

类似于语言、文化和思维之间的关系，大学英语、课程思政和批判性思维之间是相互影响和相互作用的。语言不仅仅是文化的重要组成部分，还扮演了人类思维和交流的媒介角色。每种语言都是特定民族文化长期发展的产物，映射了该民族的社会历史和文化背景。同时，语言也受到该民族思维方式和生活方式的影响。

大学英语课程具有鲜明的人文特色，涉及中西文化的融合和冲突。英语教学必然要应对不同文化之间的价值观碰撞，进行跨文化分析。大学英语课程的性质和其所追求的育人目标与思想政治教育的初衷是一致的。通过大学英语课程思政教育，可以帮助学生拓宽视野，了解国外思想观念，并增强对我国社会价值观和历史文化的了解。同时，它也培养了学生对本国传统文化的认同感，实现了立德树人的根本任务。

批判性思维有助于解决问题、做出决策和实现目标。大学英语教育要进行中华民族语言、文化与西方语言、文化以及价值观的比较研究。批判性思维的研究涵盖了课程思政的核心，可以帮助学生提高问题意识，质疑和辨别英语学习材料中不同于中国文化和价值观的差异。这种能力使他们能够独立思考、做出独立判断，并能够从多个角度辩证地分析问题并作出选择和决策。

批判性思维有助于激发学生对追求真理的意识，培养学生的理性思维，以及引导学生塑造完善的人格，从而促进学生道德品质的发展。此外，批判性思维还培养了学生对不同文化的认知和鉴赏能力，促使他们拥有开放的文化态度，正确评估西方文化并更好地利用本国文化。因此，本研究的定位是：大学英语是载体，课程思政是育人目标，批判性思维是实现这一目标的手段和方法。

第五章　中西语言、文化和思维差异阐释

作为语言，英语和汉语都具有工具性和人文性特征。中国与以英、美为代表的西方英语国家不仅在语言上存在很多差异，在传统文化、思维方式、哲学思想、宗教信仰、日常生活、伦理道德等方面也存在很多差异。了解中英语言、文化和思维的差异是在大学英语课程中运用批判性思维进行思政教育的必要环节。

一、英汉语言的差异

英语和汉语，都是以语音为物质外壳、以语义意义内容的符号系统，都是音义结合的词汇建筑材料和语法组织规律的体系。一种语言，通常从某个角度来说是对一个国家或者社会的文化的反映。文化是各个民族或群体对特定环境的适应能力及其适应成果的总和。本节从英语和汉语发展史的异同，语法结构的异同以及词汇表现的异同三方面进行对比分析，并且分析产生异同背后的原因，使我们更好地理解英汉两种语言的特点及使用规律，也试图找到有助于我们学习英语的启示，有利于我们在英语的教学活动中让学生理性地对待异国文化，实现文化传达，进一步促进中西方的文化交流。

(一) 英汉语言历史演变的差异

自然语言从形成到发展变化，甚至到消亡都取决于社会意志和社会需要。离开了社会，语言就不可能得到生存和发展。所以，随着人类社会由

古至今社会的发展变化，语言也发生着较大的变化。语言的发展离不开历史文化，或者说它与历史如影随形。邢福义主编的《语言学概论》从性质和功能两方面对语言下的定义：语言是一种复杂的符号系统，是人类进行社会交际和思维认知的工具。但是，要全面深入地认识语言，还需要了解语言的其他重要性质和功能，不仅要从内涵上把握语言的特征，而且需要从外延上把握语言的范围；不仅要了解语言的现状，而且要了解语言的历史。① 汉语和英语是两种属于不同系统的语言，有着不同的历史背景与文化环境，在发展中形成了各自的特点，差异很大。在文化发展过程中，汉语和英语都经历了从最初的萌芽到现在的相互融合。在世界全球化进程的影响下，汉语和英语也受到不同文化的影响。

1. 英语的历史演变

英语历久弥新，处于不断变化发展之中。② 英语属于印欧语系(Indo-European language family)中日耳曼语族(Germanic)的西日耳曼语支(West Germanic)。英语的起源和发展与英语民族的历史发展密切相关。英语的历史起源于第五世纪中叶朱特人、撒克逊人及盎格鲁人的入侵，到现在已有1500多年的历史了。英语，即大不列颠(Great Britain)的盎格鲁·撒克逊人(Anglo—Saxon)的语言，是在各种因素的影响下得到发展、充实并逐渐规范化、标准化。英语语言的历史发展通常分为三大阶段：古英语，中古英语和现代英语。张勇先教授所著的《英语发展史》以时间为线索描述了每一个阶段英语的特点、发展渊源和每一个阶段的大事记。他将英语的发展分为四个阶段：古英语(449—1066)；中世纪英语(1066—1489)；早期现代英语(1489—1801)；现代英语(1801年至今)。③ 英语的雏形是于公元5

① 邢福义，吴振国．语言学概论(第二版)[M]. 武汉：华中师范大学出版社，2011.

② 张雪梅，刘宇红．“语义三角”的认知拓扑性探析[J]. 外语学刊，2019(2)：8-14.

③ 张勇先．英语发展史[M]. 北京：外语教学与研究出版社，2014：516.

世纪被带到英国的西日耳曼民族的方言，这些语言在现代被认为属于古英语。大约600年以后，诺曼人占领了英格兰，古英语受到了法语的影响，此时英语开始承载更深刻的人文内涵。① 到了公元17世纪，由于英美的不断扩张，现代英语在这两个强国的影响下逐渐在世界各地传播。同时，由于第一、二次工业革命的产生，印刷技术和电子媒体技术的普及极大地扩大了英语的使用范围，并推动了英语语言的规范化。② 1755年，塞缪尔·约翰逊(Samual Johnson，1709—1784)编纂的《英语词典》(*A Dictionary of the English Language*)问世。它被看作英国历史上第一部用英语解释的、收词广泛的、具有权威性的标准英语大词典。这部词典的诞生大大促进了英国语言的规范化和标准化。19世纪至20世纪初期，英语的用法比以前任何时候都更加确定，更加一致。例如，不规则动词变化的形式在19世纪才最后固定下来，英语发展成更加成熟、更富有表达力的语言。由于外来的侵略，英语是欧洲语言中变化最大、词汇成分最复杂、词汇量最丰富的一种语言。《牛津英语词典》有古英语、现代英语的词和成语共40多万条。1976年出版的《英国百科全书》认为英语词汇已超过50万个。也有不少学者估计，英语词汇总量是100万个以上。

现代英语是分析性的(analytic)(即相对不受影响)，而大多数现代欧洲语言(如：德语、法语、俄语、希腊语)的祖先语言原印欧语是合成的或屈折的(synthetic or inflected)。在数千年的过程中，英语单词已经从梵语、希腊语、拉丁语、俄语和德语中的屈折可变形式慢慢简化为汉语中的不变形式。典型的例子就是德语和汉语中的名词“人”。德语有五种形式：Mann，Mannes，Manne，Männer，Männern。汉语有一种形式：人。英语介于两者之间，有四种形式：man，man’s，men，men’s。在英语中，只有名词、代词(如：he、him、his)、形容词(如：big、bigger、bigger)和动词有屈折。

① 张弛．浅析高校外语教学中的人文精神教育[J]．中国大学教学，2018(3)：54-56.

② 郑长明．专门用途英语专业词汇的隐喻概念表征研究[J]．英语教师，2019(9)：32-35.

英语是唯一使用非限定形容词的欧洲语言；例如，the tall man，the tall woman。至于动词，如果将现代英语单词 ride 与古英语中的相应单词进行比较，就会发现英语现在只有 5 种形式(ride，rides，rode，riding，ridden)，而古英语 ridan 有 13 种。

除了屈折的简单性外，英语还有两个基本特征：功能的灵活性和词汇的开放性。在过去的 5 个世纪里，由于失去了屈折，英语功能的灵活性得到了发展。以前因形式不同而被区分为名词或动词的单词现在经常同时用作名词和动词。例如，人们可以说 plan a table or table a plan(制作一张表格或制定一个计划)，book a place or place a book(预定一个地方或放置一本书)，lift a thumb or thumb a lift(举起大拇指或搭便车)。在英语中，传统代词、形容词和副词的形式也可以用作名词；形容词和副词作为动词以及名词、代词和副词作为形容词。词汇的开放意味着可以自由地接受其他语言的单词，也意味着可以随时创建复合词和派生词。英语采用(不变)或改编(略有变化)任何真正需要命名新对象或表示新过程的单词。来自 350 多种语言的单词以这种方式进入了英语。像法语、西班牙语和俄语一样，英语经常从古希腊单词元素中形成科学术语。尽管在发音和语法上是一种日耳曼语言，但大部分英语词汇实际上起源于浪漫主义或古典主义。

现代英语被广泛认为是世界通用语言，是包括计算机编码、国际商务和高等教育在内的许多领域的标准语言。随着英语在国际交流中的广泛使用，不同语言在交流和接触下会相互影响，这一点在英语的发展中也得到了体现。人们可以看到，英语在英国政府的不断推广下对英国殖民地的语言产生了很大影响，同时英国殖民地当地的语言也反过来推动了英语的发展。不同国家或地区的英语必然会受到当地的口音、词汇以及使用习惯的影响，因此，英语在被不同地区的人们使用的过程中变得越来越多元化(姜龙等，2018)。① 由于历史、地理、社会发展等方面的原因，开始出现

① 姜龙，邵华．基于泛在学习资源共享平台的大学英语混合式教学模式研究[J]．疯狂英语(理论版)，2018(3)：28-31.

了一些有别于标准英语的具有区域性质的英语，如：美国英语(American English)、澳大利亚英语(Australian English)和南非英语(South African English)等。

2. 汉语的历史演变

汉语作为中华民族的共同语，它“海纳百川”吸纳融入了国内外不少其他民族的语言，因此更加丰富多彩，生动活泼，更加成熟完美，汉文也得益于汉语的发展而发展。在远古时代，不同的人类共同体就产生了各自的原始语言，但是后来语言随着社会的动荡瓦解而分化，又随着社会的统一而融合，所以汉语的发展也经历了这样的一个过程。语言的统一过程，除了不同方言集中为民族共同语外，还有异族的语言交融。

汉语属于汉藏语系(Sino-Tibetan language family)，对其起源的争论不一，可以从几万年前的原始时代开始说起：当时的远古人类在生活中懂得了使用口头语言向他人诉说他们想要表达的意思，而且逐渐开始利用手势传递信息。① 后来人们学会运用图形传达意思，这就是历史上发现的最早的象形文字，其重要性不言而喻。② 随着人类文明进入奴隶社会，人类大量使用图形来表达信息，但是图形太过于复杂，不能够满足人们的表达需求。因此，人类在简化图形的同时，也学会将一些文字组合起来，形成新的文字。汉语，特别是现代汉语普通话的形成，也经历了语言的交融和统一历史的过程。首先，汉族的形成过程是漫长复杂的，其语言的发展过程也同样如此。据有文字记载以来的历史看，社会的动荡分化、统一过程中许多华夏境内的诸族分分合合，逐渐融合，汉族成了最大的民族。尽管历史上有四个朝代由少数民族(契丹、女真、蒙古、满)建都北京进行统治，也曾力图同化汉族和其他民族，但都事与愿违。汉族人口众多，文化发

① 葛莎莎，祁文慧．从语义翻译和交际翻译理论看金融新闻英译汉[J]．江苏外语教学研究，2019(1)：78-80.

② 朱克迎．从居延汉简看西汉时期河西走廊的社会发展状况[J]．汉字文化，2019(6)：59-60.

达，在语言交融过程中汉语始终占据着主角地位，而且境内政权长期统一，使吴语、闽语、粤语等方言也都没有分化为独立的语言。我国最早的通用语是雅言，雅言是以周朝国都丰镐为中心辐射地带的语言为雅言的基础方言和标准音。随着国都的迁移，雅言的基础方言也随之改正。汉代有一种叫“通语”的共同语一直用到宋代。唐宋以后，把官场中通用的话叫作“官话”。元朝时建都北京，北京语便成为全国通用的“雅言”。到了清代则把北方语诸方言系统称为“官话”。到民国时，把全国通用的语言叫作“国语”，并被当时教育部定为法定教学语言。解放后《中华人民共和国宪法》第 19 条规定：国家推广普通话。对其定义是：现代汉语的标准语，是以北京语言为标准音，以北方话为基础方言，以典范的白话文著作作为语法规范的现代汉民族共同语。由于时代的发展，汉字数量变得越来越多，汉语字典就随之产生，这也促进了汉字的规范化。中华人民共和国成立后，伴随着教育事业的飞速发展，我国政府积极顺应时代潮流使用简体字，这时的简体字大致就是人们现在所使用的汉字了。①

汉语是世界上最古老的语言之一，她承载着五千年的文明积淀，是我们悠久文化历史的象征。认真学习汉语的发展演变，对了解我国历史文化、传承我国历史文明至关重要。

作为语言，英语和汉语都具有工具性和人文性特征。语言和思维习惯、社会习惯都相互依赖，相互影响，是一个不可拆分的整体。语言在一定程度上引导着文化。因为语言可以引导人们去了解某种文化认识外部世界的方式，而且不同的文化由于面对不同的客观现实，会创造出不同的语言。人类的语言与文化身份之间并不是一一对应的，但语言却敏锐地反映着个人与特定社会之间的关系。在不同的历史时期，语言质量表现出不同的状态；即使在同一历史时期的不同群体之间，语言质量也是有差别的。早期人类的语言显然不如现代人的语言那么严密、丰富；生活在偏远地区

① 柴云龙．传统教育与现代教育的碰撞及融合发展——从电影《银河补习班》出发[J]．汉字文化，2020(10)：163-164.

的土著人的语言，就远不如多数现代人的语言那么有内涵和底蕴。

(二)英汉句式结构的差异

句子是能够独立表达完整语义的语言结构单位。尽管SVO(Subject 主语，Verb 谓语，Object 宾语)是英汉语两者的基本句式结构，但其中的句子结构差异也是很明显的。我国著名语言学家王力先生曾经说过："就句子的结构而论，西洋语言是法治的，中国语言是人治的。"①也就是说，英语只要结构上没有出现错误，许多意思往往可以放在一个长句中表达；而汉语的语义则是通过字词直接表达，不同的意思往往通过不同的短句表达出来。以下用两个例句来分析英汉句式结构差异。

例1：He knew how ashamed he would have been if she had known his mother and the kind of place in which he was born，and the kind of people among whom he was born.

译文：他知道，如果她知道了他的母亲，知道了他出生在什么样的地方，知道了他出生在什么样的人群中的话，他会有多羞愧。

例1英语句子较长但结构清晰：主语是He，谓语是knew，宾语是how引导的从句，随后是由if引导的状语从句，从句中的三个并列的宾语由"and"连接着，其中有两个宾语(place 和 people)又分别由 in which 和 among whom 引导的定语从句修饰。汉语句式不用关联词，而是使用几个形式类似并列的短句，叙事从容不迫，层层展开，不仅含义有主有次，听起来还富有节奏，铿锵有力。

例2：The kids had to stay home for days because it was so cold and

① 王力．中国语法理论[M]．王力文集．第一卷．济南：山东教育出版社，1984：35.

wet that there was nowhere to go. The entire room was in a mess, with comic books on the bed, snacks on the desk, toys in every corner, and even the wall was covered with graffiti.

译文：(因为)冰天雪地，无处可去，孩子们不得不在家待上好几天。整个房间一片狼藉，床上堆放着漫画书，桌子上堆放着零食，每个角落都堆放着玩具，甚至墙上也(被)涂得乱七八糟。

例2中的两句话包含的信息较多，英语句式也比较复杂。前面的复合句用关系词"because"引导从句作句中的原因状语，从句中又以"so...that..."连接表示一个因果关系的从句，说明孩子们为何不得不待在家里数日，后面的并列句中则连续用了数个介词短语来描述房间的状况。而汉语句式则呈"隐形"，按照事情发展的先后顺序(时序、因果、时空)、逻辑顺序，以短句的形式行文推进，句子之间无过多的形式连接，词语之间的关系在不言之中，语法意义和逻辑联系常隐含在字里行间。此外，汉语中的因果句不到必要时，一般不用关联词。先因后果，通常可以不用"因为"。英语句子中的介词的语义在汉语译文中都用了相应的动词结构，以实词来表现。

以上两个例句体现了英汉句式结构以下几点差异：

(1)形合与意合的差异。这是英汉句式结构最突出的差异。所谓形合(hypotaxis)，是指语言的词语与分句之间用自身的形式手段(如：关联词)连接起来，表达语法意义和逻辑关系。例如：We won't go hiking today if it rains hard. 所谓意合(parataxis)是指词语分句之间不用语言形式手段连接，句中的语法意义和逻辑关系通过词语或分句的含义表达。例如：大雨倾盆，河水泛滥，冲毁了很多民房。

英语重形合，注重显性连接(overt cohesion)，注重结构完整，注重以形显义。英语句式常用各种形式手段和形式连接词、语、分句或从句。常用的关系词有在从句中充当主语、宾语、定语等成分的关系代词 who, whose, whom, that, which 和作状语的关系副词 why, when, where, how

等。常用的连接词有 and，or，but，as well as，either，because，so，however，as，since，until，unless，so... that... 等，通常连接词、词组、分句或状语从句。介词是英语里较活跃的词类之一，是连接词、语、或从句的重要手段。简单介词有 with，to，above，over，in，of，about 等；合成介词有 inside，onto，upon，within，without，throughout 等；还有习语介词 according to，in accordance with，along with，because of，on behalf of 等。而汉语则注重意合，注重意义和逻辑顺序，注重隐性连接(covert coherence)，少用显性的连接手段和连接词，隐性的语法比重较大。

(2)长句和短句的差异。以上两个例句显示，英语注重句子形式和完整，其连接手段非常丰富，形合特点使得句子结构犹如一棵大树，较多出现“多枝共干”式的长句，即以“主语+谓语”结构为句子主干，然后利用各种连接手段把具有修饰、限定、并列、补充等作用的短语、从句等往主干上添加，使主干不断延伸，形成“参天大树”。由于主干分明、枝繁叶茂，句子也呈现出以形驱意、以形统神的特征。而汉语一般使用短句，多动词或名词排列，短句相接，有时候句子甚至都没有主语，而且也很少用连词，站在语义的高度，利用组合能力强、节奏感突出的短句，按照事理的逻辑关系和先后顺序来灵活地安排语序结构，叙事从容不迫，层层展开，给人以舒缓明快的感觉。正如范仲英先生所言：“汉语句子恰似一根春竹，一节之后又生一节，中间掐断无伤大雅。”①可见，汉语结构灵活、简洁，呈现出形散而神聚，以神统形的特点。

(3)静态与动态的差异。英语是静态的语言，也称为屈折语，其动词的使用由于形态变化而受到很大的限制。由于严格的语法规范，一个句子结构通常只能有一个谓语动词，当一个句子涉及多个动作或事件，它们之间又不是并列或先后关系时，只能用限定动词表达主要的动作或事件，其他与动词有关的意义可以通过非谓语动词或通过形容词、副词、介词等表达。英语中的介词多置于名词或名词性短语前面，使英语的静态特征更为

① 范仲英．实用翻译教程[M]．北京：外语教学与研究出版社，1994：1，62.

突出，如例 2 中的“… in a mess，with comic books on the bed…”。而汉语则是动态的语言，也称为非屈折语，没有动词形态的变化。汉语中的许多句子都是两个或者两个以上的动词作为谓语，而且很擅长用动词连接句子间的逻辑关系，所以动词在汉语里是很多见的，并且能够被灵活使用。汉语的介词较少，没有分词，英语中使用介词和分词的地方，汉语则直接由动词来替代。汉语中存在着动词重复现象。如，例 2 的译文中连续用了几个“堆放”来替代英语的介词短语，构成丰富、生动的动词结构，可以明显地加强汉语动态感的表现力。

(4)有无主语的差异。英语句子力求表达精确，注重句型句式，视框架结构为核心。一般情况下，英语除了祈使句可以没有主语之外，任何一种类型的句子中主语和谓语都必须显性出现。有些句子没有主语，但为保持语法与意义一致(grammatical and notional concord)的关系，就用 it 和 there 来作句子的形式主语，此时它们只是语法上的作用。如，例 2 中的“… it was so cold and wet that there was nowhere to go”(天又冷又湿，无处可去)。虽然 it 和 there 在句中没有实际意义，但也不可省略。汉语句型结构更为灵活，主语通常情况下可以省略。如，“下雨了”译为英文就是“it is raining”。英文句式结构严谨，不可随意省略句子成分，这就使英文表达的意思明确清晰，减少歧义。西方文化重理性，强调逻辑思维，办事有章可循、有法可依，有时也会难免形式呆板。而中华文化重悟性，强调辩证思维，办事更为灵活机动。

(5)重心前置与后置的差异。英语前置重心，通常把重要的信息放在句子的前部，次要信息则常常置于重要信息的后面，如例 1 中”He knew how ashamed he would have been if…”就是采用的先表态后叙事的形式。英语往往先给出观点、结论、推断，再加以论证；先事实后背景，先论断后事实，这主要是受思维方式的影响。因为，英语民族的思维方式属于直线型，他们倾向于开门见山地直接表达思想、感情和观点。而汉语民族的思维方式属于螺旋型，通常遵循逻辑或时间的表达顺序，将重要信息置于句子尾部，如，例 1 的汉语翻译是“……他会感到有多羞愧。”所以，汉语后置重心，句子习惯先说事，再总结，习惯先对事情发生的背景进行铺垫，从侧面说明，阐述外围的环境，最后点出话语的焦点信息，而且往往采用“前因后果”的句式。

(6)被动与主动的差异。英语习惯使用被动语态，表现一种客观意识，是一种客体的状态。在英语的被动语态中，动词形态是有变化的。如，例2中的句尾部分“... and even the wall was covered with graffiti”。而汉语则更习惯使用主动语态，表现一种主体意识，人一般就是动作的执行者，其动词形态没有改变。汉语的被动语态常借助一些表示被动意义的助词，如：“被、由、挨、遭、受、让、叫、给”等来表达。

此外，我们要辩证地看待英汉两种语言中的意合与形合，汉语并非绝对意合，英文也并非绝对形合。

例如：你知道这样是不对的，为什么还要这么做呢？

(既然)你知道这样是不对的，为什么还要这么做呢？

译：Now that you know what you did is wrong, how could you do that?

以上两句中文的翻译都可以对应到下面一句的英文。同样的，该句英文译成上述两种形式都不影响语义理解。所以，通常在汉译英的过程中，必须将其逻辑关系显性化，保证“形合”，补充出关联词使其逻辑完整，而英译汉的过程中，可根据情况适当采取“形合”或“意合”。

一般而言，英语形合句多，汉语意合句多，但各自的使用频率均与文体密切相关。现代汉语受西方语言的影响，形合句比古代汉语多。从古代汉语传下来的大量成语、谚语，大多匀称对偶，节奏铿锵，琅琅上口，言简意赅，至今仍为汉语意合句的重要组成部分。如：

Man proposes, God disposes.

谋事在人，成事在天。

No discord, no concord.

不打不成交。

总而言之，“形合”是句法逻辑的明示，必须借助逻辑词或者代词保证形式上的完整；“意合”是句法逻辑的暗示，重语义的传达，结构比较松散。所以，在两种语言的转换过程中(翻译中)要充分考虑这一点差异，在汉译英时，译者应该高屋建瓴，对汉语的语料或思维习惯重新编组、归类、统领、调配各类句子资源，叠床搭建，突破其形，译/写出其神，置身于英语的气脉氛围中，忘掉汉语思维习惯的束缚。在英译汉时，应该尽量符合汉语的习惯：句子短小、灵活，敢于打乱原来的形合结构，从连词处拆卸原来英语的严谨、紧凑、死板的结构，进行句式转换、重组，多采用“话题-说明”结构。

英汉两种语言的差异实际上是源于东西方两种不同文明的差异，也是两种思维方式的差异。我们常说西方人一根筋，他们考虑问题的方式比较简单，表达起来也是直截了当，我们可以直接明白说话者所要表达的意思。而中国人喜欢琢磨和推敲，这种思考模式体现在语言上，就是一种含蓄委婉的表达，通常我们需要透过表层意思去体会深刻内涵。从生活方式和传统习惯上来说，西方人强调个人主义，而中国人则是家国情怀浓重，很看重集体主义。这也就导致了中英文两种语言在句式长短和句子内部逻辑关系之间的不同。总的来说，这两种文化的差异直接造成了中英文两种语言的差异。

(三)英汉词汇表现的差异

在外语教学中，必须知道母语和目的语言之间的区别。如果把语言比作一个人，语法是他的骨骼，文字是他的血肉，发音是他的外表，文化是他的性格。“在与外族人交谈的时候，本族人对于他们在语音和语法方面的错误往往比较不计较，相比较而言，违反说话规则，则多数会被认为是不礼貌的行为。”①学习语言的过程，不仅仅是单纯的学习如何发音，如何

① 胡文仲．跨文化交际学概论[M]．北京：外语教学与研究出版社，1999.

说出一句话或写出一篇文章；实际上学习语言更是一个文化交流的过程，因此，在英语教学中必须重视英汉文化的差异。

词汇是语言的基本要素，更是语句的基本构造，是语言的基石和延伸。作为语言中最活跃、最具生命力的组成部分，词汇最大的特点就是承载了所有文化的信息，各种文化特征都能在该语言的词汇中得到体现，最能反映文化独特的内涵和魅力。英汉语词汇上显著的区别也反映了中西文化的差异，因此，在词汇学习中加强文化差异的对比对掌握英汉词汇的差异显得尤其重要。

1. 英汉词汇结构差异

英语和汉语在词汇结构方面存在较大的差异性，这与英语和汉语的本质构造有着不可分割的联系。“英语文字取向于语音，是表音文字，对语音的依赖性较强，主要通过屈折变化等语法手段描写事物，在造字时保持了与语音的统一，基本上一个字母代表一个音位，其字型由该字的读音决定”，反映了西方文化抽象的思维方式。“汉字取向于物，是表意文字，以形达意，用形象的方式表示抽象的事物。汉字的另一特点是，汉字是单音节文字，每个汉字只有一个音节，且一般只代表一种事物”，这就体现了中华民族形象的直观的思维方式。①

属于印欧语系的英语强调理性和逻辑，英语的字符是英文字母(共 26 个)，最小单位是词(单词)，单词是由不同字母间的组合构成的，每个词都有不同的拼写和声音，是固定配置，如，“English”“Chinese”。汉语的文字是音形意的编码，汉语的最小单位是字，两个或两个以上汉字才可以组成一个词，如“英文”“中文”。英语的单词少有共性，每一个事物都要造一个词，描述世界需要极大的词汇量。比如，汉语中的“雨”字，可以组成“毛毛雨”“阵雨”“暴雨”，都有一个“雨”字，抓住了共性和个性，共性加上个性就是新概念，组合性非常强。而英语中所对应的单词却分别为：

① 胡小颖．英汉思维差异与英汉构词特点[J]．赤峰学院学报，2009(5)：100.

rain，drizzle，shower，storm，词与词之间看起来毫无共性。又如，汉语的“结合”“混合”“联合”“融合”“组合”“整合”等都带有“合”这个字，而翻译成英文分别是“combine”“mix”“unite”“merge”“compose”“integrate”。英语单词之间没有任何联系，表达的意思较固定，缺少灵活性，不能很好地表达个性的需要，无法反映客观实际的内在的本质的联系，无法体现词汇的深层含义，更加无法表达较为婉转的内涵。

英语构词有着其独特的构造规律和方法，包括复合构词法、缩略构词法，派生构词法以及混合构词法。复合构词法是较为常见的英语词汇构成方法，如，motorway，就是由 motor（汽车）+way（道路）构成，这样的复合词是较为容易学习的，也是比较简单的构词法；而缩略构词法则是对一些单词的首个字母进行缩减，从而使得词汇更为简洁，如，UNESCO 的全称是 United Nations Educational，Scientific and Cultural Organization（联合国教科文组织）；混合构词法则是把两个词混合，或各取一部分混合而成一个新词，前半部分表属性，后半部分表主体，如，(1)取第一个词的首部和第二个词的尾部：motel =motor + hotel（汽车旅馆），smog =smoke + fog（烟雾）。(2)保持第一个词的原形，删去第二个词的首部：newscast = news + broadcast（新闻报道）。目前来看，英语词汇中最基础的构造法就是派生构词法，即：利用给词根加前缀和/或后缀而改变词汇的词性或者词义进而形成新的单词，例如：pre-school = pre-+ school（学前）就属于前缀构词法。又如，teacher = teach + er，把教学这个动词变为名词教师，不仅改变了单词的词义，还改变了词性。这样的构词方法会把英语变得更为多种类，使得表达更为贴切，意思表述得更为简洁明了。①

汉语语素以单音节为基本形式，在汉语语素中占绝对优势。单音节基本上都是语义的承担者，可以作为语素来构成大量单音词，如：“学、人、地、天、羊、火”等，也可以合起来构成合成词，如：“学生、人民、土

① 于建平．文化差异对英汉翻译中词义和语义理解的影响[J]．中国翻译，2014(3)：27-29.

地、白天、羊群、火灾”等。现代汉语构词方法非常灵活多样，大量采用词根复合构词法创造新词，可以是“词根+词根”，如：“国家、人民、军队、雪白、月亮”等，也可以是“词根+词缀(词头)”，如：“胖子、画儿”等，还可以是“词缀(词头)+词根”，如：“第二、阿姨、老虎”等，还可以是“词缀(词头)+词根+词缀(词头)”，如“老婆子、老张头”等。由于汉语中有意义的单音节语素差不多都能充当词根语素，词缀语素少而且造词能力较弱，因此，汉语中运用复合法“词根+词根”组合词根语素，构成合成词，即组合式合成词的情况最多。汉字是形声意三位一体的文字。汉字有独体字、左右结构，上下结构等多样的字形结构。汉字很多是由两个部分组成的，一部分是象形文字另一部分是发音部分，如：“烤”，是由“火”和“考”两部分组成的，它的意义与“火”息息相关，但声音却与“考”这部分有关联。在现今使用的汉字中形声字占85%以上，说明中国的汉字同样是在遵循共同的声化规律而发展、演变的，汉字之所以具有强大的生命力，其中形声字起有很大的作用。

英语是分析性语言，因此对英语名词的数有严格的规定，分为可数与不可数。汉语里没有，名词较笼统。英语的可数名词有单复数之别，如：tree-trees，house-houses。英语汉语思维中表达可数不可数的概念并不完全等同。比如，汉语思维中认为“纸张，钱，建议”(paper，money，advice)是可数的，而英语中是不可数的。这些是中国人在英语中经常忽略不计的，而又是最能体现英汉思维差异的地方。

学习者如果可以更好地掌握英语构词法，就可以提高英语词汇的运用能力，从而有助于推动英语学习。

2. 英汉词汇文化内涵的差异

英汉两种语言的词汇都极为丰富。但由于英语国家与我国在文化内容上有着较大的差异性，所以最终也导致了词义内涵上存在着较大的差异性。比如，同一个词的指称意义(referential meaning)完全相同，而其文化内涵却有着明显差异，相互矛盾甚至相反。此处仅以部分动物词汇、颜色词汇和食品词汇为例进行对比。

(1)英汉动物词汇的文化内涵差异

由于习俗、宗教信仰、历史、价值观念等文化因素的影响，英汉语言在动物词汇中有各自独特的文化内涵。在西方，公认的百兽之王是狮子。在欧洲，狮子出现在英国、挪威、西班牙、比利时以及其他13个国家的国徽上。自中世纪以来，英格兰就与狮子联系在一起，尤其是在1066年诺曼征服期间，诺曼人将狮子的象征带到了英国，它很快成为皇室和力量的流行象征。12世纪，当国王理查一世(又名：狮心理查 Richard the Lionheart)将狮子作为其皇家纹章的一部分时，狮子成为了英格兰的象征，也是表示强大的象征，并很快与皇室和力量联系在一起。从那时起，三只狮子就被用来以各种形式代表英格兰，包括硬币、纸币、军旗等。事实上，大约12000年前，狮子曾经是英国的本土动物，但不幸的是，由于气候变化等多种因素，这些勇猛的野兽在该地区已经灭绝了。尽管如此，狮子不仅是英国的国家象征(The British Lion 就是英国的别称)，将其作为国兽，而且在整个历史上一直是最重要的文化象征之一。狮子在这个国家被视为骄傲和权力的象征，如今仍然出现在许多官方符号上，甚至被用作国家足球队的象征。当英国政府希望激励年轻人获得狮子的所有特征(骄傲、力量和勇气)时，狮子也被用在征兵广告的宣传中。英文中常用“lion”表示“威严、凶猛、勇敢”的意思，如：“as bold as a lion”(勇猛如狮)，“as strong as a lion”(非常强壮)，“to beard the lion in his den”(太岁头上动土)。而在中国文化中，老虎被视为百兽之王。老虎象征着力量、活力、保护、慷慨和无所畏惧。“虎”常用来比喻王者风范，因此有“虎胆英雄”“虎虎生威”等词组。此外，为了符合汉语的表达习惯，英语中有些带“lion”的习语在汉语中都用“虎”来代替。比如：“like a monkey in a lion hide”可以翻译成“狐假虎威”，“a lion in the way”(拦路虎)，“come in like a lion and go out like a lamb”可以翻译为“虎头蛇尾”。又比如，在英语国家中，狗被看作人类的朋友，具有忠诚、勇敢、聪明等优点，所以用狗比喻人时多含褒义。如：“a lucky dog”是幸运儿，竞技中的夺魁者或优胜者是“top dog”，大人物是

“big dog”。“Every dog has his day.”意思是“凡人皆有得意日”。而汉语中的“狗”被认为带有奴性，令人生厌。在汉语中绝大多数关于“狗”的词汇含有贬意，甚至以狗骂人，比如：“狗仗人势”“狗腿子”“狼心狗肺”“狗眼看人低”等。

(2)英汉颜色词汇的文化内涵差异

颜色词汇是一种富有表现力的语言，具有深厚的文化内涵。英语和汉语中都有丰富的颜色词。英语中常见的基本颜色词均可在汉语中找到与之相对应的基本颜色词：black(黑)，white(白)，red(红、赤)，green(绿)，yellow(黄)，blue(蓝)，purple(紫)，gray(灰)，brown(棕)等。但它们有时在指称意义上并不完全对等，比如：

brown sugar 红糖

black tea 红茶

brown bread 黑面包

grey hair 白头发

black in face 脸色铁青

to be blue in the face with cold 冻得发紫

此外，受民情风俗、思维方式、宗教信仰、民族心理等因素的影响，在象征意义和联想意义方面，英语基本颜色词也并不与其汉语基本颜色词完全对应，这是因为各种色调都有自己独特的含义和寓意，不同民族的人对色彩的反应、欣赏以及被激发的联想因受本文化传统的制约的差异。例如：

to be in the blues 情绪低落、闷闷不乐(蓝色在汉语中无此象征意义)

a blue film/video 色情的电影/录像(汉语常用“黄色电影”)

a very white man 非常忠实可靠的人(中国京剧脸谱中“白脸”代表奸诈)

a black look 恶狠狠地瞪一眼(汉语中常说“白眼”)

green-eyed 忌妒的(汉语中只说“红眼病”)

to be in the red 亏损；负债(汉语中有“赤字”之说)

a white lie 善意的谎言(汉语中白色无此含义)

在翻译含有颜色词的短语时要特别注意这一点，不能望文生义，否则就会译错。

颜色词汇作为语言的重要组成部分，表达着独特的特征和风俗习惯。每种颜色在不同的国家都有其表达方式。红色作为一种基本颜色，在日常生活中被广泛使用，在英语和汉语中都有着生动的含义。汉语的“红色”具有很强的正面意义，而且用途很广。①寓意好运、喜庆、人气和受欢迎。如，“开门红”“走红”；②财富与健康。如，“红光满面”“红包”“红红火火”；③形容女性的美。如，“红妆”“红颜”；④政治寓意。如，“五星红旗”“红色政权”“红领巾”“东方红”“红色根据地”等。但汉语中的红色有时也表示负面的含义，如，“面红耳赤”“脸红脖子粗”，因为嫉妒而“眼红”等。英语中“red”的文化内涵也有正面意义和负面意义。比如：“red-letter day”(重要的纪念日)、“paint the town red”(狂欢作乐)。但“red”在英语中的正面使用非常有限。相反，在西方文化中，”red”是一个非常强烈的否定词，经常与危险、恐怖、暴力和血腥联系在一起，比如：“red revenge”(血腥报复)，“have red hands”(犯杀人罪)，“red ruin”(火灾)，“ in the red”(赤字)。在霍桑的小说《红字》中，女主人公赫斯特·白兰因为与牧师通奸而在公共场合必须佩戴通奸标志——红色的“A”字。

(3)英汉食品词汇的文化内涵差异

由于中西方历史传统和自然地理的差异、人种的不同和文化传统不同等因素，英汉语言中一些共有的食物词汇所表示的内涵也各不相同。比如，各种肉类是西方人餐桌上最主要的食物，重要的营养来源，所以在英语中“meat”往往体现一种最基本需求，拥有最主要的地位。“meat and drink to”意思是喜欢做的事或感兴趣的事，例如“Cooking is just meat and drink to him.”(做饭对他来说是种乐趣。)又如“the meat of something”(事物最主要部分)，“meat and potatoes”(最基本的部分、最必要的部分)，例如“This is the meat and potatoes of the issue.”(这是问题的关键。)还有“bring home the bacon”(谋生、成功)；“talk turkey”(直率地说；郑重其事地说)。就连汉语中的“萝卜白菜各有所爱”这个谚语在英语里也成了“One man’s meat is another man’s poison.”。可见，在英语中这些如土豆、肉等主食都有重要的、不可或缺的隐喻含义。在汉语中，“肉”不仅表示肉类食物，而且也可以“以肉喻人”，即以肌肉代替整体(人)的转喻。这种“以肉喻人”的语言现象并非是现代汉语的新发明，早在宋代就出现了“冤肉”以代指屈死的人，如，“地下皆冤肉，人间半劫灰”(宋·汪藻《己酉乱后寄常州使君侄》)。之后还出现了“亲骨肉”来比喻父母兄弟子女等血统最接近的人，还有“心肝肉”“心头肉”“乖肉”等词语也运用至今。现今娱乐圈中出现的一批以年纪较轻、长相俊俏的男明星，都被形容为“小鲜肉”。然而，汉语中“肉”的文化含义很多是贬义，如，弱肉强食——“有生不幸遭乱世，弱肉强食官无诛”(明·刘基《秦女体行》)；鱼肉百姓——“于是骄逸自恣，志意无厌，鱼肉百姓，以盈其欲。”(《后汉书·仲长统传》)。“鱼肉”指受宰割者，后比喻用暴力欺凌，任意残害无辜的人们。在我国北方方言中用“滚刀肉”来形容死皮赖脸、纠缠不清的人。

语言是一个民族和国家的最直观和具体的符号代表。英汉语言文化上的差异很大程度上影响着英语和汉语两种语言的构成和使用，因此，在大学英语教学过程中，一方面要充分地重视语言知识本身的基本框架结构，另一方面，也不能忽略与英语语言文化教学内容有着密切关联的跨文化的社会文化类因素，最大程度地实现语言教学与文化教学的完美结合，获得效益的最大化。

二、中西文化的差异

文化差异是指由于所在地区的不同，人们所拥有的文化不同而产生的差异，不仅包括语言和文字等方面的差异，也包括生活习惯和思想观念等方面的差异。由此可见，不同地域文化及语言必然存有不同的文化差异。对不同国家或地区的文化，通常用国民文化来说明，它是指“有着共同语言、共同地域、共同经济生活和共同历史渊源的民族所孕育的文化”。① 本

① 冯天瑜，何晓明，周积明．中华文化史[M]．上海：上海人民出版社，1990：4.

节基于荷兰心理学家吉尔特·霍夫斯泰德的六个基本文化价值观维度和美国文化人类学家爱德华·霍尔的高语境、低语境文化概念对中西(英、美)文化差异进行对比分析。

(一) 霍夫斯泰德文化的维度

霍夫斯泰德在他的杰作 *Culture's Consequences* 和 *Cultures and Organizations*: *Software of the Mind* 中，对文化和文化差异进行了深入的探讨。他基于 IBM 在 1967 年至 1973 年期间在 70 多个国家收集的大量员工评估分数数据库，提出了备受瞩目的跨文化研究文化维度理论。霍夫斯泰德的观点是，文化是一组集体心理程序，在特定环境下塑造了人们的思维方式，将一个群体与其他群体区别开来。通过研究，他以六个基本的文化价值观维度总结了不同文化之间的差异，包括权力距离指数(Power Distance Index)、个人主义与集体主义(Collectivism vs. Individualism)、男性气质与女性气质(Femininity vs. Masculinity)、不确定性规避指数(Uncertainty Avoidance Index)、长期与短期取向(Short-Term vs. Long-Term Orientation)以及放纵与约束(Indulgence vs. Restraint)。见图 5-1。

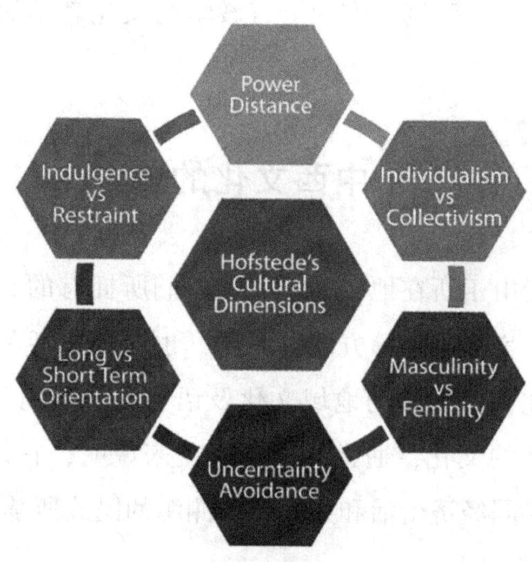

图 5-1　霍尔特·霍夫斯泰德文化的六个维度

1. 权力距离指数

这一维度是指权力分配不均衡在一个国家的机构和组织中(包括学校、社区和家庭)所引起的不平等程度，其程度被各个社会接受的程度所衡量。高权力距离的社会观念认为：权力构成社会的基础，权力持有者拥有特权，应力争变得尽可能强大。在这些社会中，改变社会制度被视为可能通过罢免现有的当权者来实现，同时强势成员与弱势成员之间存在着固有的冲突，以及弱势成员之间存在着互不信任，因而合作变得困难。与此形成鲜明对比的是，低权力距离的社会则主张：每个个体都是独立自主的，拥有平等的权力。他们尽力去相信他人。

霍夫斯泰德的研究表明，不同国家的权力距离水平会导致人们的行为方式存在显著差异。表 5-1 中呈现了不同权力距离水平所引发的主要行为差异。

表 5-1　权力距离指数的差异

在权力距离指数低的社会中	在权力距离指数高的社会中
决策责任和权力分散	权力集中
参与性或协商式管理	家长式管理方式
教师希望学生发挥主动性	教师自己发挥主动性
倾向于平均主义	接受权力带来的特权
学生与老师平等相处	学生尊重老师
质疑权威	对权力差异和不平等的预期
工资差别小	工资差别大

在这个维度上，不平等和权力不是从高层定义的，而是从低层定义的。它反映了组织和社会接受权力差异的程度。高权力距离指数表明一种文化接受不公平和权力差异。在这种类型的文化中，人们了解自己在体制中的地位，并对等级和权威表现出高度尊重。低权力距离指数表明，一种

文化鼓励扁平的组织结构，其特征是决策责任分散、参与式管理风格和强调权力分配。在这种类型的社会中，当权力分配不平等时，人们是不快乐的。

2. 个人主义与集体主义

个人主义与集体主义维度考虑了社会中个体与集体的融入程度，以及社会对群体的义务和依赖程度。在个人主义社会中，人际关系较为疏远，每个人都自行照顾自己和自己的家庭。相反，在集体主义社会中，人们从一出生就与强大而凝聚力强的内部群体结合在一起，这个内部群体为其忠诚成员提供终生保护。①

为了阐明个人主义与集体主义的价值取向如何在认知和行为上产生差异，霍夫斯泰德列举了不同文化之间在行为方面的差异，如表 5-2 所示。

表 5-2　个人主义与集体主义差异

在集体主义社会中	在个人主义社会中
人们用“我们”来思维	人们用“我”来思维
人们永远保持和睦、避免正面冲突	诚实的人有什么说什么
人们用高语境的方式进行交流	人们用低语境的方式进行交流
教育的目的是学会如何做	教育的目的是学会如何学习
把集体利益放在第一位，并愿意为此放弃个人利益	把自我利益置于集体利益之上
借助群体规范来约束行为	关注自己的目标、兴趣和需求
强调群体内部的和谐和等级制度	培养基于以交换为基础的契约关系
管理是对群体的管理	管理是对个人的管理
关系比工作重要	工作比关系重要

在集体主义社会中，人们以“我们”为思维方式，永远保持和睦，避免

① Hofstede，G. *Culture and organizations*：*Software of the mind*［M］. London，Norfolk：McGraw-Hill Book Company（UK）Limited，1991：51.

正面冲突。他们通过高语境的方式进行交流，教育的目的是学会如何将集体利益置于首位，并为此愿意放弃个人利益，借助群体规范来约束行为，强调群体内部的和谐和等级制度管理。在这个背景下，对群体的管理关系被认为比工作本身更为重要。

而在个人主义社会中，人们以“我”为思维方式，诚实的人会直言不讳。他们通过低语境的方式进行交流，教育的目的是学会如何学习，将个人利益置于集体利益之上。在这个环境中，人们关注自己的目标、兴趣和需求，培养基于以交换为基础的契约关系。在这个维度中，个人主义表明人们更加重视实现个人目标，而集体主义表明人们更加重视群体的目标和利益，将个人的自我形象定义为“我们”。

3. 男性气质与女性气质

这一维度也被称为“刚性与柔性”维度。这是指男性和女性在一个社会中的角色差异。考虑了社会对成就的偏好、对性别平等的态度、行为等。男性度指数(MDI：Masculinity Dimension Index)数值的增大，代表着该社会中男性特质的显著表现，男性气质愈加凸显；反之，则意味着该社会女性特质的显著表现。男性气质社会与女性气质社会中的典型行为差异如表5-3所示。

表 5-3　男性气质与女性气质的差异

在男性气质社会中	在女性气质社会中
明确不同的性别角色	社会中不同性别的角色重叠
男人应该坚韧而自信，并专注于物质成就	和谐的人际关系很重要
活着是为了工作	工作是为了活着
同情强者	同情弱者

在男性气质社会和女性气质社会之中，存在着明显不同的性别角色。在男性气质社会中，男性被期望表现出坚强和自信，专注于事业成就，以工作为主要生活目标，表现同情强者的社会价值观。人际关系在这一背景

下也具有重要性，但工作远比同情弱者更为重要。

然而，在女性气质社会中，更常见的是性别角色的重叠。男性和女性均被鼓励表现出谦躬和温顺的特质，同样关注生活质量。这种社会背景下，男女性别都被期望展现谦虚和温柔，且有关注生活质量的特点。

值得注意的是，霍夫斯泰德提出的男性气质和女性气质并非传统意义上的“重男轻女”的观点。相反，他认为，在男性气质社会中，性别角色更为明确，而在女性气质社会中，这些角色更容易重叠。这一理念强调了性别角色的多样性和社会期望的变化。

4. 不确定性规避指数

这个维度描述了人们如何应对不确定性和焦虑。霍夫斯泰德认为，“所谓不确定性规避就是文化成员对于不确定的或是未知的情况所感觉到的恐慌程度。这种不确定性给人们带来的恐慌表现为精神紧张或期盼未来的可预见性”①。有关不确定性规避的典型行为差异见表 5-4。

表 5-4　不确定性规避指数的差异

在不确定性规避程度低的社会中	在不确定性规避程度高的社会中
承担风险	避免风险的倾向
低压力，有主观的幸福感	高压力，有主观的忧虑感
对不明确的环境和不熟悉的风险感觉到自在	害怕不明确的环境和不熟悉的风险
对不同意见和行为的容忍	对偏离行为的低容忍或不容忍
对于差异表示出好奇	认为差异代表着危险
教师可以说“我不知道”	教师应该能够回答所有的问题
灵活变通	对协商一致的强烈要求

在社会中，不确定性规避程度低的情况下，个体更愿意承担风险，经

① Hofstede, G. *Culture and organizations: Software of the mind* [M]. London. Norfolk: McGraw-Hill Book Company (UK) Limited, 1991: 113.

历较低的压力，同时享受主观的幸福感。他们对于模糊的环境和不熟悉的风险感到自如，展现出对不同意见和行为的宽容和好奇。这种情况下，教师可能会表现出灵活性，愿意承认“我不知道”，并更加倾向于协商和避免风险。

而在不确定性规避程度高的社会中，个体通常承受更多的压力，拥有更多主观的顾虑感。他们害怕不明确的环境和不熟悉的风险，对于行为的偏离表现出低容忍度，甚至不愿容忍，认为差异代表着危险。在这种情况下，教师可能会感到有必要回答所有问题，并面临更强烈的协商一致的要求。

在这个维度中，高不确定性规避指数表示对不确定性、模糊性和风险的容忍度较低，通常通过制定严格的规则和规章制度来最小化未知因素。相反，低不确定性规避指数表示对不确定性、模糊性和冒险行为的容忍度较高。未知的东西被更公开地接受，人们更加放松、开放和包容。对那些在任何情况下都能应付的人给予更多的尊重。

5. 长期取向与短期取向

这一维度考虑了社会对其时间范围的看法。“长期取向代表培养以未来回报为取向的美德，特别是毅力和节俭。相反，短期取向代表培养与过去和现在有关的美德，尤其是尊重传统、维护‘面子’和履行社会义务。”①

霍夫斯泰德的这一新维度是基于香港迈克尔·邦德(Michael Harris Bond)的研究。该研究指出，霍夫斯泰德之前的四个文化维度没有充分反映亚洲对文化的看法。因此，他开始与迈克尔·邦德开发的中国(主要是香港地区和台湾地区)价值调查(DVS)合作，得出了以上结论。② 有长期取向与短期取向的差异见表5-5。

---

① Hofstede, G. *Culture's consequences*: *Comparing values*, *behaviors*, *institutions*, *and organizations across nations*, *2nd ed*[M]. Sage: Thousand Oaks. CA, 2001: 359.

② Hofstede, G., Hofstede G. J., Minkov, M. *Cultures and organizations*: *Software of the mind. 3rd ed*[M]. USA: McGraw-Hill, 2010, 211.

表 5-5　长期取向与短期取向的差异

在长期取向的社会中	在短期取向的社会中
强调持久性	注重快速结果
按地位排序的关系	地位不是关系中的主要问题
个人适应能力很重要	个人坚定和稳定很重要
考虑面子被视为弱点	维护面子很重要
休闲时间不太重要	休闲时间很重要
节省，节俭	要舍得花钱
投资房地产	投资共同基金
关系和市场地位很重要	底线很重要
善或恶取决于环境	绝对信仰善与恶

6. 放纵与约束

这个维度考虑了社会成员对人类基本需求和生活享乐欲望的调控程度。在约束的社会中，对需求的满足受到限制，而社会规范严格约束着这些需求。与之不同，放纵的社会更容许人们自由地满足基本需求和享受生活的乐趣。见表 5-6。

表 5-6　放纵与约束的差异

在放纵的社会中	在约束的社会中
人们感觉更健康、更快乐	人们感觉不那么快乐和健康
信奉休闲伦理	信奉职业道德
乐观、积极	悲观、愤世嫉俗
性格较外向	性格较内向
有朋友很重要	有朋友不是那么重要
积极参与体育运动	较少参与体育运动
较少的道德纪律	较严格的道德纪律
较宽松的性道德	较严格的性道德

在自由宽松的社会与严格拘谨的社会相比，人们的幸福感和健康状况存在显著差异。崇尚闲适伦理、积极、外向性格并与友人保持亲近关系被认为更为重要。同时，积极参与体育活动，在道德规范方面相对宽松的社会更能满足人们的需求。

相反，生活在悲观、内向，以及友情不如前者那般重要的社会中的人们，似乎更容易感到不快乐和健康状况欠佳。此外，他们很少积极参与体育活动，生活在道德规范严格的社会，性道德要求同样十分严格。

霍夫斯泰德文化价值理论如今已成为全球学术界、商界、教育界和政界讨论频繁的话题，也是各国学者进行跨文化研究的主要依据之一。他提出的 6 个“文化维度”模型在文化研究领域广泛应用，被认为是通用的文化理论框架，可用来解释大多数国家的文化。根据 SSCI 统计，霍夫斯泰德已成为世界引用次数最多的前 100 位学者之一，许多西方学者都高度评价这一理论。例如，美国著名心理学家特里安迪斯(Harry Charalambos Triandis)认为，霍夫斯泰德理论在跨文化研究中具有里程碑般的地位。

(二)中西方基本文化维度的差异

2016 年，霍夫斯泰德中心在霍夫斯泰德 1~6 个维度上选择性地按照得分对澳大利亚、中国、英国、印度、韩国、新加坡和美国等国家之间的文化指标进行比较(如表 5-7 所示)。指数的范围被界定在 0 分到 100 分之间，分数越高，表明相应维度指数越高，分数越低就表示相应维度指数越低。

表 5-7　霍夫斯泰德文化度量选择指标

	Power Distance	Individualism v Collectivism	Masculinity v Femininity	Uncertainty Avoidance	Long-term Orientation	Indulgence v Restraint
Australia	38	90	61	51	21	71
China	80	20	66	30	87	24
UK	35	89	66	35	51	69
India	77	48	56	40	51	26

续表

	Power Distance	Individualism v Collectivism	Masculinity v Femininity	Uncertainty Avoidance	Long-term Orientation	Indulgence v Restraint
South Korea	60	18	39	85	100	29
Singapore	74	20	48	8	72	46
U. S. A.	40	91	62	46	26	68

资料来源：The Hofstede Centre，2016.

表中的得分显示，中国得分高的方面是权力距离(80)、男性气质(66)和长期取向(87)，而在个人主义方面得分最低(20)。这说明中国属于权力差距较大，集体主义、男性气质较强，长期取向的文化；美国、英国、澳大利亚等西方国家属于个人主义，男性气质和放纵的文化。中国与西方国家最大的文化差异体现在集体主义与个人主义，其次是权力距离，再次是长期与短期取向维度(见表3-7)。霍夫斯泰德解释这些结果说："本书中所列出的代表民族文化的分数，仅仅表示国与国之间的差异，其绝对值是没有意义的。"①

1. 中美在集体主义与个人主义方面的差异

人们在集体主义社会中对社区内的人的福祉承担更多的责任，并将捍卫和采取行动维护群体的利益。个人主义社会意味着社区内的人与社区外的非核心"家庭"成员没有牢固的联系。他们倾向于根据自己的兴趣行事，并被鼓励发现和重视自己的独特品质。绝大多数研究的成果均表明，具有集体主义价值观的个体因关注人际关系和谐，注重他人面子，通常在大多数人际互动中努力避免与他人发生积极冲突。相反，拥有个人主义价值观的个体更趋于区分冲突的原因和冲突的涉及方，因此通常不刻意回避采用

① Hofstede，G. *Culture and organizations*：*software of the mind*[M]. London Norfolk：McGraw-Hill Book Company（UK）Limited，1991：255.

积极冲突方式解决问题。①

中国文化深受儒家思想的影响，形成了“仁”和“礼”的价值观体系。中国文化要求尊重集体，注重自身在集体中的地位与归属感，以集体多数人的意见作为决策依据。中国文化推崇一种高尚的情操即无私奉献，认为个人价值只有通过奉献才能得以体现。西方文化由于受基督教的影响，主张“上帝面前人人平等”的理念，文艺复兴也十分重视“个体本位”，崇尚以个人为中心的价值观，因而认为每个人的生存方式和生存质量都需凭借自己的能力，每个人都必须自我奋斗，把个人利益放在第一位。西方人在思考问题时会把个人利益放在首位，所做的决策也是优先保证个人权利，从而促进个人价值的实现。由此可见，不同文化背景下人们的思维定式和价值取向都存在差异，在相互交往时不可避免地会出现冲突和矛盾。

比如，在 Covid-19 疫情期间，纵观全球主要国家，各国政府都采取了不同的策略应对疫情。当我们把权利差异和个人与集体主义差异两个文化差异维度组合观察，就会反映出世界上具有代表性的两种抗疫策略和结果。第一种是以中国为代表的高权利差距指数的集体主义社会。中国政府推出包括隔离、消毒、检测等严格的抗疫措施。由于在社会中个人利益服从于集体利益，个人行为受到行政、道德的约束，抗疫政策得到严格执行。结果是中国在疫情控制上表现优异。第二种是以美国、英国为代表的低权利差距指数的个人主义社会。政府推出的抗疫措施受到各级政府和个人出于各种原因的抵制和不配合。个人利益优先于集体利益得到体制上的保护。个人在法律范围内可以做自己想做的任何事，包括不打疫苗、不佩戴口罩等。虽然政府努力提供支持但是效果总不理想。当我们不考虑对错，以跨文化的角度审视各国抗疫政策时，我们会发现它们符合两个关键文化差异维度——权力距离和集体主义之间的差异。显而易见，权力距离指数的高低与国家的政治体制和社会组织结构密切相关，为解释不同文化

① Ting-Toomey, S. Intercultural conflict styles: A face-negotiation theory [A]. Theory in intercultural communication [C]. Ed. Y. Y. Kim & W. B. Gudykunst. Beverly Hills. CA: Sage, 1988.

成员之间、个体之间，以及个体与集体之间的关系提供了一个理论框架。

2. 中美在权力差距指数的差异

根据2016年霍夫斯泰德中心的统计(见表5-7)，中国和美国在权力差距指数上分别获得了80和40的分数，呈现明显的差异。这种权力差距不仅在上述讨论的集体主义和个人主义之间体现，还在其他层面上产生影响。

自古以来，中国建立了复杂的等级制度，包括各种关系如君臣、父子、夫妻、长幼、朋友的“五伦”。这一等级制度约束了人们的思维和行为，社会等级结构在中国是一种自然存在，权力关系在日常生活、工作和交际中扮演着至关重要的角色。人们有意识地根据不同的权力关系来调整他们的行为。在中国，人们接受权力差距的存在，并不断维护这种差距，任何试图突破的行为都会受到排挤和反对。权威阶层拥有特权，并通过各种象征物来彰显他们的地位，以获得尊重。

美国文化是欧洲文化的延伸和发展，根植于古希腊文明和基督教传统。西方文化强调个人主义和自由权力的伦理价值观，为人本主义和“人人平等”的理念提供了思想基础。基督教认为，每个信徒都是上帝的子民，人与人之间是平等的关系。美国的文化传承了这些强调个人主义和平等意识的价值观，滋生了对“绝对权威、精英主义和等级权力”持不信任，甚至怀疑的态度。

中国的传统儒家文化强调尊敬师长和珍视道德原则。长期以来存在着“尊卑有序、长幼有别”的观念，这种等级体系影响深远，规范着人们的行为。即使在当今社会，年轻一代也受到类似的教育，强调尊重老师和长者，不轻易对他们提出疑问，不挑战他们的权威。从童年时代的“孝顺父母”到学校里的“尊重老师”的教导，再到工作场所的“遵循领导的指示”，尊重权威、尊长、尊敬领导已经成为每位中国人的行为准则。中国的家长通常会极其关心子女的方方面面，包括教育、专业选择，甚至婚姻决策。

相比之下，在美国，家长会尊重甚至是年幼的孩子的权利，认真听取他们的意见，鼓励他们积极参与探索性的活动。他们致力于培养孩子的独立性，视家长和孩子为平等的“朋友”，而非管理与被管理者，照顾与被照顾者。一旦孩子年满 18 岁，他们被鼓励独立生活，自主选择学业和职业，自主决定婚姻和生育。

3. 中美在长期与短期取向维度的差异

一个国家的长期和短期取向维度主要探讨了该国对长期利益和短期利益的价值观。长期和短期取向强调了一个组织是否愿意长期坚守传统的思想和价值观。在长期取向的文化中，人们更倾向于秉持正确的行为和价值观，而在短期取向的文化中，强调了平等的关系和个人主义。中国是典型的长期取向性社会，较注重做长远的打算，以动态的观点去考察事物，做任何事均考虑留有余地。比如，中华人民共和国成立以来，艰苦创业的作风深入人心，无论是老一辈还是年轻人都在艰苦奋斗着，并在工作中不断提升自我，为实现未来的财富与美好生活不断努力。特别是 20 世纪 70 年代以后中国式的前所未有的持续的经济崛起，为更好的将来提供了强有力的支持。正是这种坚韧、奋斗的文化造成了中国经济奇迹。相对中国文化，西方文化的短期取向性则非常明显，注重过去与现在，着重眼前的利益，注重对传统的尊重，注重负担社会责任，在管理上最重要的是此时的利益。

中国长期取向性体现在社会的各个方面，最突出的是对教育的重视，认为“百年大计，教育为本”“国家兴亡，系于教育”。教育是实现民富国强的重要途径。《管子·权修》篇说：“一年之计，莫如树谷；十年之计，莫如树木；终身之计，莫如树人。一树一获者，谷也；一树十获者，木也；一树百获者，人也。”“十年树木，百年树人”的说法即源于此。意思是：“十年时期能长出高大的木，百年时间能够长成具有智慧的树人”，常常被用来比喻培养人才的重要性，同时也表示培养人才之不易，即强调教育的艰巨性和重要性。这不仅凸显了培养人才的长期性和其根本意义，还充分确认了“培养人才”将产生深远的社会效益。这种对教育潜力的深刻认知，一直以来都闪耀着灿烂的光芒。“中国的家长们坚信“知识改变命运”、“为了明天的甜、必吃今天的苦”。“赢在起跑线上”是中国父母希望自己孩子能够出人头地，胜人一筹的殷切期望。孩子们从小就被著名的寓言故事《寒鸦》所教育，要做一个长远主义者，眼界广，有远见，对未来有着长远且清晰的规划。“再苦不能苦孩子，再穷不能穷教育”，这是无数个中国家庭的育儿观念。前程无忧《2019 国内家庭子女教育投入调查》数据显示，有 38.8%家庭为子女教育每年花费 20%~30%的收入，其次为 22.9%的受访家庭占 10%~20%，为“学龄前及初中阶段”子女的教育投入最高，呈现子女越低龄支出越高的趋势。2021 年打算为“子女教育”增加支出的人群占比更是达到了 74.02%。从数据上看，相对于其他教育开支，花在子女教育上的钱绝对占了一个家庭开支中的绝大部分，子女教育支出在中国父母看来更为刚性。中国父母对于孩子教育问题的重视程度全球有名。中国式的对下一代的投入往往令西方人难以理解。西方松散的家庭关系并不支持这样的“超级投入”，认为它反而会干扰到下一代的独立意识和生活习惯。

在国家战略层面这些长期取向性也显露无疑。以 2013 年开始的一带一路国家倡议为例，开始之初国外各种质疑的声音很多。项目本身也带有很多不确定的因素，而且短期很难看到收益。但是本着着眼未来全球布局，中国政府把一带一路作为国策，投资了无数基建项目，促成了中欧班列的开通。多年以后事实证明，一带一路国家倡议对未来的中国的发展起到了举足轻重的作用。而这种需要长期投资，并且无法得到短期回报的重大战略在欧美国家是无法实现的。例如，美国加州从洛杉矶到旧金山的高铁项目在 2008 年就已经立项，直到 2019 年都未建成。虽然原因很复杂，但美国采用的预算制是影响战略决策的最主要原因。凡事都要看眼前利益，短期没有收益资金就会流向短期可能获得收益的项目。故而长期的战略在短期取向性社会中很难成形。

此外，在长期取向的社会中，“关系”很重要。“关系”的实质是一种在商业环境中微妙的相互承诺(mutual commitment)、互相帮助的私人关系。①

① Luo Y. D. Guanxi：Principles，philosophies，and implications[J]. *Human Systems anagement*，1997，16(1)：43-51.

它体现了中国文化中的长期取向性，也是中国社会中人与人、人与集体关系的一种表象。在中国社会中，关系被视为一种未来可变现的社会资源。无论在工作和生活中，中国人倾向于建立长期稳定的合作关系。这也支持了中国人避免面对面冲突的行为习惯和留面子的考量。反观西方短期取向性社会，人际关系变得不那么重要，甚至认为这种紧密的关系和接受好意会打扰个人独立空间，影响个人判断。大部分短期取向性的社会也伴随着个人主义文化。霍夫斯泰德发现这种社会的离婚率往往高于具有长期取向性的社会。在两性关系中，个人更注重自我的感受，不会为了长期的和谐关系而牺牲自我满足，自我满足优先于克己精神。

霍夫斯泰德文化维度理论扮演着重要的角色，用以分析各国文化之间的差异。该理论将以前抽象的跨文化研究具体化并数字化，对跨国经济贸易、国际交流和外语教学等众多领域产生深刻影响。了解中国与其他国家在这六个维度上的不同，对我们在大学英语教学、跨文化交际和研究方面有着理论和实践上的重要指导。

(三)霍尔的高低语境文化模式

根据文化对语境的依赖程度，文化可以分为高语境文化和低语境文化。美国文化人类学家爱德华·霍尔(Edward Hall)于1976年在他的著作《超越文化》(*Beyond Culture*)中首次提出了高语境(high-context)和低语境(low-context)这两个语言学概念。这一对概念的引入为跨文化交际带来了新的视角，强调了交际的双方会受到所处的社会人文关系环境和具体交流情景的影响，从而拓宽了人们对跨文化传播研究的认识。

在该著作中，霍尔提到："无论考察什么领域，都可以探查到语境的微妙影响。"①他对语境的定义强调了在交际中蕴含语言以外的信息，以及这些信息与人们对事件和交际方式的理解有着密切而复杂的关系。语境在这一理论中扮演着关键角色，与交流或事件发生的框架、背景和周围环境

① Edward T. Hall. *Beyond culture*[M]. NY: Anchor Press/Doubleday, 1976: 256.

密切相关。他认为，语境文化就像一种天然的障碍，分隔了事件和事件之外的信息，这成为跨文化交际中的一个极其重要的挑战。在特定条件下，不同语境的人们会关注和忽略不同的要素。因此，霍尔总结并归纳了这些被注意和被忽略的元素，将语境分为“高语境”和“低语境”两种模式。”

他认为，如果将文化差异分为两组，就可以更好地理解高语境和低语境。① “世界文化可以从高到低的语境进行比较。”②霍尔(1976 年)提出，可以根据特定文化中成员喜欢使用的信息来识别文化。在这两种语境文化模式下生活的人们有着不同的行为和语言习惯，关注和忽略的东西也不同。一般来说，高语境交际采用非语言交际中嵌入的间接言语表达和暗示，期望听众在考虑语境的情况下理解信息的含义。相比之下，低语境交际强调直接和明确的信息交流，受众在解码信息时不必考虑复杂的语境。③霍尔(E. T. Hall)和霍尔(M. R. Hall)认为：“当低语境人群坚持向高语境人群提供他们不需要的信息时，高语境人群容易变得不耐烦和愤怒。相反，当高语境人群没有提供足够信息时，低语境人群会不知所措。”④

路斯迪格(M. W. Lustig)等曾对高语境文化与低语境文化及交际的特点加以概括，⑤ 见表 5-8。

由上可见，高语境文化和低语境文化代表了不同的交际方式。高语境文化倾向于隐含、含蓄，并且包含更多非言语元素，而表达信息的言语编码反应较少明显。此类文化通常注重人际关系的密切性以及处理时间的高度灵活性。

---

① Edward T. Hall. *Beyond culture*[M]. New York: Anchor Press/Doubleday, 1976: 111.

② Hall, E. T. and Hall, M. R. *Understanding cultural differences: Germans, French and Americans*[M]. Boston: Intercultural Press, 1990: 6.

③ Hall, E. T. *Beyond culture*[M]. New York: Anchor Press/Doubleday, 1976: 111.

④ Hall, E. T. and Hall, M. R. *Understanding cultural differences: Germans, French and Americans*[M]. Boston: Intercultural Press, 1990: 9.

⑤ Lustig, M., Koester, J. *Intercultural competence: Interpersonal communication across cultures* (5th ed.)[M]. Boston: Pearson and AB, 2006: 125.

相反，低语境文化更倾向于直接、明了，言语编码反应中包含更多明确的信息，而非言语编码较少外露。这类文化中的人际关系较不密切，处理时间更有组织性。

在高语境文化中，信息往往隐含于背景、环境和个人特征之中，通过人物、时间、空间等要素含蓄地表达。而在低语境文化中，人们更倾向于直截了当地表达意思，将所要传达的信息大部分包含在文本中，即语言文字，只有少量信息隐含在背景和环境之中。

综上所述，高语境文化倾向于使用语境来确定含义，有时显得含蓄、隐晦，就像是秘密一样；而低语境文化更多地使用语法和逻辑来明确含义，交际方式更为直接、简洁且实用。

表 5-8　高语境文化与低语境文化的特点(1)

高语境文化	低语境文化
内隐，含蓄	外显，明了
暗码信息	明码信息
较多的非言语编码	较多的言语编码
反应很少外露	反应外露
(圈)内外有别	(圈)内外灵活
人际关系密切	人际关系不密切
高承诺	低承诺
时间处理高度灵活	时间高度组织化

根据霍尔的分类(霍尔[E. T. Hall]和霍尔[M. R. Hall]，1990)排列(如图5-2)，处于文化语境连续体的高端(左边)的是大多数亚洲人(中国、韩国、日本和越南)和阿拉伯人，处于中部的是地中海民族(希腊、西班牙和意大利)，而处于这一连续体低端(右边)的是德国人、瑞士人、斯堪的纳维亚人、北美人、法国人和英国人。

高语境文化(包括中、日、韩在内的亚洲人)是关系型、集体主义、直

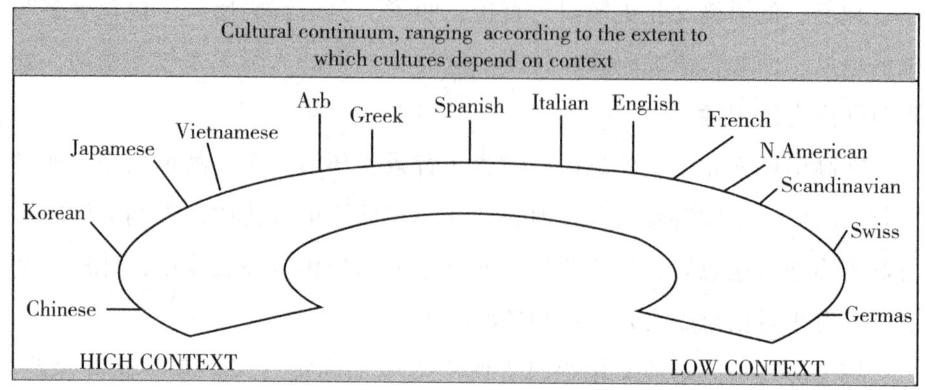

图 5-2　文化语境连续体分类

觉型和深思熟虑型的。这意味着这些文化中的人强调人际关系。建立信任是任何商业交易的重要第一步。霍尔认为，这些文化是集体主义的，更喜欢群体和谐和共识，而不是个人成就。在这些文化中，人们不太受理性的支配，而是受直觉或感情的支配。言语不如语境重要，语境可能包括说话者的语调、面部表情、手势、姿势，甚至是此人的家族历史和地位。比如，一位日本经理向一位美国人解释他的文化交流方式："我们是同种类(homogeneous)的民族，不必像你在这里说的那么多。我们说一句话，就能理解十句，但在这里，你必须说十句话我们才能理解一句。"

低语境文化(包括美国和英、德在内的部分欧洲人)具有逻辑性、线性的、个人主义和行动导向性的特点。这些国家的文化都强调精确的时间安排和具体细节，而不太关注环境的作用。他们的行为系统源于亚里士多德的逻辑与线形思维。解决问题意味着把事实排成一排，一个接一个地进行评估；决策是基于事实而非直觉；讨论以行动结束；沟通者应该直截了当、简洁高效地说出预期的行动；为了绝对清楚，他们努力使用精确的词语，并将其从字面上理解；以明确的合同结束谈判。而高语境的商人甚至可能不信任合同，并因他们所暗示的缺乏信任而受到冒犯。概括起来，以上高低语境文化的特点如表 5-9 所示。

表 5-9 高语境文化与低语境文化的特点(2)

高语境文化	低语境文化
“我们”为主	“我”为主
螺旋式逻辑思维	线形逻辑思维
间接交际方式	直接交际方式
地位趋向方式	个人趋向方式
语境为基础的理解	语言为基础的理解
理解责任在听者	理解责任在发话者

对于日常生活中的大多数正常交流，处于高语境文化中的人并不期望“太多深入的背景信息”。相比之下，低语境的人“将他们的个人关系、工作和日常生活的许多方面划分开来。因此，每次他们与他人互动时，都需要详细的背景信息”①。由于每个人都受到语境水平的影响，因此，了解特定国家的文化是属于高语境还是低语境是有帮助的。此外，文化交流比口头或书面信息更深入、更复杂。有效的跨文化交流的本质更多地与发布正确的回应有关，而不是发送“正确”的信息。②

透过综合研究，霍尔得出以下结论：中国作为一个拥有伟大而多元文化的国家，处于高语境的一端，而美国文化则偏向较低的语境一侧。鉴于中国和美国分别代表了典型的高语境东方文化和低语境西方文化，接下来将从三个不同的角度比较和分析中美两国在基本交流层面上的明显文化差异。

(四)中西语境文化差异

1. 语言表达习惯的差异

中西语言和非语言交际习惯都对其语境文化的形成产生了一定的影

---

① Hall, E. T. and Hall, M. R. *Understanding cultural differences: Germans, French and Americans*[M]. Boston: Intercultural Press, 1990: 7.

② Hall, E. T. and Hall, M. R. *Understanding cultural differences: Germans, French and Americans*[M]. Boston: Intercultural Press, 1990: 30.

响。在中国文化中，人与人的交流讲究点到为止、要言不烦，强调心领神会。而以美、英为代表的英语国家文化恰好相反，在交流的时候强调直截了当、开门见山，把要交流的信息都用理解无误的、清晰易懂的文字语言传达出来，不需要旁敲侧击、锣鼓听音。

比如，美国人偏好坦率直白地表达自己的观点和意愿，而中国人则喜欢以间接的方式表达自己的意向。中国人在交流过程中更多考虑的是对方的感觉和面子问题，习惯于把自己当时的真实想法隐藏起来迂回、婉转地表达出来，为的是防止双方出现难堪。下面是一个社交误解的例子。

一位在美留学的中国学生王海准备搬家，心里希望他的美国朋友 Bob 能帮忙。然而，因为他感到难以坦率表达，而另一方受到了直率文化的影响，不擅长捕捉含蓄之意，最终导致了原本期望的结果未能实现。以下是他们之间的交谈：

王海：嘿，我终于要搬到我的新公寓了。欢迎你来参加我的乔迁晚会！

Bob：太棒了！我一定来。谢谢你的邀请！你什么时候搬家？

王海：这个星期天。唉……我有好多东西要打包。[希望 Bob 能主动提出来帮我]

Bob：[他若需要我帮忙的话，会说出来的]祝你搬家顺利！

王海：[他如果真的愿意帮我的话，一定会主动说出来的。但他没主动说，看来是不愿意。这个人真不够意思]谢谢。再见！

这段对话体现了中美文化的差别，也显示了高语境和低语境在社交过程的作用。在中国留学生王海偏爱的高语境沟通方式中，请求是隐含的。他的意图是保持和谐的互动，并在 Bob 无法提供帮助的情况下防止自己难堪，以免丢面子。美国人 Bob 在跨文化情境中未能理解王海的意图，因此没有主动提供帮助。也许他担心主动伸出援手可能会被误解为对方的无能，甚至觉得这样做可能会冒犯对方。这两位来自不同国家的人最终因为文化语境的差异而导致社交交流受阻，产生了误解。而确实需要帮助的王海只能向其他人寻求支援。于是他找到了另一位中国留学生李波。

王海：嘿，我终于要搬到我的新公寓了。

李波：太棒了！你什么时候搬家？

王海：这个星期天。唉……我有好多东西要打包。[希望李波能主动提出来帮助我。]

李波：你需要帮助吗？我很乐意帮忙！[我知道王海需要帮助，但除非我主动表示愿意，否则他不会提出来。]

王海：真的吗？我不想麻烦你。我知道你要去打零工。[我心里很高兴李波愿意帮忙。]

李波：不用担心。我的工作中午结束，所以我可以下午来。

王海：哦。你确定吗？如果你坚持。非常感谢！

李波：不用客气！再见！

读懂别人的想法或字里行间的意思，是中国社会有效沟通的最重要能力之一，因为你需要通过非语言线索来理解他人的潜台词和真实意图。高语境强调文化规范“不要说任何可能导致丢脸或伤害他人感情的话”。说话者的意图、愿望和需求以外交和柔和的语气表达，以保持关系的和谐。虽然对话中王海几乎没有明确表达需要帮助，但由于李波与王海有着相同的文化背景，能够迅速了解他的想法，并很快从伴随言语信息的非言语微妙之处推断出意义，比如，王海用的感叹词“唉”就是明显的线索。

尽管王海最终解决了问题，但这过程花费了更多的时间，效率不高。根据西方文化的观点，与他人交流时采用清晰明了的语言才是信息传递的最佳方式，他们认为这样才能实现所谓的高效沟通。在语言使用方面，美国人一直强调使用直截了当、简洁明了、实用清晰的表达方式。他们倾向于使用明确的语言和直截了当的口吻，运用语法逻辑来确定意义，而不像中国文化一样侧重于语境来界定含义。

2. 宗教信仰的差异

中国的语境文化一直以来都存在着“只可意会，不可言传”的观念，同时也强调着“可远观而不可亵玩焉”的情感体验。这些思想的形成和发展受到佛教的深远影响。中国的佛教文化倡导“悟性”和“慧根”，鼓励人们多思考和领悟，而那些具备“慧根”的人拥有更强的领悟力。这种领悟是一种理解、感知和思考的过程，通常难以准确地用语言来表达，需要结合听者所处的环境和情境来理解。正如禅宗南宗的创始人惠能在《金刚般若经》中所言：“诸佛理论，若取文字，非佛意也。”从语言学的角度来看，禅宗文化强调采用坐禅冥想的方式来实现超越言语的交流。禅宗的起源，包括释迦牟尼的“正法眼藏，拈花示众”以及阿难的微笑接受，都表明佛陀传授给阿难的是“不立文字，教外别传”，从而开辟了一种“言语道断，以心传心”的途径。例如下面这首偈语：

菩提本无树，明镜亦无台。
本来无一物，何处染尘埃。

这意味着佛教修行者(无论是顿悟还是渐悟)有不同的修行阶段和境界，神秀运用“菩提树”和“明镜台”的象征来表达不同的修行方式，最终进入一种空灵而无言的境界。

在儒家和道家的传统中，言语被认为是不可靠的，因为言辞巧舌不一定反映说者真正的意图，反而可能引发误解。孔子在《论语》中强调，儒家文化推崇少言寡语、慎言慎行，这符合仁礼，也是社交中的美德。例如，孔子提到，“巧言令色，鲜矣仁；成事不说，遂事不谏，既往不咎”，意思是使用巧妙的言辞和虚伪的表情来讨好他人的人，其道德水平有限。他还强调，“君子欲讷于言而敏于行”，意思是：真正的君子会多做少说，因为多说话可能导致失言，因此需要慎言。

道家认为：“道”是无法用言语表达的，因为可言传并非常道。自然之道是不言自明，即少言。懂得道的人不需要多言，而那些多言的人往往不理解道。在《庄子·外物》中记载："蹄者所以在兔，得兔而忘蹄。言者所以在意，得意而忘言。"老子在《道德经》中也提到："善者不辩，辩者不善。"他认为过于辩论会减弱相互理解，破坏和谐。基于"无言"和"尚象"的思想，老子提出了"言象互动"的概念，其中"象"主要指事物，包括经验性和本体性的事物。"象"可以有描述、隐喻、象征的含义，同时也包括体验和理解的含义。这种方式通过"象"激发人们的想象和体验，同时通过"言"来为想象和体验提供一些引导和规范。这引申出"非言"和"不言"的理念。因此，道家文化传统认为言语在表达和交流中并不起主要作用，关键在于言语之外的语境，这是高语境文化的重要特点之一。

总之，这些观点都强调了对明确文字使用的限制，与高语境文化的含蓄和间接特性一致，强调表达和交流的焦点不在于言辞本身，也不在于说了多少话，而在于言外之意。宗教文化对高语境文化的影响在这些观点中得到了充分体现。

同样，美国的低语境文化受到了西方宗教的影响。在西方哲学史上，语言的重要性凸显，这可以从古希腊七艺的排序(语法、修辞、逻辑、几何、天文、数学、音乐)中看出。《圣经》的《约翰福音》中写到："在太初即存在着，道与上帝同在，道便是上帝。"而早期中世纪的哲学家奥古斯丁将这里的"道"解释为"言语"，并提出了言语创造宇宙的理念①。这表明西方文化对言语的高度重视。西方宗教坚信言语创造世界，将言语视为人际交流、与环境互动以及与上帝沟通的重要工具。这突显了言语的重要性，也表明美国的低语境文化受到了西方宗教的深刻影响。

3. 历史背景的多样性

中国的历史悠久，自古以来就倡导着统一的理念。从秦始皇的"焚书

① 纪秀生，索燕华. 哲学研究中的"语言转向"及其意义[J]. 井冈山师范学院学报，2005 (26)：20.

坑儒”到董仲舒的“罢黜百家，独尊儒术”，这些事件都突显了统一思想在中国传统文化中根深蒂固。这也有助于理解中国一直倡导的“和谐”理念，这一理念着重强调“和合”原则，从而塑造了中国的集体主义价值观。在集体主义社会中，强调“我们”的观念，个体情感与集体依附息息相关，强调对集体的归属感。这种文化背景下，人们更容易有从众心理，并且更加重视他人的情感和意图。孔子的名言“己欲立而立人，己欲达而达人”展现了早期的集体主义思想，而集体主义正是高语境文化的重要特征之一。

在中国两千多年的封建社会中，人们被地理上的统一禁锢在一起。这也导致了人际关系的不可分割性，特别是生活在相同背景下、彼此熟悉的人之间，人们的交流建立在相同的认知框架和心理模式上，这使得语言和人际关系逐渐融入个体思维之中，形成一种被默契理解的交流方式，同时也产生了与其他文化不同的高语境文化特征。

美国互动社会语言学的奠基人约翰·甘柏兹(John Gumperz)提出的“语境化”概念是互动社会语言学中最具有建设性的思想。根据民族志学家的研究，他得出结论：在一个群体内，人们频繁地彼此接触。通过系统地分析这些规律性的接触，可以获得“社会关系网络”，简称“社会网络”。同一群体的成员的社会网络重合性愈高，群体的内部凝聚力就愈强，而与其他群体的界线就愈清晰。在这种文化下的中国，人与人之间的关系密切，交际无需复杂语言。

然而，美国的发展历史与中国有着很大的差异。作为一个仅有三百年历史的移民国家，来自不同国籍的移民为美国带来了多样的语言和文化。由于缺乏相同的生活背景，最初的交流变得困难。据估计，美国有 125 个种族群体，而且根据《美国宗教百科全书》确认，美国拥有将近 1200 种不同的宗教。

因此，最初的移民到达北美大陆时，为了生存和克服严峻的生存考验，人们必须进行便捷有效地沟通，用语言清晰地表达含义，以免带来不必要的误解。在这一背景下，人们必须学会独立面对困难，迅速有效地解决问题，从而形成了当今美国人的特征：捍卫自己的权利与彰显自己的个性，崇尚自由。这也导致了美国典型的个人主义文化特征。在个人主义社会中，人们之间的社会关系不像奉行集体主义价值观的人们那样密切。相较于合作，他们更加崇尚竞争，而关系友好不一定等同于友谊，这体现了低语境文化的典型特征：疏远淡化的人际关系。

由于高、低语境采取不同的交际方式，个人主义文化价值取向的人常常因为不了解集体主义文化价值取向的人的交际方式而难以理解对方，认为对方不尊重他们个人的权利和利益。相反，集体主义价值取向的人也常常因为个人主义文化价值取向的人过于直截了当而感到不舒服，甚至认为对方过于自私自利，凡事不给人留面子。绝大多数研究的结果表明，集体主义价值取向的人由于重视人际关系的和谐并注重交际对方的面子，在大多数人际交往中都会尽力避免和对方发生正面冲突；而个人主义价值取向的人则相反，由于他们倾向于区分冲突的原因和冲突的主体，所以在交往中不会刻意避免采用正面冲突的方式来解决问题。①

霍尔指出："文化就是交际、交际就是文化。"②成功的跨文化交流必定是建立在对两种不同文化差异的深刻认识上。高语境和低语境并不是泾渭分明，因为在实际交流中，这两种类型的交际可能是你中有我、我中有你，同时存在。在大学英语教学中，我们应该首先培养自己的多元文化意识，了解高低语境的文化差异，克服语境的交流障碍，达到高、低语境下不同交际习惯的"异源合流"，从不同语境代表性的国家来探寻、解析高语境与低语境的文化差异、传播隔阂，寻找跨文化传播的有效途径。

文化与语言有着密不可分的关系。语言在促进人们交流和各国发展的背后，也产生了文化冲突。不同文化导致的文化冲突实质上都反映了在它背后掩藏着的一种文化的文明。这种文化交融，就是文明的交流融合，也是跨文化交流中最理想的状态。在英语教学中，文化教学有着重要的作

① Ting-Toomey, S. Intercultural conflict styles: A face-negotiation theory[A]. *Theory in intercultural communication*[C]. Y. Y. Kim & W. B. Gudykunst. Ed. Beverly Hills, CA: Sage, 1988.

② Edward T. Hall. *The silent language*[M]. New York: Anchor Books, 1973, 131.

用，它对学生更深刻理解英语语言现象、增强学生对英美文化的敏感性、培养学生的英语思维能力、拓宽知识面以及提高其与英语国家人士交流的能力等，都有非常重要的影响。我们应该充分认识到西方文化与本国文化之间的差异。教师和学生都要理性看待西方文化，逐渐了解和熟悉西方文化，从而提高文化认知，提升自我水平。同时还需要进一步开阔文化视野，寻找不同文化的相同点。大学英语教育必须加强学生的跨文化交流能力，“文化教育必须凸显中国文化的主阵地角色，培养学生善于用中国文化贡献世界文化发展的能力”①。

三、中西思维方式的差异

思维模式是各国或地区的民族在长时间历史发展中所形成的相对稳定的文化积淀，是导致文化交流障碍的主要原因。中国汉民族文化代表了东方儒家思想伦理文化，而英美文化则代表了西方近现代宗教文化。了解和认知这两种文化思维模式的差异，不仅有助于推动中西文化的相互交流、借鉴与融合，更是实现“中国走向世界，让世界了解中国”的战略目标的必要条件。在本节中，我们拟从逻辑思维与辩证思维、个体思维与整体思维、直线思维与螺旋思维、抽象思维与形象思维这四个方面详细探讨中西文化思维模式的差异以及其成因。

(一)逻辑思维与辩证思维

逻辑思维(Logical Thinking)是人的理性认识阶段，是运用概念、判断、推理等思维类型反映事物本质与规律的认识过程。② 逻辑思维被视为一种理性活动，它是人脑的核心功能之一。在逻辑思维中，感性认识的信息材料在思维过程中被抽象成概念，这些概念被用来进行判断，并根据一定的

① 李颖．中西方文化比较研究对大学英语教学的影响——评《大学英语跨文化交际：中西文化比较研究》[J]．中国高校科技，2020(6)：106.

② 陈世清．超越中国主流经济学家[M]．北京：中国国际广播出版社，2013：1.

逻辑关系进行推理，从而产生全新的认知。逻辑思维的特征包括规范性、严密性、确定性和可复制性。在逻辑思维中，常常使用二元逻辑，事物要么是“非此即彼”，要么是“非真即假”。

在西方哲学思维中，形式或逻辑思维扮演着至关重要的角色。英语民族早早地将哲学与语言研究相结合，注重逻辑推理和以实验为基础的形式论证。他们的逻辑思维强调世界的同一性、非矛盾性和排中性。同一性意味着事物的本质不会发生改变，非矛盾性认为一个命题不可能同时为真和为假，而排中性则强调一个事物要么为真，要么为假，没有中间地带。

辩证思维(Dialectical Thinking)，相对于逻辑思维而言，是一种以变化和发展为视角来认识事物的思维方式。在辩证思维中，事物可以在同一时间里“亦此亦彼”、“亦真亦假”而无碍思维活动的正常进行。① 东方人，特别是中国人，更常使用辩证思维方式。

中国人的辩证思维包括三个基本原则：变化论、矛盾论和中和论。变化论认为世界永远在不断变化中，没有永恒的绝对真理；矛盾论认为万事万物都是由对立面构成的矛盾统一体，没有矛盾就没有事物的存在；而中和论则体现在中庸之道的观念中。中国人处理人际关系时追求和谐，处理问题时采取折衷方法。“中庸之道”经过漫长的历史沉淀，甚至已经深刻地融入个体的性格特质之中。

一个社群的传统和文化塑造了独特的思维方式，而这种思维方式无疑在其语言中得以显现。英汉民族逻辑思维与辩证思维的差异不可避免地集中表现在英汉语言句式结构的差异上：

(1)英语句子重形合，汉语句子重意合。英语文化强调精确的逻辑推理和深入分析。在思维过程中，英语倾向于将对象分解成各个组成部分，逐一审视和研究，注重个体思维。这使得英语句子结构和句法明确表现出显性特征，将其归类为一种形合语言。形合语言主要依赖连接词和语法结构来实现词语和句子之间的连接。

① 冯国瑞. 辩证思维及其当代意义[J]. 北京行政学院学报，201(5)：53-58.

而汉语文化注重辩证思维、直觉和悟性。这种思维方式导致中文句子结构和句法的功能较为隐性，被认为是一种意合语言。在意合语言中，词语和句子的连接更多地依赖于语义和逻辑关系。

总之，英语以其形合特征而著称，而汉语则以其意合特性而独具特色，这是两种语言之间最显著的区别之一。

(2)英语更倾向于使用被动语态，而汉语则更多地使用主动语态。英语文化更注重以自然客体为核心进行观察、分析和研究；其视角集中在动作行为的接收者，冷静地描述、分析和推理客观对象。这种客体思维方式导致英语中高频使用被动语态。

相反，汉语文化强调"人定胜天""以人为本""天人合一"和"万物皆备于我"的人本思维。这种思维方式以人为起点，强调个体的主观能动性，并以人为中心来观察、分析、推理和判断事物。这种本体思维方式导致汉语中高频使用主动语态。

(3)英语偏静态(static)，汉语偏动态(dynamic)。英语较常使用静态句，不仅有时态和形态的变化，且一个句子里只能有一个谓语动词，其余的动作只能用非谓语动词。名词、介词、形容词这类静态词常用来代替其他动作含义。汉语较常用动态句，多用动词这类动态词，具有实、动、具体这些特征。因为汉语中的动词没有时态和形态的变化，使用较灵活。中国著名语言学家潘文国先生(1997)认为：在英文中，名词占据主导地位；在中文中，动词占据主导地位。①

例如：这位英雄的名字人人皆知，家喻户晓。

译文：The name of this hero is a household word.

分析：我们可以观察到，原句中整个表达采用了动词，特别是"人人皆知，家喻户晓"这一表述，具有实际的动作倾向和明确的具体性。然而，在翻译成英文时，"a household word"采用了名词短语，呈现出

① 潘文国．汉英语对比纲要[M]．北京：北京语言大学出版社，1997.

一种静态和抽象的特征。不过，英文以名词为主导的静态句，避开了许多动词的形态变化，将语法错误的几率降到最低。

另外，英语中那些异常常见的介词实际上属于虚词，传达着相当抽象的含义。由介词构成的短语或成语，有时具有模糊难以理解的含义。与英语相比，汉语倾向于用动词替代英语的介词，用实的形式表达虚的概念，以具体的形象表达抽象的内容。例如，美国总统亚伯拉罕·林肯(Abraham Lincoln)1863 年 11 月 19 日在葛底斯堡国家公墓的落成典礼上发表的美国历史上最著名的演讲之一“Gettysburg Address”结尾的一句：

> “... *and that government* ***of*** *the people*, ***by*** *the people*, ***for*** *the people*, *shall not perish from the earth.*”（“……民有、民治、民享的政府不会从地球上消失。”）

在这句话中的三个介词“of, by, for”含义相当晦涩，汉语用“民有(拥有)、民治(治理)、民享(享用)”这三个动词表达，含义就十分清晰。

由此可见，由于中西方人思维方式不同，语言上也相应不同。英语表达抽象，往往有一种“虚”“泛”“暗”“曲”“隐”的魅力，而汉语表达具体，具有“实”“明”“直”“显”的特点。

(二)个体思维与整体思维

西方哲学一直强调个体思维(Individual Thinking)的传统，即通过从个体的角度理解事物，借助逻辑分析来认知和理解事物。西方文化将宇宙划分为两个截然不同的领域，将天与人分开，强调二者的对立性，认为世界上一切事物都存在着对立，如人与自然、物质与精神、社会与自然等。在这种看法下，人类与自然是相互分离的，人类被看作支配和改造自然的存在，主张通过斗争不断征服自然，这代表了一种将天与人分开的宇宙观。

与此相比，中国古代哲学家一直倡导一体思想，认为主观世界与客观世界不是分离的，从而形成了整体思维(Holistic Thinking)。中国文化和哲学认为宇宙是一个整体，人体也是一个整体，强调“天人合一”，即自然界和人类处于一个整体和谐的动态过程中。《淮南子·诠言》中说：“一也者，万物之本也。”马得清先生在《有一说“一”》中指出：“这是对整体思维的概括。整体看世界是我国古人最为宝贵的哲学智慧之一。有了整体思维，简简单单的一个‘一’字就具有了哲学含义”。① 汉族文化视阴阳的对立与统一为客观事物的内在属性，例如，在宇宙中存在天与地、日与月，人类社会中有男性与女性等。阴阳的相互作用被认为是万物生成、变化和发展的驱动力。《易经》表明了这一观念，强调“一阴一阳之谓道”。解释《易经》的《易传》主张：“生生之谓易”，“穷则变，变则通，通则久”，“刚柔相推而生变化”。老子认为：“道，可道，非常道；名，可名，非常名。无名，天地之始；有名，万物之母。”“道生一，一生二，二生三，三生万物。万物负阴而抱阳，冲气以为和。”②中国文化，尤其是中国哲学，具有动态演化生成论思想，与马克思主义哲学以及现代科学中关于过程和演化的思想有内在的联系。

西方的个体思维与中国的整体思维方法之别表现在英汉语言上的差异如下：

(1)英汉语在事物定义方面存在差异，因此在词汇选择上呈现出不同的趋向。“汉语多表示种概念的词，而英语多表示属概念的词。”③英语倾向于使用特指的词汇，因此表达更为具体和细致，而汉语更偏向使用泛指的词汇，使表达更加概括和模糊。举例来说，汉语中“衣”这个字可以与其他字组成多个词汇。如：衬衣、毛衣、大衣、上衣、内衣和睡衣，每个词都含有“衣”字。而相对应的英语单词却分别是 shirts，sweaters，overcoats，

① 马得清. 有一说“一”[N]. 光明日报，2012-05-16(12).

② 中国科学院哲学研究所中国哲学史组，北京大学哲学系中国哲学史教研室. 中国历史哲学文选：先秦编(上)[M]. 北京：中华书局，1962：245.

③ 林汝昌，李曼珏. 中西哲学观对英汉语言之影响[A]. 刘重德. 英汉语比较与翻译[C]. 青岛：青岛出版社，1999：407.

tops, underwear and pajamas，词与词之间毫无关联，与其总称“clothing”也毫无关系。

不过，值得注意的是，英语和汉语的这些差异不仅仅体现在种概念和属概念的词汇选择上，还在语法、句法等方面体现出来。

(2)英语被归类为严式语言，其语义理解主要依赖于句子内部的语法结构，属于一种从局部到整体的理解方式。因此，英语形成的思维模式强调个体，注重分析和逻辑推理。相对而言，汉语则属于宽泛的语言，语义理解主要基于上下文，采用一种从整体到局部的理解方式。因此，汉语形成的思维模式注重整体理解和领悟性。

举例来说，中国人在日常交往中常用“吃了吗?”作为一种问候语。在这种情境下，可以省略主语“你”，也不必具体指出“吃”的宾语是早饭、午饭还是晚饭。仅仅通过提问的时间就可以理解对方的意图。然而，如果将这句话翻译成英语，就需要使用“Have you had your breakfast/lunch/supper?”(当然在英语中通常不使用这种问题作为问候语)。

再以李清照的《寻隐者不遇》一诗为例，单独看一句无法确定是谁在提问、谁在回答，谁身处山中，谁不了解他人的行踪。只有通过整首诗，将上下文联系起来，才能明白这是作者在询问，书童在回答，师傅在山中，而书童不知道师傅的去向。只有综合考虑全文，才能真正理解诗歌的内容。正如爱德华·霍尔经过对比世界上多种语言后，对汉语得出了下述结论：汉语是语境制约程度最高的语言，一句话的意思通常要根据上下文意思才能最终确定。①

(3)英语的表达相对准确，而汉语的表达则相对模糊。英语中，民族往往注重个体成分的独立作用以及它们之间的关系，侧重形式分析和规则的制约。相反，汉语的民族更倾向于综合概括，全面把握信息，不过分强调形式分析和逻辑推理。杨振宁教授，一个精通中西文化的学者，也曾提

① [美]爱德华·霍尔. 无声的语言[M]. 何道宽，译. 北京：北京大学出版社，2010：11.

出过类似的观点，指出中国文化更倾向于模糊、朦胧及整体性，而西方文化更趋向于准确和具体。思维方式和文化倾向必然对语言产生影响，因此，汉语的表达方式常常包含了暗示和含蓄以及模糊和朦胧的特点。

此外，汉语句子成分的功能相对不如英语明确。例如，句子"今天天气晴朗"在语义上很明确，但关于"今天"在句法上的功能存在争议。有人认为它是状语，表示"天气晴朗"的时间；有人则认为"今天"应该是主语。然而，用英语表达时，句法关系更为明显，不会引发这种歧义。"It is sunny today."或者是"Today is a sunny day."

中国这种整体性的特点和思维方式受到国外和国内科学家的普遍赞誉。协同学的创始人，德国著名科学家赫尔曼·哈肯(Hermann Haken)教授在《协同学——自然成功的奥秘》一书的中文版序中指出："对自然的整体理解是中国哲学的一个核心部分。在我看来，这一点西方文化中从未获得足够的考虑。直到如今，当科学在研究不断成为更复杂的过程和系统时，我们才认识到纯粹分析方法的局限性。"①整体观点与系统科学、整体思维与系统思维存在内在的联系。此外，他还提出："中国是充分认识到了系统科学巨大重要性的国家之一。"②美国圣菲研究所的学者们认为，包括中国哲学在内的"东方哲学一向把世界看作一个复杂的整体。这个世界观无论是在科学界，在文化界，还是在西方，都变得越来越重要了。"③他们主张还原论方法已陷入历史的僵局，研究复杂性科学应采用整体的视角。中国杰出科学家钱学森院士指出："要从整体上考虑并解决问题。"④他不仅以马克思主义哲学为导向，构建了整个现代科学技术体系的整体

---

① H·哈肯. 协同学——自然成功的奥秘[M]. 戴鸣钟，译. 上海：上海科学技术出版社，1988：序言.

② H·哈肯. 协同学和认知科学[M]. 杨家本，译. 北京：清华大学出版社，南宁：广西科学技术出版社，1994：序言.

③ 米歇尔·沃尔德罗普. 复杂——诞生于秩序和混沌边缘的科学[M]. 陈玲，译. 北京：三联书店，1997：368.

④ 钱学森. 创建系统学(新世纪版)[M]. 上海：上海交通大学出版社，2007：130.

观，还主张在中国社会主义现代化建设中采取整体方式，同时提出了处理这一领域的科学方法论，即定性到定量综合集成法。

(三)直线思维与螺旋思维

直线思维(Linear Thinking)是指一种单一、定向且视野有限的思考方式，其思路狭窄，缺乏辩证性思考。然而，有人认为这也是一种最简洁、思考距离最短、深度最深的思维方式，可直接洞察事物内在本质。由于受历史和文化根源的影响，西方文化孕育了一种直线型思维范式，通常以逻辑直线推理方式进行思考。

西方文化可以追溯到三大文化源流，包括古希腊文化、罗马文化和基督教文化。这三者之间存在显著的差异，甚至可以说它们互相排斥。古希腊文化强调和谐，作为古典文化代表，在西方以及全球都具有极其重要的地位。罗马文化注重实效，崇尚美德，强调纪律和法治观念。而基督教文化则鼓励人们不断探索和认识未知世界，影响了哲学、思维方式，甚至对科学发现产生了影响。这三种文化在西方世界中既相互对立又共生共存。

在近现代，西方文化以独特的方式吸收和融合这三大文化源流，形成了西方文化的“杂交优势”。长期的征战和不断的妥协，再加上语言和文化障碍，逐渐养成了直线思维的习惯，遵循从一般到具体、从整体到个体、从观点到案例或数据支持的原则。直线思维的两个主要特点是逻辑和推理的运用。一方面，逻辑是事物和思想以类似因果的方式顺序链接的过程，一个想法或事物解释下一个想法或事物，以此类推。另一方面，推理是能够将序列前后的概念与其他元素结合起来，以加强对所呈现事物的想法或解释。另一个主要特点是分析。这个特征是必不可少的，与前面的两个特征相结合，可以首先提出问题，然后提出解决方案或可能的解决方案。

中国文化在漫长的历史进程中孕育了一种螺旋式思维(Spiral Thinking)方式，表现为偏好一种跳跃、曲线、迂回的思考模式。著名日本哲学家和佛教思想史专家中村元在他的著作《东方民族的思维方法》中指出：“中国文化常强调借鉴先例，将其作为首要模式。换句话说，古代经验在中国人的心理中引发了一种确定性感。”①正因为中国文化强调权威和历史先例，因此现实生活中存在许多禁忌。为避免触犯这些禁忌并避免不愉快甚至冲突，人们通常采用螺旋式思维方式，表现为“兜圈子”和“旁敲侧击”等中国文化特有的普遍现象。

这两种思维方式差异涉及语言的多个层面，包括语言结构、遣词、造句和篇章。其中，最基本的因素包括修饰语与中心词的位置、句子结构和篇章结构。②

(1)修饰语与中心词的位置不同。英语中的修饰语，如介词短语、动词不定式、分词、定语从句等，通常位于被修饰词之后。而汉语中的修饰语，无论长短或繁简，通常位于被修饰词之前。这种差异反映了直线思维与螺旋思维之间的不同思考方式。

例 1：The scientists everywhere in the world are looking for the efficient methods to make the air clean and protect it from the pollution by all kinds of industrial harmful waste gases.

在全球范围内，科学家们正在寻找有效的方法，以使空气变得清洁并保护它免受各种工业有害废气的污染。

可以明显看出，英语句子中的三个修饰语都跟随在其对应的中心词“scientists”“methods”“pollution”的后面。相比之下，汉语则相反，修饰语出现在前面，中心词出现在后面。

(2)句子结构的差异。英语句子的结构突出句首，其主谓结构扮演着全句的核心角色，其余成分则在其后。一般情况下，英语句子在叙述事件时会先提供结论，然后进行叙述，按照从近到远、新近程度递进的顺序呈现事件。相反，汉语句子的结构突出句尾，通常按照逻辑关系和时间的先

① [日]中村元. 东方民族的思维方法[M]. 杭州：浙江人民出版社，1989：120.

② 张焰明. 螺旋与直入的思维差异对英语写作的影响[J]. 中外教育研究，2009(11)：32-34.

后顺序来排列句子成分，先叙述事件，然后给出结论，依次从远处到近处。

例 2：他们前往珠海参加一个会议，随后去澳门观光，直到昨天才返回上海。

译 1：They went to Zhuhai to attend a meeting. After the meeting, they went to Macau for sightseeing and came back to Shanghai yesterday.（汉语表达习惯时间顺序的安排）

译 2：They came back to Shanghai yesterday from Macau where they went for sightseeing after the meeting in Zhuhai.（英语表达习惯时间顺序的转换）

（3）篇章结构的不同。英语民族的思维方式呈现直线思维特征，这在语言表达上得到了体现，无论是口头表达还是书面写作，通常都会遵循一种直线展开的模式。他们讲究开门见山、直截了当，将重要的内容置于首位，然后再逐步展开次要的内容。特别是在说明文和议论文中，更是依循由一般到具体的原则。胡文仲先生等学者将英语文章的写作方式比喻为"直线型"，即每一段落以主题句开头，接着是例证句，最后进行总结；或者先举例证句，最后以主题句作为结尾①。英语篇章遵循了一种"writer-responsible"的模式，也就是说，作者在篇章中有责任向读者交代清楚文章的主旨或目的。为了使读者能够高效节省时间，作者往往会在开头直截了当地阐明段落的主题句（topic sentence）或全文的中心思想（thesis statement），明确展示作者的观点、态度和看法等。随后，通过一系列合乎逻辑的结构粘连和语言衔接手段，逐层推进论述。

中国人的思维方式以直觉和具体性为显著特征，他们的思维过程通常呈螺旋状，逐渐向前展开。这种螺旋式思维逻辑在文本表达中表现出来，

① 胡文仲，高一虹. 外语教学与文化[M]. 长沙：湖南教育出版社，1997：109.

一般开始于叙述事情的背景，列出客观条件，解释问题原因，或者提供事实证据，最后进行结论陈述，表达个人观点和看法。这可被视为一种围绕主题旋绕、逐渐深入的思维方式，从次要信息到主要信息，由背景到任务，以及从相关信息到话题的逐步达到高潮的表达过程。① 因此，中文篇章通常采用“reader-responsible”模式，即读者需要自行仔细思考和领会文本的主旨或目的。文本开头常起到铺垫作用，很少明确提出主题句。文章围绕主题展开，直到末尾才逐渐呈现中心思想。有时，中心思想并未直接表明，而是留给读者自行领会。正如蔡基刚先生所指出：“文章的展开犹如层层剥笋，直到最后才见笋心——文章的中心思想。”②自古以来，中国人就欣赏螺旋式的写作方式。清代诗人袁枚在《随园诗话》中写道：“写作如同欣赏山峰，更喜欢奇特而不平凡的表达，而对于平铺直叙则感到不悦。”确实，写作不仅关乎篇章结构的布置，还需要注重文章的跌宕起伏。明末清初的文学评论家金圣叹认为：“文章之妙，无过曲折。”通过增加曲折性，文章能够更全面地展示矛盾的各个方面，进行深入全面的分析和推理。因此，在写作中需要避免平铺直叙的表达方式，力求富含多样性，以吸引读者并达到更好的表达效果。

中国人的圆式或螺旋式思维特点是：由远及近，由宏观到微观，由大到小。而西方人的直线式思维特点是：由近及远，由微观到宏观，由小到大。这种思维模式的划分同中国的一些学者对此的划分基本相同。如何善芬所说：“总体看来，英汉语篇的确分别呈直线性与圆式(迂回式)的逻辑特征。这从根本上讲是中西方各自重综合与重分析的思维习惯的表现。”③成中英也认为：“中国人的方法和思考都是一个整体，跟西方的分析哲学是个对比。中国人是本体的，西方人是分析的。中国人重视整体的和谐，强调从多归结到一，统一的观念非常强烈。西方人重视分析的差异，由一

---

① 傅敬民，吕鸿雁. 当代高级英汉互译[M]. 上海：上海大学出版社，2004：203，36-37.

② 蔡基刚. 英汉写作对比研究[M]. 上海：复旦大学出版社，2001：31，33

③ 何善芬. 英汉语言对比研究[M]. 上海：上海外语教育出版社，2002：470.

到多进行分析。”①

(四)抽象思维与形象思维

抽象思维(Abstract Thinking)和形象思维(Imaginal Thinking)都是人类大脑的高级心理过程，是两个相互辩证的基本思维元素，共同构成了主体对事物层次联系的认识。抽象思维在形象思维的支持下发挥作用，产生反映客观现实的概念。形象思维的起源受制于抽象思维，它产生的图像也反映了客观现实。

西方文化由于深受形而上学思维的影响，则倾向于抽象思维。西方人对于客观世界的认知和改造过程，通常以探究世界的起源为最终目标，采用分类方法作为主要手段，试图从物体的不同类别中提炼出这些类别的共性，然后进行抽象概括，以构建所谓的“理想世界”。这种抽象思维，也被称为逻辑思维，它是基于概念进行判断和推理的思维活动。

西方文化倾向于抽象思维，通常通过对事物感性认知的分析，以实现对事物的理性认知。通过抽象思维，他们能够洞察事物的本质，因此，他们在语言表达时更倾向于使用抽象词汇。英语中有大量的抽象名词，这些抽象名词大多通过虚化手段生成，包括添加后缀，尤其是后缀的转化，以便从其他词类派生出抽象名词。例如，通过形容词加后缀变成抽象名词，如“happy +-ness—happiness”“critical +-ity—criticality”“free +-dom—freedom”；或者通过动词加后缀变成抽象名词，如“create+-tion—creation”“possess+-sion—possession”“move+-ment—movement”等。这些抽象名词具有广泛的涵义，通常用来表达复杂的思想和微妙的情感，因此难以准确捉摸其具体含义。

同时，西方文化非常注重思维的严密性，尤其重视对概念的深入探讨和完善，以确保概念准确，避免歧义，并擅长运用抽象概念来表达具体事

---

① 成中英. 中国文化的现代化与世界化[M]. 北京：中国和平出版社，1993：113-114.

物。英语句子通常以主谓结构为主干，控制句子中的其他成分，由主要信息到次要信息逐渐展开，呈现出层次分明的结构。例如，英语中的一句谚语："The true joy of joys is the joy that joys in the joys of others."(真正的快乐是在别人的快乐中获得快乐。)这句话中，"joy"一词被反复使用，通过不同的用法来说明什么是"the true joy"，这展示出英语句子的结构非常严密，用法非常巧妙。

相对而言，汉语更偏向于形象思维，这意味着人们更侧重于对感性经验的直观理解，以感觉、知觉和形象为基础，因此在语言表达上更倾向于使用具体的词汇。除了在科技和政论文体中，汉语很少使用抽象名词，而在翻译时常将表达抽象概念的词汇具体化和形象化。例如，"disintegration"可以翻译为"土崩瓦解"，"lack of perseverance"可以翻译为"三天打鱼、两天晒网"，"perfect harmony"可以翻译为"水乳交融"等。这种用词的具体化使人们感觉汉语更加实际、清晰、直接，强调了事物的具体形象。

汉字的起源可追溯到象形文字，它是形象思维的典型产物。汉语主要通过象形符号表达客观存在和事实，以形式代表实际，以形指向物体。例如，日、月、山、水、火、田等符号直观地反映了大自然。而"人"字则生动地展示了一个分腿站立、顶天立地的人的形象，充分体现了汉字丰富的形象内涵。这些字形直接激发感官，形成感知表象，语义的理解往往依赖于寓意和判断，即"望文生义"。例如，"雨"字中的四点表示雨滴，而英文中的"rain"只提供词义，缺乏形象性。

汉语词语具有强烈的直观性，相对于英语更容易使读者在阅读时产生"视觉"直观感受。比如，"哭"字让人直观感受到泪水夺眶而出的景象；"凸"字则是一种最直接的形象呈现。

此外，中国文化在日常生活和交流中广泛运用汉字的表象功能，采用形象和比喻法。在某些地区，习惯在新婚夫妇的床上撒上枣和栗子，因为"枣"谐音"早"，"栗子"谐音"立子"，寓意"早立子"。汉语还通过具体比喻抽象，以物表达感觉，通过形象言志，体现了直观而感性的思维方式。

例如，“蚕食”比喻逐步侵占，如同蚕吃桑叶一样；“手忙脚乱”描绘做事慌张且没有条理。“顺水推舟”比喻顺应趋势办事，而“种瓜得瓜，种豆得豆”比喻做了什么事，得到相应的结果。类似的表达如“胆小如鼠”“蒙在鼓里”“枯木逢春”等都非常形象而直观。与之相对应的英文表达多半注重功能，缺乏对事物形象的体现。这使得汉语词汇更容易让读者在阅读时产生“视觉”直观感受。

综上所述，一个民族的传统与文化塑造了独特的思维模式，而这种模式在语言中得以体现。英汉两个民族拥有不同的价值观和思维模式，这种差异源于各自不同的历史渊源，是形成各自语言特征差异的理性根源。语言体现思维方式，了解英汉思维方式的差异及其在语言中的表现，有助于掌握英语语言的内在规律，培养英语思维的习惯。

四、小　结

语言是文化和思维的重要载体，同时文化与思维对语言有着制约作用。语言与文化和思维相互依赖、相互影响，有相辅相成的关系，学习语言的过程同时也应该是学习其文化和思维的过程。

英语和汉语，作为两种不同语言，它们都是一种社会文化现象。英语作为世界通用语言以及全球化的发展，带来了“文化全球化”。所谓“文化全球化”是指文化的各个组成部分在世界范围内的传播流动。汉语经过历史的沉淀和积累也成为世界上最发达、最精确的表达思想的语言，中华文化博大精深、源远流长。由于中西方不同的地理观、社会观、宗教观、利益观以及思维观等多层次多维度的差异，汉语和英语两种语言存在很大异同。但是文化需要交流，文明也需要传承。语言在促进人们交流和各国发展的背后，也不可避免地产生文化冲突。不同文化导致的冲突实质上都反映了在它背后掩藏着的一种文化的文明。这种文化交融，就是文明的交流融合，它也是跨文化交流中最理想的状态。文化交流的过程中需要互相学习、取长补短。在英语教学中和跨文化交流中，文化冲突发生时要尊重和理解西方文化，不能一味地摒弃和拒绝，但对于其糟粕也要能辨别和批判。在语言文化学习中我们在具有开放性吸收一切有用和合理成分的同时，能保持汉语和中国文化的活力与纯洁性，在借鉴其他文化中优秀部分的同时，也能保持自己文化的本质特点。

第六章　大学英语教学中批判性思维的表现标准、实施条件及应用

批判性思维的成功应用需要遵守严格的标准。使用批判性思维必须满足三项主要条件：一是必备的知识和技能；二是明确定位的立场和价值观；三是相关的技巧、倾向和能力。批判性思维的实践也必须经历一系列相互关联的活动，从起始到结束。

一、批判性思维的标准

(一)国际上广泛引用的标准

批判性思维需要对严格标准的认可，在运用批判性思维时需谨慎控制。批判性思维有助于人们做出更好的决定，更有效地处理信息，更清晰地表达自己，能更好地促进人际关系，能够更快、更自觉地解决冲突。

批判性思维通常根据基本标准对论证做出判断。有较多西方学者提出了批判性思维的智力标准(intellectual standards)。其中保罗和埃尔德(Paul & Elder，2007)提出的基本标准比较全面(见表6-1)①，就是将批判性思维的基础概念化，提出基于原则的标准，这对智力思维和质量评估至关重要。与所有原则性标准一样，表格肯定不是详尽无遗的，需要做大量工作

① Paul，R. & Elder，L. *The thinker's guide to the art of Socratic questioning，based on critical thinking concepts & tools*[M]. Dillon Beach，California：The Foundation for Critical Thinking，2007：9.

来进一步完善，以最大限度地发挥其功效。

表 6-1 批判性思维的基本智力标准表

清晰性	你能再详细说明一下吗？ 你能给我举个例子吗？ 你能举例说明你的意思吗？
准确性	我们怎么检查呢？ 我们怎样才能知道这是真的？ 我们如何验证或测试这一点？
精确性	你能说得更具体些吗？ 你能告诉我更多的细节吗？ 你能说得更准确些吗？
相关性	这与问题有什么关系？ 这对这个问题会产生什么影响？ 这对我们解决这个问题有什么帮助？
广泛性	我们需要从另一个角度来看待这个问题吗？ 我们需要考虑另一个观点吗？ 我们需要从其他角度/以其他方式来看待这一点吗？
深入性	什么因素使这成为一个难题？ 这个问题的复杂性是什么？ 我们需要解决哪些困难？
逻辑性	所有这些合起来有意义吗？ 你的第一段和最后一段合拍吗？ 你所说的是依据证据的吗？
重要性	这是要考虑的最重要的问题吗？ 这是我们关注的中心思想吗？ 这些事实中哪一个最重要？
公正性	我在这个问题上有既得利益吗？ 我是否同情地代表了他人的观点？

批判性思维的定义大多涉及了智力标准，有较多的批判性思维技能分别与智力标准相对应，在进行判断之前通常都预设了智力标准。

保罗和埃尔德(Paul & Elder，2005)较早从教育学的角度也明确提出了培养批判性思维的通用能力标准，认为大凡拥有批判性思维能力的学生，尽管所学学科专业不同，在四个方面具有共性：(1)是自我导向、自我监控式学习者；(2)将提问置于他们学习的中心环节；(3)读书有自己的价值观和主体性；(4)撰写有见解的论文。①

此后，保罗和埃尔德(Paul & Elder，2020)在他们后来的著作中对相关内容作了少许调整：将批判性思维的八个要素作为能力评估的思维要素，并运用清晰性、准确性、精确性、相关性、深入性、广泛性、逻辑性、重要性、完整性、公正性这九条智力标准分别对八个要素进行检验和判断。②这一智力标准的概念也经历了一系列的解释，在教育环境中使用的许多文本中，呈现出与思维要素相关的详细例证和同样详细的智力标准描述相对应的情况。③

摩尔和帕克(Moore B. N. & Parker R.，2015)给批判性思维下的定义是：批判性思维是对思维展开的思维，也就是说，批判或评判已有的一种思维，对其思考过程进行理性评估，考量这种思维是否符合逻辑，是否符合好的标准。④

批判性思维的本质以及定义都内蕴了智力标准。武宏志(2016)指出："每一项批判性思维技能都与相应的理性标准相匹配；批判性思维的内核

---

① Paul，R. & L. Elder. *Critical thinking competency standards* [M]. Diuon Beach，California：Foundation for Critical Thinking，2005.

② 理查德·保罗，琳达·埃尔德．批判性思维工具[M]．侯玉波，姜佟琳，等译．北京：机械工业出版社，2020：106-117.

③ Fisher，A. *Critical Thinking：An introduction (2nd ed)* [M]. Cambridge：Cambridge University Press，2014.

④ Moore B. N.，Parker R. 批判性思维[M]．朱素梅，译．北京：机械工业出版社，2015：2-177.

是根据理性标准对不同主张的相对价值做出判断。”①恩尼斯(Ennis, 2015)的批判性思维定义与智力标准相联系，他所列出的批判性思维技能分别对应相应的智力标准，他提出了“关于相信什么或做什么的标准和原则”。②

在批判性思维领域，备受推崇的专家Peter A. Facione博士，借鉴了美国哲学协会批判性思维专家的共识，将批判性思维定义为“具有目的性和反思性的判断”。他在这一共识的基础上指出，批判性思维不仅仅包括阐释(Interpretation)、分析(Analysis)、评价(Evaluation)、推论(Inference)、说明(Explanation)、自我调节(Self-Regulation)等认知技能，还涵盖了好奇心(Curiosity)、敏锐度(Alertness)以及执着求真(Intellectual Tenacity)等思维习性。③

“具有目的性和反思性的判断”这个定义传达了批判性思维的两个关键特征：

(1)具有目的性(Purposeful)。批判性思维是有目标和目的的。这意味着批判性思维不是随意的，而是有意识地朝着一个特定的目标前进。这个目标可以是解决问题、做出决策、形成观点等。(2)具有反思性(Reflective)。批判性思维涉及对自己的想法和观点进行反思。这种反思性使个体能够审视他们的信念、假设和判断，从而更全面地理解问题。

该定义不仅仅是一种狭窄的技能，而是一个更宽泛的认知过程，涉及多个方面的能力和特质。根据这个定义，批判性思维包括了以下几个核心技能：

(1)阐释。理解和解释信息，识别信息的关键要点和含义。

(2)分析。将信息分解为其组成部分，识别模式、趋势和关系。

---

① 武宏志．批判性思维的灵魂——理性标准[J]．逻辑学研究，2016，9(3)：25-41.

② Ennis, R. H. Critical thinking: A streamlined conception [A]. M. Davies and Barnett eds. *The Palgrave handbook of critical thinking in higher education* [M]. New York: Palgrave Macmillan, 2015: 31-47.

③ Facione, P. A. Critical thinking: What it is and why it counts [J]. Insight Assessment, 2007(1): 1-23.

(3)评价。对信息进行评估，判断其可信度、可靠性和适用性。

(4)推论。基于现有信息进行推断，得出合理的结论。

(5)说明。清晰地解释观点、理由或信息，使他人能够理解。

(6)自我调节。能够监控自己的思维过程，纠正错误，做出必要的调整。

除了这些认知技能，批判性思维还包括了一些思维习性，如：

(1)好奇心。对新知识、新观点感兴趣，愿意主动探求。

(2)敏锐度。能够敏锐地察觉到信息中的关键点，发现不显眼的模式和趋势。

(3)执着求真。对真理的追求，不轻易妥协，持续追寻知识和理解的深度。

以上核心技能被广泛应用于很多大学的课程列表之中。

(二)大学英语教学中批判性思维的表现标准

英语作为外语(EFL)课堂被认为是培养21世纪技能的理想环境，如批判性思维、创造力、沟通、协作、信息通信技能、领导能力、责任感，以及社交和跨文化技能。其中，批判性思维被看作21世纪成功的至关重要的因素之一。批判性思维作为解决问题和反思性学习的一套认知技能的概念，在一定程度上具有一致性。大多数关于英语批判性思维的研究引用了Richard Paul、Linda Elder和Peter Facione的著作，他们在批判性思维技能和倾向的研究以及理论化方面表现出色。然而，对于替代和互补观点的探讨可能被忽视了，特别是关于批判性思维作为特定领域思维模式的概念。

因此，本书试图在查阅了大量文献的基础上，结合许多大学英语教师的代表性意见，针对批判性思维的内涵给出更广泛的概念，为英语教学中的批判性思维拓展一个更广阔的研究领域。通过综合查阅文献和实践经验的探索，本研究得出结论：大学英语教学中的批判性思维还应包括交际/沟通能力(communicative competence)、创造力(creativity)、论证(argumentation)、解决问题(problem-solving)、决策(decision-making)、自主学习(autonomous learning)、元认知(metacognition)和情绪(emotions)的综合体。

1. 交际/沟通能力

交际/沟通能力被认为是批判性思维的基本架构，一个人从内心深处进行思考，并将其结构化为连贯的句子。对任何条件或情境的分析都源于个人的批判性思维能力。随后，良好的沟通技巧可以帮助他人成功地协商自己的想法。假设某个问题无法解决，解决方案也随之出现。

交际/沟通不仅仅是词语的表达——倾听在沟通中扮演着坚实的支柱角色。它如同一把打开那些渴望传递重要信息的人的思想之门的密码。倾听包含四种类型：欣赏型、移情型、综合型和批判性。掌握这四种倾听能力将使一个人成为理想的沟通者。

具有卓越批判性思维能力的个体是出色的沟通者。他们能够从多个角度审视情境，并提出独立见解。在大多数情况下，批判性思考者不容易受他人或不利条件左右。他们擅长通过数据分析和逻辑推理，在思想和现实之间建立合理的联系。沟通和批判性思维因以下原因成为21世纪最重要的技能之一：

(1)抓住关键点。沟通和批判性思维的核心技能之一是抓住关键点，不偏离主题。在识别问题情境时，在没有外部干扰的情况下考虑解决问题的因素是相当困难的。但是，熟练的批判性思考者和优秀的沟通者能够做到这一点。与信任的人讨论解决方案同时强化联系，良好的沟通者自然不会偏离实质要点。

(2)非言语交流和研究。强调找到支持批判性思维的论据和事实，通过面部表情、肢体语言、眼神交流和声音来维持姿态同样至关重要。这是一种从数据和论据角度进行非言语交流和研究的模式。

(3)情绪控制和好奇心。根据情绪做出决定是不明智的。因此，情绪控制是抑制消极思维的关键。一个好奇心强的个体知道如何控制情绪并提出富有成效的问题。一个思想开放的人善于情绪控制，并寻求解决棘手问题的答案。

2. 创造力

创造力在批判性思维中指的是学生能够独立产生新的、有创意的思考方式或解决问题的方法。这包括能够提出新的观点、创新的解决方案，以及在面对挑战时灵活思考。创造力不仅仅是关于艺术或文学，还可以应用于任何领域，包括科学、商业和技术。

3. 论证

论证是指学生能够清晰、有力地陈述自己的观点，并提供支持这些观点的证据和理由。批判性思维要求学生能够分析、评估和构建论点，了解如何有效地使用证据来支持自己的立场，同时也能理解和评价他人的观点和论证。

4. 解决问题

解决问题能力涉及学生能够有效地识别问题、制定解决方案并实施这些解决方案。批判性思维要求学生能够分析问题的各个方面，寻找可行的解决途径，同时也需要能够评估不同解决方案的优缺点。

5. 决策

决策能力包括学生能够在面临选择时进行理性思考和权衡利弊，以作出明智的决策。这需要考虑事实、价值观和可能的后果，并选择最合适的行动方案。

6. 自主学习

自主学习指的是学生能够独立管理自己的学习过程。这包括设定学习目标、规划学习时间、选择适当的学习资源，以及对学习成果进行自我评估。自主学习与批判性思维紧密相关，因为它需要学生能够自主思考和反思学习方法的有效性。

7. 元认知

元认知是指学生了解和控制自己的认知过程。这包括了解自己的学习风格、记忆策略、问题解决方法和思考过程。通过元认知，学生能够更好地规划学习，监督自己的进度，发现问题并采取措施来改进学习效果。

8. 情绪

情绪在批判性思维中扮演重要角色，因为情绪状态可以影响思考和学习能力。学生需要了解自己的情绪反应，以及如何管理情绪，以便在批判性思维任务中保持冷静、集中和积极的态度。情绪智慧也包括了解他人的情绪，以更好地合作和交流。

这些是批判性思维标准中的关键要素，它们共同促进学生在各个领域中具备更强大的思维和学习能力。教育者可以利用这些标准来指导学生的教育和培养他们的批判性思维技能。

除此之外，在英语教学中，还应从以下方面帮助学生培养更强的批判性思维能力：

（1）阅读理解和分析。理解关键概念，培养学生理解文本中的关键概念和信息。他们可以通过提取主题、关键词和主要观点来培养这一能力。

（2）识别作者观点。培养学生分辨文本作者的观点和立场。这包括辨认作者的论证、偏见以及用词和语气。

（3）比较和对比。学生可以通过将不同文本之间的相似之处和差异之处进行比较来培养批判性思维。这可以帮助他们识别不同观点和方法。

大学生要成为好的批判性思考者，还需掌握以下批判性思维技能：

（1）提出问题。培养学生提出问题的能力，以挑战和深入理解所阅读的内容。他们可以问自己关于文本的问题，如："作者的证据是什么？"或"这个观点有什么局限性？"

（2）评估证据。学生应该学会评估文本中提供的证据和支持观点的信息。这包括考虑证据的可靠性、来源的权威性以及证据的相关性。

(3)推理和逻辑。批判性思维也包括能够进行合理的推理和逻辑分析。学生应该关注逻辑错误和不一致性，并尝试提出更合理的解释。

(4)写作和表达能力。学生可以通过撰写批判性文章来巩固批判性思维。引导他们清晰表达自己的观点，并用证据来支持自己的论点。

(5)辩论技巧。帮助学生练习辩论技巧，包括构建逻辑的论点、反驳对方观点和展示自己的观点。

(6)多源信息整合。在现代社会，学生经常需要整合来自不同来源的信息，帮助他们学会比较和综合多个文本，以得出综合的理解和观点。

(7)辨认虚假信息。培养对虚假信息和谣言的敏感性是关键。引导学生辨认虚假信息，并运用批判性思维技能来验证信息的准确性。

此外良好的语言技能是批判性思维的基础。学生需要具备足够的词汇和语法知识，以便理解和表达复杂的观点。学生还可以学习修辞技巧，了解作者如何运用修辞手法来影响读者，以及如何分析这些修辞手法。

如何培养和提高批判性思维能力，归纳主要观点如下：

(1)培养多方面技能。可以通过培养阅读理解和分析、批判性思考技能、写作和表达能力、多源信息整合以及语言技能来提高学生的批判性思维能力。这意味着多方面的技能和知识都有助于批判性思考的培养。

(2)批判性思维与教学相关。在大学英语教学中，批判性思维与信息分析、推理以及考虑不同观点的能力密切相关。这种思维技能对于解决问题、处理信息、采取立场以及实现目标都是关键的。

(3)特质和态度。英语学习中批判性思考者应该具备一些特质和态度，包括分析性、公正性、尊重其他观点和反思性。他们需要通过教育、培训和阅读来培养这些思维特质。

(4)积极学习者。这些学生应该是积极的学习者，不断提出问题，寻找信息，建立目的语学习与日常生活的联系。他们应该能够分析和组织思想，并有效地表达这些思想。

总之，大学英语批判性思维的维度包括有效沟通、创造力、问题解决、决策制定、自主学习以及元认知。此外，论证、动机、情感和情绪等方面也扮演关键角色。我们应该从综合心理学、哲学、教育学、教学理论和建构主义等不同领域来审视英语批判性思维。因此，我们可以定义英语中的批判性思维为一系列综合思维技巧、倾向、态度、智力资源和教学支持，这些因素共同塑造了其概念、方法、标准以及背后的语境。

二、批判性思维的条件

批判性思维的首要条件应该是语言知识和文化对比，知识在批判性思维中扮演着重要的角色，思考和判断问题时需要特定领域的知识，因此我们是在已有知识的基础上进行批判。而语言和文化都对知识产生影响。第二条件是立场和价值取向，在大学英语教学中表现为如何站在中国的立场上看外国文化，是吸收认同还是扬弃？第三条件是批判性思维的技能和能力表现。

（一）语言知识和文化对比是批判性思维的首要条件

1. 知识的作用

知识是人们对实践经验或实践活动的认知成果，具有一定的稳定性和明确性。批判性思维是指个体能灵活运用已有的知识和经验，识别假设，对问题在反思的基础上进行分析、推理，作出合理判断的一种高级思维方法，它所关注的问题是知识和能力。

批判性思维能够促进知识的学习。而“深度的知识学习是培养批判性思维和问题解决能力的重要过程。”①知识分为科学知识和人文知识，“科

① 伍醒，顾建民.“课程思政”理念的历史逻辑、制度诉求与行动路向[J].大学教育科学，2019(3)：54-60.

学的最大特性是怀疑和质问一切的精神，对事物进行谨慎而有保留的判断，并对这一判断的界限和适用范围进行检验”①。在人文知识的学习中，学习者需要运用批判性思维对不合理的知识内容进行评判。保罗的批判性思维理论具有较强的代表性，他认为，批判性思维有三个重要组成部分：知识、技能和倾向。② 批判性思维作为知识深度学习的关键能力和必要途径，有助于思考者更好地内化知识、迁移技能以及通达知识背后的价值观；而知识水平的高低，也会影响思考者的批判性思维能力。

20 世纪 60 年代以来，“知识开始全面地、直接地干预人类生活，开始与人的生存相关联，它既是政治经济生活的支配力量，也是日常生活的支配力量，知识成为文明与时代的标志，知识生存成为当下及未来人类的生存方式”③。然而，只要形成批判性思维，“知识就不再是一种客观性的决定力量，而是能供人‘自由享用’的资源”④。

批判性思考者首先需要对事物持怀疑态度，明确提出问题，也就是质疑；其次是需要全面收集信息并准确分析；之后通过反思和判断得出具有充分依据的结论；而这些都需要建立在批判性思考者所具有的知识水平上。因此，需要使他们充分认识到不断学习和不断更新知识的重要性。

批判性思维是在现有知识水平下对事实、证据、观察结果和论点的分析，以形成判断和推论。通常包括对事实证据的怀疑，并进行理性的分析或评估。批判性思维是自我指导、自我约束、自我监控和自我纠正的思维，但最终形成怎样的判断和推论，则取决于批判性思考者的知识水平。显然，知识水平决定批判性思维的水平，是批判性思维的重要条件。

---

① ［德］卡尔·雅斯贝尔斯．什么是教育［M］．邹进，译．北京：生活．读书．新知三联书店，1991：112.

② 转引自张文婷．批判性思维：避免知识成为学生生存的异己力量［J］．郑州大学学报(哲学社会科学版)，2004(1)：158-160.

③ 薛晓阳．知识社会的知识观——关于教育如何应对知识的讨论［J］．教育研究，2001(10)：25-30.

④ 张文婷．批判性思维：避免知识成为学生生存的异己力量［J］．郑州大学学报(哲学社会科学版)，2004(1)：158-160.

2. 语言与批判性思维

不同语言水平的人，尤其是使用非母语与母语之间人的比较，在面临相同的语言进行批判性思维能力测试时，所得到的测试结果是不同的，而且明显对语言水平低或非母语的人不利。由于批判性思维能力测试标准大多来自西方国家，如果同时采用西方语言的测试问卷，尤其当问卷中含有西方文化的内容时，对于非母语国家的留学生，尽管他们学习过英语，也会对其中的内容缺乏了解。比如，中国留学生在参加西方国家的批判性思维能力测试时，通常因为“不知道某一特定的理论、概念、规范、术语等”①而取得较低的成绩。很明显，留学生有限的英文水平不能使他们充分展现自己的批判性思维能力水平。

另一方面，如果让学生用母语去讨论问题，由于不存在任何语言障碍和文化差异，所以能够很好地表达他们的思维；但如果让他们用外语去讨论和分析问题，就会由于语言和文化背景障碍使得他们可能出现逻辑问题。“当我们用另外一个语言去进行或表达思辨时，我们会发现储存在母语话语体系中的知识与我们所使用的语言出现严重隔阂，互文对接的难度大大增加。”②

语言是文化的载体，也是人类的交际工具和文化传播的重要手段。然而，在大学英语教学中，“一直把语言作为一种纯粹的信息传递工具，忽视其介入社会过程，干预政治、经济和文化生活的意识形态的作用”③。语言学家通常只关注语言的客观表达，注重语言运用中的问题，却忽视了语言的社会功能。盖斯(Geis，1987)曾指出：新闻媒体能够说出什么时候和

① Zhao，N. Mc Dougall. Cultural influences on Chinese students’ asynchronous online learning in a Canadian University[J]. *Journal of Distance Education Revue de L’educationa Distance*，2008，22(2)：59-80.

② 曲卫国. 缺乏的到底是思辨能力还是系统知识？——也谈外语专业学生的思辨问题[J]. 中国外语，2015，12(1)：60-66.

③ 辛斌. 批评语言学与英语新闻语篇的批评性分析[J]. 外语教学，2000(4)：44-48.

什么问题重要，并决定具体问题应该听听谁的声音。① 这就说明语言具有极强的干预社会的功能。

因此，大学英语教学必须注意语言具有传播文化的功能，同时在文化传播中也会隐藏着价值观的传播。由此可见，语言教学离不开批判性思维，批判性思维也离不开语言，即语言也是批判性思维的条件。

3. 文化与批判性思维

杨叔子先生(2012)曾指出：文化至少包含知识、思维、方法、原则、精神。文化的载体是知识，知识是文化的基础，思维是文化的关键，方法体现知识和思维，原则是精髓，精神是根本，前四者体现着文化精神。对已有文化要学习、继承、怀疑、反思、批判、扬弃，只有这样，知识才能得到发展。②

文化是人类在社会历史发展过程中所创造的物质财富和精神财富的总和。任何语言都是某种文化的反映，语言具有深厚的文化内涵。③ 从语言与文化的关系看，一是语言受文化的影响；二是文化通过语言反映出来；三是语言在不同民族和国家之间进行交流时，必然会推动不同文化之间的传播与交流，继而又间接地助推了文化的发展与继承。而且，语言的交汇融合反映了文化的交融。④ 因此，在大学英语教学过程中，不仅要培养学生学好英语，同时需要运用批判性思维使学生能建构出正确的价值观，从而为我国对外进行语言和文化推广培养更多的合格人才。以本国的优秀语言文化资源为基础，在对外传播时建立文化自信，讲好中国故事。

文化对比是指不同文化之间的比较。中西方文化存在巨大的差异，这

---

① Geis, M. L. *The language of politics*[M]. New York: Springer-Verlag, 1987: 10.

② 杨叔子. 谈批判性思维是如何作用于文化育人的[J]. 高等教育研究，2012, 33(11): 76-77.

③ 付大安，李奕. 英语教育中的文化安全和批判性思维培养[J]. 山西师大学报(社会科学版)，2013, 40(S1): 182-184.

④ 张琮. 语言与文化的关系[J]. 文学教育(下)，2021(6): 24-26.

种差异不仅反映在一般生活习惯等方面，而且涉及价值观和思维方式。探究中西方文化的异同点，有助于开阔我们的视野，拓展我们的思维方式。西方文化强调个人主义和追求自由，而东方文化强调集体主义和责任；西方文化注重实用与功利，东方文化注重人与自然和谐和道德伦理；西方文化的交际方式直接和坦率，东方文化则相应委婉和含蓄。

关于文化与文明，许多人将两者看作相同或相近的概念。有学者则认为：人类在蒙昧时代与野蛮时代之所以有文化没文明，深刻的原因在于，当文化还是以一种知识、价值观念、意识等精神性的东西存在时，它还没有显现为文明，“只有当文化通过人的实践对象化或转化为物质产品与精神产品时才现实地表现为文明”①。

由此可知，无论是文化还是文明，都离不开批判性思维，批判性思维也离不开文化和文明，即文化与文明也是批判性思维的条件。

（二）立场和价值取向是批判性思维的第二条件

价值取向代表着思考者具有自身的立场，批判性思维不仅能够辨别真伪，还能提升人的价值判断能力。

1. 立场和价值取向与批判性思维

具备批判性思维可以使思考者以更加理性和全面的观点去分析和解决问题，使思考者成长为具有正确价值取向的人。“批判性思维不仅是一种能力，也是一种价值取向”，② 价值取向如果发生偏离，批判性思维也会发生偏离。价值取向是价值哲学的重要范畴，它指的是主体基于自己的价值观在面对或处理各种矛盾和冲突关系时所持的基本价值立场、价值态度以及所表现出来的基本价值倾向。价值观强调的是认知层面，注重人们判断事物价值的视角；价值取向的指向性更明确，是个人价值观的体现。在很

① 林剑．文化与文明之辨[J]．学术研究，2012(3)：19-23.

② 钱颖一．批判性思维与创造性思维教育：理念与实践[J]．清华大学教育研究，2018，39(4)：1-16.

多情境中，价值观可以与价值取向互换，不过价值取向的说法更强调了主体与客体的关联性和主体对客体的选择性。

立场和价值取向是批判性思维的条件，立场和价值取向决定了不同立场和价值取向的人使用批判性思维对同一问题可能会得出不同的判断。"以批判性思维考察核心价值观的内在本质、生成过程等，对核心价值观进行历史还原，这样才能使受教育者更深刻地理解核心价值观。"①价值取向是人们用来评价行为、事物以及选择自己目标的准则，是通过他们的行为取向及对事物的评价、态度反映出来的。任何社会都有一些共同认可的普遍的价值标准，从而发现普遍一致或大部分一致的行为定势。个人价值观有一个形成过程，是随着知识的增长和生活经验的积累而逐步确立起来的。个人的价值观一旦确立，便具有相对稳定性，所形成的价值取向和行为定势是不易改变的。

在大学英语教学中，立场和价值取向表现为如何站在中国的立场上看外国文化，英语学习不是全盘吸收西方语言背后的历史文化价值观、思维方式以及文化精神立场，而是需要运用批判性思维进行文化思辨和文化比较，分析和鉴别西方文化，吸收其中优秀的部分，扬弃其中的糟粕，树立我们的文化自信。有学者在分析东西方文化的差异时，引用了尼斯贝特(Richard E. Nisbett)的观点，认为东方人具有整体性(holistic)，主要从整体的角度思考问题，依靠"辩证"(dialectical)进行推理；西方人更具分析性，主要关注对象类别和使用形式逻辑来了解行为。② 此外，中华文化注重集体主义，强调理论联系实际；西方文化强调个人主义，注重逻辑思维。由此可见，由于大学英语教材大多为英美西方国家的原文材料改编而成的课文，带有很浓郁的西方文化和价值取向，因而不能仅仅作为语言来学习和接受，还需要在大学英语教学中采用批判性思维进行分析和判断。

---

① 孙鹏．社会主义核心价值观教育的批判性思维视角解读[J]．艺术科技，2016，29(10)：1.

② 谢晓宇．西方关于批判性思维内涵、属性和影响因素的论争[J]．比较教育研究，2021(3)：31-38.

有学者建议设定独立的"认知与思维"目标，增加批判性思维与创造性思维的内容，详细描述思维目标，倡导采用"记忆→理解 →运用→分析→评价→创造"的活动来培养思维能力。① 也有学者建议英语教育应采取"为思而教的价值取向",② 其中的"思"包含了批判性思维，并从英语学思结合的理论价值和实践依据等方面进行了论述。英语教育中的很多内容都来自西方，既包含了许多西方思想和文化的精华，也包含了一些糟粕，因此受教育者应该在学习中运用批判性思维进行分析与判断。

在大学英语教学中，可以通过批判性思维对西方文化进行正确地回应，由此促进学生形成自己正确的价值观和思维，同时通过文明互鉴和建立文化自信，为进一步课程思政创造更好的条件。

2. 文明互鉴与批判性思维

习近平于2014年3月在联合国教科文组织总部发表演讲时提出："文明因交流而多彩，文明因互鉴而丰富。"2018年他又指出，"任何一个国家、一个民族都是在承先启后、继往开来中走到今天的，世界是在人类各种文明交流交融中成为今天这个样子的"。③ 此后，他又进一步提出："文明因多样而交流，因交流而互鉴，因互鉴而发展"④的重要观点。由此可见，文明互鉴是指世界上不同文明之间通过加强交流，实现相互借鉴。它是构建人类命运共同体的人文基础，是增进各国人民友谊的桥梁、推动人类社会进步的动力、维护世界和平的纽带。

虽然不同国家和民族的文明在相互交往中会出现"冲突、矛盾、疑惑、

① 龚亚夫．论基础英语教育的多元目标——探寻英语教育的核心价值[J]．课程·教材·教法，2012(11)：26-34.

② 黄远振，兰春寿，黄睿．为思而教：英语教育价值取向及实施策略[J]．课程·教材·教法，2014，34(4)：63-69.

③ 习近平．论坚持推动构建人类命运共同体[M]．北京：中央文献出版社，2018：160.

④ 习近平．深化文明交流互鉴 共建亚洲命运共同体——在亚洲文明对话大会开幕式上的主旨演讲[N]．人民日报，2019-05-16(02).

拒绝，但更多是学习、消化、融合、创新”①，也就是说，通过文明互鉴，各种不同文明之间相互求同存异，从而促进整个人类文明世界不断向前发展。

丝绸之路最早起源于公元前的西汉，它以丝绸贸易为媒介，发挥了既使我国的文明传递到海外，又将其他国家的文明引入中国的重要文化交流作用。2013 年，习近平主席先后提出建设“新丝绸之路经济带”和“21 世纪海上丝绸之路”，即“一带一路”的合作倡议，这是顺应世界多极化、经济全球化、文化多样化、社会信息化潮流的倡议。至 2017 年，全球有 100 多个国家和国际组织积极响应和支持，联合国大会和安理会多次将其纳入相关决议，“一带一路”建设逐渐从理念转化为行动，从愿景转变为现实，开始打造成为顺应经济全球化潮流的最广泛国际合作平台，让共建“一带一路”更好地造福各国人民。“一带一路”建设倡议的核心内涵就是坚持共商、共建、共享原则；战略目标是要建立一个政治互信、经济融合、文化包容的利益共同体、命运共同体和责任共同体，显然这为世界多个国家之间的文明互鉴打下了坚实和牢固的基础。

习近平(2018)指出：“对我国传统文化，对国外的东西，要坚持古为今用、洋为中用，去粗取精、去伪存真。”②这意味着必须尊重和珍惜所有文明成果，且要注重交流互鉴，通过文明互鉴，吸收国外文明精华，传播中华文明。文明互鉴所蕴含的理念是多元化文明相互平等、相互尊重和互鉴共存。文明互鉴“具有人类命运共同体秩序构建的意义和价值，是全面把握世界文明多样性和政治多极化辩证统一的文明秩序观，其核心价值贯穿于政治安全、经济、文化和生态建设的领域”③。

文明互鉴包括引入英语教学。英语是一门国际通用语言，已经成为世

① 习近平．论坚持推动构建人类命运共同体［M］．北京：中央文献出版社，2018：79.

② 习近平．习近平谈治国理政(第一卷)［M］．北京：外文出版社，2018：156.

③ 付瑞红．文明交流互鉴的秩序构建价值及实践路径［J］．燕山大学学报（哲学社会科学版），2021(3)：22.

界文明中交流和沟通的重要工具，学好英语，可以帮助学生更好地了解和探索世界。同时，语言不仅仅是一种交流工具，各种不同的语言分别承载着不同国家的人文精神和价值观。英语虽然具有广泛性的优点，但也存在浓郁西方文化的特点，含有大量西方的文化价值观。因此，在大学英语教学中，需要运用批判性思维进行合理的质疑、反思和价值判断，吸收其中优秀的文化，扬弃其中的糟粕。从而更好地发挥英语的作用，一方面可以准确表达和传播我国的人文精神，介绍中华文化立场，宣传价值观，促进世界多元文化的发展，另一方面又可以更准确地了解和熟悉世界其他国家的多样性文化。

文明互鉴包括引进国外文化中的科学理念(包括社会科学)和先进的技术成果。英国哲学家、数学家、逻辑学家伯特兰·罗素(1996)曾指出："我们的文明的显著长处在于科学的方法，中国文明的长处则在于对人生归宿的合理理解。人们一定希望看到两者逐渐结合在一起。"①改革开放以来，大批中国学者和留学生通过访问交流、留学等方式到国外交流和学习，"去粗取精、去伪存真"，与国外文化中的优秀部分相融合。他们的不断回归，使得中国的科学技术水平和社会科学水平不断提高，在 SCI 和 SSCI 期刊中发表的文章也越来越多，中国高等院校在世界高等院校中的排名也不断上升，在世界学术圈中也有了自己较高的地位。除早期自主研发的原子弹和氢弹、后期自主研发的人造卫星以外，中国在高科技领域取得了重大突破。如：中国宇宙空间站吸引了包括欧洲和日本在内的 17 个国家的申请加入。此外，中国还建立了北斗导航系统，华为在世界上首先推行 5G 移动通信系统，目前在移动通信系统中处于领先地位。

文明互鉴包括学习和借鉴批判性思维这种相对严谨的思维方式。中国人的思维方式一般缺少抽象与概括，逻辑分析能力相对较弱。一些文科类的大学生通常缺乏通过公理、原理、基本命题、理论假设、模型构建，以及运用演绎法和归纳法进行逻辑证明等的思维方式，因而缺乏将事实上升

① 罗素. 中国问题[M]. 秦悦，译. 上海：学林出版社，1996：153.

到理论以及发现普遍规律的能力。因此，引进和吸收评判性思维中的科学思维方法，有助于提高我国民众的思维水平。

3. 文化自信与批判性思维

文化自信指的是一个国家、一个民族、一个政党对自身文化价值的充分肯定，对自身文化生命力的坚定信念，是对既有文化优良传统的肯定与坚持。党的十八大以来，习近平曾在多个场合提到文化自信，如在 2014 年 2 月 24 日的中央政治局第十三次集体学习中，习近平提出要"增强文化自信。"2014 年两会期间，习近平又指出："我们要坚持道路自信、理论自信、制度自信，最根本的还有一个文化自信。"通过梳理学术界已发表的现有文献可以得知，学者对于文化制度自信的概念阐述并不完全一致。郭元祥教授(2021)指出："文化自信是文化主体的一种集体社会意识，是主体或社会群体基于对其文化的肯定性评判和价值确认而产生的信心和信念，是对优秀文化和先进文化的一种积极反映，是关于文化的一种积极的社会意识。"①也有学者分析了文化自信与文化自觉和文化包容之间的关系，费孝通先生(1997)认为，"'文化自觉'是指生活在一定文化中的人对其文化有'自知之明'，明白它的来历、形成过程、所具有的特色和它的发展趋向"②。文化自信是文化自觉的必然结果，文化自觉是文化自信的基础和保障。③ 文化包容承认不同文化具有多样性和差异性的特点，反对文化歧视，做到洋为中用，让跨越国度的优秀文化成果弥补中华文化之不足，在博采众长、兼容并蓄中展示文化自信。还有学者从三重维度探讨了如何建构文化自信，一是文化制度建设，二是文化生产建设，三是文

---

① 郭元祥．深度教学——促进学生素养发育的教学变革[M]．福州：福建教育出版社，2021：31-32.

② 费孝通．反思·对话·文化自觉[J]．北京大学学报(哲学社会科学版)，1997(3)：15-22.

③ 郑承军．文化自信：更基本更深沉更持久的力量[J]．晚霞，2016(14)：44-47.

化生活建设①。

课程思政可以促进在英语教学中增强文化自信。课程思政的核心任务是"立德树人"，通过在各门课程教学中引入课程思政的价值目标，使受教育者增强文化自信。

文化自信包含课程思政与借鉴批判性思维相结合，使受教育者通过价值引领和自主建构，形成对自己国家和民族的文化自信。批判性思维内含理性、包容、判断、评估、基于逻辑分析与证据，形成确定性评判和价值确认等重要特征。因此，在多元文化相互交流和交融的格局下，无论是文明互鉴还是形成文化自信，都可以借助批判性思维。通过运用批判性思维的分析和鉴别功能，可以学习和吸收国外先进和优秀的文化，同时扬弃和拒绝落后、庸俗的文化。

(三)技能、倾向和能力是批判性思维的第三条件

文献中有一个广泛的共识——批判性思维由认知技能、倾向和能力组成(Bailin & Battersby，2015②；Ennis，1987③；Siegel，1988④)，因此，批判性思维的条件就意味着不同技能、倾向和能力的思考者有不同的批判性思维水平；也就是说，批判性思维水平的高低是由思考者的技能、倾向和能力所决定；事实上，批判性思维水平的测试量具就是根据技能、倾向和能力设计制定的。

掌握批判性思维技能，是成为一名理性思考者的必要条件。几乎所有

---

① 颜玉凡，张治萍．新时代建构文化自信的三重维度[J]．长白学刊，2022(1)：150-154.

② Bailin，S. & Battersby，M. Teaching critical thinking as inquiry[A]. M. Davies & R. Barnett，eds. *The palgrave handbook of critical thinking in higher education*[M]. New York：Palgrave MacMillan，2015：123-138.

③ Ennis R. H. *A taxonomy of critical thinking dispositions and abilities*[A]. J. B. Baron and R. J. Sternberg，(eds.) *Teaching thinking skills：Theory and practice*[M]. New York：W. H. Freeman and Company，1987：9-26.

④ Siegel，H. *Educating reason：Rationality，critical thinking，and education*[M]. New York：Routledge，1988，17-19.

从事批判性思维研究的学者都列出了他们所认为的批判性思维的基础技能清单。例如，爱德华·格拉泽(Glaser，1941)列出了以下技能作为清单：(a)识别问题，(b)找到解决这些问题的可行方法，(c)收集和整理相关信息，(d)识别未陈述的假设和价值，(e)准确、清晰和有区别地理解和使用语言，(f)解释数据，(g)评估证据和评估陈述，(h)认识到命题之间逻辑关系的存在，(i)得出合理的概括和结论，(j)测试得出的概括和结论，(k)在更广泛的经验基础上重建信仰模式，以及(l)对日常生活中的特定事物和品质做出准确的判断①。格拉泽深受杜威的影响，杜威将科学思维视为"反思性思维"的一种模式，而上述清单可能容易被理解为与科学和类似思维有关，它确实包含了许多属于现代列表清单中的元素。法乔恩(Facione，1990)在"德尔菲报告"中列出批判性思维的6项核心技能也是学界广泛认可的。董毓和吴妍(2021)指出：批判性思维技能以探究"实证"为主轴，并不是某种特别的推理技能，而是从提出问题、分析问题到解决问题的各种高阶思维技能的总称。②

有批判性思维的人可以做到：

(1)在精确和有限的范围提出相关、明确的问题；

(2)有条不紊地收集信息并准确评估；

(3)得出充分支持的结论，并根据反证对其进行评估；

(4)始终意识到自己能力的局限性，监控自己不理解或难以接受的事情；

(5)以高效、公平的方式与他人沟通，即使在解决复杂问题时也能取得成果。

批判性思维强调解决问题、形成推论、计算可能性，并做出决策。而

① Glaser, E. An experiment in the development of critical thinking[D]. Columbia University, 1941: 6.

② 董毓，吴妍．基础教育批判性思维技能测试：目标、原则和途径[J]．中国教育科学(中英文)，2021，4(6)：74-83.

批判性思考者会合理地、有意识地在不同的场合运用这些技能。① 由此可见，批判性思维是指在思维过程中运用认知技能。

思维实际上包含了一种倾向或态度。一个人是否具有批判性思维的愿望和态度，是由多种因素形成并决定的。有的人有态度无技能，就不能形成有效的倾向；有的人有技能无态度，也就是没有倾向，这些技能也就失去了意义。因此，对于思考者来说，最重要的不是只获得技能，而是愿意成为一名批判性思考者。为了有效地教授批判性思维，教育家必须首先深入理解倾向，即思维的态度或习惯，亦称为“批判性精神”。②恩尼斯(Ennis，1994)认为思维技能的使用表明一个人有使用这种思维技能的意愿，③ 这就是批判性思维的倾向。法乔恩(Facione，1990)指出，倾向使批判性思考者产生“一致的内在动机，以习惯性但可能具有可塑性的方式对人、事件或环境采取行动或作出反应”④。他还于1992年提出了批判性思维倾向包含七个方面：思想开放性、寻求真理性、系统性、分析性、好询问性、自信性和成熟性。⑤ 由此可见，批判性思维的倾向也是运用批判性思维的条件。

在当代教育中，批判性思维已经成为许多重要的认知技能、倾向和能力的同义词，根据这一广泛的复合特征，可以进一步细分为两类。因此，

---

① Halpern，D. Teaching critical thinking in education for transfer across domains：Disposition，skills，structure training and metacognitive monitoring [J]. *American Psychologist*，1998，53(4)：450-451.

② Passmore，J. On teaching to be critical [A]. R. S. Peters，ed. *The concept of education*[M]. London：Routledge and Kegan Paul，1967：192-212.

③ Ennis，R. H. Assessing critical thinking disposition theoretical considerations，(DRAFT)[C]. Presented to the American Educational Research Association Meetings. New Orleans，LA：1994.

④ Facione，P. A. *The Delphi Report*：*Critical thinking*：*A statement of expert consensus for purposes of educational assessment and instruction* [M]. Millbrae CA：The California Academic Press，1990：64.

⑤ Facione，P. Facione，N. *The California critical thinking disposition inventory* (*CCTDI*) *and the CCTDI Test Manual*[M]. Millbrae，CA：California Academic Press，1992.

批判性思维包括：认知因素(有说服力的论证、生成推论、反思性判断)和倾向因素，这可以广义地理解为倾向、态度和能力的组合。在过去的20多年中，为了反映最新的学术成果，这种倾向(情感状态)分类法的研究稳步增加，具体包括：对真理的渴望；质疑的思维；挑剔的倾向；系统和严格的审查；思想开放；渴望充分了解情况；愿意考虑替代观点；公正；元认知意识；目的明确；明智地使用可信和可辩护的来源；在数据和理由不足的情况下暂停判决；寻求并提出明确的理由；将自己的立场与最有说服力的理由结合起来；根据令人信服的证据改变观点；确定一般规则的例外情况，包括确定某些规则在哪些情况下适用以及何时不适用；实践判断和推理；运用批判性思维能力的倾向。恩尼斯（Ennis，1985)以十二种倾向的原始列表为基础，又增加或实质性修改了分类法的另外几种必要倾向(见下面的＊号部分)。(1)永远不要阻断询问的途径＊；(2)问题框架；这里的问题是什么？(3)始终使推理可见＊；(4)压力测试的所有知识声明＊；(5)尽量见多识广；(6)寻求可信的来源和证据；为假设辩护并证实结论＊；(7)考虑整体情况；(8)识别并放弃不必要的假设＊；(9)关注并判断环境；(10)仔细审查替代假设的说服力；(11)开诚布公；(12)避免偏差；(13)证据和理由不足时暂停判决；(14)基于最有力的理由采取合理的防御立场＊；(15)在情况允许的情况下尽量精确；(16)力求细节和判断的准确性；(17)运用元认知/自律意识＊；(18)证据缺乏并不意味着没有证据＊；(19)避免将相关性与因果关系混为一谈；(20)运用批判性思维能力。①

董毓(2017)曾指出："批判性思维的态度有助于学习批判性思维技能；反过来，学习批判性思维的技能有助于形成批判性思维的态度和习惯。"②

倾向的实现也需要具备相应的能力。对于任何思考者来说，如果没有必要的能力来实现自己的目标，倾向也就没有什么用处。例如，一个人可

---

① Ennis，R. H. A logical basis for measuring critical thinking skills[J]. Educational Leadership，1985，3(2)：4-48.

② 董毓．批判性思维原理和方法——走向新的认知和实践(第二版)[M]．北京：高等教育出版社，2017：21.

能倾向于成为一级方程式赛车手，但却缺乏在这一级别竞争的能力，因而即使有这个倾向，却很难实现。因此，批判性思维的能力也是批判性思维的运用条件。

“倾向和能力等于实现技能”这一公式被广泛运用就能充分说明这一点(Halpern，2014)。另外，关于哪些特定能力对批判性思考者至关重要，文献大体上是一致的。具体包括：分析论点、主张或证据((Bowell & Kemp，2015；Ennis，1985，2015；Paul，1992)；愿意询问(Hamby，2015)；元认知严谨(Ellerton，2015)；提出问题要求解释(Ennis，1985，2015)；确认并质疑假设(Brookfield，1997；Ennis，1985，2015；Paul，1992)；探究性思维引导对周围世界的深刻质疑(Bailin & Battersby，2015)；确切表达知情的、反思性和评估性的判断，测试支持我们信仰或行为的理由(Dunne，2015)；运用反思性怀疑主义参与活动(McPeck，1981)；判断或评估(Bailin & Battersby，2015；Facione，1990；Fisher & Scriven，1997；Paul & Elder，2007)；看到给定问题的多个方面(Facione，1990 年)；论据映射(van Gelder，2015)，以及参与基于探究的学习。其中，参与基于探究的学习包括对某个问题进行仔细、批判性的审查，得出合理的判断，Bailin & Battersby(2009)指出：“需要根据备选方案和相互冲突的论点和观点进行比较评估。”①

思考者如果希望批判性地思考，就必须知道批判性思考的必要条件和充分条件是什么。他们必须知道判断所依据的证明理由的类型；也必须知道如何对这些理由进行测试(Dunne，2015)，还必须根据这些理由的理性说服力做出谨慎的判断(Siegel，1988)。此外，为了最大限度地提高学习效果，教育工作者需要特定的教学内容在现实生活场景中培养批判性思维(Halpern，2014)。

保罗和埃尔德(Paul & Elder，2006)认为，批判性思维的能力主要由思

① Bailin，S. & Battersby，M. Inquiry：A dialectical approach to teaching critical thinking[A]. H. V. Hansen，C. W. Tindale，J. A. Blair，et al.，eds. *Argument cultures*[M]. Windsor，ON：OSSA，2009：4.

维要素构成，也就是以目的、问题、观点、信息、推理、观念、意义、假设这些要素作为主要的能力测试依据，并用清晰性、准确性、精确性、相关性、深入性、广泛性、逻辑性、重要性、完整性、公正性等智力标准进行检验，同时也列出了类似于情感倾向的谦恭、独立、正直、勇敢、坚持、自信、共情、公正这些智力特征进行辅助。①

孙有中(2015)指出，批判性思维的认知技能为：能对证据、概念、方法、标准、背景等要素进行阐述、分析、评价、推理与解释；批判性思维的情感态度为：勤学好问、相信理性、尊重事实、谨慎判断、公正评价、敏于探究、持之以恒地追求真理。②

三、批判性思维的过程与应用

过程是指事情开始至结束所相互关联的一组活动。批判性思维在应用过程中也需要经历这样的过程。

(一)批判性思维过程的五阶段模式

批判性思维的过程有一个共同的模式。即杜威(1933)将批判性思维划分为五个阶段的模式：

(1)建议一个可能的解决方案；

(2)将困难或困惑智能化为一个待解决的问题，一个必须寻求答案的问题；

(3)使用一个又一个建议作为主导思想或假设，以启动和指导观察和收集事实材料的其他操作；

(4)推理，将想法或假设作为在心理上的阐述(推理是推论的一部分而非全部的意义上的推论)；

---

① Paul, R. & Elder, L. *Critical thinking: Learn the tools the best thinkers use*[M]. New Jersey: Pearson Prentice Hall, 2006.

② 孙有中. 外语教育与思辨能力培养[J]. 中国外语，2015，12(2)：1.

(5)通过公开或想象的行动来检验假设。

在具体的教学实践中，杜威将运用批判性思维思考的过程拆解为五个阶段：

一是联想，指充分活化思维，找到可能存在的问题、推断答案；

二是归纳，即将存在的问题或困惑科学地归结为一个必须寻求答案的问题；

三是假设，指将多个可能的假设作为思考起点和推动力，指导后续设计研究方案并通过观察等科学方式进行论证；

四是推理，在科学假设的前提下，运用逻辑推理等对假设内容进行解释；

五是验证，即通过公认的事实或科学设计的实践方案验证假设。①

由以上这些阶段组成的反思性思维过程之前会出现迷惑、困扰或困惑的情况，之后会出现清晰、统一、解决的情况(杜威，1933)②。杜威(1910)用术语“阶段”取代了术语“步骤”，从而删除了之前关于不变序列的建议③。不同的表述方式表明，很难对各种各样的过程进行单一的逻辑分析。批判性思维的过程可能有一个螺旋模式，根据最初制定的解决问题的障碍重新定义问题。例如，杜威(1910)在他举出的批判性思维示例之一中说明：在赴约途中的人可能会认为在预定时间不能到达约会地点，解决的方案是寻找更快捷的交通工具前往，或者是将约会时间重新安排到双方都方便的时间④。此外，定义一个问题并不总是紧随其出现之后，也不会立即产生建议解决方案的想法。正如杜威(1910)自己在描述伤寒医生的示例时所承认的那样，在获得进一步信息之前，他避免了对这个或那个结论

① Dewey，J. *How we think：A restatement of the relation of reflective thinking to the educative process*[M]. Lexington，MA：D. C. Heath，1933：106-107.

② Dewey，J. *How we think：A restatement of the relation of reflective thinking to the educative process*[M]. Lexington，MA：D. C. Heath，1933：106.

③ Dewey，J. *How we think*[M]. Boston：D. C. Heath，1910：72.

④ Dewey，J. *How we think*[M]. Boston：D. C. Heath，1910：68-69.

的强烈偏好。①

头脑中有假设的人，即使他们对这个假设的承诺很弱，也会有一种所谓的“确认偏见”②：他们可能会注意确认该假设的证据，而忽略对其不利的证据或一些相互竞争的假设。侦探、情报机构和飞机事故调查人员最好是系统地收集相关证据，甚至暂时推迟采用解释性假设，直到收集的证据以适当的确定度排除一种解释外的所有解释。杜威对批判性思维过程的分析也可能因要求接受或拒绝某个已定义问题的可能解决方案而受到指责，没有考虑到根据现有证据做出暂停判断的决定。此外，考虑到各种各样的问题需要进行反思，其组成事件可能会有所不同。也许将批判性思维过程概念化的最佳方式是作为一个清单，其组成事件可以是多种顺序、多种选择性和多次发生。

这些组成事件可能包括：(1)发现问题，(2)定义问题，(3)将问题划分为可管理的子问题，(4)为问题或子问题制定各种可能的解决方案，(5)确定哪些证据和决定与可能解决问题或子问题的方案相关，(6)制定系统观察或实验计划，以发现相关证据，(7)执行系统观察或实验计划，(8)记录系统观察或实验的结果，(9)收集他人的相关证词和信息，(10)判断从他人收集的证词和信息的可信度，(11)从收集的证据和公认的证词中得出结论，(12)接受证据充分支持的解决方案。③

上述关于批判性思维过程所列出的检查表形式可能会遭到反对，因为它们过于机械化和程序化，不适合迫切需要批判性思维的多维和充满情感的问题④。对于这些问题，笔者认为，我们可以尝试提出一个更加辩证的过程，在这个过程中，我们可以试着确定相互竞争的世界观，探索其含

---

① Dewey, J. *How we think*[M]. Boston: D. C. Heath, 1910: 85.

② Nickerson, R. S. Confirmation bias: A ubiquitous phenomenon in many guises[J]. *Review of General Psychology*, 1998, 2(2): 175-220.

③ David Hitchcock. *On reasoning and argument: Essays in informal logic and critical thinking*[M]. Cham (CH): Springer, 2017: 485.

④ Paul, R. W. Critical thinking: Fundamental to education for a free society[J]. *Educational Leadership*, 42(1): 4-14.

义，并尝试某种创造性的综合。也就是说，通过比较不同个体在批判性思维的多维和情感中的差别，分析其中世界观的不同表现，探究其背后的原因，从而提出改进的办法。

(二)批判性思维的步骤

批判性思维是分析事实以彻底理解问题的行为。批判性思维步骤通常包括收集信息和数据、提出经过深思熟虑的问题和分析可能的解决方案等步骤。以下7个批判性思维步骤，每一个步骤都有一些批判性思考的问题，帮助我们培养批判性思维技能。

(1)确定问题。让问题尽可能具体：问题越具体，就越容易找到解决方案或答案。

(2)收集信息、观点和论点。寻找各种不同观点和论点的来源。

(3)检查和评估信息。消息来源可信吗？这些结论是基于证据还是仅仅是论证？是否有足够的证据或数据支持假设？

(4)列出假设。你确信你发现的信息来源没有偏见吗？你确定你寻找解决方案的过程没有扭曲吗？

(5)确定形式的重要性。最关键的信息是什么？你所有的论点和观点都与你试图解决的问题有关吗？

(6)做出选择或总结。决定哪些不同的结论(如果有的话)可能得到了适当的支持。同时，考虑每个选项的优点和缺点。

(7)做出陈述或交流。总结后，向所有参与者展示你的发现。

综上所述，批判性思维是以有组织和理性的方式思考，理解概念和/或事实之间的联系的能力。它有助于决策过程。换句话说，就是“思考思维”——在我们的思考过程中，以及在如何培养批判性思维技能的过程中，发现、评估并纠正错误。同时，成为一个批判性的思考者需要时间、实践和耐心。

(三)批判性思维过程的组成部分

通过考查杜威在其著作《我们如何思考》中所列举的几个示例所展示的

批判性思维过程，就可以理解构成其一部分不同类型的心理行为和心理状态。区分、标记和简要描述这些组成部分，是识别如何培养批判性思维的能力、技能、性格、态度、习惯等的一个有用的初步步骤，同时这也是设定教育目标的有用准备。而设定目标则是帮助学习者设计实现目标的策略，以及设计衡量学习者实现目标程度方法的一个有用的初步步骤。这些措施既为学习者提供了关于其成就的反馈，也为教育人们形成批判性思维各种策略有效性的实验研究提供了基础。

杜威(1910)所列举的批判性思维示例主要有：选择更换交通工具以准时赴约；判断渡船上层甲板中水平伸出的一根白色长杆的作用；分析热肥皂水清洗玻璃杯并将杯口朝下放在盘子上时，气泡出现在玻璃杯口的外侧并进入内部的原因；注意天气变冷并分析原因；通过查看贵重物品是否丢失判断是否有人入室盗窃；如何正确诊断病人是否染上伤寒；分析吸水泵吸水高度与海拔高度之间的关系。① 那么，我们可以从区分批判性思维过程中可能发生的心理行为和心理事件开始。

(1)观察：注意到自己周围环境中的某些东西变化(天气中温度突然变冷；玻璃外面形成气泡，气泡进入玻璃杯内部)。或记录实验或系统观察的结果(贵重物品无序丢失；吸水泵吸水高度随不同海拔高度而变化)。

(2)感觉：对某事感到困惑或不确定(如何在途中实现准时赴约)。人们想要解决这个困惑。一旦找到答案，你就会感到满足(在途中乘坐地铁或快车)。

(3)琢磨：提出一个需要解决的问题(为什么从热水中取出的玻璃杯外会形成气泡？吸入泵如何工作？是什么导致伤寒?)。

(4)想象：想到可能的答案(公共汽车或地铁或高架交通；旗杆或装饰物、或无线通信设备、或渡船上的方向指示器)。

(5)推断：如果假设一个可能的答案(如发生了入室盗窃，可能导致贵

① Dewey, J. *How we think*[M]. Boston: D. C. Heath, 1910: 68-69; 69-70; 70-71; 6-7; 82-83; 85-86; 150.

重物品丢失)，那么我们可以推断出情况。或者，一旦收集到足够的相关证据，就可以得出结论(防止入室盗窃；如发现附近有地铁站，则在赴约途中乘坐地铁)。

(6)知识：使用存储的主题知识来生成可能的答案，或根据特定答案的假设推断出预期结果(了解城市公共交通系统的情况；气泡中的波义耳定律)。

(7)实验：设计并进行实验或系统观察，以确定是否会出现从可能答案推断出的结果(查看白色长杆相对于渡船驾驶员所在的位置；在不同方位测量吸入泵内不同的吸水高度)。

(8)咨询：找到信息来源，从中获取信息，并判断是否接受。现在大多数人几乎可以立即获得与任何问题相关的信息，包括许多例子所示的信息。

(9)识别和分析论点：注意到一个论点，并确定其结构和内容，作为评估其合理性的初步准备。这是批判性思维过程中的一个重要部分，在批判性思维过程中，人们会考查对一个问题的不同立场的论点。

(10)判断：根据积累的证据和推理做出判断。

(11)决定：决定要做什么或采取什么行动，比如在赴约途中换乘地铁。

(四)批判性思维的运用方式

1. 批判性思维的要素

保罗和埃尔德(Paul & Elder，2013)认为，批判性思维由观点、目标、问题、信息、概念、假设、结果和结论这8个要素所组成。①

在保罗和埃尔德(2007)的批判性思维框架内，思维要素是一系列理论

① 理查德·保罗，琳达·埃尔德．批判性思维工具(第3版)[M]．侯玉波．姜佟琳，译．北京：机械工业出版社，2013：50.

结构的纽带。它们被称为“思维要素”或“思维结构”，或“推理的一部分”。他们认为，人类思维，无论在哪里存在，都是由以上八个要素组成的，或以八个要素为前提。这些被提到的要素都是不可分割的、相互关联的，并且经常以圆圈的形式加以说明，以强调它们之间的相互依赖性。用他们的话说：这些结构中的每一个都对其他结构有影响。如果你改变了目标，就改变了你的问题。如果你改变了问题，你就会被迫寻找新的信息。如果你收集新的信息，你就会被迫改变你的目标。①

美国教育心理学家诺希克教授(2005)提出改进后的批判性思维的8要素理论，认为批判性思维由观点、事实、问题、证据、理由、概念、假设、条件这8要素组成。② 可以看出，该理论新增加了事实、证据、理由和条件等要素，去掉了与观点有重复的结论要素，合并了有归属关系的目标、结果和概念，把信息要素划分为事实和证据两个要素，这种划分不仅使批判性思维的结构更加清晰，同时也有利于对各要素进行分析、评价和比较。

我国学者霍雨佳(2019)通过分析对比，接受了诺希克教授提出的批判性思维的8要素理论，即批判性思维包括观点、事实、问题、证据、理由、概念、假设、条件等8要素，同时增加了重要的心理“感受”要素，并指出了“观点”是批判性思维的核心要素，“问题”是批判性思维的动力。同时，探讨了各要素之间的关系，指出事实、观点、理由、证据、假设、条件、概念和问题等要素可以组成论证系统。③ 总的来说，由于保罗和埃尔德提出的要素作为批判性思维能力的测试依据，得到了学术界的广泛认可，因此，虽然有学者对保罗和埃尔德的要素分析提出了质疑，但起到的

① Paul, R. W. & Elder, L. *The thinker's guide to the art of Socratic questioning, based on critical thinking concepts & tools* [M]. Dillon Beach, California: The Foundation for Critical Thinking, 2007: 5.

② 杰拉尔德·诺希克. 学会批判思维：跨学科批判性思维教学指南[M]. 柳铭心，译. 北京：中国轻工业出版社，2005：49-51.

③ 霍雨佳. 批判性思维的要素及其关系[J]. 重庆理工大学学报(社会科学版)，2019(7)：16-23.

作用不大。

2. 批判性思维应用的原则与顺序

批判性思维的应用需要遵循一定的原则和顺序。

(1)认知谦逊，即承认自己不可能了解所有，肯定有不了解的事物。

(2)认知勇气，即敢于质疑、敢于挑战。

(3)换位思考，即能够接受对立的观点。

(4)认知一致，即自己跟他人持有相同的认知标准。

(5)认知坚定，即愿意去思考，去学习，去追求逻辑，去追求科学和公正。

(6)理性推理，即注意避免情绪化。

(7)思维自主，即成为独立的思考者。

了解了批判性思维的基本内容，我们就可以开始培养批判性思维。其中最简单而且实用的方法是“学会提问”。就是在面对具体的事情或问题时，向自己或者向他人提问，从而引导自己更好地思考。具体做法如下：

(1)在分析或讨论问题的时候，首先要知道这个问题到底是什么，清晰不清晰，把事情界定清楚。你可以问问自己或他人：我能详细阐述吗？我能举个例子说明吗？

(2)当你听到或看到一个新闻时，可以问问自己：这个事情是真的吗，它有没有数据、事实、案例等的支撑？有进一步的细节吗？能否更具体一些呢？

(3)当你探讨、分析一个问题的时候，要考虑事情的关联性。可以问问自己或他人：哪些事情跟这个问题有关联，它们是如何关联的？这些事情对问题的影响是什么？解决这个问题需要做什么？

(4)当你想表达某一观点的时候，可以先问问自己：所有这些例证放在一起讲得通吗？我所说的与相关的事实吻合吗？

(5)人们一般会在一些不重要的事情上浪费时间和精力，在面对问题、讨论问题、处理问题的时候，可以先问问自己：需要聚焦的中心思想和主要问题是什么？这是需要考虑的最重要的问题吗？

(6)分析问题不要有偏见。我们往往习惯只从自己的角度，或根据自己的经验去认识事物，往往会出现很多偏见。所以要习惯性地问问自己：在这个情境中，我的思维或行为公正吗？我有没有带有主观偏见行事？我的观点、假设有证据支持吗？

(7)我们很多人在生活中思考或处理问题时，思维往往停留在浅层。所以，当你碰到问题时，不要只看表面现象，可以这样问问自己：是什么因素导致了这个问题的产生？这个问题的复杂性是什么？我们需要处理的困难有哪些？

(8)如果我们思考一个问题，只从狭小的范围去考虑，可能无法看清问题的本质。所以，需要从多方面考量，通过相对广泛的角度去分析问题。

3. 批判性思维在教育中的应用

批判性思维是一个被广泛接受的教育目标。当它被提出来和应用以后，存在多种不同的定义。恩尼斯(Ennis，2016)列出了14个以哲学为导向的学术定义和3个词典定义，他认为这17个定义是同一概念的不同表达①。罗尔斯(Rawls，1971)②和拜林等人(Bailin，etc，1999)③指出，教育者通常认为批判性思维至少有三个特征。

(1)这样做的目的是下定决心相信什么或做什么。

(2)参与思考的人试图达到与思考相适应的充分性和准确性标准。

---

① Ennis. Definition：A Three-Dimensional analysis with bearing on key concepts［A］. In Patrick Bondy and Laura Benacquista，et al. *Argumentation*，*objectivity*，*and bias*：*Proceedings of the 11th international conference of the ontario society for the study of argumentation*［M］. Windsor. ON：OSSA，2016：1-19.

② Rawls，J. A. *Theory of justice*［M］. Cambridge：Harvard University Press，1971：5.

③ Bailin，S.，Roland，C.，Jerrold，R. C.，et al. Conceptualizing critical thinking［J］. *Journal of Curriculum Studies*，1999，31(3)：285-302.

(3)该思维在一定程度上满足了相关标准。

我们可以总结出包含这三个特征的核心概念，即批判性思维是十分慎重的目标导向性思维。其中一些概念被限制为基于观察和实验的建设性思维，另一些概念则被限制为对这种思维结果进行的评估①，恩尼斯(Ennis，1991)认为它涵盖了建设和评估②。至于它的目标，有些概念被限制为形成一个判断，另一些概念则将行动和信念作为批判性思维过程的终点③，而且在任何情况下都要以慎重思考的核心概念为前提。至于单独提到的思考部分，一些定义侧重于思考过程中的分析和判断，还有一些定义侧重于随后的情绪反应④。

杜威(Dewey，1910)将批判性思维视为教育的终极理智目标。他指出：批判性思维的本质是悬而未决的判断；而这一悬念的实质是在试图解决问题之前进行调查，以确定问题的性质。这比任何其他事情都更能将单纯的推理转化为经过检验的推理，将建议的结论转化为证据⑤。得出的进一步结论，对任何信仰或假定的知识形式进行主动的、持久的和谨慎的考虑。⑥

在教育背景下，舍夫勒(Scheffler，1960)认为批判性思维应该是纲领性定义(programmatic definition)⑦，它表达了一个实现教育目标的实用程序。然而，公式化的定义远不如表达批判性思维的过程有用，因为批判性思维过程涉及的思维类型可能既有准则又有标准。恩尼斯(1996)在他之前

---

① Johnson，R. H. The problem of defining critical thinking[A]. Stephen，P.，Norris et al. *The generalizability of critical thinking*[M]. New York：Teachers College Press，1992：38-53.

② Ennis，R. H. Critical thinking：A streamlined conception[J]. *Teaching Philosophy*，1991，14(1)：5-24.

③ Bailin，S.，Roland，C.，Jerrold，R. C.，et al. Conceptualizing critical thinking[J]. *Journal of Curriculum Studies*，1999，31(3)：285-302.

④ Siegel，H. *Educating reason：Rationality，critical thinking，and education* [M]. New York：Routledge，1988：32.

⑤ Dewey，J. *How we think*[M]. Boston：D. C. Heath，1910：74.

⑥ Dewey，J. *How we think：A restatement of the relation of reflective thinking to the educative process*[M]. Lexington，MA：D. C. Heath，1933：9.

⑦ Scheffler，I. *The language of education*[M]. Springfield，Ill：Thomas，1960：19.

的批判性思维倾向列表中增加了一组关注每个人的尊严和价值的倾向，他称之为“相关”倾向。他断言，一个旨在培养批判性思维，而不是关心每个人的尊严和价值的相关倾向的教育项目，“是有缺陷的，也许是危险的”①。

美国佛罗里达大学的亚历山大·拉姆(Alexa Lamm)和瑞克·特格(Ricky Telg)2015年将批判性思维定义为“一种理性、有目的和内省的方法，用不完整的证据和信息解决问题，不太可能有无可争议的解决方案”②。

简单地说，批判性思维就是仔细分析、处理和理解信息。虽然批判性思维需要逻辑思维支撑，因而通常作为哲学课程的一部分进行教授，但批判性思维技能可以有效地应用于任何学科领域、任何问题或概念。它包括密切审视你自己的想法，注意它们来自哪里，以及它们如何相互遵循，这需要一定程度的开放心态。优秀的批判性思考者会尽最大努力对自己的想法保持中立，发现偏见和成见，然后纠正它们。最新的研究清楚地表明，批判性思维对推理的所有领域都有重大好处。

我们对批判性思维的特点基本能够达成共识。通过批判性思维本身的特点分析(这些特点主要是对问题的系统评价)，我们可以了解到，批判性思维主要是对相信什么和干什么做出判断，这种判断需要有分析和评价。批判性思维的分析和评价需要做到清楚、准确、相关、有深度和广度，并具有严格的逻辑性。在此基础上还要有严格的推理，这种推理具有合理的框架，推理过程具有明确的目的性。推理过程中使用到的数据都必须得到相应的解释，概念必须清楚，并将概念的内涵和外延都表述清楚。只有做到这些，才能够称得上是科学的批判性思维。

---

① Ennis, R. H. Critical thinking dispositions: Their nature and assess ability [J]. *Informal Logic*, 1996, 18(2): 172.

② Lamm, A. J., Telg, R. Integrating critical thinking into extension programming #1: Critical thinking defined [EB/OL]. University of Florida, https://edis.ifas.ufl.edu/publication/WC206, 2015.

如何培养批判性思维技能是一个复杂的概念。我们每个人都有一种独特的方式来感知和理解生活中的问题、事件和环境。我们认为我们的感知是我们理解现实的基础。然而，这只是画面的一半。我们的过滤系统，解释我们如何开发批判性思维技能，以及我们如何体验生活中的情境、事件和环境，因为我们每天创造的思想、信念、习惯行为和情感，形成了我们对现实的感知的基础。

克里斯托弗·希钦斯(2005)在《写给年轻逆反者的信》中写道，独立思维的本质不在于它的思维内容，而在于它的思维方式。

成为批判性思维者的关键在于实践。这与体育锻炼类似：随着时间的推移，你需要锻炼某些肌肉。以下五个练习都将有助于进行批判性思维水平的提高。它们都是关于对认知做出简单但有力的改变，并随着时间的推移进行监控。除了使用这些技巧之外，任何一种新的学习方法都同样有助于批判性思维。每当你读到一些新的东西，你就会成为一个更敏锐、更聪明的思考者。

(1)提出基本问题。人们往往认为，优秀的批判性思考者在试图解决问题时会提出博学而复杂的问题。然而，事实恰恰相反，你越擅长批判性思维，你的问题就越基本、越清晰。要在解决问题时加强提问(从而提高你的批判性思维能力)，请确保你能将问题分解。假设你在工作或生活中遇到一个新问题，不知道该怎么办。可从以下问题开始：关于这个问题，你已经掌握了哪些信息？你是如何知道上述信息的？你的目标是什么？你试图发现、证明、反驳、支持或批评什么？你可能忽略了什么？这些类型的问题鼓励你直面问题的核心，在假设问题复杂之前先尝试问题的简单解决方案。

(2)注意自己的心理过程。那些认为自己是优秀的批判性思考者往往会把自己的分析能力表现出来，傲慢地批评别人。然而，作为一个真正有技巧的思考者，需要更多的自我反省。尤其是，你要密切关注自己的心理过程；它从哪里开始？它看起来像什么？它要去哪里？我们的大脑能够以惊人的速度整理信息，但这项闪电般的工作会使我们忽略重要因素。我们的大脑使用启发法，有点像认知捷径，快速推断我们周围发生了什么。在许多情况下，这些启发法会产生可靠的结果，帮助我们取得成功。但是它们也会采取不可靠的偏见的形式，导致我们走上错误的道路。无论你有多聪明、多深思熟虑，如果你想成为一个好的批判性思考者，你需要接受你会有这样的偏见，你需要学会留意它们。养成一种习惯，问问自己你在假设什么，为什么，并检查是否存在类似刻板印象之类的东西，更多地意识到自己的偏见是需要重新思考(即使是最好的批判性思考者也永远不会完全没有偏见)。

(3)调整自己的视角。如上所述，多注意自己的偏见对培养批判性思维有很大帮助。然而，这只是逐步转变视角的第一步。你可以做的一件有用的事情是，阅读有关偏见的文献以及它们是如何运作的。例如，在简历研究领域，研究人员展示了完全相同的一份简历，如何根据上面的名字看起来是男性还是女性、陌生还是熟悉等而得到不同的评价。与此同时，也有关于情境因素如何影响我们看似主要的性格特征的各种有趣的研究。例如，我们会根据饥饿、房间的颜色、是否需要爬楼梯等情况做出不同的决定。仅仅是阅读这些偏见和启发法就可以帮助调整我们的观点。另一件可做的事是有意识地让自己的思想接触到其他的思维方式。不要拘泥于自己喜欢的新闻来源，而是广泛阅读，挑选自己习惯之外作家的书。站在陌生人的立场上有意识地进行移情练习，所有这些行为都会让自己成为更好的思考者。

(4)逆向思维。逆向思维是另一种有趣而有效的技巧，尤其是当你被困在一个难题中的时候。最基本的想法是，把你认为你知道的东西倒转过来。如果你认为很明显 A 导致了 B，问问自己：“如果 B 导致了 A 呢?”这是著名的鸡和蛋的分析。你最初认为你确定是先有鸡，因为鸡蛋是鸡生下的。然而，一旦你认为鸡本身也需要起源于某处，它就不再那么清晰了。逆向思维并不总是能立即解决问题，然而，它会让你不再以旧的方式看待问题，而这通常是你走向成功之路所需要的一切。此外，在人际关系中，扭转因果关系的假设是一个特别有用的技巧，可以阻止指责。例如，也许你认为你的行为方式是因为你朋友的说话方式引起的，但是如果他们认为自己说话的方式不同是因为你的行为方式造成的呢？

(5)培养先见之明。这种方式可以使我们更好地预测我们所做的选择，好的预见是一种财富。无论你想要达到什么目标，如果你已经看到了未来的后果，你就会更好地做出正确的决定。

四、小　结

本章首先列举了批判性思维的常用标准，批判性思维需要对严格标准的认可，通常根据基本标准对论证做出判断。接着论证了批判性思维的条件，其中的首要条件是语言知识和文化对比。知识在批判性思维中扮演着重要的角色，思考和判断问题时需要特定领域的知识，我们是在已有的知识基础上进行批判，其中语言和文化都对知识产生影响。第二条件是立场和价值取向，在大学英语教学中表现为如何站在中国的立场上看外国文化，是认同还是扬弃？第三条件是批判性思维的技能和能力表现。本章随后探讨了批判性思维的过程与应用，首先分析了批判性思维过程的五阶段模式，接着分析了批判性思维的步骤和过程的组成部分，最后讨论了批判性思维的运用方式。

第七章 大学英语教学中批判性思维现状与成因分析

目前我国研究学者们是否给予了批判性思维培养足够的关注度？高校大学生和高校教师对批判性思维的关注度如何？教师和学生对于大学英语学习的关注重点是什么？带着这些问题，笔者采用文献法对往年的文献做了统计，进而对 W 市某 211 高校 1022 名大一和大二年级大学英语学生和该市 7 所重点高校 198 位大学英语教师进行了问卷调查和访谈，主要了解大学英语教学中师生批判性思维能力和倾向情况。问卷回收后，利用 SPSS 22 进行了三个方面的定量研究：首先，评估各种量表的信度和效度。其次，描述了本科生和大学英语教师在各方面的基本情况。最后，通过多元线性回归(OSL)分析，研究了影响本科生批判性思维的因素。

一、基于文献的调查

(一)国外文献调查

2023 年 4 月，笔者以“Investigation of critical thinking”为关键词查询了 Web of Science(WoS)，自 1991 年至 2023 年共检出 693 篇文献，其中 1991 年到 2007 年，平均每年发表的文章不超过 10 篇，直到 2009 年才有 20 篇的突破，2015 年迅速上涨到 40 篇，此后又有下滑趋势。2021 年发表文章达到一个高峰，为 60 篇(见图 7-1)。

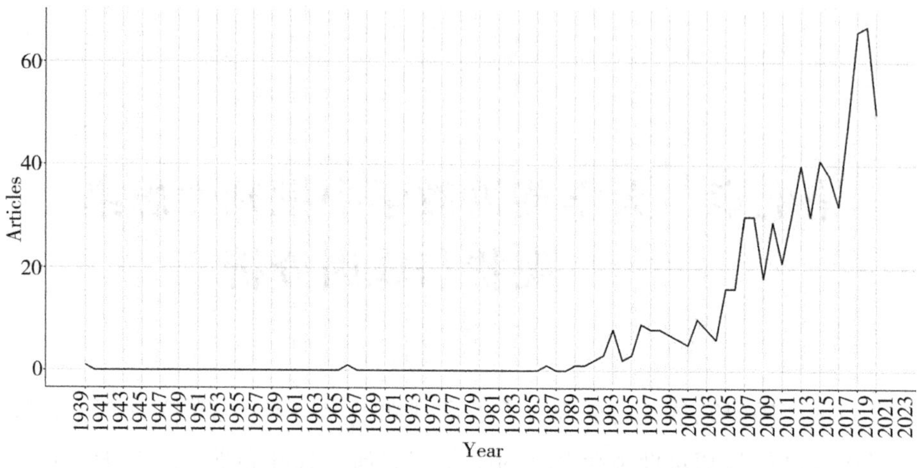

图 7-1　"Investigation of critical thinking"研究成果内容

从该数据上看，关注现状研究的论文并不多。笔者又分别以"Assess critical thinking"和"Current situation of critical thinking"为关键词进行了搜索，共检出 730 篇文章，进一步使用 EndNote 和 CiteSpace 通过关键词共现分析对不同级别的批判性思维研究内容进行了梳理。

如图 7-2 所示，"Investigation of critical thinking"往往与思考(thinking)、知识(knowledge)、技能(skills)、行为(behavior)、表现(performance)等关键词出现在一起。此外，还包括教育(education)、管理(management)、科学(science)和模型(model)等领域的研究，以及涉及焦虑(anxiety)、品质(quality)、态度(attitude)和心理健康(mental health)等方面的关键词。研究的主要关注点包括批判性思维概念和技能发展、批判性思维在教育中的应用、批判性思维水平与学生学术表现、批判性思维与心理健康等，还有一些研究使用不同的模型和工具来评估和促进批判性思维的有效性。研究对象主要包括青少年、学生，以及一小部分专攻护理的学生。①。然而，值得注意的是，有关高等教育和大学生的文献似乎相对较少。然而，在进一

① Boso, C. M., van der Merwe, A. S., Gross, J. Critical thinking disposition of nursing students: A quantitative investigation[J]. *Nurse Education in Practice*, 2021(55).

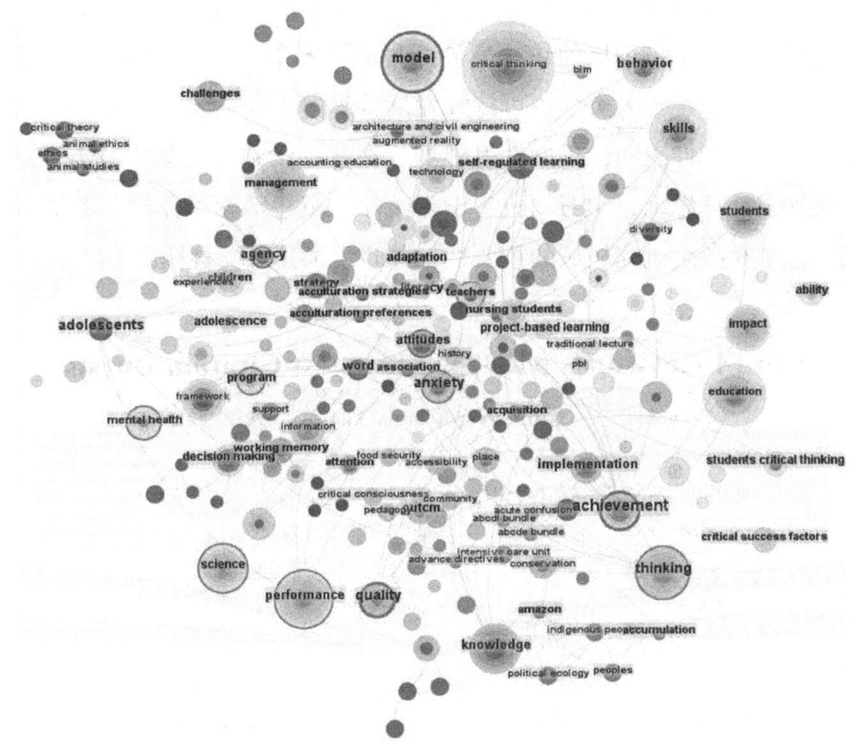

图 7-2 “Investigation of critical thinking”关键词共现

步的调查中，笔者发现涉及大学教育的研究实际上是相当丰富的，尽管标题可能没有特别提及学院教育。比如，美国学者 Giancarlo 与 Facione (2001)①挑选了 147 名大学生进行了批判性思维倾向的追踪研究，旨在考察本科教育是否有助于提高学生的批判性思维倾向。

同时，笔者还借助 Citespace 工具系统性审阅了国外文献，关注了近十年来批判性思维现状研究领域中引用爆发率最高的关键词。

图 7-3 的分析揭示了研究的热点集中在自主学习、批判性思维框架、

① C. Giancarlo, P. A. Facione. Look across four years at the disposition toward critical thinking among undergraduate students[J]. *Journal of General Education*, 2001, 50(1): 29-55.

医学教育以及批判性成功因素等几个关键方面，并且这些研究的影响因子逐年递增，表明了该领域的快速发展。另外，图 7-4 的关键词聚类分析也揭示了批判性思维与人类学、可持续发展计算等多个领域之间存在着交叉关系。这种交叉性表明，批判性思维不仅在教育学和心理学中具有显著关联，还涉及计算思维、学习动机、学习策略和反思等多个学科。这强化了批判性思维在各个研究领域的重要性，并暗示了其跨学科性质。

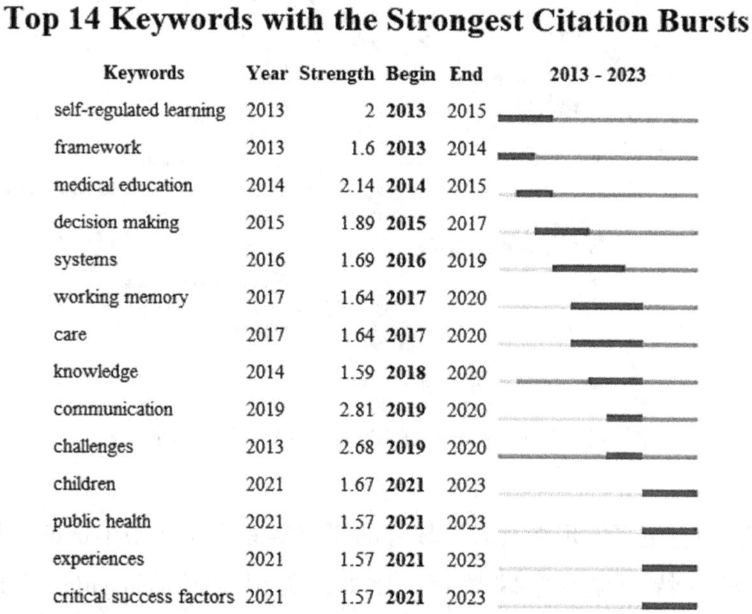

Top 14 Keywords with the Strongest Citation Bursts

Keywords	Year	Strength	Begin	End	2013 - 2023
self-regulated learning	2013	2	**2013**	2015	
framework	2013	1.6	**2013**	2014	
medical education	2014	2.14	**2014**	2015	
decision making	2015	1.89	**2015**	2017	
systems	2016	1.69	**2016**	2019	
working memory	2017	1.64	**2017**	2020	
care	2017	1.64	**2017**	2020	
knowledge	2014	1.59	**2018**	2020	
communication	2019	2.81	**2019**	2020	
challenges	2013	2.68	**2019**	2020	
children	2021	1.67	**2021**	2023	
public health	2021	1.57	**2021**	2023	
experiences	2021	1.57	**2021**	2023	
critical success factors	2021	1.57	**2021**	2023	

图 7-3　“Investigation of critical thinking”引用爆发率关键词

因此，可以得出结论，国外对批判性思维现状的研究构成了一个跨学科而极其关键的领域。此领域包括自主学习、批判性思维框架、医学教育和批判性成功因素等众多关键领域的探讨。这种综合性视角为研究人员提供了更广泛的研究空间，有助于深刻理解批判性思维在各种不同背景和领域中的应用与影响。

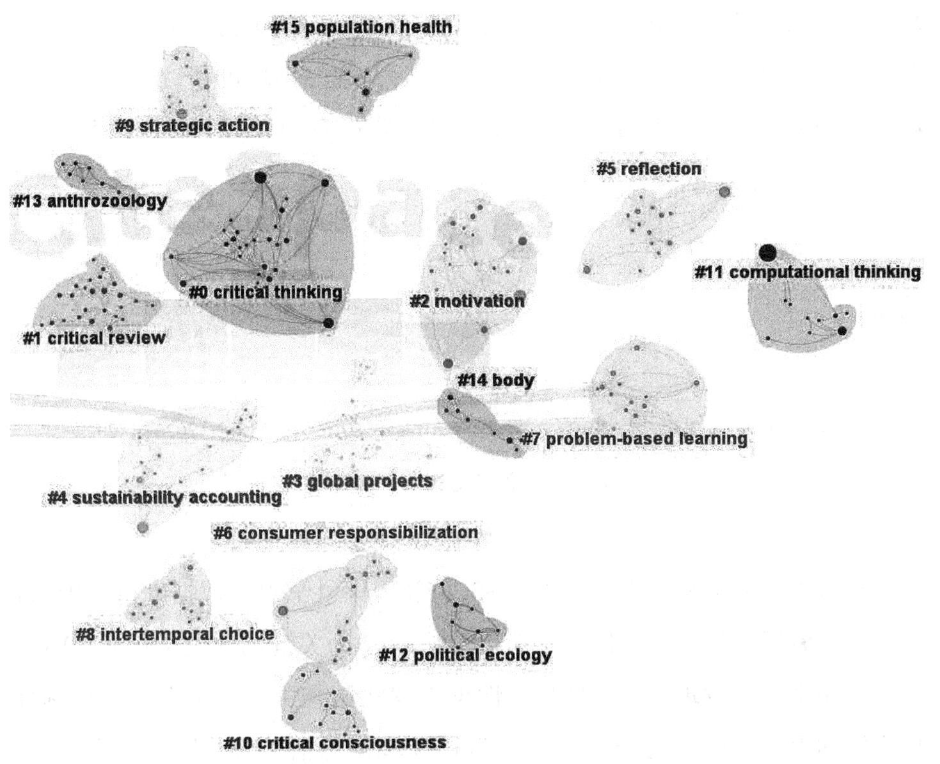

图 7-4 “Investigation of critical thinking”关键词聚类分析

(二)国内文献调查

笔者以“批判性思维现状”为检索关键词，在中国知网(CNKI)文献数据库中进行了检索工作，时间范围自 1980 年至 2023 年，结果显示共检索出 282 篇论文，研究主题涵盖广泛，包括批判性思维(175 篇)、批判性思维能力(53 篇)、批判性思维倾向(29 篇)、批判性思维培养(24 篇)、阅读教学(16 篇)、现状调查及现状研究(15 篇)、影响因素(12 篇)、培养策略(7 篇)等多个方面。同时，这些研究也涵盖了不同学术领域和受众，包括中学生(15 篇)、医学生(14 篇)、高中英语阅读教学(8 篇)、医学院校(6 篇)、高中生物(6 篇)等。

笔者通过对文献发表年限的查询发现，对批判性思维现状的研究在

2004 年才开始崭露头角。值得注意的是，从 2004 年到 2011 年，每年的相关论文数量仅为 2～3 篇，但从 2012 年以后，这一领域的研究呈现出显著增长的趋势，每年发表的文章数量都在 15 篇左右(具体趋势见图 7-5)。

图 7-5　文献发表数量统计

经过中文社会科学引文索引(CSSCI)和中国科学引文数据库(CSCD)进行高级检索后，结果显示以“批判性思维现状”为关键词的论文仅有 19 篇。深入查阅文献后发现，大多数批判性思维现状调查主要集中在研究批判性思维倾向上。这些研究跨足了多个学科领域，包括护理、医学、生物学、化学等。而在这些研究中，研究对象主要集中在学生群体。

值得一提的是，护理领域对批判性思维的研究颇具领先地位，其中广泛采用的研究工具包括加州批判性思维倾向量表(California Critical Thinking Tendency Scale，CCTDI)等，研究对象主要是护理专业学生，而 CCTDI-CV 版本也经过护理研究员如彭美琪等学者的修订。

随后，笔者在现有文献的基础上，进行了高级检索，引入了新的关键词“外语”“大学”和“英语”。结果显示，仅找到了 29 篇相关文献，其中大多数是在 2009 年以后发表的。值得关注的是文秋芳团队(2010)①的研究，他们探究了英语专业大学生与其他文科专业学生在批判性思维倾向方面的差异。他们对来自 11 所高校的 2189 名文科专业学生进行了调查，结果显

① 文秋芳，王海妹，王建卿，等．我国英语专业与其他文科类大学生思辨能力的对比研究[J]．外语教学与研究，2010，42(5)：350-355.

示，英语专业学生的批判性思维倾向明显高于其他文科专业学生。几年后，该团队(2016)①又以163名外语专业大学生和俄语专业大学生为研究对象，对他们的批判性思维倾向展开了为期3年的追踪调查。研究结果表明，外语专业大学生的批判性思维倾向总体上呈积极状态。

此外，宁波工程学院的刘航和北京外国语大学的金利民(2012)②以英语专业学生为研究对象，通过为期7个月的对比研究，探察学生在英语辩论课上的批判性思维倾向的增长率。另一方面，华中科技大学的马蓉和秦晓晴(2016)则对115名大三英语专业本科生的批判性思维倾向进行了调查，旨在探讨批判性思维倾向与学术阅读和写作之间的相关性。

通过对国内外文献的研究，我们发现尽管在近年来批判性思维的研究逐渐增多，学术界对于批判性思维现状的关注也逐渐加深，研究热度逐渐上升，但总体来看，批判性思维领域的研究仍处于相对有限的状态，而高质量研究的数量更是稀缺不齐。

在已有的文献中，批判性思维现状的调查主要集中在研究个体的批判性思维倾向，而对批判性思维的能力方面的研究相对较匮乏。这种不平衡可能部分源于批判性思维的概念多元性，它既可以被视为一种倾向或态度，也可以被视为一项具体的认知能力。然而，这一领域的研究正逐渐朝着更全面的方向发展，开始关注批判性思维的不同维度以及其与个体能力的关系。

此外，交叉学科研究在批判性思维领域逐渐崭露头角，尤其在国际外文文献中，这一趋势更加明显。批判性思维通常需要跨足多个学科领域，如心理学、教育学、哲学、社会学等，以全面理解其本质和影响因素。这种综合性研究方法可以为我们提供更深刻的洞察，有助于推动批判性思维研究的发展。

---

① 文秋芳，张伶俐．外语专业大学生思辨倾向变化的跟踪研究[J]．外语电化教学，2016，(167)：3-8.

② 刘航，金利民．英语辩论与大学生批判性思维发展的实证研究[J]．外语与外语教学，2012(5)：24-28.

最后，我国外语学者在学生批判性思维调查方面取得了一些成果，这为外语教师在教学实践中促进学生批判性思维的发展提供了有力的指导。然而，大多数研究者通常将调查对象限定在英语专业学生群体中，对选修大学英语公共课的非英语专业学生的批判性思维研究较少。在全球化的背景下，英语作为国际通用语言的重要性不断增加。因此，不仅英语专业学生，许多非英语专业学生也选择参加大学英语公共课程，以提高职场竞争力。而且，非英语专业学生人数更多，更加迫切需要提高批判性思维能力，这种能力有助于学生更深度地思考和理解知识，培养解决问题的技能，提高创造性和创新性。因此，在大学英语公共课程中，加强学生批判性思维的培养显得至关重要。

为了实现这一目标，我们需对非英语专业学生进行批判性思维调查，以了解他们在这方面的现状和问题。通过深入研究，可以为教师提供有针对性的教学策略和方法，协助他们更有效地引导学生发展批判性思维。同时，这也有助于拓宽对批判性思维在不同学科领域的应用理解，推动批判性思维教育在我国高等教育中的全面发展。

二、大学英语本科生的批判性思维发展现状调查分析

为深入了解高校学生对批判性思维的认知与理解，同时把握大学英语学习的实际情况，笔者参照加利福尼亚批判性思维倾向性量表和能力量表，设计了一系列问卷调查，旨在调查学生在大学英语学习中的批判性思维倾向和能力现状，并根据调查结果分析其影响因素，进而为设计促进学生批判性思维发展的教学活动及改进教学方法提供基础。

(一)研究框架和研究问题

1. 研究框架

通过对批判性思维现状调研的文献梳理，笔者发现大量研究都揭示了

学生的个人教育背景和学习经历是影响学生批判性思维的关键因素。美国高等教育研究专家亚历山大·阿斯汀(Alexandra W. Astin)于1991年提出的“输入-环境-输出”(I-E-O)模型通过深入了解个体学生在不同背景和学习经历下批判性思维的状况，为分析学生批判性思维提供了结构化的框架。在该模型中，“I”代表Input(输入)，指的是学生在开始学习前所具备的基础条件。主要包括学生的基本情况、学习动机、先前的学习经历和知识水平等基础性因素；“E”代表Environment或Experience(环境或经验)，指的是学生在学习过程中所处的学习环境以及在实际的学习经历等过程性因素；“O”代表Output(输出)，即学生在学习结束时学习目标的实现、能力的提高等结果性因素。(Astin，1991)①

该模型经过了广泛应用，也得到了国内外学者的认可(张红霞，吕林海，孙志凤，2015)②。因此，本研究采用该模型，试图通过调查和分析学生的基本情况、学习环境和学习经历，来了解这些因素如何影响学生的批判性思维倾向和能力，同时更好地理解学生的需求，制定更有效的教学方法，以促进和提高学生的批判性思维水平。本研究框架和内容设计具体见图7-6。其中输入因素(I)主要包含三个方面的内容：(1)学生个人基本信息；(2)学生英语学习动机；(3)学生的英语学习背景。环境因素主要考察两个方面：(1)学生所处的英语学习环境，如使用的教材，面对的教学方法等；(2)学生的学习实践情况，如课堂参与度、课堂活动等。输出因素(O)主要包括批判性思维倾向和批判性思维能力两个方面的内容。

2. 研究问题

基于研究目标和研究框架，本研究主要讨论的问题包括：

(1)大学本科生的批判性思维发展现状如何？

---

① A. Astin. *Assessment for excellence*: *The philosophy and practice of assessment and evaluation in higher education*[M]. New York: MacMillan, 1991.

② 张红霞，吕林海，孙志凤．大学课程与教学：原理与问题[M]．北京：教育科学出版社，2015：140.

(2)学生背景变量中的性别、学科和英语水平等客观因素是否对批判性思维的倾向和能力产生影响?

(3)学习兴趣、策略和教学方法等环境因素是否会影响大学生的批判性思维发展?

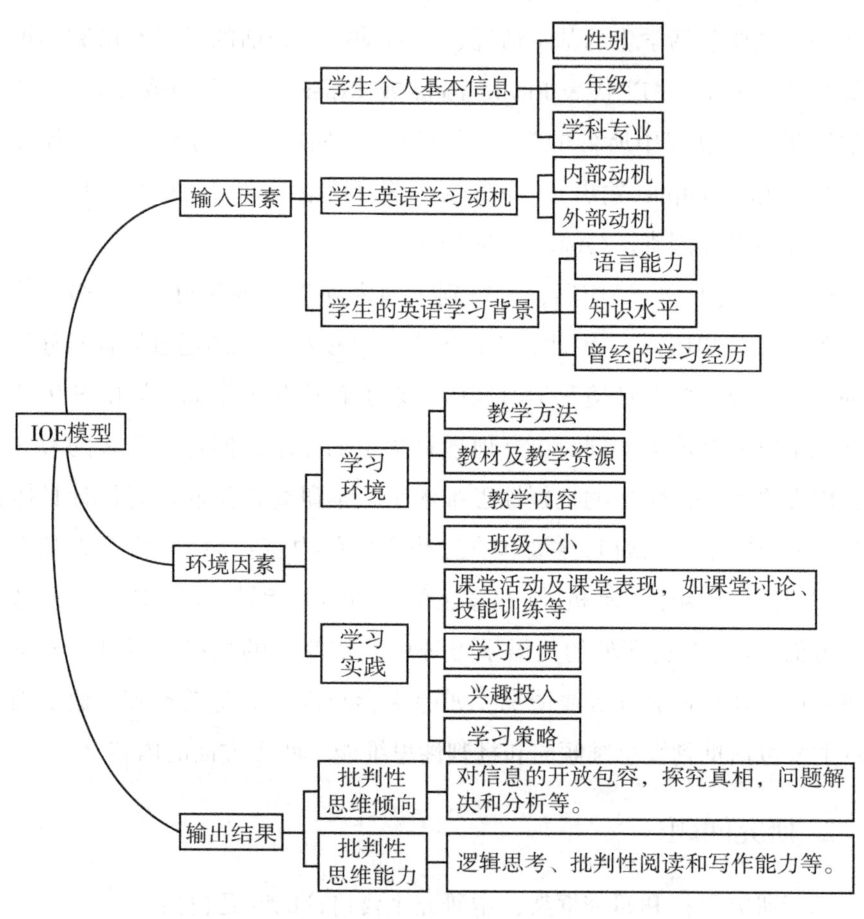

图 7-6　研究框架及内容分布

(二)研究方法

本研究采用定性和定量相结合的实证研究方法，具体而言，包括以下两种方法：

1. 文献法

本研究采用文献研究法。主要通过搜集和查阅书籍、期刊以及互联网上的资料，对国内外学者在批判性思维测试和调研的相关研究进行整理和分析，探寻适合本研究的批判性思维测试量具和科学方法，同时参考大学英语教学指南，获悉对大学生提高批判性思维能力的具体要求。

2. 问卷调查法

本研究采用问卷调查法，通过编制问卷、发放问卷和回收问卷进行数据处理和分析的方式展开调查。研究的测量问卷。研究的测量问卷分为三个部分，问卷Ⅰ是大学生批判性思维倾向的测量问卷。该问卷参考了《Z阶段康奈尔批判性思维量表》，以及罗清旭①、彭美慈②等学者修订的《加利福尼亚批判性思维倾向问卷》中文版，主要通过相关指标考察大学生的批判性思维倾向。该问卷将批判性思维的倾向分为七个部分，设计28道题目对大学生的批判性思维倾向进行了调研。问卷Ⅱ则是基于文献梳理与分析，以《加利福尼亚批判性思维能力问卷》为蓝本，结合大学英语教学的实际情况，分别从理解、分析、对比、评估、质疑、推断、反思几个方面对大学生的批判性思维能力进行考察。问卷Ⅰ和问卷Ⅱ都包含了两个部分。第一部分是关于学生个人基础信息的收集，包括性别、专业、年级、英语水平等。第二部分是具体的调查内容。本研究试图通过分析学生的答卷寻找个人基础背景与批判性思维的相关性。问卷Ⅲ的指标设计主要考虑了课堂氛围、教学内容等环境因素，以及学习动机、学习倾向、学习主动性等情感和行为因素，以考察它们对批判性思维的影响。问卷调查以线上的方式进行，基于问卷星

① 罗清旭，杨鑫辉.《加利福尼亚批判性思维倾向问卷》中文版的初步修订[J].心理发展与教育，2001(3)：47-51.

② 彭美慈，汪国成，陈基乐，等．批判性思维能力测量表的信效度测试研究[J].中华护理杂志，2004，39(9)：644-647.

平台在线发放和回收，并借助 SPSS 22 进行数据处理和分析。

(三)数据来源及样本信息

本研究数据以 W 市某 211 大学为调查范围。采用分层随机抽样的方法，按一定比例选取部分该校在读的非英语专业本科生发放问卷调查。由于该校只有大一和大二年级修读大学英语，因此只抽选了该校大一和大二的学生作为样本。

本研究通过问卷星先后发放学生问卷Ⅰ、问卷Ⅱ、问卷Ⅲ。经过数据清理后，最终共获得来自该校 7 个院系——公共管理学院(143 人)、动物科学与动物医学学院(133 人)、工学院(170 人)、经济管理学院(196 人)、资源与环境学院(141 人)、食品科学学院(133 人)、文法学院(106 人)，共计 1022 份有效样本数据。从样本的性别分布来看，男生 454 人，占 44.42%；女生 568 人，占 55.58%。从年级分布来看，一年级学生 574 人，占比为 56.16%；二年级学生 448 人，占比为 43.84%。从专业分布来看，人文社科类(文法)106 人，占比为 10.27%；工科类(工学，食科，资环)为 444 人，占比为 43.44%；农学类(动科)为 133 人，占比为 13.01%；管理学类(经管，公管)为 339 人，占比为 33.17%。从高考英语分数分布来看，120 分以上的学生占大多数，为 780 人，占 76.32%；90~120 分的学生有 217 人，占比为 21.23%；90 分以下人数最少，为 19 人，占比为 1.86%。由于该校大学英语实行分级教学，根据新生入学考试成绩将非英语专业学生分为了 A 班和 B 班两个级别，A 班学生英语考试成绩为校前 50%，水平高于 B 班。调查对象的基本信息及比例分布见表 7-1。

表 7-1　调查对象个人情况汇总表

具体指标	特征变量	人数	百分比(%)
性别	女	568	55.58
	男	454	44.42

续表

具体指标	特征变量	人数	百分比(%)
所属院系	公管	144	14.09
	文法学院	105	10.27
	动医动科	133	13.01
	工学	170	16.63
	经管	196	19.18
	资环	141	13.80
	食科	133	13.01
年级	一年级	574	56.16
	二年级	448	43.84
大学英语所在班型	A 班	437	42.76
	B 班	585	57.24
高考分数(n=994)	50+	1	0.1
	60+	3	0.29
	70+	5	0.49
	80+	10	0.98
	90+	23	2.25
	100+	62	6.07
	110+	132	12.92
	120+	367	35.91
	130+	365	35.71
	140+	48	4.70
合计		1022	100.0

(四)研究工具及其信效度分析

本研究所使用的数据分析工具为 SPSS 22，以此进行问卷的信效度分析。本研究中的批判性思维倾向为六分制量表，一共28道题。每道题选项由“1=完全不同意”到“6=完全同意”。由于原批判性思维倾向量表中部分问题为负向，比如“面对很多问题我会害怕去寻找事实的真相”，学生选择完全不同意，分值为6分，而选择完全同意，则分值为1分。为了便于做最后的分数统计呈现一致性，我们将问卷中所有负向问题进行改写，使其成为正向命题。所有问题通过验证性因子分析(KMO为0.855)后得到七个因子，根据前人研究分别命名为探索真相(Truth Seeking)、思想开放(Open-mindedness)、分析性(Analyticity)、系统性(Systematicity)、批判性思维自信心(CT Self-Confidence)、求知欲(Inquisitiveness)、认知成熟度(Maturity)①。接着通过Cronbach's Alpha系数检验，发现此次调查数据具有较高的内部一致性。具体见表7-2。

从表7-2中数据可以看出，批判性思维倾向各分量表的克隆巴赫Alpha系数均在0.7以上。从统计学的角度来看，任何可靠性系数落在0.70~0.90的范围内，表明该测试或测量工具的内部一致性较高。因此，本次调查收集到的数据显示出了较高的内部一致性，肯定了测量工具的可靠性。这使得它非常适合进一步做深入的统计分析。

本研究中的批判性思维能力调查为五分制量表。由于《加利福尼亚批判性思维技能测验》量表为基于场景描述下的客观题测试，有固定的答案和测试流程，无法针对个人用户开放，因此该问卷是笔者通过查阅批判性思维能力界定的相关文献，从理解、分析、对比、评估、质疑、推断和反思这七个能力维度出发，结合学生在大学英语学习中的实际表现情况而设计，以学生自评方式衡量其当前批判性思维能力。该问卷一共有37题，经过探索性因子分析(KMO为0.873)后也恰好得到了七个相关因子。其中第1~7题考察理解能力，第8~12题考察分析能力，第13~17题考察对比能

① 彭美慈，汪国成，陈基乐，等．批判性思维能力测量表的信效度测试研究[J]. 中华护理杂志，2004，39(9)：644-647.

力，第 18~22 题考察评估能力，第 23~26 题考察质疑能力，第 27~33 题考察推断能力，第 34~37 题考察反思能力。克隆巴赫 Alpha 系数检验结果见表 7-3。

表 7-2　各量表基本信息及信度水平

量表		题数	克隆巴赫 Alpha	样题
倾向性调查	探索真相	4	0. 713	即使面对很多问题，我依然会探寻事实的真相
	思想开放	4	0. 709	对不同的世界观(例如：进化论、有神论)持开放态度是非常必要的
	分析性	4	0. 799	处理难题时，首先要弄清问题的症结所在
	系统性	4	0. 718	我善于策划一个有系统的计划去解决复杂的问题
	批判性思维自信心	4	0. 746	对自己经常能够提出有创意的想法，我很满足
	求知欲	4	0. 724	我会尽量去学习每一样东西，即使我不知道它们何时有用
	认知成熟度	4	0. 705	付出高的代价(例如：金钱、时间、精力)便一定能换取更好的意见

根据表 7-3，批判性思维能力各分量表的克隆巴赫 Alpha 系数均在 0. 7 以上，除质疑能力和分析能力外，其他维度的克隆巴赫 Alpha 系数都在 0. 8 以上。因此可以得出结论：该能力调查数据显示出很高的内部一致性，测试工具信度高，适合做进一步的统计分析。

表 7-3　各量表基本信息及信度水平

量表		题数	克隆巴赫 Alpha	样题
能力调查	理解能力	7	0.846	阅读材料后，我会根据文章中的标题或段落大意用自己的话总结文章内容
	分析能力	5	0.757	我在阅读过程中会结合作者所处的时代背景分析作者的观点
	对比能力	5	0.800	面对听力和阅读材料中的文化信息，我会有意识地对比中西方文化的异同
	评估能力	5	0.812	我会对国外风俗礼仪等文化现象作出自己的判断和评价
	质疑能力	4	0.736	当我的观点和老师或同学不一致时，我会质疑他们的见解
	推断能力	7	0.865	阅读后，我会根据作者观点和表达方式推测作者的身份和所处的年代
	反思能力	4	0.807	英语学习后，我会主动反思学习效果。当学习效果不佳时，我会寻找失误原因并找出自我改进的方法

(五)调查问卷的描述性统计分析

1. 学生的批判性思维基本情况

批判性思维倾向问卷为六分制量表，总共包括七个维度，每个维度包含 4 个问题。每个问题的最低分为 1 分(表示完全不同意)，最高分为 6 分(表示完全同意)。在问卷设计中，所有负向问题均经过修改，转变成了正向陈述。因此，学生获得的分数越高，表示他们的批判性思维倾向越强。

根据彭美慈版《加利福尼亚批判性思维倾向量表》①的评分方式，按比例折算为六分制的评分标准，如果量表得分高于3.6分，意味着批判性思维倾向处于中等水平；如果得分高于4.8分，则表明批判性思维倾向很强；而得分低于3.6分则意味着批判性思维倾向较弱。

表7-4详细呈现了学生在各批判性思维维度上的描述性分析结果。研究结果表明，除了“认知成熟度”维度的得分低于3.6分外，其他各维度的得分均高于3.6分，绝大多数维度的得分都超过4分，特别是“分析性”维度接近4.8分。学生各维度得分从高到低依次排序为：分析性>批判性思维自信心>系统性>求知欲>思想开放>寻求真相>认知成熟度。因此，可以得出结论：在批判性思维倾向方面，学生除了探索真相和认知成熟度维度相对较弱以外，其余维度均表现为中等水平。

表7-4　学生批判性思维倾向性调查情况表

名称		样本量	最小值	最大值	平均值	标准差
倾向性调查	探索真相	1022	1.000	6.000	3.700	0.894
	思想开放	1022	1.500	6.000	4.008	0.699
	分析性	1022	2.000	6.000	4.712	0.728
	系统性	1022	2.000	6.000	4.158	0.632
	批判性思维自信心	1022	1.250	6.000	4.223	0.803
	求知欲	1022	2.000	6.000	4.131	0.674
	认知成熟度	1022	1.250	6.000	3.505	0.931

批判性思维能力调查采用了李克特五分制量表。指标一共七个维度，对应问卷中37道题。每道题的选项由“5=总是”到“1=完全不”的频率表现计分。由于该问卷中所有陈述均为正向表达，因此，学生的得分越高，表

① 彭美慈，汪国成，陈基乐等．批判性思维能力测量表的信效度测试研究[J]．中华护理杂志，2004，39(9)：644-647.

明他们的批判性思维能力越强。按照五分制的评分标准，如果量表得分超过3分，表示批判性思维能力属于中等水平；若得分高于4分，则表明批判性思维能力相当强；反之，如果得分不足3分，则暗示着批判性思维能力较有限。

如表7-5所示，参与调查的学生的批判性思维能力平均值得分在2.8~3.3之间。其中，学生在质疑能力(3.213分)和分析能力(3.098分)方面表现相对较高，评估能力(3.055分)、反思能力(2.944分)和对比能力(2.929分)次之，而在理解能力(2.829分)和推断能力(2.876分)方面的得分相对较低。综合来看，学生的批判性思维能力呈现中等水平。这表明，尽管学生有一定的批判性思维意识，但在批判性思维能力方面还存在着很大的提升空间。在大学英语教育中培养学生的批判性思维能力刻不容缓。

表7-5　学生批判性思维能力调查情况表

名称		样本量	最小值	最大值	平均值	标准差
能力调查	理解能力	1022	1.000	5.000	2.829	0.625
	分析能力	1022	1.000	5.000	3.098	0.666
	对比能力	1022	1.000	5.000	2.929	0.709
	评估能力	1022	1.000	5.000	3.055	0.660
	质疑能力	1022	1.000	5.000	3.213	0.630
	推断能力	1022	1.000	5.000	2.876	0.689
	反思能力	1022	1.000	5.000	2.944	0.623

2. “批判性思维”在性别上的差异情况

本研究采用独立样本 t 检验(Independent-sample t-test)分析大学生批判性思维在性别方面的差异。根据表7-6可以发现，学生的批判性思维倾向与性别显著相关($p<0.01$)，且男生的总体得分均值显著高于女生(t 值为

3. 67)。而在批判性思维能力上，男、女生的性别差异不明显。

表 7-6　*t* 检验分析结果

	你的性别：(平均值±标准差)		t	p
	1. 0(n=444)	2. 0(n=556)		
批判性思维倾向	4. 13±0. 57	4. 01±0. 41	3. 670	0. 000**
批判性思维能力	2. 96±0. 60	2. 99±0. 51	−0. 800	0. 424

$* p<0.05$　$** p<0.01$

3. “批判性思维”在年级上的差异情况

本研究使用描述统计的方法来探讨不同年级学生的批判性思维差异。根据表 7-7，大一和大二两个年级学生在批判性思维倾向性和能力上表现出的差异不大。总体来说，大二学生的批判性思维倾向性和能力得分都略高于大一学生。根据图 7-7 可以看出，从批判性思维倾向的角度，大二学生在分析性、系统性和认知成熟方面的分数明显高于大一学生，但在探索真相、思想开放和求知欲方面，大二学生分值却低于大一学生。根据图 7-7可以看出，在批判性思维能力方面，大二学生分值均高于大一学生。尤其是在分析能力、评估能力和反思能力方面，大二学生分值明显高于

表 7-7　不同年级学生批判性思维的差异性

标题	批判性思维倾向							汇总	批判性思维能力							汇总
	探索真相	思想开放	分析性	系统性	自信心	求知欲	认知成熟		理解	分析	对比	评估	质疑	推断	反思	
大一	3. 865	4. 130	4. 039	4. 062	4. 024	4. 067	4. 033	4. 034	2. 973	2. 869	3. 093	2. 927	3. 085	3. 026	2. 824	2. 975
大二	3. 803	4. 120	4. 103	4. 132	4. 043	4. 035	4. 124	4. 049	3. 023	2. 988	3. 134	3. 026	3. 113	3. 065	2. 987	3. 048

大一学生。由此可以推断，随着学科学习的深入，学生的批判性思维能力呈上升发展的趋势。

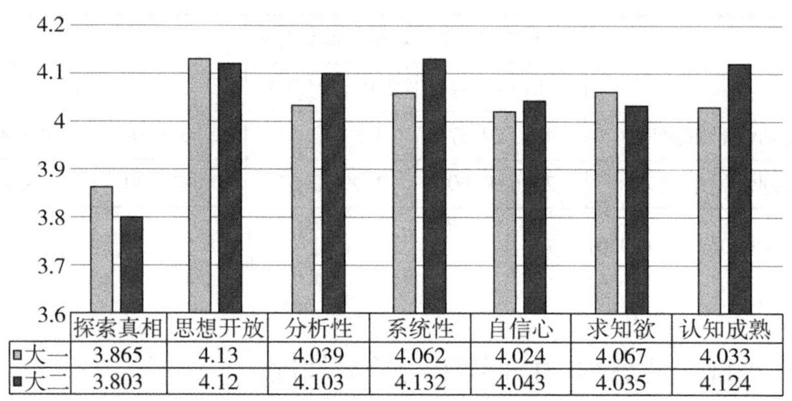

	探索真相	思想开放	分析性	系统性	自信心	求知欲	认知成熟
大一	3.865	4.13	4.039	4.062	4.024	4.067	4.033
大二	3.803	4.12	4.103	4.132	4.043	4.035	4.124

图 7-7　不同年级学生批判性思维倾向的差异性

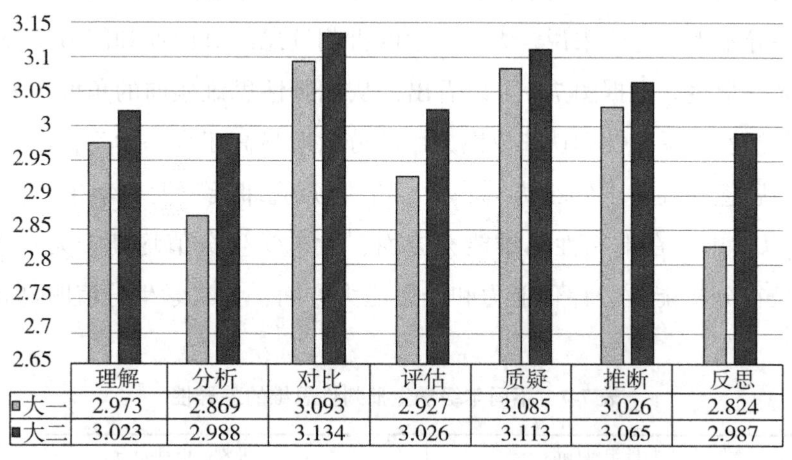

	理解	分析	对比	评估	质疑	推断	反思
大一	2.973	2.869	3.093	2.927	3.085	3.026	2.824
大二	3.023	2.988	3.134	3.026	3.113	3.065	2.987

图 7-8　不同年级学生批判性思维能力的差异性

4. “批判性思维”在不同学科间的差异

根据表 7-8 的数据，无论来自什么学科，学生在大学英语课程中批判性思维倾向的得分均高于批判性思维能力的得分。动医动科学院和经济管理学院的学生的批判性思维倾向较高，但批判性思维能力却较低，资环学院和公管学院的学生批判性思维倾向较其他学院较低，但批判性思维能力较高。由此可推断，学生对于提高自己的批判性思维能力有一定的主观意识。

表 7-8　不同学科学生批判性思维的差异性

标　题	你的所属院系							汇总
	工学	动医动科	资环	经管	公管	食科	文法	
批判性思维倾向	3. 979	4. 130	4. 045	4. 129	4. 065	4. 037	4. 033	4. 062
批判性思维能力	2. 985	2. 877	3. 089	2. 901	3. 094	3. 034	2. 837	2. 978

表 7-9 显示了不同学科学生批判性思维倾向的七个维度表现上的差异性。对比各学院的量表总得分可知，在各个学院量表的总分平均值中得分最高的是动医动科学院(4. 130 分)，得分最低的是工学院(3. 979 分)。进一步分析可以发现，工学院学生的批判性思维倾向呈中等水平，而其他学院学生的批判性思维倾向相对而言较强。

表 7-9　学生批判性思维倾向调查基础指标(均值)

标　题	你的所属院系							汇总
	工学	动医动科	资环	经管	公管	食科	文法	
寻找真相	3. 632	3. 719	3. 653	3. 760	3. 741	3. 714	3. 655	3. 700
开放思想	3. 858	4. 154	4. 036	4. 009	4. 066	4. 076	3. 840	4. 008
分析能力	4. 547	4. 742	4. 674	4. 755	4. 729	4. 822	4. 750	4. 712
系统化能力	4. 071	4. 231	4. 133	4. 231	4. 124	4. 114	4. 212	4. 158
批判性思维的自信心	4. 176	4. 271	4. 182	4. 377	4. 166	4. 159	4. 152	4. 223

续表

标　题	你的所属院系							汇总
	工学	动医动科	资环	经管	公管	食科	文法	
求知欲	4.068	4.196	4.151	4.172	4.100	4.061	4.185	4.131
认知成熟度	3.501	3.598	3.487	3.600	3.531	3.313	3.435	3.505
量表总得分	3.979	4.130	4.045	4.129	4.065	4.037	4.033	

图7-9进一步直观呈现了不同学科的学生在批判性思维倾向各维度上的差异性。管理学类(经管)学生在"寻找真相""系统化能力""认知成熟度"和"批判性思维的自信心"等四个层面上获得较高的分数。相对地，农学类(动医动科)的学生在"开放思想""系统化能力"和"求知欲"等三个方面表现出较高的得分。这一发现与刘义(2010)①等学者的观点相吻合，他们指出：不同专业领域的学生在批判性思维倾向上存在差异。这些差异强调了不同专业的教学内容、教学方法和教学手段对大学生批判性思维倾向的塑造具有一定程度的影响。因此，我们的研究结果与已有文献的结论相一致。

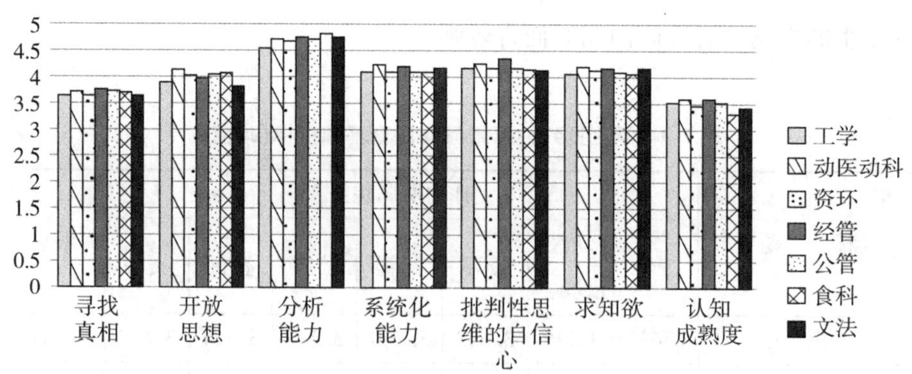

图7-9　不同学科学生批判思维倾向调查分类分值对比

① 刘义．大学生批判性思维研究：概念、历史与实践[M]．北京．中国社会科学出版社，2014.

图 7-10 呈现了大学生批判性思维能力七个维度在不同学科表现上的差异性。其中，公共管理学院和资源环境学院在理解能力方面的得分较高；在分析能力方面，资环学院学生均值远高于其他专业；在对比和评估能力方面，资环和公管学生的能力相对较强，动医动科学生得分较低；在质疑能力方面，食科学生表现最突出，资环和公管学生能力也比较强；在推断能力方面，公管学生能力最强，资环和食科的学生表现较好；文法学院学生在理解、分析、质疑和推断能力方面得分偏低。由此可以推断，人文社科类专业的学生在逻辑思维方面要略逊于理科专业的学生。

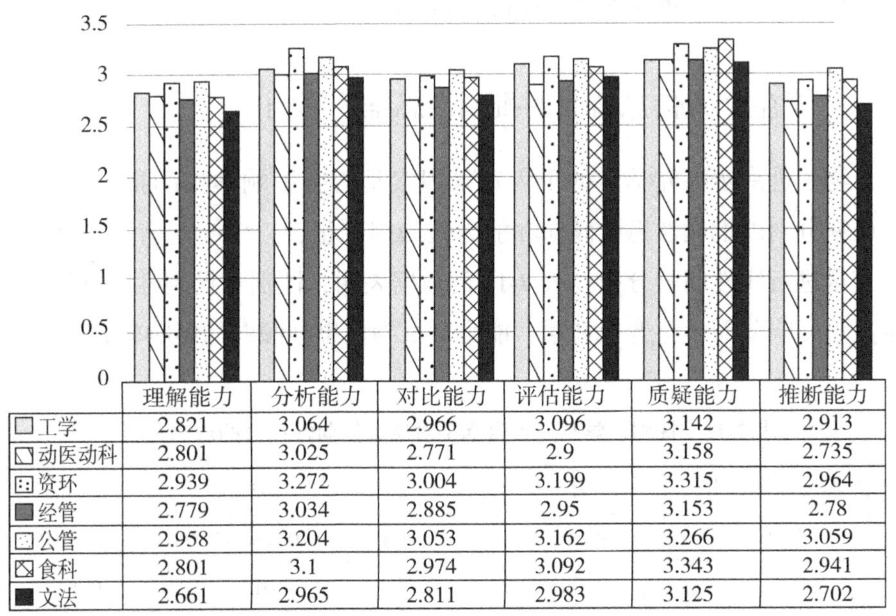

	理解能力	分析能力	对比能力	评估能力	质疑能力	推断能力
工学	2.821	3.064	2.966	3.096	3.142	2.913
动医动科	2.801	3.025	2.771	2.9	3.158	2.735
资环	2.939	3.272	3.004	3.199	3.315	2.964
经管	2.779	3.034	2.885	2.95	3.153	2.78
公管	2.958	3.204	3.053	3.162	3.266	3.059
食科	2.801	3.1	2.974	3.092	3.343	2.941
文法	2.661	2.965	2.811	2.983	3.125	2.702

图 7-10　学生批判性思维能力调查基础指标(均值)

5. “批判性思维”在英语水平上的差异对比

根据表 7-10 可以发现，A 班学生的批判性思维倾向高于 B 班学生，说明他们对批判性思维的关注度更高，同时 A 班学生表现出的批判性思维能力均值也高于 B 班学生，由此可以推断，语言学习技能的高低会直接影响批判性思维能力。

表 7-10　不同班型学生批判性思维的差异性

标题	你大学英语所在班型		汇总
	A 班	B 班	
批判性思维倾向	4.081	4.048	4.062
批判性思维能力	3.130	2.770	2.978

(六)大学生批判性思维的影响因素分析

1. 学生个人信息背景对批判性思维的影响

为了进一步探究学生的个人背景因素是否会影响学生的批判性思维，本研究分别以批判性思维倾向和能力作为因变量，以学生的背景变量作为自变量进行线性回归分析。表 7-11 的数据表明，性别对批判性思维倾向产生显著影响，而学科专业和语言能力对批判性思维倾向的影响较为有限。

表 7-11　性别、学科、英语水平对思维倾向性评分的影响分析

思维倾向性评分	β	SE	95%CI	p value
性别	−0.119	0.031	−0.180~0.057	<0.001
学科	0.003	0.008	−0.013~0.020	0.678
高考分数	0.683	0.335	0.026~1.340	0.042*
AB 分班	−0.033	0.032	−0.095~0.029	0.300

* $p<0.05$　** $p<0.01$

根据表 7-12 的结果，学生的语言能力和水平直接影响其批判性思维能力，两者之间存在显著的相关性。

表 7-12　性别、学科、英语水平对思维能力评分的影响分析

思维能力	β	SE	95%CI	p value
性别	0. 029	0. 035	−0. 040～0. 097	0. 416
学科	0. 001	0. 009	−0. 018～0. 018	0. 983
高考分数	−3. 579	0. 356	−4. 278～−2. 881	<0. 001
AB 分班	0. 360	0. 033	0. 295～0. 426	<0. 001

* p<0. 05　** p<0. 01

基于以上研究结果，本研究进一步将学生的背景变量(性别、学科、高考分数、AB 分班)分别代入批判性思维倾向的七个维度中进行比较分析。根据表 7-12 到表 7-16 可以发现，学生的分析能力与性别、学科和语言水平存在显著正相关。

根据表 7-13 的结果，性别除对求知欲、系统化能力方面没有影响外，对其他维度都有影响，尤其与认知成熟度相关性显著。性别与求知欲、自信心、开放思想和寻找真相呈现负相关，而与分析能力呈现正相关。

表 7-13　性别对思维倾向性七个维度评分的影响分析

性别	β	SE	95%CI	p value
认知成熟度	−0. 273	0. 059	−0. 389～−0. 158	<0. 001
求知欲	−0. 107	0. 043	−0. 191～−0. 023	0. 012*
自信心	−0. 176	0. 051	−0. 276～−0. 076	0. 001**
系统化能力	−0. 056	0. 040	−0. 134～0. 023	0. 168
分析能力 A	0. 106	0. 046	0. 016～0. 197	0. 022*
开放思想	−0. 138	0. 044	−0. 225～−0. 052	0. 002**
寻找真相	−0. 187	0. 057	−0. 298～−0. 076	0. 001**

* p<0. 05　** p<0. 01

根据表 7-14 的数据，学科专业的差异与批判性思维分析维度呈正相关，但与其他六个维度均不呈现相关性。

表 7-14 学科对思维倾向性七个维度评分的影响分析

学科	β	SE	95%CI	*p* value
认知成熟度	−0.024	0.015	−0.054~0.006	0.123
求知欲	0.001	0.011	−0.021~0.023	0.923
自信心	−0.008	0.013	−0.034~0.019	0.568
系统化能力	0.007	0.010	−0.013~0.028	0.480
分析能力 A	0.034	0.012	0.010~0.057	0.005**
开放思想	0.004	0.012	−0.019~0.027	0.741
寻找真相	0.009	0.015	−0.020~0.038	0.537

* $p<0.05$ ** $p<0.01$

从表 7-15 中可以看出，高考分数与求知欲、系统化能力和分析能力呈现明显正相关。

表 7-15 高考分数对思维倾向性七个维度评分的影响分析

高考分数	β	SE	95%CI	*p* value
认知成熟度	−0.276	0.634	−1.519~0.968	0.664
求知欲	1.460	0.457	0.564~2.355	0.001**
自信心	0.914	0.546	−0.157~1.985	0.094
系统化能力	0.846	0.428	0.006~1.686	0.048*
分析能力 A	1.304	0.490	0.342~2.266	0.008**
开放思想	0.102	0.476	−0.833~1.036	0.831
寻找真相	0.430	0.609	−0.765~1.625	0.480

* $p<0.05$ ** $p<0.01$

根据表 7-16 的结果，AB 分班与认知成熟度和分析能力之间呈现正相关关系，但对求知欲有负相关影响。

表 7-16　AB 分班对思维倾向性七个维度评分的影响分析

AB 分班	β	SE	95%CI	p value
认知成熟度	0. 128	0. 059	0. 011～0. 244	0. 032*
求知欲	−0. 120	0. 043	−0. 204～−0. 035	0. 005**
自信心	−0. 021	0. 051	−0. 122～0. 080	0. 683
系统化能力	−0. 053	0. 040	−0. 133～0. 026	0. 188
分析能力 A	−0. 192	0. 046	−0. 283～−0. 102	<0. 001
开放思想	0. 020	0. 045	−0. 068～−0. 108	0. 652
寻找真相	0. 009	0. 057	−0. 103～0. 122	0. 872

* $p<0.05$　** $p<0.01$

本研究进一步将学生的背景变量，包括性别、学科、高考分数和 AB 分班，分别纳入批判性思维能力的七个维度中进行了比较分析。结果显示，性别和学科类别与学生在批判性思维能力的七个维度上均未显著相关。然而，高考分数和 AB 分班型对学生的理解能力、分析能力、对比能力和反思能力产生了显著的影响(详见表 7-17 和表 7-18)。因此，可以得出结论：学生的英语水平与其批判性思维能力之间存在明显的关联。

表 7-17　高考分数对思维能力七个维度评分的影响分析

高考分数	β	SE	95%CI	p value
反思能力	−3. 821	0. 402	−4. 609～−3. 032	<0. 001
推断能力	−3. 478	0. 455	−4. 370～−2. 586	<0. 001
质疑能力	−3. 242	0. 416	−4. 057～−2. 426	<0. 001
评估能力	−2. 991	0. 438	−3. 851～−2. 131	<0. 001
对比能力	−3. 636	0. 466	−4. 551～−2. 722	<0. 001
分析能力	−3. 487	0. 438	−4. 347～−2. 628	<0. 001
理解能力	−0. 018	0. 002	−0. 021～−0. 015	<0. 001

* $p<0.05$　** $p<0.01$

表 7-18　AB 分班对思维能力七个维度评分的影响分析

AB 分班	β	SE	95%CI	*p* value
反思能力	0.383	0.038	0.309～0.458	<0.001
推断能力	0.328	0.043	0.243～0.412	<0.001
质疑能力	0.307	0.039	0.230～0.384	<0.001
评估能力	0.329	0.041	0.248～0.409	<0.001
对比能力	0.341	0.044	0.254～0.427	<0.001
分析能力	0.366	0.041	0.285～0.446	<0.001
理解能力	0.501	0.037	0.428～0.573	<0.001

* $p<0.05$　** $p<0.01$

根据上述分析，本研究发现性别、年级和学科专业等背景因素对学生的批判性思维产生了一定的影响，然而，这些客观因素对学生的批判性思维倾向和能力并未造成显著差异。相反，学生的英语成绩和语言能力的差异对批判性思维能力产生明显影响。因此，进一步研究学生的学习动机和学习表现，以探究其对批判性思维的影响，显得既可行又必要。

2. 环境因素对大学生批判性思维的影响

根据“IOE”模型的框架，除了学生个人信息背景的输入，学生的学习动机、所处的学习环境以及学生的实际表现都有可能影响学生的批判性思维输出。因此，本研究立足于广泛文献的研究和深刻思考，以及对大学生大学英语学习的了解，设计了问卷 III。该问卷主要从学习动机、学习规划、教学内容、课堂氛围、学习主动性、学习表现和学习效果等角度对大学英语教学中学生的学习情况进行调查，旨在深入分析影响受试者在大学英语学习中批判性思维倾向形成的各种因素。这份问卷被视为一项补充性调查，因此只包含了八道问题。其中第一题主要考察学生的学习动机，第二题主要考察学生对学习内容的倾向性，第三题主要考察教师的教学内容，第四题考察大学英语课堂的氛围，第五题了解学生的学习规划。第六题考察学生的学习主动性，第七题考察学生的课堂表现，第八题通过学生反思调查其学习效果。

(1)调查结果统计。

第一题：你学习大学英语的主要目的是________(可多选)

学院	选项					
	A 学校规定课程	B 为考试或出国留学做准备	C 个人职业发展需要	D 了解西方文化	E 训练思维	F 其他(兴趣)
工学	126	108	120	82	52	21
动医动科	95	88	97	62	42	17
资环	105	95	103	67	36	19
经管	142	120	138	86	57	21
公管	109	96	105	65	40	16
食科	96	85	96	62	36	18
文法	73	72	77	46	33	11
合计	73%	65%	72%	46%	29%	12%
	746	664	736	470	296	123

第二题：你认为大学英语学习的重点是________(最多选三项)

学院	选项							
	A 阅读	B 写作	C 词汇	D 语法	E 听力	F 口语	G 思维训练	H 翻译
工学	77	75	90	46	112	95	31	64
动医动科	53	53	72	36	88	80	25	48

续表

学院	选项							
	A 阅读	B 写作	C 词汇	D 语法	E 听力	F 口语	G 思维训练	H 翻译
资环	65	59	74	37	92	82	26	50
经管	89	80	102	54	125	108	34	68
公管	67	62	74	36	92	85	25	53
食科	62	56	72	37	86	78	22	49
文法	47	44	58	30	69	65	21	36
合计	460	429	542	276	664	593	184	368
	45%	42%	53%	27%	65%	58%	18%	36%

第三题：你的英语老师主要授课内容有________(可多选)

学院	选项							
	A 阅读	B 写作	C 词汇	D 语法	E 听力	F 口语	G 思维训练	H 翻译
工学	170	73	140	102	170	170	37	66
动医动科	133	52	115	80	133	133	29	49
资环	141	61	110	85	141	141	31	52
经管	196	80	167	118	196	196	43	76
公管	144	63	118	86	144	144	32	53
食科	133	54	114	80	133	133	29	49
文法	105	46	94	63	105	105	23	43
合计	1022	429	858	44	1022	1022	225	388
	100%	42%	84%	60%	100%	100%	22%	38%

第四题：你如何评价你的大学英语课堂氛围？

学　院	选　　项			人数合计
	A 非常活跃	B 还可以	C 比较沉闷	
工学	66 人	75 人	29 人	170
动医动科	52 人	58 人	23 人	133
资环	56 人	60 人	25 人	141
经管	80 人	82 人	34 人	196
公管	56 人	68 人	20 人	144
食科	48 人	60 人	25 人	133
文法	40 人	47 人	18 人	105
合　计	398(39%)	450(44%)	174(17%)	1022

第五题：在英语学习中，你是否会规划明确的学习目标和制定详尽的学习计划？

学　院	选　　项			人数合计
	A 会	B 有时会	C 基本不会	
工学	34	90	46	170
动医动科	25	72	36	133
资环	26	77	38	141
经管	38	105	53	196
公管	28	75	41	144
食科	25	70	38	133
文法	23	57	25	105
合计	199(20%)	546(53%)	277(27%)	1022

第六题：除了课堂时间，你是否自主学习大学英语？

学　院	选　　项			人数合计
	A 定期	B 有时	C 几乎不会	
工学	42	68	60	170
动医动科	40	54	39	133
资环	36	56	49	141
经管	53	76	67	196
公管	38	57	49	144
食科	35	52	47	133
文法	28	41	36	105
合计	272（27%）	404(40%)	346（33%）	1022

第七题：你在英语课堂上的表现如何？

学　院	选　　项					人数合计
	A 积极参与课堂活动，认真思考老师提出的问题	B 按部就班，认真做笔记	C 基本能跟着教师步伐，主要关注兴趣点和难点	D 听不懂，基本不互动	E 不太关注课堂，主要靠自学	
工学	12	80	47	18	13	170
动医动科	20	65	17	20	11	133
资环	11	80	26	11	13	141
经管	25	98	37	24	12	196
公管	21	76	16	18	13	144
食科	15	73	18	13	14	133
文法	10	49	26	14	6	105
合计	114(11%)	521(51%)	187(18%)	118(12%)	82(8%)	1022

第八题：你认为在大学英语学习中获益最多的是________

学院	选项				人数合计
	A 西方文化	B 语言技能	C 批判性思维培养	D 合作学习	
工学	61	109	0	0	170
动医动科	58	75	0	0	133
资环	55	86	0	0	141
经管	74	122	0	0	196
公管	56	88	0	0	144
食科	46	87	0	0	133
文法	43	62	0	0	105
合计	393(38%)	629(62%)	0%	0%	1022

(2)调查结果分析。

本研究通过调查学生在大学英语学习中的多重因素，包括学习动机、学习内容关注倾向、教师课堂内容、课堂氛围、学生自主学习主动性、学习表现和学习效果等，试图探究批判性思维低下的原因。

①在学习动机方面，我们发现学生的外部动机主要集中在提高就业机会、应对考试和提升语言技能方面，而深入探索英语背后的文化和意识形态的内部动机明显不足。外部动机与内部动机之间的不平衡可能是导致批判性思维水平低下的原因。

学生的英语学习动机可分为外部动机和内部动机。外部动机包括提高就业机会、职业发展、应对考试、出国留学等方面的因素，而内部动机涉及对语言的兴趣、好奇心、自我提升和拓宽视野。外部动机在激发学生学习英语、设定明确目标以及提供外部激励方面发挥重要作用。然而，内部动机对于批判性思维的培养至关重要，因为它能够激发学生更深入地投入学习，关注语言和文化的内在价值，并进行更富有创造性和批判性思考。

内部动机通常更为持久，可以促使学生坚持不懈地学习下去。

根据图 7-11 的数据，我们可以观察到学生的外部动机明显高于内部动机。这是因为英语在全球化时代的重要性不断增加，学生普遍认为通过掌握英语语言技能可以获得更多职业机会和提升全球竞争力。然而，过于专注于语言技能，而忽略了高阶思维能力的培养，那么他们可能在面对需要跨学科思考或解决复杂挑战时会感到无力，对学生的职业发展也会有一定的影响，因为许多高薪、高级别的职位需要员工具备深度思考和解决问题的能力，而不仅仅是语言技能。

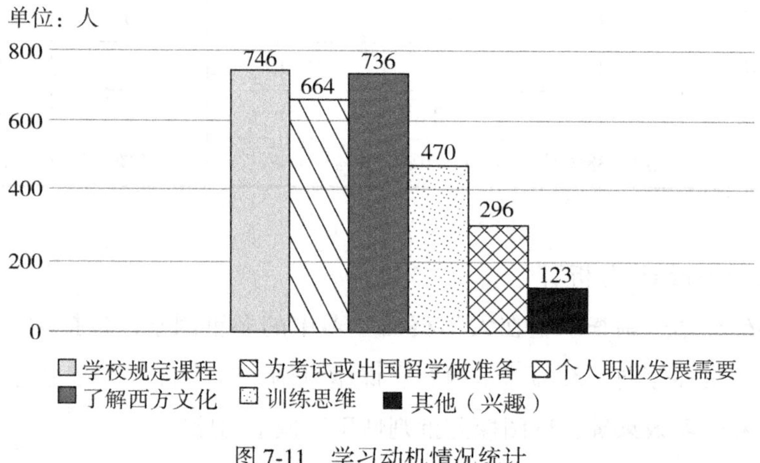

图 7-11　学习动机情况统计

批判性思维是一种高阶思维能力，对于知识的应用至关重要。学生可能会掌握大量的知识，但如果无法将其应用于实际情境，这些知识可能仅停留在表面。批判性思维是解决复杂问题的关键，同时也与创新和创意紧密相关。忽视批判性思维的培养可能会限制学生在开发新点子和提出创新解决方案时的能力。只有培养内部动机，才能帮助学生真正理解语言背后的文化价值，使他们在较高认知水平上运用语言。

②教学内容方面，大学生对大学英语的学习理解较为肤浅，他们通常仅将语言学习视为听、说、读、写等语言技能的学习，而忽视了语言所承

载的丰富文化内涵以及批判性思维在语言学习中的关键作用。

问卷 III 中的第二题和第三题旨在通过调查学生对学习内容的关注度以及教师在课堂教学中所涵盖的内容，以两个不同但相关的维度来考察大学英语教学的具体内容。图 7-12 的调查数据可以清晰地看出大学生普遍将学习重点放在听力和口语技能上，其次是阅读、写作和翻译技能。然而，令人担忧的是，在思维训练方面，只有极少数学生(18%)将其作为学习的重点，这暗示了学生们对批判性思维训练的认知程度仍然不足。

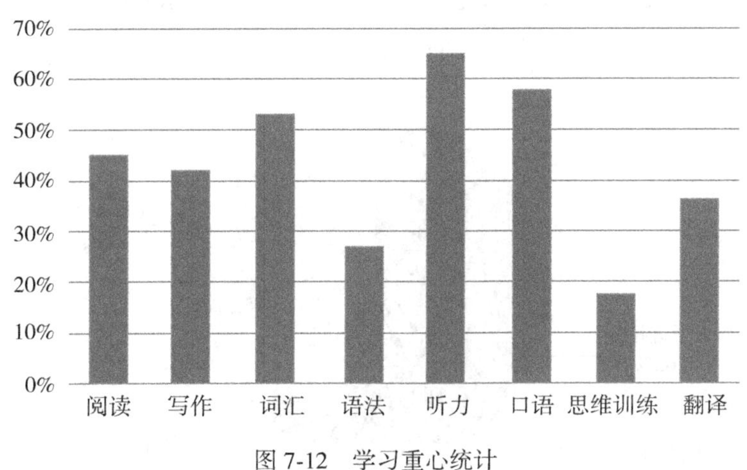

图 7-12　学习重心统计

同样，图 7-13 清晰展示了教师在课堂教学中也倾向于以听力、口语、阅读以及词汇等基础知识的训练为主。

此外，问卷中第八题，当被问及在英语学习中获益最多的方面时，大多数学生认为自己在语言技能和知识方面有所收获，而几乎没有人认为自己在批判性思维和合作学习方面有所受益。(见图 7-14)这反映了大学英语教育体制中对于语言技能的重视程度，但也意味着在教学内容的设计上，批判性思维训练的重要性并未得到足够的关注。

通过调查结果不难看出，大学英语的教学仍然偏向于培养语言技能和传授语言知识，而不够注重语言所传达的思想和价值观。虽然近年来，语

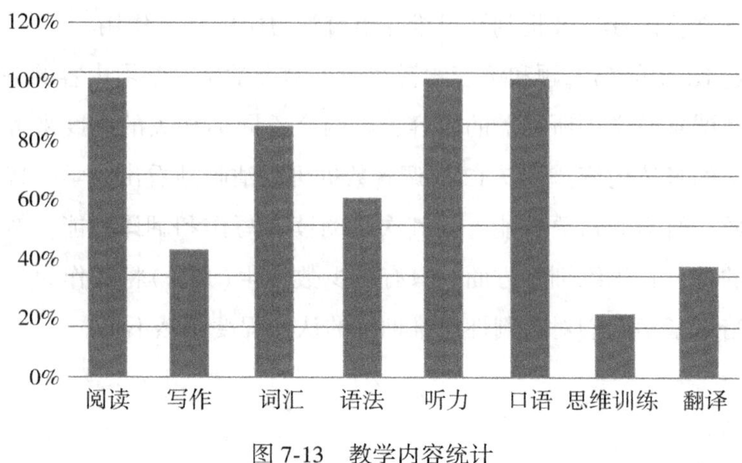

图 7-13　教学内容统计

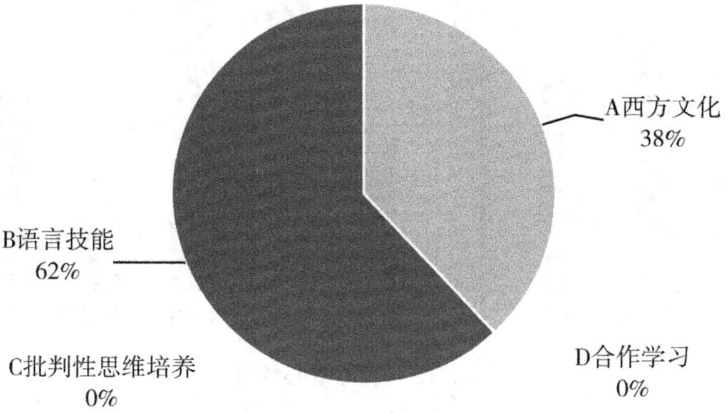

A西方文化
38%
B语言技能
62%
C批判性思维培养
0%
D合作学习
0%

图 7-14　学习收获统计

言技能训练的重点已逐渐从阅读和写作过渡到听力和口语，学生认识到英语表达的实用性，但大多数学生的学习观念仍较为传统，未能认识到批判性思维倾向的重要性，也不注重培养跨文化知识和思想传播意识。此外，教师在培养学生的批判性思维能力方面也关注不足。

大学生的学术发展和职业成功在很大程度上取决于他们的语言能力和基础知识掌握程度。因此，学生通常会强调口语、听力和阅读等基础教学，这些技能对于有效的沟通和信息理解至关重要。然而，如果教学过于偏重于基础知识和技能的传授，而不注重学生分析、推理和评估能力的培养，将导致学生习惯于被动接受信息，而非主动思考，这对于学生更好地理解所学知识是不利的，更不利于知识的创新应用。因此，为确保大学英语教学能够有效培养学生的批判性思维倾向，需要转变学生的学习观念，加强他们对批判性思维在语言学习中重要性的正确认识。同时，教育者们可以考虑调整教学内容的设置，加入更多批判性思维训练的元素，促使学生在学习过程中更加注重思维能力的培养，这对于他们未来的学术和职业发展至关重要。

③ 大学英语教学中的课堂氛围调查结果表明，只有少数学生(39%)感到课堂气氛活跃，大部分学生(44%)都认为学习氛围一般，而17%的学生则认为课堂气氛相对沉闷。这意味着有必要重新审视教育方法，以鼓励学生更积极地参与课堂讨论和互动。为了提高师生关系的质量，教师可能需要采用更具启发性的教学方法，如问题驱动的学习、小组讨论和案例研究，以激发学生的兴趣和主动性。

这种现象的背后可能源于学生的学术素养薄弱，包括深入思考问题、理性分析能力的不足，还缺乏准确预测问题的自信心。调查结果也反映了学生的求知欲、批判性思维自信度和分析能力较低的特征。这些因素导致了学生在课堂上与教师互动不够密切，加剧了师生关系的疏离感。同时，课堂中缺乏激发学生思考和讨论的话题和内容。这可能需要重新评估课程设计，以确保内容更具挑战性、引人入胜，并能够引发学生的好奇心。通过引入更多引人入胜的主题和案例，可以激发学生的兴趣，促进他们更积极地参与课堂互动。因此，大学英语教育需要更强调培养学生的分析思维和批判性思维，以使他们更能自信地表达自己的观点和参与互动。

综上所述，改善大学英语教学中的师生关系和互动频率需要一系列综合性措施，包括教育方法的改进、学生分析能力的培养和课程内容的重新设计。这些改进将有助于提高课堂气氛，促进师生互动，提升教育质量。

④学生的学习主动性存在显著的差异。图7-15数据显示只有不到1/3的受试学生会在课余时间主动学习大学英语，说明学生缺乏自主学习的主观能动性。

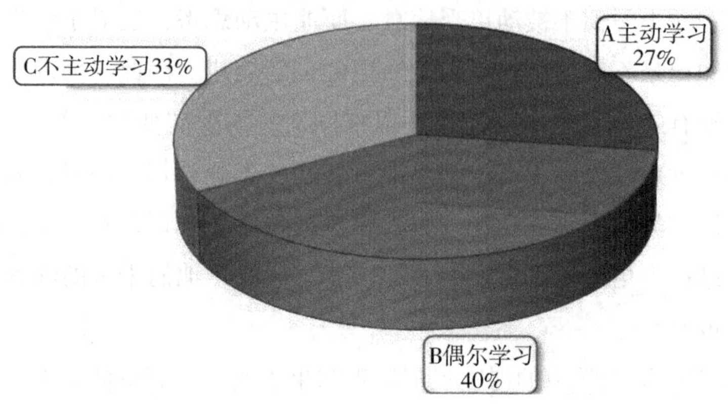

图 7-15 学习主动性统计

为了进一步深入研究学生在大学英语课下的主动学习情况，笔者随机采访了部分受试学生，他们表示，由于大学英语教学改革导致了英语课时减少，一些教师纷纷将更多的学习任务和自主学习作业分配给学生，以确保教学内容的覆盖。这一现象迫使学生在有限的课堂时间内难以完成所有的学习任务，只能在课余时间寻求额外的学习机会。由此可知，大多数学生在这种情况下缺乏学习的自发性。他们依然受到过去高中时期的教育模式的影响，这种模式以应试为导向，老师为中心，学生被动接受知识。然而，当没有外在的压力和指导时，学生们难以积极主动地投入到学习中。

这种被动学习模式使学生难以深入探索语言知识的内在价值和思想内涵。他们更容易将学习仅仅看作是应对考试和完成任务的手段，而不是一种主动探索知识、思考和进行批判性分析的过程。这种态度对于培养批判性思维和知识探索精神构成了明显的障碍。

此外，大学英语教育内容的传统性和与时代的脱节也是问题的一部分。一些教材和课程内容可能相对陈旧，难以激发学生内在的学习动力和求知欲。随着社会的迅速发展，大学英语教育需要更好地适应现代社会的需求，以吸引学生并激发他们的求知欲。

因此，学生的缺乏学习主动性反映了他们对于知识的真正渴望和追求的不足。解决这一问题需要教育机构和教育者的共同努力，以提供更具吸引力的学习环境，激发学生的学习动力，并培养他们的批判性思维，以满足现代知识社会的需求。

⑤在课堂学习表现方面，学生对于教师表现出强烈的依赖，缺乏自主探索的趋势。图 7-16 数据显示，超过一半的学生主要通过被动接受教师的指导来获取知识，仅有 18%的学生展现了一定的自主学习倾向。这些学生能够根据个人兴趣或学习中的问题有选择性地参与听课。令人担忧的是，仅有 11%的学生在课堂上积极参与，认真思考老师提出的问题。此外，还有 12%的学生英语基础较差，难以理解教师授课内容，因此在课堂上完全缺乏参与感。

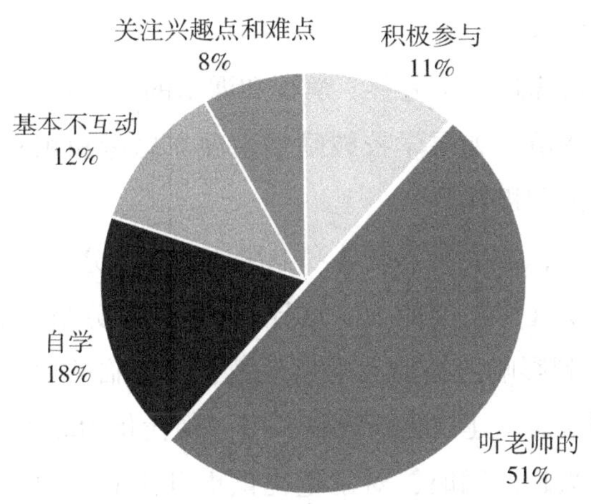

图 7-16　学习表现情况统计

通过调查数据可以看出，一些学生对于自主学习和个性化学习有一定程度的认识，同时也认可批判性思维和积极参与的重要性。然而，大部分学生仍然停留在传统的"填鸭式"教育模式下，缺乏主观能动性，批判性思维方面也有所欠缺。造成这种现象的原因可能包括以下几点：

一是缺乏明确的学习目标。大部分学生缺乏明确的学习目标和规划。这一点在调查数据的第五题中有所体现。对于没有明确学习目标或缺乏兴趣的学生来说，他们更容易依赖教师的指导。

二是陈旧的教学方法。教师的教学方法和能力直接影响学生的学习体验和表现。如果教学方法偏向传统的讲授模式，会增加英语基础较差学生对教师的依赖度，同时，对英语基础较好学生来说，缺乏挑战性，导致他们对英语课堂的兴趣降低。因此，采用启发式教学方法，鼓励学生独立思考，可能会提高学生的学习积极性和批判性思维能力。

三是教学资源与实际需求不符。随着时代的进步，学生可以通过多渠道获取丰富的信息资源，但部分英语教材内容过时，不能引起学生的共鸣，也缺乏激发学生兴趣的内容。

四是课程难度和适应性不一致。一些学生可能因为课程难度过高或者过低而表现出不同程度的参与度和依赖度。课程设计的难度应该能够满足不同层次学生的需求。

五是学习环境需进一步完善。学校和课堂的学习环境会对学生的学习态度和方式产生影响。如果学校鼓励学生独立思考和积极参与课堂活动，会促进他们学习的积极性。

因为上述原因，学生在英语学习中往往忽视了分析问题、系统处理信息、判断内容真实性等关键能力。这导致他们的“分析能力”“求知欲”和“认知成熟度”受到影响。当前大学英语教育所面临的挑战需要教育部门、学校和教师共同应对。建议更新教材，引入现代化的教学方法，重视学生的个性化需求和兴趣。同时，对学生提供更具挑战性的学习内容和任务，鼓励他们自主学习和深入思考，以培养其批判性思维和全面的英语应用能力。

(3)调查小结

通过以上分析，可以清晰看出，在培养批判性思维的视角下审视大学英语教学，存在多个亟待解决的问题：学生的学习动机普遍以外部因素为主导，缺乏主动学习的自觉性；学习内容和课程目标相对单一，能够激发学生思考和讨论的话题或内容相对有限；学生对批判性思维倾向的准确认知普遍不足；对语言学习的实际应用价值重视过高，追求功利性的倾向明显；学生的学习水平差异明显，需要进一步加强师生关系以及提高师生互动的频率。这些问题，无论是直接的还是间接的，都显著制约了大学生批判性思维倾向的发展速度。

因此，大学英语教育将语言技能和语言知识视为核心教学内容之余，也应将培养大学生的批判性思维倾向纳入其中。批判性思维的培养与纯粹的语言学习有着本质区别，对大学生而言更加具有挑战性，更容易激发他们的学习兴趣和学习热情。

三、大学英语教师批判性思维的发展现状

大学英语作为高等教育的一门核心公共课程，其学时量大，授课时间较长，覆盖面广泛，学生参与人数众多。这为培养批判性思维提供了坚实的基础。而承担这一教学任务的大学英语教师的批判性思维水平将直接影响到学生的批判性思维能力。经过对学生批判性思维的现状调查，我们发现教师在教学中所选择的内容、传达的教学理念以及分配的任务都会直接转化为学生学习的目标和发展方向，此外，教师所采用的教学模式和策略可以有效塑造学生的学习习惯和思维方式。教师打造的教学氛围和课堂文化也直接影响学生批判性思维的成长，而教师在个人课堂表现方面也成为学生学习的楷模。因此，在课堂上，教师对学生批判性思维的引导和激发对培养学生未来的思维习惯起着至关重要的引导作用。

同时，从教师个人发展的角度来看，提升批判性思维能力也显得尤为关键。大学英语教育的本质要求教师不仅需具备坚实的语言基础、高超的语言技能和广泛的教育知识，还必须树立正确的价值观，拥有能够自主评判和分辨是非的批判性思维技能。面对一些陈旧的教材，教师需要灵活选用多样的文本和案例，用以辅助课程，引导学生以批判性的视角审视不同文化的共性和差异，激发学生对语言应用和主题思考的深刻理解，培养学生的批判性思维。面对庞大的英语课堂，教师通常需要应对来自不同专业和思维方式的学生。由于学生的语言水平存在显著差异，教师很难满足每位学生的个性需求。因此，教师必须深刻理解学生的个体差异，积极反

思，勇于探索，因材施教，制定合适的教学目标和方法。这些都是大学英语教师职业发展所不可或缺的条件。

与此同时，教师在职业发展的道路上，除了教学能力的锤炼和完善，还面临着如提升学历和职业晋升等现实挑战。这不仅是因为教育体系和学术界的普遍要求，也与教师对自身专业发展的期望与追求有关。为了在激烈的学术竞争中取得卓越的教育成就和科研成果，教师必须努力提高自身的学术和道德修养。这意味着，他们不仅要保持对知识的好奇心，而且要具备积极的探索精神，拥有敢于批判的态度以及富含逻辑的分析能力。这些品质和能力的结合，为教师在学术研究中找到新的视角和方法提供了坚实的基础。特别是在当今信息爆炸的时代，批判性思维能力对于筛选、分析信息，提炼核心观点至关重要。在教师的职业发展过程中，这种能力不仅能帮助他们在教学和科研中取得优异的成绩，还可以引导学生培养同样的能力，进而更好地适应社会和职业的需求。因此，批判性思维能力无疑是教师职业发展的强大动力。

然而，从学生批判性思维调查结果来看，大学英语课堂中的“思辩缺席”仍旧存在。这一现象是否与大学英语教师的批判性思维能力直接相关？因此，很有必要对大学英语教师批判性思维现状进行调查研究。

(一)研究问题及研究方法

1. 研究问题

本研究从教学内容、教学理念及教学方法、教学氛围和课堂文化、教学反思、教学中的挑战以及批判性思维的培养条件几个方面展开调查，试图探究大学英语教师的批判性思维现状。同时，为进一步分析影响受试者批判性思维形成的各种因素，本研究在问卷调查的基础上对部分教师展开访谈。

基于研究目标，本研究主要研究的问题包括：

(1)大学英语教师的批判性思维发展现状如何？

(2)影响教师批判性思维发展的客观因素有哪些?

2. 研究方法

本研究采用定性和定量相结合的实证研究方法。具体来说，有以下三种方法:

(1)文献法。在明确研究主题的基础上，我们以关键词“assess teacher's critical thinking”“教师批判性思维倾向”“大学英语教师批判性思维倾向”分别检索国内外文献库，包括CNKI、Springer、Web of Science和Ebsco等，对相关文献进行了综合梳理和整理。通过文献梳理，发现国内外关于教师批判性思维研究的文献非常有限，且研究大多是基于《加利福尼亚批判性思维倾向问卷》做的定量研究。这进一步证实了我们研究主题的重要性和必要性。

(2)问卷调查法。本研究采用问卷调查的方法。本研究的问卷调查参考了罗清旭、彭美慈等学者修订的《加利福尼亚批判性思维倾向问卷》中文版①②和吕国光(2007)修订的《教师批判性思维倾向量表》(TCTS)③，并结合大学英语的教学实际进行了调查问卷的设计，同时进行了试测和修订，最终成功制定了符合心理测量学标准的大学英语教师批判性思维倾向问卷；调查问卷通过问卷星在线发放。在问卷回收后使用SPSS 22进行定量统计分析。首先，进行各量表的信度和效度检验。其次，对教师问卷中各方面的基本情况进行描述性统计分析。最后，运用多元线性回归(OSL)的方法来探究影响教师批判性思维倾向的因素。

(3)访谈法。本研究采用质性访谈法。为弥补问卷调查的不足，基于定量研究的结果，征求专家意见，从教师对批判性思维的认知程度、批判

---

① 罗清旭，杨鑫辉.《加利福尼亚批判性思维倾向问卷》中文版的初步修订[J].心理发展与教育，2001(3)：47-51.

② 彭美慈，汪国成，陈基乐，等.批判性思维能力测量表的信效度测试研究[J].中华护理杂志，2004，39(9)：644-647.

③ 吕国光.教师批判性思维倾向量表(TCTS)的修订[J].黄冈师范学院学报，2007，27(3)：63-68.

性思维培养觉知、教学策略和方法、教学反思、教学中存在的难题以及培养批判性思维倾向所需的客观条件等多个方面编制了由 10 个题目组成的访谈提纲，选取了 16 名大学英语教师进行深入访谈，进一步验证问卷调查结果，全方位地了解大学英语教师批判性思维倾向现状。最后通过分析访谈资料，深入了解不同大学英语教师批判性思维倾向产生差异的原因，从而提出相关建议。

这三种研究方法相互协同，首先，文献法梳理了该领域的相关现状，有助于明确本研究的定位。其次，定量研究不仅能够验证前人研究的相关发现，还能揭示影响批判性思维的潜在因素。此外，定量研究的结论为访谈提纲的制定提供了重要的依据。通过访谈，我们可以更深入地探究定量研究中出现的问题，进而提出相关的可行性对策和建议。

(二)数据来源及样本信息

本次问卷调查的对象为 W 市七所重点高校的大学英语教师，其中包括两所“985”高校和五所“211”高校。共收集到 209 份问卷，其中 198 份为有效问卷，有效回收率达 94.7%。受访对象的基本信息涵盖了年龄、教龄、学历、职称和所在学校类型。具体的受访对象信息可参见表 7-19。

表 7-19　调查对象个人情况汇总表

项目	特征	人数	百分比(%)
性别	男	53	26.77
	女	145	73.23
年龄	30 岁及以下	16	8.08
	31~40 岁	97	48.99
	41~50 岁	68	34.34
	51~60 岁	15	7.58
	60 岁以上	2	1

续表

项目	特征	人数	百分比(%)
教龄	5 年及以下	18	9.09
	6~10 年	34	17.17
	11~15 年	53	26.77
	16~20 年	38	19.19
	21~25 年	31	15.66
	25 年以上	24	12.12
学历	本科	48	24.24
	硕士研究生	123	62.12
	博士研究生	27	13.64
职称	助教	7	3.54
	讲师	122	61.62
	副教授	56	28.28
	教授	13	6.57
学校类型	“985”高校	83	41.92
	“211”高校	115	58.08
合计		198	100.0

(三)研究工具及其信效度分析

本研究的问卷调查基于罗清旭、彭美慈等学者修订的《加利福尼亚批判性思维倾向问卷》中文版和吕国光(2007)修订的《教师批判性思维倾向量表》(TCTS),结合大学英语的教学实践,从教学内容(第 1~4 题)、教学理念和教学方法(第 5~8 题)、教学氛围与课堂文化(第 9~12 题)、教学反思(第 13~16 题)、教学中的挑战(第 17~19 题)以及教学培训(第 20~25 题)等多个角度出发,设计本研究的问卷初稿。并对问卷进行了探索性因子分析和信度分析。在因子分析中,KMO 值为 0.762,Cronbach α 系数达到

0.87，显示了非常理想的信度水平。综合评估之后，我们提取了6个公因子，涵盖25个题项，具体详见附录。这6个公因子的命名方式与学生调查的命名保持一致，它们依次为：开放性(第1、5、13、20题)、系统与分析性(第2、9、17、21题)、反思(第3、8、23题)、评估(第4、12、14、25题)、好奇心(第6、10、15、18、22题)和推断力(第7、11、16、19、24题)。为确保考察的客观性，每个公因子下的题目数量力求保持一致。鉴于教学反思在问卷调查中是一个涉及的角度，其他公因子在教学反思方面也有体现，因此在反思这个交叉维度上只设置了两个问题。本问卷采用李克特6级量表进行评分，具体为："从不=1分"到"总是=6分"。总问卷得分以及各个维度的得分区间信息可参考表7-20。

表7-20　问卷及各维度得分区间

维　度	题目数量	题号	得分区间
开放性	4	1、5、13、20	4-24
系统与分析性	4	2、9、17、21	4-24
反思	3	3、8、23	3-18
评估	4	4、12、14、25	4-24
好奇心	5	6、10、15、18、22	5-30
推断力	5	7、11、16、19、24	5-30
合计	25	1~25	25~150

由于每个维度的题目数量不同，导致总分有差异，为了更清晰地了解教师的批判性思维得分情况，本研究以每个维度的平均分计算最后得分。根据彭美的《加利福尼亚批判性思维倾向量表》的评分方式，按比例折算为六分制的评分标准，同样将批判性思维倾向程度分为强、积极、中等、弱四个等级。如果每个维度量表平均分得分高于3.6分，意味着批判性思维倾向处于中等水平；如果得分高于4.8分，则表明批判性思维倾向很强；而得分低于3.6分则意味着批判性思维倾向较弱。

(四)调查问卷的描述性统计分析

1. 大学英语教师批判性思维倾向总体情况

为了探究大学英语教师批判性思维倾向总体情况，本研究对 198 名大学英语教师批判性思维倾向总体和各维度的平均分和标准差进行了统计分析。表 7-21 是大学英语教师批判性思维倾向总体和各维度平均得分情况。

表 7-21　各维度和总体平均得分情况

维　　度	均值	标准差
开放性	5. 209	0. 561
系统与分析性	4. 753	0. 612
反思	4. 879	0. 548
评估	4. 673	0. 533
好奇心	4. 901	0. 566
推断力	4. 584	0. 547
总量表	4. 833	0. 561

根据表 7-21 的数据，可以观察到受试者的整体平均分为 4. 833。这表明大学英语教师在批判性思维方面总体呈现出较强的倾向。从不同维度的数据来看，开放性维度的平均得分为 5. 209，好奇心维度的平均得分为 4. 901，反思维度的平均得分为 4. 879。所有这些维度的平均得分都高于 4. 8 分，这表明大学英语教师普遍表现出强烈的开放思维和包容性，以及对新事物的浓厚好奇心。他们也表现出积极的反思倾向。然而，教师的系统与分析性倾向有待加强。在评估能力和推断力方面，他们的得分相对较低。

2. 背景因素对大学英语教师批判性思维的影响

本研究进一步借助 SPSS 22. 0，分别以性别、年龄、教龄、学历、职称为自变量进行了单因素方差分析(One-Way ANOVA)，力求探究背景因素对大学英语教师批判性思维的影响。

(1)性别对于大学英语教师批判性思维的影响

从表 7-22 可以看出，女教师的平均分数略高于男教师。按照所制定的评估标准，不论男教师还是女教师都表现出了积极的批判性思维倾向。在好奇心方面，女教师的分数明显高于男教师，她们似乎更愿意探索和学习新知识。此外，女性教师更倾向于主动思考和自我评估，因此在得分上也展现出一定的优势。然而，在思想的开放性方面，男教师的倾向更加明显，这表明他们在认知的包容性方面更具优势。除此之外，男教师在系统与分析性和推理力方面表现更强烈。这或许与男性天生具备的系统性思考和逻辑分析能力有关，也正是出于这一原因，我们常常能在数学和科学等领域看到更多的男性从事相关工作。

表 7-22 不同性别平均得分

维　　度	男教师	女教师
开放性	5.212	5.206
系统与分析性	4.79	4.717
反思	4.865	4.892
评估	4.638	4.692
好奇心	4.837	4.965
推断力	4.625	4.579
总量表	4.828	4.842

(2)不同年龄段大学英语教师批判性思维倾向的差异

根据表 7-23 的数据，我们可以观察到不同年龄段的教师在批判性思维能力方面的表现存在差异。教师的年龄被分为五个主要组别：30 岁及以下、31~40 岁、41~50 岁、51~60 岁和 60 岁以上。从高到低排列这些组别的平均得分如下：41~50 岁>31~40 岁>51~60 岁>30 岁及以下>60 岁以上。

表 7-23　不同年龄段平均得分

维　　度	30 岁及以下	31~40 岁	41~50 岁	51~60 岁	60 岁以上
开放性	5. 211	5. 262	5. 441	5. 177	5. 128
系统与分析性	4. 634	4. 825	4. 795	4. 61	4. 607
反思	4. 895	4. 908	4. 979	4. 866	4. 678
评估	4. 357	4. 592	4. 702	4. 685	4. 623
好奇心	5. 028	4. 899	4. 81	5. 034	4. 795
推断力	4. 523	4. 682	4. 673	4. 568	4. 417
总量表	4. 775	4. 861	4. 900	4. 823	4. 708

根据批判性思维的评分标准，年龄在 31~60 岁之间的教师表现出更强的批判性思维倾向，尤其是 41~50 岁的教师，他们在批判性思维方面表现最为卓越。相对而言，30 岁及以下和 60 岁以上的教师则显示出批判性思维能力相对较弱。总体来看，所有年龄组的教师批判性思维的平均得分约为 4. 8 左右，这表明大学英语教师整体上具有较高水平的批判性思维倾向。

进一步分析数据，我们发现在不同年龄组之间存在显著的差异。例如，在开放性方面，41~50 岁的年龄组获得了最高的分数，而 60 岁以上的年龄组则分数最低。这或许反映出中年人在批判性思维的开放性方面相对更强，而较年长和较年轻的教师则表现出较低的趋势。在系统与分析性方面，各年龄组之间的得分差异相对较小，41~50 岁的年龄组稍高，而 60 岁以上的年龄组稍低。

进一步探讨反思和评估方面的得分，我们发现 41~50 岁的年龄组在这两个领域表现出最高的分数，而 60 岁以上的年龄组表现相对较低，30 岁及以下的年龄组则得分最低。这或许暗示中年人更倾向于对自己的思维进行反思和评估，同时更能够有效地评估信息和观点。

在好奇心方面，30 岁及以下和 51~60 岁的年龄组得分相对较高，而 60 岁以上的年龄组得分最低。这指出年轻一代和略年长一些的人在批判性思维的好奇心方面表现出更强的特点。至于推断力，30 岁及以下的年龄组较60岁以上的年龄组得分相对较高。这或许意味着年轻一代较年长者更擅长进行推断和逻辑思考。

综合来看，根据表7-23的数据，我们可以得出结论，大学英语教师的批判性思维能力在不同年龄段之间存在差异。在整个教师团队中，41~50岁的教师显示出较强的批判性思维倾向，这些教师被视为教学团队的中坚力量。即使在30岁以下的教师中，年龄相对较年轻，但他们也表现出积极的批判性思维意识。相比之下，50岁以上教师随着年龄的增长，其批判性思维倾向性逐渐减弱，这可能是因为固有的思维模式已经形成，难以轻易改变。这种差异可能与教育背景、职业经验以及个体的认知特点等因素有关，值得进一步的研究和探讨。

(3)教龄对于大学英语教师批判性思维倾向的影响

表7-24展示了不同教龄段的教师在批判性思维倾向方面的情况。总体而言，教龄为11~20年的教师表现出了显著的批判性思维倾向，其平均得分超过了4.8分。这表明这一组教师在批判性思维方面具有较高的水平。其他教龄段的教师，包括教龄不满5年、6~10年、21~25年和25年以上的教师，表现出积极的批判性思维倾向，其得分在3.6~4.8之间。这或许反映了教育经验的积累对批判性思维的提升产生了一定积极影响，不过在超过20年的教育经验后，这一趋势似乎变得平稳或有所下降。

表7-24　不同教龄段平均得分

维度	5年及以下	6~10年	11~15年	16~20年	21~25年	25年以上
开放性	5.253	5.212	5.327	5.282	5.035	5.186
系统与分析性	4.664	4.618	4.781	4.775	4.624	4.785
反思	4.815	4.807	4.968	4.833	4.764	4.826
评估	4.557	4.502	4.685	4.623	4.469	4.592
好奇心	4.847	4.752	5.046	4.946	4.733	4.865
推断力	4.623	4.582	4.673	4.717	4.615	4.523
总量表	4.793	4.746	4.913	4.863	4.707	4.796

不同教龄段教师的批判性思维在不同维度也表现出了差异性。在开放性评分中，较高的得分出现在教龄5年及以下和11~15年的群体中，而较低的得分出现在21~25年的教育经验群体中。这或许表明，在教学初期和经历了一段时间的教学实践后，人们更有可能表现出较强的开放性思维。尽管如此，表中的数据显示，所有教龄段的教师在这一维度上表现都较为积极(得分高于4.8分)；此外，在教学反思和教学评估方面，得分似乎在教龄段逐渐增加，然后在6~10年、21~25年的阶段略微下降。这可能表示随着时间的推移和经验的积累，人们更容易进行反思，并且更有能力有效评估信息，但在职业生涯某阶段可能会陷入某种平稳状态。

从表7-24中我们可以得出，大学英语教学团队的核心力量主要集中在那些教龄在11~20年之间的教师身上，他们的年龄介于39岁到48岁之间，他们的批判性思维倾向整体较强，教龄在25年以上的教师，教学经验比较丰富，其中年龄在48~52岁的教师对教学投入大，愿意吸收新鲜教学理念，因此他们的批判性思维倾向相对积极。教龄在5年及以下的教师教学经验积累不足，系统与分析性有待加强。但该教龄阶段的教师相对年轻，对事物的好奇心和求知欲相对较高，批判性思维意识较为积极。而教龄在21~25年的教师相对而言处于教学疲乏期，批判性思维倾向表现略有不足。

(4)大学英语教师学历与批判性思维的关系

表7-25呈现了学历水平与教师批判性思维倾向之间的正相关关系。这一关系在不同思维维度中都得到了验证，包括开放性、系统与分析性、反思、评估、好奇心以及推断力。

博士研究生学历的教师在批判性思维方面表现出显著的倾向，其平均得分明显高于硕士研究生和本科学历的教师。这一现象可能与他们在研究生阶段接受的更深入、更专业化的教育有关，因为博士研究生通常需要进行学术研究和写作，这有助于促进他们的分析能力、推断力和反思能力。此外，研究生教育更强调培养学生的独立思考和批判性思维，这也许能解释博士研究生学历的教师在这些领域的表现。

表 7-25　不同学历平均得分

维　　度	本科	硕士	博士
开放性	5. 245	5. 265	5. 29
系统与分析性	4. 764	4. 776	4. 779
反思	4. 919	4. 995	4. 954
评估	4. 531	4. 679	4. 682
好奇心	4. 928	4. 884	4. 98
推断力	4. 23	4. 537	4. 985
总量表	4. 770	4. 856	4. 945

在具体的批判性思维维度上，博士研究生学历的教师呈现出优势。在开放性维度上，他们的平均得分略高于硕士研究生和本科学历的教师。而在系统与分析性维度上，博士研究生学历的教师得分同样高于其他两个学历层次的教师。另一个重要发现是博士研究生学历的教师在好奇心和推断力方面表现出卓越，他们在好奇心维度上的得分明显高于本科和硕士研究生学历的教师。本科学历教师在好奇心方面稍微领先于硕士研究生学历教师。此外，博士研究生学历教师在推断力方面更为突出，平均分比硕士研究生学历教师高出了 0. 4，而本科学历教师的得分相对较低。有趣的是，硕士研究生学历教师在反思方面的平均得分最高，为 4. 995，博士研究生学历教师次之(4. 954)，本科学历教师的得分为 4. 919。

这项研究结果也为教师提高自身素养提供了有益的启示。为了成为更卓越的教育者，教师有必要不断深造学习，掌握更有效的分析问题和推理技能，并持续反思和改进他们的教学方法。这将有助于提高教育质量，培养更具批判性思维的学生，为他们的未来发展和社会的进步提供更坚实的基础。

(5)职称对大学英语教师批判性思维的影响

表 7-26 中的数据说明了教师职称的高低与批判性思维倾向呈正相关性。即职称越高，其批判性思维能力越强。

表 7-26　不同职称平均得分

维　　度	助教	讲师	副教授	教授
开放性	5. 127	5. 192	5. 347	5. 423
系统与分析性	4. 55	4. 759	4. 828	4. 832
反思	4. 768	4. 881	5. 011	5. 004
评估	4. 596	4. 658	4. 679	4. 803
好奇心	4. 678	4. 833	5. 023	5. 266
推断力	4. 621	4. 685	4. 702	4. 784
总量表	4. 723	4. 835	4. 932	5. 019

就总体评分而言，根据教师的职称，批判性思维倾向的平均分从高到低排列如下：教授>副教授>讲师>助教。其中，除助教外，教授、副教授和讲师的批判性思维平均分都高于 4. 8 分。按照评分标准，他们的批判性思维倾向被认为较强，而助教组的批判性思维倾向得分接近 4. 8 分，则被视为积极。在好奇心、系统与分析性和开放性维度上，不同职称教师的平均分呈线性上升趋势。然而，在反思维度上，副教授的平均得分略高于教授，但差异不太显著。助教相对较高职称的教师在反思维度上倾向较弱。

通过以上数据，笔者分析，获得高级职称的教师通常都需要提前完成博士学位，并经过长时间的学术研究和发表文章。这个过程要求他们深入研究学科领域，进行批判性思考，并作出原创性贡献。相比之下，中级和初级职称通常对学历的要求更低一些，因此，高级职称的教师在教育领域的深度和广度可能更大，这可以促进他们的批判性思维。同时，从教学经验上来看，高级职称的教师通常在大学教育领域拥有更长时间的教学经验，这意味着他们在教学方法和学生互动方面有更多的机会积累经验，包括鼓励学生进行批判性思考。他们可能更擅长引导学生提出问题、分析信息和发展批判性思维技能。

(6)学校类型对于大学英语教师批判性思维倾向的影响

本研究将所在学校级别作为自变量，进行单因素方差分析(One-Way

ANOVO）寻找不同学校大学英语教师批判性思维倾向差异。结果见表 7-27。

表 7-27　不同学校平均得分

维　　度	“985”高校	“211”高校
开放性	5.289	5.224
系统与分析性	4.876	4.709
反思	4.912	4.896
评估	4.732	4.614
好奇心	5.08	4.947
推断力	4.639	4.611
总量表	4.921	4.834

表 7-27 详尽呈现了不同学校教师在批判性思维倾向方面的平均得分。从数据分析可知，“985”高校教师的批判性思维倾向得分明显高于“211”高校，表明“985”高校的教师在批判性思维方面呈现出更强的趋势。在好奇心、系统与分析性、开放性及反思等多个维度上，“985”高校教师的得分也明显优于“211”高校。在开放性维度上，两类高校的批判性思维倾向均呈现出强烈的趋势。综合而言，我们可以得出结论：高校的整体水平对批判性思维倾向产生直接而正向的影响。

3. 调查小结

通过问卷调查，我们全面了解了大学英语教师的批判性思维现状。与学生相比，教师整体展现出更为显著的批判性思维倾向，特别在开放思维、包容性、对新观念的浓烈好奇心方面表现出色，同时还表现出积极的反思倾向。在教学内容方面，教师高度重视教材的选择，积极考虑多元文化，以满足各种专业和英语水平的学生多样化的需求。在教学实践中，教师有意识地培养批判性教学理念，无论是课程设计还是课堂教学，他们都倾向于选择有趣的主题和学术资源，以激发学生的好奇心和兴趣。同时，教师不断尝试不同的教学方法，以保持教学的新鲜感，并通过反思来调整教学策略以解决在教学中遇到的问题。校方也逐渐开展了教师批判性思维培训工作，因此整体而言，教师的批判性思维倾向较强。

在研究中，我们采用了单因素方差分析的方法，从性别、年龄、教龄、学历、职称等多个因素考察了教师的背景因素与批判性思维倾向之间的关系。研究结果发现这些因素与批判性思维之间存在密切关联。男性教师在思想开放性、系统性分析和推理方面表现出更强烈的倾向，而女性教师更倾向于探索新知识、进行主动思考和自我评估。就年龄而言，41～50岁的中年教师被认为是教学的核心力量，他们表现出强烈的学习意愿，愿意不断更新自己的教学方法，同时对批判性思维有较强的意识。这些教师大多教龄在1～20年之间，因此，从教龄的角度看，他们同样是表现最出色的群体，这进一步验证了研究的观点。此外，研究结果还显示，教师的学历、职称和所在学校类型与批判性思维呈现正相关关系。但由于攻读博士阶段需要进行研究和撰写论文，他们在批判性思维方面表现出较高的推断、系统性和分析性倾向。这一发现也在问卷数据中得到了进一步的验证。

(五)访谈与分析

为了深入验证问卷调查结果，同时探究大学英语教师在课堂上的批判性思维倾向，本研究结合实际大学英语教学情境，采用一系列面向问题的访谈，涵盖了对批判性思维的认知程度、批判性思维培养觉知、教学策略和方法、教学反思、教学中存在的难题以及培养批判性思维倾向所需的客观条件等多个方面，力求进一步剖析在大学英语教学环境中影响受访者批判性思维倾向形成的多样因素。

本次访谈从问卷调查的参与者中随机选取了16名大学英语教师作为受访对象。这些被访者的年龄、教龄、职称、学历和所在学校类型呈现多样性。为了便于分析，我们对这16位受访教师进行了编号，分别为1～16号。表7-28详细记录了这16位受访教师的基本信息。

表 7-28 受访教师基本情况

编号	性别	年龄	教龄	学历	职称	所在学校类型
1	男	53	31	本科	副教授	211
2	女	29	2	博士	助教	985
3	女	35	8	硕士	讲师	211
4	男	45	23	本科	讲师	211
5	女	43	18	硕士	副教授	985
6	女	28	1	博士	助教	985
7	男	30	2	博士	讲师	211
8	女	55	33	硕士	副教授	211
9	女	37	12	硕士	讲师	211
10	女	47	25	本科	讲师	211
11	男	51	29	博士	教授	211
12	女	34	9	硕士	讲师	211
13	女	44	22	硕士	副教授	211
14	男	32	6	硕士	讲师	211
15	女	46	24	本科	副教授	985
16	女	33	7	硕士	讲师	211

由于受访对象来自不同学校，访谈采取面访和电话采访两种形式相结合的方式。在所有访谈结束后，笔者对所获得的访谈内容进行了整理和撰写。分析过程依据每个访谈问题的回答综合全体受访教师的观点，以便更加直观、全面地呈现研究结果。以下内容详细呈现了访谈问题及其相应的研究结果。

(1)您如何定义批判性思维，特别是在大学英语教育中的意义？

该问题主要探究教师对批判性思维的认识成熟度。受访教师中大部分表示听说过批判性思维，其中有 4 位教师能准确说出“批判”一词的来源并完整诠释批判性思维的定义及其具体的表现形式等。有 6 位教师提到了批判性思维的重要性，在现代社会，批判性思维被普遍确立为教育特别是高等教育的目标之一。有 7 位教师认为批判性思维意味着不可人云亦云，需要有自己的理解、反思、原创性等，并且是需要“能动、持续和细致地思考”。有一位教师提到批判性思维作为高阶思维的一个层级，需要在教学设计的时候去运用和实施它。

关于批判性思维对大学英语教育的意义，受访教师都提到了提高批判性思维能力是大学英语教学改革的目标和趋势。它不仅有助于学生发展英语语言技能，还可以更广泛地培养学生的认知和学术能力。比如运用批判性思维，可以帮助学生深入理解英语文本和语言结构，推测作者的意图，通过构建合理的论证进行逻辑推理，剖析作者的写作手法，从而提高语言技能的水平。同时，通过批判性思维的培养，学生还能够更有效地组织和表达自己的想法，以及评估和解析他人的观点等。

(2)您在受教育过程中有接受过专门的批判性思维课程或者训练吗？

该问题旨在探讨教师在批判性思维理论方面的素养和求知欲。受访教师中有 6 位(37.5%)明确表示没有接受过专门的训练。剩余的教师表示关注过批判性思维的相关课程，但没有进行系统培训。其中 1 位有海外留学经历的教师提及她在攻读研究生期间学校开设过相关课程，但当时她对该领域不了解，只是将其当成一门普通课程，并未引起足够的重视。还有 1 位教龄在 30 年以上主讲文化课程的老教师表示她虽然没有接受过专门的训练，但经常看关于批判性思维书籍，如尼尔·布朗的《学会提问》《中外著名教育家简介》《现代外语课程设计理论与实践》等，用于指导自己的教学实践。

(3)您认为学习批判性思维会对您的教学方法产生影响吗？

该问题是在问题(2)的基础上追问的，旨在探讨教师对批判性思维求知欲和应用能力。10 位(62.5%)教师表示批判性思维意识的形成和提高来源于日积月累的教学经验，“以人为本”的教学理念，以成果为导向的教学方法，“以读促学”的教学设计促使教师反思教学成果，对教师的批判性思维提升起到了推动作用。1 位毕业于师范院校的教师特别提到，师范院校重视学习教学法，特别侧重于将学生的发展置于核心位置，以激发和培养学生更为高级和全面的认知能力。而语言的多元性和丰富性，更加促使教师去采用更开放、更包容的教学方法与理念。受访的教师中有12位(75%)都表示在日常生活中也会注重训练和提升自己的批判性思维能力。如：通过列清单和构建模型的方式提高工作效率；碎片化或整书阅读时会关注论证过程，在豆瓣上读书评来全面审视某本书或者某个观点；遇到难以解决事情时，会积极面对，根据SWOT模型迅速找出解决方案等。

(4)您认为批判性思维能力在英语教育中与语言技能的发展有关吗？

这个问题主要探讨教师对语言与思维之间关系的理解。所有受访教师一致认为语言技能与批判性思维密不可分。一位从事语言学研究的教师强调，批判性思维在语言技能中扮演着重要的角色，因为它涵盖了理解、分析和评估信息的关键能力。英语学习要求学生通过阅读、写作和口语等语言技能将他们的思维和观点表达出来。

另一位教授阅读课程的老师则强调了在阅读过程中特别需要注重批判性思维。因为在阅读时，学生需要分析作者的观点、推断文章主旨和写作目的，并通过寻找例子来评估论证的可靠性。这些技能对于学生更好地理解文本至关重要。同时，他也指出，在阅读课上会有意识地组织学生仿写课文，在写作练习时，势必需要先确定主题句，继而列出合适的框架并确定段落主旨句，同时还需要关注篇章的逻辑性和一致性。这些对于锻炼学生的思维能力和提高写作技能都是强大的助力。

还有一位教授基础英语视听说课程的老师提到，批判性思维能力与听说技能密切相关。在听力和口语交流中，学生需要从材料中提取核心观点和言辞主旨，同时筛选观点。在口语交流中，学生需要即时思考并回应对话伙伴的观点。这鼓励他们在口头表达中积极运用批判性思维，例如提出质疑、辩论观点和回应异议。

(5)您会在教学中有意识地培养学生的批判性思维能力吗？

该问题主要考察教师思想的开放性。受访教师中有7位(43.75%)表示会有意识培养学生的批判性思维能力，如：课下布置学习任务引导学生查找资料，以真诚和客观的态度搜集相关信息，课上组织课堂讨论和小组合作，鼓励学生以宽容的态度面对不同小组的意见，避免个人偏见。在每个小组的总结发言时，鼓励学生畅所欲言，组织好本小组的观点进行理性分析。9 位(56. 25%)老师表示虽然在教学设计中有意培养学生的批判性思维能力，但教学任务重，学生语言基础薄弱，知识体系不完善，教学只能停留在讲授知识的基础阶段，无法在有限时间内培养学生的高阶思维能力。

(6)您可以分享一些教学中成功应用批判性思维的案例或策略吗?

该问题主要探究受访教师在他们的教学中所采用的策略和方法。由于受访教师所教授的课程不同，因此这些策略存在一定的差异。比如，一位负责教授《雅思阅读》的教师强调了该课程的特点，包括大量的阅读训练、英语知识的传授，以及对英国社会文化的理解。为了提高学生对英语文章的阅读速度和准确性，这位教师在课堂上采用了不同的阅读策略，以适应不同题型和阅读材料的要求。在阅读过程中，他还利用交际式教学法、任务型教学法和项目式教学法等方法，来激发学生的积极性，促使他们进行批判性思考。一位从事《跨文化交际》教学的老师表示，她在自己的课程中会精心挑选一些具有争议性的话题，以鼓励学生展开讨论。例如，在探讨中西文化在艺术领域的差异时，以竖琴为例进行文化比较，老师引导学生以辩证的方式思考中西竖琴文化的异同之处。通过这样的方法，她组织了课堂讨论，旨在培养学生的辩证思维能力，并提高他们的综合分析能力。

(7)当您在课堂上布置学生就某个话题阐述观点的时候，学生找不到切入点或者合理的论据佐证自己的观点时，您一般会怎样解决该问题?

这个问题主要研究教师的系统与分析性倾向。在接受采访的教师中，有 7 位(43. 75%)提到，他们会首先向学生展示一个样例，提供与话题相关的论点，并补充一些句式，以帮助学生使用模板进行回答。还有 3 位教师(占比 18. 75%)表示，他们会为学生提供相关背景信息，以帮助学生更好地理解这一话题。此外，有 5 位教师(占比 31. 25%)提到，他们通过分组讨论的方式来探讨这一观点，这使得学生能够共享他们各自的观点，并共同寻找合理的论据。随后，这些观点被作为写作任务分配给学生，在文章中以有条理和逻辑的方式展示该观点。部分范文会在课堂上进行分析和讨论。还有一位教师提到他会为有问题的学生提供个别指导。因此，可以看出，大多数教师关注解决问题的系统性和分析性，同时逐渐将思考和讨论的主动权交给学生，并有意识地对讨论结果进行评价。不过，从教师直接提供范例的角度来看，教师仍然在引导学生阶段，而没有完全将自主权交给学生。如果可以通过提供资源，如书籍、文章、研究报告或网站链接的方式，帮助学生找到支持他们观点的信息和证据，也许对培养学生的批判性思维能够更有益。

(8)在您的课堂教学中，有没有碰到过学生当堂质疑您的观点？面对这种情况，您一般会如何应对？

该问题主要在于了解教师在开放性倾向和探索真理方面的表现。大多数教师表示，在教学过程中，很少会遇到学生对他们的观点提出质疑。然而，所有受访教师都明确表示，如果有学生对他们的观点提出质疑，他们不会立刻采取反驳的方式回应。其中，他们积极鼓励学生表达他们自己的观点，而不是直接否定学生。另外，还有3位教师提到，只要学生的观点有支持证据，他们会愿意虚心接受学生的观点。此外，有3位中年教师表示，他们会组织整个班级的学生在课堂内对这一观点进行讨论，最终由学生自行决定是否接受某个观点。同时，还有1位年轻教师提到，她曾经为了考察学生上课的专注度，故意表达了一个错误的观点。因此，从总体来看，教师在开放性倾向方面表现得相当积极。与此同时，他们也非常注重引导学生培养“质疑”能力。

关于这个问题，一些教师还提到一些在课堂上面临的实际问题。例如，教学时间有限，过多的讨论可能会影响正常的教学进程。尽管在访谈中，有5名老师(占总数的31%)提出，即便没有学生质疑他们的观点，他们仍会有意设计一些具有争议性的话题，以激发学生提出不同的观点。然而，大多数老师都表示，他们会按照课程进度进行直接教学，如果学生确实提出质疑，他们会选择在课下与学生解决这个问题。只有极少数的教师

(3 人)表示，他们可能会将这些质疑作为课后思考题布置给学生进行讨论，然后在下次课上进行集体评议。然而，这些教师同时也表示，学生往往会忽略这样的课后任务，执行效果并不佳。

由此可见，不论是教师还是学生，都没有形成积极主动探索的习惯。大学课堂似乎也未能为学生提供足够的时间和空间进行深思熟虑、讨论、交流和评价。因此，学生往往容易陷入对他人的依赖中，变得懒惰，缺乏理性分析能力，从而难以培养批判性思维的自信心。

(9)您认为在培养学生批判性思维倾向的过程中主要困难是什么？

此问题涉及批判性思维培养的形成条件。在访谈中，有 13 位教师(81.25%)强调教学任务的繁重，同时提及在课堂上用于培养学生的批判性思维倾向的时间相对匮乏。此外，15 位教师(93.75%)指出，大多数学生以追求高分数为主要学业目标，对批判性思维的培养参与度相对较低。7 位教师谈到了培养批判性思维倾向对教育工作者自身素养的高要求。这些教师缺乏系统性的批判性思维培训，因此在教学实践中缺乏科学理论的指导，难以系统且合理地提升学生的批判性思维能力。此外，还有一位教师指出，作为大学英语教育工作者，他们需要面对不同专业的学生，而这些学生的学习目标和学科方向各不相同。因此，教师本身就需要具备跨学科了解不同领域知识的能力，以激发他们自身追求真理和保持开放思维的素养。

然而，由于学生长期形成的思维模式难以在短时间内改变，因此教师有必要打破专业界限，深入了解不同领域的知识。

综上所述，改变学生现有的学习观念、引导他们正确认识批判性思维倾向，提升教育工作者自身素养，减轻繁重的教学任务负担，这些都是有效推动大学英语教育中批判性思维培养的关键前提。

(10)您每次授课结束后，会对自身的教学进行反思与评估吗？一般会采用什么方式呢？

此问题主要调查教师在反思方面的倾向性。在接受访谈的教师中，有 7 位表示他们会进行阶段性教学反思，而有 5 位则强调他们每堂课后都习惯性地记录教学日志进行深度反思。同时，他们还会定期向学生收集课程反馈意见。这些教师一致认为反思在教学中占据着至关重要的位置。通过反思教学，教师能够深刻理解学生对教学方法的反馈，并根据学生需求有针对性地调整教学内容、更新教学策略，从而激发学生学习兴趣和提高参与感，有效提升学生学习的积极性。同时，通过自我反思，教师能够辨识出教学中的短板，并有针对性地改进自己的教学方法，从而不断提升个人专业素养，推动教学水平的不断提高。

然而，值得注意的是，访谈中有 4 位教师坦言，由于教学任务的繁重，难以抽出时间进行系统的教学反思。不过，这些教师指出学校采取了一系列措施，如督导进班听课、教研室安排同行相互听课，并在听课后提供详细的教学反馈。此外，学院也会定期组织教育研讨会和午餐工作坊，为教师提供平台，共同研讨新的教学方法和理念。这一举措旨在为教师提供额外的机会，以弥补因繁重工作而难以进行主动反思的缺陷。

总的来说，从访谈结果来看，不论是被动的还是主动的，教师都已经养成了良好的反思意识和习惯，这有助于促进持续的教育提升。

(六)调查小结

从访谈中可以看出，受访教师均具有较强的批判性思维意识，并且一部分教师能准确说出批判性思维的定义，还有部分教师正在看与批判性思维有关的书籍，说明该能力受到越来越多教师的关注，教师不仅将培养批判性思维作为一种教学高阶的技能，还会将其运用到日常生活中。部分教师还分享了在教学中通过为学生搭建框架结构、寻找有争议性话题来培养学生的批判性思维能力，但他们同时指出，因为大学英语教学任务繁重，为了完成正常的教学任务，他们只能选择定期开展讨论的方式来解决该问题。同时，在教师培训方面，只有极少数教师修读了相关课程，大部分教师都存在理论不足的情况，这也是大学英语教师提升自己的未来发展方向。

四、小　结

笔者通过文献梳理并参考《Z 阶段康奈尔批判性思维量表》《加利福尼亚批判性思维倾向问卷》(CCTDI2000)的中文版(CTDI-CV)、《批判性思考倾向量表》原始问卷，借鉴吕国光在此基础上改编的《教师批判性思维倾向量表》，结合大学英语的课程特点，设计了 3 份学生调查问卷和 1 份教师调查问卷，分别对 W 市某“211”高校 1022 名大一和大二年级大学英语学生和该市 7 所高校 198 位大学英语教师进行了问卷调查，并从受访教师中随机选择了 16 位展开访谈，主要了解大学英语教学中师生批判性思维能力和倾向情况。

1. 学生批判性思维现状调查

通过发放问卷 I(批判性思维倾向问卷)和问卷 II(能力问卷)，了解大学生的批判性思维发展情况，使用 SPSS 22 进行定量统计分析后得出以下结论：

(1)在批判性思维倾向方面，研究发现，除了寻求真相和认知成熟度方面相对较弱外，大多数维度在大学生中表现出相对较强的趋势。

(2)在批判性思维能力方面，学生在质疑和分析能力方面表现相对较出色，而评估、反思和比较能力稍逊一筹，理解和推理能力则相对较低。

(3)背景因素，如性别、年级和学科专业，对学生的批判性思维产生一定影响，但并未在批判性思维倾向和能力方面产生显著差异。而学生的英语成绩和语言能力差异对批判性思维能力的影响是显著的。

通过问卷 III，我们对环境因素和行为因素两个重要维度进行了调查，以探究它们与批判性思维之间的关系。研究结果揭示了，课堂氛围、教学内容等环境因素，以及学习动机、学习倾向、学习主动性等情感和行为因素确实对学生的批判性思维产生影响。具体结论如下：

(1)单一的课程目标和基础的学习内容难以激发学生的学习兴趣，可供思考和讨论的话题相对有限。

(2) 乏味的教学氛围难以激发学生的积极性，导致学生在不思考和仅仅听课，以及不参与和仅仅自学这两个极端之间徘徊。

(3)学生学习动力以考试、就业等外部动力为主，缺少以兴趣为导向的内部驱动力。

(4)学生对批判性思维倾向的认知普遍不足；他们对语言学习的实际应用价值高度重视，追求功利性的倾向显著。

(5)学生的学习水平差异显著，因此需要进一步加强师生关系并提高师生互动的频率。

(6)大多数大学生缺乏探究问题的钻研精神，对自己的理性分析能力不够自信，而且缺乏发现问题、分析问题、预测结果的能力。

2. 教师批判性思维现状调查

通过发放问卷I，了解教师批判性思维发展状况，具体结论如下：

(1)大学英语教师展现出了强烈的批判性思维意识。特别值得一提的是他们在思想开放性和好奇心方面表现出色。同时，教师还非常关注反思。在教学内容上，他们高度关注选用多元文化的教材，在教学实践中，时刻不忘积极培养批判性教学理念。在教学方法上，注意引导学生分析，以及针对有争议性话题发表观点等。遇到教学难点时，能客观理性地做出规划，一步步解决问题。同时，学校方面也逐渐开展批判性思维培训工作。

(2)教师的性别、年龄等客观背景对批判性思维有一定的影响作用。男、女性教师分别在好奇心和推断力上有显著倾向。拥有 10～20 年教龄、年龄在 41～50 岁的教师，批判性思维总体呈现性较高，学历、职称和学校等级等因素与批判性思维呈正相关性。

(3)尽管大部分大学英语教师表现出强烈的批判性思维，且积极地将这种思维纳入教学设计中，然而，在实际教学操作中，由于教师自身理论储备不足、学时有限以及教学任务繁重等客观因素的影响，教师在培养学生批判性思维能力和倾向方面缺乏连贯性和系统性。

通过深入访谈，进一步了解教师对批判性思维的理解和认识。结论如下：

(1)教师对批判性思维的概念有一定的认识，并且能清晰地说出大学英语教育与批判性思维的关系。

(2)尽管教师没有接受过专门的批判性思维训练，但会在工作和生活中有意识地提高批判性思维。

(3)中青年教师更注重在课堂上设计有争议性的问题让学生讨论，以此达到训练学生批判性思维能力的目的。

(4)面对质疑，教师都采取包容开放的态度。部分教师会选择认真对待该项质疑，并给学生明确的答复。

(5)尽管教师想通过课程提高学生批判性思维能力，但目前还未真正形成规范化流程和体系。

(6)教师乐于尝试新的教学方式和方法，解释了教师开放性思维得分最高的原因。

3. 教师和学生批判性思维现状对比分析

通过学生的问卷调研，我们能感受到教师批判性思维水平的高低直接决定了学生批判性思维培养的可能性，因为具有批判精神的教师会为学生提供练习的机会和平台。但从教师和学生的问卷结果来看，教师的批判性思维倾向普遍较高，而学生的批判性思维倾向却不尽如人意。说明学生才是批判性思维培养的关键。因此，学生需要从根源上改变以考试和就业为唯一学习动机的想法，积极参与课堂活动，养成主动学习的习惯，与教师的培训双管齐下，才能最终实现批判性思维的培养。

第八章　批判性思维在大学英语课程思政教学中的实践探索

批判性思维具有决定知识和行动、合理性、反思性和建设性的特点，以及清晰性、相关性、一致性、合理性和预见性的思维品质。批判性思维能力作为一种可以借助课堂教学途径来培养、可以通过不同类型的学习活动来获得的独特的高阶思维能力，同样可以借助对教学模式与方法的正确选择和运用得以推进。本章介绍了任务型语言教学法的概念特征和任务框架，并分别基于《新世纪综合英语》教学思路阐述和《新视野大学英语听说教程》的教学设计，探索借助任务型语言教学法在课程思政导向的大学英语教学中培养批判性思维的应用。

一、任务型语言教学概述

我国的大学英语教学经历了不同的历史发展时期，以不同的理论为指导，先后尝试了传统的语法—翻译法（Grammar-Translation method）、直接法/自然法（Direct/Natural method）、听说法（Audio-lingual method）、直观法（Visual method）和功能交际法（Functional communication method）、任务教学法（Task-Based method）和混合教学法（Blended teaching method）等不同的教学方法。“任何一种教学方法都是建立在一定的语言观和语言学习观上，也就是说，任何一种教学理论都会涉及对语言本质和语言学习本质的认识……”（束定芳，2004）①

① 束定芳．外语教学改革——问题与对策［M］．上海：上海外语教育出版社，2004.

依据德尔菲项目(Delphi Report)(Facione, 1990),批判性思维的三项核心技能为:分析、推理与评价。批判性思维要求学生做到以下几点(Roche, 2015):①

①挑战权威,挑战"想当然"的说法,挑战被广为认同的观点、价值观和行为准则。

②形成良好的思维习惯;在听、说、读、写方面都要超越表层意思,挖掘深层次含义;探讨一个行为或一个事件的最根本的原因、社会影响因素或可能的结果等;分析一次经历或一篇文章等的内涵。

③主动积极地思考。

④对自己的判断或结论能够提供充足的理由。

⑤能够比较全面地思考问题或看待某件事情,充分地了解和分析各种证据,不急于摆明自己的态度或观点。

⑥对他人的观点不轻易表示同意或不同意,而是仔细分析之后才得出自己的结论。

⑦知道有些问题没有唯一正确的答案,以开放的心态去讨论。

要做到以上几点,传统的以教师为中心的教学方法显然很难实现。随着旨在将语言课堂设计成更注重互动(interaction-oriented)、更以学习者为中心(learner-centered)的交际语言教学趋势的出现,任务型语言教学(Task-based Language Teaching—TBLT)已成为外语教学中不可或缺的概念。印度教育学家普拉布(N. S. Prabhu, 1987)将 TBLT 推广为一种新的、更有效的第二语言和目标语言教学方法。② 澳大利亚语言学家、前世界英语教师协会主席大卫·纽南(David Nunan, 1989) 认为"任务型教学充分体现了学生

① Roche, M. *Developing children's critical thinking through picture books*[M]. New York: Routledge, 2015.

② Prabhu, N. S. *Second language pedagogy*[M]. Oxford: Oxford University Press, 1987.

的主体性，是有效改变以往以教师讲授为主的教学现状的最佳途径之一"。① 英国语言学家、第二语言习得专家埃利斯(2003)指出：为了寻求更真实、更有意义的语言产出和学习者参与，任务型教学为学习者提供了通过实际任务练习目标语言的机会。②

(一)任务型语言教学的定义

任务型教学是指教师通过引导语言学习者在课堂上完成任务来进行的教学。它是美国教育家杜威基于实用主义教育理论提出的"学生中心，从做中学"的教学模式。是 20 世纪 80 年代兴起的一种强调"在做中学"(learning by doing)的语言教学方法，是交际教学法的发展。任务型教学法的任务指的是"一种通过创造性运用语言、以解决某个现实交际问题为目标的交际活动，它既是语言任务也是交际任务"。③ 埃利斯(2009)将任务定义为任何要求学习者接受目标语言、专注于意义以实现特定目标或执行特定动作的活动。学习者参与一套交互式的课程计划，以帮助他们理解和操练目标语言。④

普拉布(1987)认为，任务可以定义为一种活动，旨在让学习者通过推理达到某些学习目标，在某种程度上，它还赋予教师在必要时控制和调整过程的角色。⑤ 英国语言学家简·威利斯(Jane Willis，1996)认为，任务型语言教学法就是在教学中以交流为目的，通过语言的使用完成一个具有实

---

① Nunan，D. *Designing tasks for the communicative classroom* [M]. Cambridge：Cambridge University Press，1989.

② Ellis，R. *Task-based language learning and teaching* [M]. Oxford：University Press，2003.

③ 蔡永强．任务型教学法——理论与实践[M]．北京：中国社会科学出版社，2006.

④ Ellis，R. Task-based language teaching：Sorting out the misunderstandings [J]. *International Journal of Applied Linguistics*，2009，19(3)：221-246.

⑤ Prabhu，N. S. *Second language pedagogy* [M]. Oxford：Oxford University Press，1987.

际意义的任务，从而习得语言的过程。①

任务型语言教学的核心思想是要模拟人们在社会学校生活中运用语言所从事的各类活动，把语言与学习者在今后日常生活中的语言应用结合起来。

(二)任务型语言教学的目标

任务型语言教学法的理论基础是输入与互动假设(input and interaction hypothesis)。② 课堂中师生和生生的互动和交际有助于学生运用语言，学生在完成任务的过程中产生语言的习得，并最终达到掌握语言的目的。它强调让学生的注意力主要放在怎样利用英语作为交流的媒体来完成任务，而不只是关心自己所说句子的结构是否正确。这有利于帮助学生树立自信心，养成良好的学习英语习惯，形成有效的策略。大卫·纽南(1989)③和简·威利斯(1996)④强调了任务在提供“交际目的”和让学习者参与意义建构方面的作用，而不是单纯关注形式。现实环境中以意义为中心的任务有助于学生参与有意义的活动和学习过程，从而为中介语的发展创造新的机会和经验。⑤ 伦敦大学伯克贝克学院的名誉研究员彼得·斯凯汉(1996)在“任务型教学”(Task-based instruction)中对任务做了如下描述：“意义优先，任务完成为主，评估基于任务完成与否。”⑥也就是说，任务重视学生如何

① Willis, J. A. *Framework for task-based learning* [M]. London: Addison Wesley Longman Limited, 1996.

② Ellis, R. *The study of second language acquisition*[M]. Shanghai: Shanghai Foreign Languages Education Press, 1999.

③ Nunan, D. *Designing tasks for the communicative classroom* [M]. Cambridge: Cambridge University Press, 1989.

④ Willis, J. A. *Framework for task-based learning* [M]. Harlow: Longman, 1996: 23.

⑤ Foster, P. & Skehan, P. The influence of planning on performance in task-based learning[J]. *Acquisition*, 1996, 18: 299-324.

⑥ Skehan, P. A framework for the implementation of task-based instruction [J]. *Applied Linguistics*, 1996(17): 38-62.

沟通信息，而不是强调学生使用何种语言形式；任务具有在现实生活中发生的可能性，而不是“假交际”；学生应把学习的重点放在如何完成任务上，对任务进行评估的标准是任务是否成功完成。因此，“活动要以学生的生活经验和兴趣为出发点，内容和方式要尽量真实，要有利于学生学习英语知识、发展语言技能，从而提高交际的语言应用能力”①。

作为交际法的一种发展形态，任务型教学法本质上仍旧属于交际法的范畴。其教学理念主要体现在如下几个方面②：a. 教学的根本目标是完成诸项语言任务；b. 强调语言学习是一个从意义到形式、从功能到表达的过程，反对听说法对某种句型的反复机械操练；c. 鼓励学习者创造性地运用语言进行交际；d. 完成语言任务的过程中，表达的流畅性重于表达的准确性。

在大学英语教学中，通过任务型语言教学可以实现以下几个方面的目标：

(1)课堂从传统的教师为中心向学生为中心转变。任务型语言教学法使英语教学既显示教学内容，同时也体现教学过程。这样，既有助于学生对目标语言的了解，又激励学生使用该语言。

(2)为学生提供与老师或学习伙伴自发互动的机会，突出学生的主体意识和教师在教学过程中的主导意识，强化教学对象的素质能力培养，遵循学生的认知规律，激发学生积极学习的兴趣和思维能力的发展。

(3)体现大学英语的工具性和人文性特点，使学生掌握的一系列的语言技能和跨文化交际知识，不仅能应用在课堂中，而且还能运用到实践中，最终实现实用性人才培养的目标。

(4)培养学生的创新意识和批判性思维能力。根据批判性思维原则，从形式到内容都由学生自己去构思、去设计，使学生的发散性思维活动得

---

① 教育部．义务教育英语课程标准(2022 年版)[M]．北京：北京师范大学出版社，2022.

② Ellis，R. *Task-based language learning and teaching* [M]. Oxford：Oxford University Press，2003.

到充分的解放。

（三）任务型语言教学的特征

大卫·纽南（1989）认为，“任务型教学”作为一种教学法，具有结构性，它由教学目标（goals）、信息输入（input）、活动方式（activity）、师生角色（teacher/student role）、教学环境（setting）等要素组成。① Foster 和 Skehan（1996）②，以及 Prabhu（1987）③认为，语言教学活动需要符合某些标准才能被指定为“任务”。Ellis（2009）指出，这些标准是：任务包含一个认知过程，包括选择、推理、分类、排序信息，并将信息从一种形式转换为另一种形式。他还用四个特征定义任务：首先，任务是务实的，也就是说，它必须主要关注意义。其次，任务必须有一个明确定义的非语言结果。再次，参与者或学习者可以自由选择完成任务所需的语言资源。最后，任务应该有某种程序或步骤，使学习者能够填补“差距”（gaps），理解他们正在进行的任何事情。④

考虑到这些标准，任务型教学最重要的是通过培养学习者的语言和认知能力来促进有目的的交际。除了语言功能外，语言任务通过将学习者置于现实环境中，在提高学习者的思考和推理能力方面发挥着关键作用。作为课堂教学的一种活动，任务型教学至少具备以下三个特点：

（1）交际任务一定是有意义的，与现实世界或者学生的生活经验密切相关，贴近学生生活、学习经历和社会交际，能引起学生的共鸣和兴趣，激发学生积极参与的欲望。在任务型语言教学中，教师要从学生“学”的角

① Nunan, D. *Designing tasks for the communicative classroom* [M]. Cambridge: Cambridge University Press, 1989.

② Foster, P. & Skehan, P. The influence of planning on performance in task-based learning[J]. *Studies in Second Language Acquisition*, 1996(18): 299-324.

③ Prabhu, N. S. *Second language pedagogy* [M]. Oxford: Oxford University Press, 1987.

④ Ellis, R. Task-based language teaching: Sorting out the misunderstandings [J]. *International Journal of Applied Linguistics*, 2009, 19(3): 221-246.

度来设计教学活动，使学生在完成任务的过程中进行对话性互动，进而产生语言习得。

(2)课堂任务要具有具体清晰的目标，任务的焦点是解决某一交际问题。在教师所设计的各种“任务”中，学生能够不断地获得知识或得出结论，在完成任务的过程中学生的主体性正是通过内化与外显的无数次交替而逐步形成、发展和完善。整个语言学习的过程会越来越自动化和自主化。

(3)教学过程中可以区分三种不同类型的任务，即：信息差任务(Information-gap Tasks)、观点差任务(Opinion-gap Tasks)和推理差任务(Reasoning-gap Tasks)。① 信息差表明，任何任务都应该有一个空间或空白(space or blank)，由学习者通过解码或编码信息(decoding or encoding information)来完成。在信息差活动中，学习者需要与对相关信息一无所知的伙伴交换信息，并需要与其他成员协作和互动以完成任务；观点差活动更多的是表明“对特定情况的个人偏好、感觉或态度”；推理差活动涉及其他认知技能，即推理、论证、从给定信息中获取新信息。例如，老师布置的信息差任务是：“大学生为什么常常在英语课堂上看手机?”学生必须通过互相交流信息才能进一步完善自己的答案；可以让一对或一组参与者口头讨论，也可以给一个表格(tabular)表示，以文本的形式完成。观点差任务建立并阐明了适用于特定体验的个人偏好、态度或气质(temperament)。对于上课看手机的原因，学生在互相交流的过程中会发现别人不同的观点，这可以通过事实信息或通过激发个人必须证明其观点的论点来实现。推理差任务允许学生推断或识别对一条信息中关系或模式的感知。对于“怎样避免或减少学生上课看手机现象?”的问题需要学生个体根据前面的原因进行推理，不同学生的推理结果可能有差异，互动性的交流可以引导学生发现这些推理结果的差异。总之，三种不同类型的任务或任务的三个不同阶段在课堂教学中需要交替使用，学生完成每一项子任务的过程都是

---

①　同一篇文章在三处引用。Prabhu，N. S. *Second language pedagogy*[M]. Oxford：Oxford University Press，1987：47.

一个交际性互动的过程。任何符合这一标准的任务都能有效地学习目标语言。

(四)任务型语言教学的步骤

英国语言学家简·威利斯(Jane Willis, 1996)提出了任务型课堂教学的三个步骤:①

(1)任务前阶段(Pre-Task)——教师引入任务。

(2)任务循环流程(Task-cycle):

a. 任务(task)——学生执行任务;

b. 计划(planning)——各组学生准备如何向全班报告任务完成的情况;

c. 报告(reporting)——学生报告任务完成情况。

(3)语言聚焦(Language focus):

a. 分析(analysis)——学生通过录音分析其他各组执行任务的情况;

b. 操练(practice)——学生在教师指导下练习语言难点。

任务型的课堂教学中教师在教的过程中要做的首要环节就是呈现任务,让学生在任务的驱动下学习语言知识和进行技能训练。这样的学习过程是任务驱动(task-driven)的过程,它有利于提高学生的学习兴趣和增强学生的学习动力,同时也有利于体现任务的真实性。所以,真实运用任务的学习过程实际上就是课堂教学的过程。

二、大学英语课程中批判性思维教学的目标建构

"目标"在英语里有两个不同的单词:"goal"与"objective"。前者"goal"是终极目标,后者"objective"是阶段性目标。教学目标设计总体可以概括为三个层级:课程目标、阶段目标、课堂目标。其中,课程目标是总纲,需要以国家大学英语课程标准指导。

① Willis, J. *A framework for task-based learning*[M]. Harlow: Longman, 1996.

(一)创新型人才培养的目标建构

高等教育的重要任务之一是培养学生的批判创新思维能力。批判性思维因其对学习者创新思维的重要性而日益受到教育界和学术界的广泛关注，而批判性思维是创新人才必备的品格。因此，增强大学生的批判性思维能力已是高等教育的重要目标之一。

2010 年 7 月，教育部颁布的《国家中长期教育改革和发展规划纲要(2010—2020)》中明确提出建设创新型国家需要培养具备创新精神和解决实际问题能力的创新性人才。要达到人才创新目标，其基本要件之一就是要培养具有批判性思维的人才。《纲要(2010—2020)》中明确了当前我国高等教育的培养目标：在当前高等教育走向国际化、大众化的宏观背景下，在高等教育体制改革取得突破性进展和高校连续扩招后，高等学校的人才培养目标须从单纯的专业教育向综合素质教育转变，从以传授知识为重，向知识、能力、素质并重转变，要注重培养学生的创新精神和创造能力。目标中尤其强调了具备综合素质的创新性人才的培养。在国家教育政策的引领下，我校启动了“以培养创新型人才为核心”的发展计划，重点变化在“创新”二字上，因为原有的培养目标一直集中在培养应用型的技术和管理人才，强调人才的专业性；而创新型人才则侧重培养具有国际视野和创新能力的复合型人才，强调人才的创新性。

(二)大学英语课程的目标建构

批判性思维的过程包括：识别和分析问题、澄清意义、收集证据、评估证据、推断结论、考虑其他相关信息以及做出总体判断。任何教育体系都应该致力于教授知识、发展技能、培养批判性思考者的态度和品质：在适当的时候进行批判性思考。它可以通过融入学科课程或通过独立课程来实现。①

尽管大学生的批判性思维能力是各个学科、多门课程共同培养的结

① Hitchcock, D. Critical thinking as an educational ideal [EB/OL]. https://www.researchgate.net/publication/275462988.

果，但作为在高等教育中占用教学课时较多、覆盖面较广的大学英语，也非常有必要将批判性思维的培养渗透到大学英语教学中。我校外语学院公共外语教学部配合学校“双一流人才”培养的中心工作，也开始了新一轮的改革步伐，进行了新的梯队设置和大学英语课程模块设置(见图 8-1)。

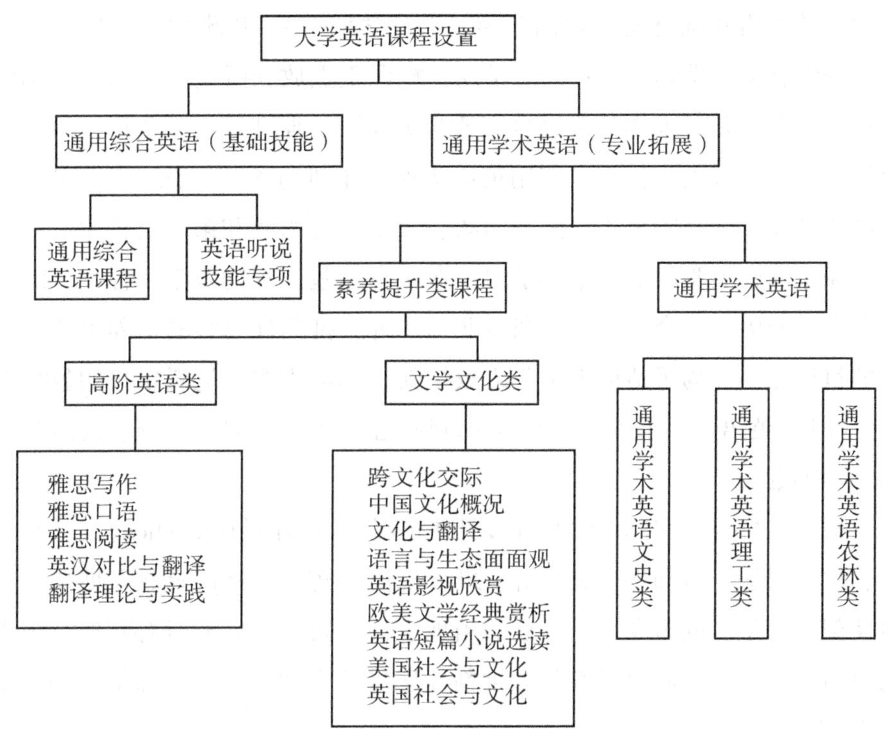

图 8-1　大学英语课程模块设置图

我校大学英语课程分为通用英语课程和通用学术英语课程两个阶段，历时两年，分四个学期完成培养目标。通用英语课程是通用学术英语课程的先修基础，重在培养学生的语言技能；通用学术英语课程是通用英语课程的拓展和延伸，重在拓展学生的文化视野，提高学生的高阶思维水平。为了能够更好地实现因人施教，学校根据新生进校英语分级考试成绩并参照其高考英语考试成绩，确定 A、B、C 三个级别并实施分级教学，同时根据特色人才需求或发展提供多样化选择，开设第二外语课程、英语口译类课程，将学生自由选择与遴选相结合。A 级对应教育部对非英语专业本科生英语教学的“发展目标”，B 级对应教育部对非英语专业本科生英语教学的“提高目标”，C 级起点为预备级，包括艺术设计专业和少数民族学生等。以学院为单位划分 A 级和 B 级，约各占学生总人数的 50%，根据各学院学生的英语基础有适当比例差异。第一学期，A、B 班学会根据相应级别展开综合英语课程学习；第二学期，授课重点放在听说技能的专项训练上；第三学期开展大学英语综合素质提升学习，学生不分 AB 班，而是可以根据需求在各类文化类、实用英语类课程中进行选课。该阶段课程由 3 个团队开设，即高阶英语技能类团队、文学文化团队和第二语种团队；第四学期全面开展学术能力培养学习。在所有这些课程的教学目标中，除了培养学生的语言综合运用能力和专业知识外，批判性思维的培养也成为教学的目标之一。为了适应大学英语教学新目标的需要，笔者申报的教育部青年项目《英语通识教育中大学生批判性思维培养研究：影响、机制与策略》顺利获批。

批判性思维的实际教学是许多具体情况因素的函数(function)：教师风格、教师兴趣、教师知识和理解、班级规模、文化和社区背景及期望、学生期望和背景、同事期望、最近的当地事件、教师在完成所有其他必须做的事情后的可用时间以及教师对批判性思维的掌握，等等，都是一些主要因素。①

由于前面所阐述的某些现实困难，如英语教师教学任务繁重，且本身未接受过批判性思维理论与实践的训练，学生英语课时和英语水平有限等因素，无法专门开设批判性思维能力培养和思政教学课程对学生强化训练，因此我们尝试以大学英语教师为主导、以教材等教学内容为依托，将思政元素和批判性思维方法有机融入大学英语教学，鼓励学生养成敢于提

① Ennis, R. Twenty-one strategies and tactics for teaching critical thinking: How can critical thinking be taught? [EB/OL]. https://criticalTHINKING.net Proudly powered by WordPress, 2013.

出问题、探索问题和反思问题、独立思考的学习习惯。在提高学生的英语应用能力的同时，培养良好的人文素养和高尚的道德情操，使其沉浸在中华优秀传统文化的熏陶和教育中，进而塑造正确的世界观、人生观、价值观。为了充分发挥语言的载体作用，训练学生的思维能力和进行思政教育，我们首先从我校大学英语通识课程中选择了几门课程进行试点教学，分别为："大学英语综合课程""大学英语视听说课程""跨文化交际""英国社会与文化""文化与翻译"和"写作与沟通"。我们重新制定课程大纲和课件，更新教学方法，力图让学生将知识、能力和素质进行有机结合，并在教学形式上进行创新。我们创设了"大学英语综合教程"的幕课课程、搭建了"英国社会与文化"SPOC(Small Private Online Course)课程平台，灵活使用各种新型教育教学手段，将线上线下相结合。我们还引入 PMI(Plus, Minus, Interesting)教学策略和六顶帽子思维法(Six Thinking Hats)，引导学生从多个角度审视观点、概念和经验。教学中加强讲练结合，引导学生提出好问题，以探究的方式针对知识进行"辩论"，提高师生互动，激发学生学习的主动性，同时提高学生小组合作意识，培养思辨情感，以润物细无声的方式培养学生批判性思维的习惯，提高学生的核心素养力和竞争力。

三、大学英语课程中批判性思维教学的实践探索

(一)"大学英语综合课程"教学探索

我校大学英语综合课程是针对一年级新生开设的英语学习基础课程，选用的教材是外教社《新世纪大学英语综合教程(第二版)第三册》。在教学实践中我们做了以下几个方面的探索。

1. 树立批判性思维培养的教学理念，挖掘教材中的思政元素

《课程要求》(2007)明确指出，"教学模式的改变不仅是教学方法和教学手段的变化，而且是教学理念的转变，是实现从以教师为中心、单纯传

授语言知识和技能的教学思想和实践，向以学生为中心、既传授语言知识与技能、更注重培养语言实际应用能力和自主学习能力的教学思想和实践的转变，也是向以培养学生终身学习能力为导向的终身教育的转变”。强化英语课程知识传授过程中的思想政治价值塑造，帮助学生通过英语文化知识学习和文化交流实践形成良好的文化意识，锤炼良好的文化品德和文化行为，教师必须更新教学理念和教学模式，有意识地培养学生批判性思维习惯。

《新世纪大学英语综合教程》的课文基本是英文原版材料，涉及内容丰富且广泛。教学中，我们有针对性地甄选思想文化内涵丰富的英语语料，通过对中西方文学作品和文化习俗的对比，让学生了解文化行为背后的文化内涵，旨在培养学生英语读写能力、思辨能力和跨文化交际能力。教师不仅要帮助学生了解文章结构，理解作者所要表达的含义，同时引导学生结合自身文化背景和经历批判性地评估作者的观点，形成正确的认知从而获得有价值的知识。

以教材中下面几个单元为例：第四单元的 Text A “My Greatest Olympic Prize”中，文章并未直接点明奥运精神，而是作者以第一人称的手法平铺直叙地还原奥运赛场上两位对手运动员相互鼓励勇夺金牌的场景。文章用大量篇幅描绘了美国黑人选手 Jesse Owens 和德国选手 Luz Long 的外貌以及对话。只有对话语进行深入剖析，才能理解希特勒的种族优越论对 Jesse Owens 情绪上的影响导致他预赛时发挥失常。教师通过搭建平台引导学生抽丝剥茧，在学习语言表达的同时了解西方文化，更深刻地体会作者的写作意图，理解奥运精神的本质是超越种族的，公平公正的。在对课文深层含义理解的基础上，教师又进一步引导学生讲述中国体育健儿的优秀事迹和故事，用英文讲述中国故事，在提高语言能力的同时也激发了学生的民族认同感和自豪感。第七单元“Another School Year：Why?”改编自一篇在大学开学仪式上的演讲。作者通过回忆自己教学初期碰到的“灾难”学生引出理科生学习莎士比亚作品的必要性问题，由此探讨通识教育的重要性。该话题与大学生息息相关，尤其对来自不同学科的大一新生树立正确的学习意识有很强的借鉴作用。教师可由课文内容展开，引导学生思考大学各门课程的重要性和必要性，以及作为社会主义建设者和接班人应具备的能力，并领会“核心素养”“人文底蕴”和“科学精神”的内涵。同时启发学生带着探求批判的精神去读书，思考当今的教育目标和学习目标，辩证看待“社会需要”。第八单元“Culture Shock”主要探讨的是在跨文化交际中容易遇到的文化冲突问题。通过正确认识文化冲突所经历的几个阶段，引导学生在中西文化交流、互鉴与对比中加强文化自信，并思考如何积极主动应对文化隔膜，以及如何将中国文化推向世界。

通过对教材中思政元素的分析不难看出，大学英语的课程思政教学并不需要刻意引用政治条款或名人名言，而是需要对于教材内容深层次分析，体会作者观点，并结合学生的具体实际，就可以帮助学生树立正确的世界观、人生观和价值观，培养学生的批判性思维能力。

2. 以学生为中心，以问题为导向，启发学生的思维

郭元祥教授(2022)指出：“以问题为导向、聚焦社会现实问题，引导学生理性而真实地面对社会，培养学生应对社会问题的必备品格和关键能力，以获得合理解决真实社会问题的思维方式、价值观念和处事能力。”①

在教学过程中，我们充分利用多媒体平台，布置学生自学幕课课程，提供与教材话题相关的视听及阅读材料，并设置与课程思政和批判性思维有关的问题，检验学生自主学习的情况，线上线下相结合，高效利用课堂时间。

例如，教材的第二、三和六单元分别是关于“爱情”“友谊”和“幸福”的主题。为了引导学生理解课文和作者的观点，教师根据每一单元的主题由浅入深地设置一些问题，帮助学生了解作者所描述的爱情观、友谊观和幸福观及其所处的时代背景、构成要素以及用以支持其观点所列举的事例

---

① 郭元祥，王金．课堂教学何以培育学生的社会情感[J]. 华中师范大学学报(人文社会科学版)，2022，61(5)：165.

等，并鼓励学生根据自己的理解，以绘制思维导图等方式将课文的要点及其相关的细节梳理出来，然后再提出自己赞同或不赞同的观点及其理由和依据。同时还引导学生收集中国传统文化中相关的哲学观点、文学作品、以及真实的人物和事件，与课文中接触到的西方的观点进行比较，找出异同点，并用英语进行解释。这些问题能较好地调动学生探究式学习能力，同时提高学生质疑、假设、解释和总结的能力，培养批判性思维意识。

3. 推行“任务型”教学模式，鼓励学生“批判性讨论”

当下我国的大学课堂教育文化仍处在“记忆性教学文化”，在这种文化中，教师就是单纯地传递，学生也是被动地“接受”，而不是探索和思考信息。任务型教学的实质是：英语教学应具有“变化性互动”的各种活动，即“任务”。任务由以下三个部分组成。一是任务的目标(Goals)，指通过让学生完成某一项任务而希望达到的目的。任务的目标可以是培养学生说英语的自信心，解决某项交际问题，也可以是训练某一项基本技能，如批判性思维技能等。二是构成任务内容的输入材料(Input)。教学实践证明，没有有效的语言材料的输入，学生就很难清楚表达自己的观点或对有一定思维深度的问题进行讨论。输入材料必须具有知识性，应以现实生活中的交际为目的，使学生在一种自然、真实、或模拟真实的情景中体会语言，从而学习语言而不是局限于教材。三是基于这些材料而设计的各项活动(Activities)。任务的设计由简到繁、由易到难、前后相连、层层深入，并由数个微任务(mini-task)构成一串“任务链”。在语言技能方面，遵循先输入后输出原则，使教学阶梯式层层推进。

批判性讨论是基于辩论理论(argumentation theory)的实践。批判性讨论的要点在于辨析观点，明确论点，完善论据，最后通过讨论达成不同原则、观点、价值之间的和谐统一。学生课前自主学习、独立思考的探究式学习方式可以提高学生分析问题的能力，而课堂讨论则是不同思维的碰撞。学生不仅需要展示自己的立场、知识、观点、信仰和价值观，还需以对话的方式了解他人对相同问题的不同看法，从而以辨证的角度看待他人的推理和解释，由此加深对知识和问题的理解，使学生养成对一个问题多视角、多方面进行分析的能力，提高学生的思维能力。

以第七单元的 Education 为例，作者在开学典礼演讲的引言中提出了两个引人深思的问题：*Why does a science student have to read Hamlet? Why does almost every college course begin with a history of the subject?*（为什么理科学生必须读《哈姆雷特》？为什么几乎所有的大学课程都以学科史开始？）。而类似的问题也常常在我们高校的一些学生中提出。因此，课前教师就给学生布置了思考任务：为什么大学生都要学习外语？作者认为培训和教育有什么区别？大学教育的本质是什么？你上大学的目的是什么？课堂上教师引导学生分析作者的演讲，并启发学生结合实际发表自己的观点和看法。有的学生认为，上大学就是为了学一门专业知识，以后能找一份报酬优厚的工作养家糊口；有的与演讲老师约翰·西亚迪有共鸣，认为学生在大学里既接受培训，又获得教育，即大学的任务不仅是把学生培养成专业人士，而且通过让学生接触世界上最优秀的人类思想来教育学生成为文明的人。在接下来的小组讨论中，学生根据课前布置的思考题，针对课文中的观点各抒己见，探讨由古至今的大学之道，分享诸子百家的教育理念。有的学生还引用名人名言作为支撑观点的证据，学生们结合社会现实，理智分析，表达立场观点，陈述理由见解，不仅对大学教育的本质有了更深刻的认识，对自己的人生规划有了更清晰的目标，而且还锻炼了英语口头和书面表达，培养了学生英语语言实际运用能力与批判性思维能力。批判性讨论能够充分发挥学生的主观能动性，让他们在辩论和研讨中独立思考和判断，从而增强对科学理论的认同度，提高思想政治理论课教学的效率。

4. 以评促学，引入批判性反思

教学是一个不断规划、反思和适应的过程，可以从自己的教学经验中学习，并完善和发展专业实践。杜威(1938)认为，反思性实践促进了对事物为何如此以及我们如何通过谨慎的计划来指导我们的行动和行为的思考，这些计划以经验和理论为基础，以便尽可能具有影响力。①

美国“反思性教学”思想的重要倡导人唐纳德·舍恩(Donald Schön, 1983)进一步将其定义为过程：行动中的反思和行动中的思考。②

布鲁克菲尔德(2000)提出“反思模式的主题是反思性教学”。这种反思过程是一个必须重复的循环，以改进教学。简而言之，这种反思过程包括以下步骤：③

(1)教学，(2)评估教学对学生学习的影响，(3)考虑可以提高质量的新方法，(4)重复该过程。反思是一个系统的评估过程，所有教师都可以使用。这也是布鲁克菲尔德反思模型的一个基本元素，应该成为每个教师工具箱的一部分。布鲁克菲尔德反思模型鼓励与他人合作，因为他人需要得到反馈和支持。最终，教师的反思会促进学生的学习过程。

反思性实践使我们能够发展自己的实践，成为更有影响力的教师。反思的最大价值在于我们重复反思过程，养成习惯，增强批判性反思和改进的能力。④

批判性反思包括：反思规划、提供经验教训、利用活动以及评估对学习的作用。首先教师要对自己的教学进行反思：既要积极寻找自己教学上的缺陷、短板，以利改进(这是教学反思活动的主要目的)，也要寻找自己教学上的优势，有利于今后教学中扬长避短、打造自己独特的教学风格，有利于提高自己的教学水平和教学能力。

学生学习主动性是在所有提高教学质量的因素中占据最重要位置的一个因素，如果离开了这一点，其他的一切努力都是徒劳的。教学任务完成得怎样，不仅看教师是否教完了教学内容，更重要的是看学生学到了多少

① Dewey, J. *Experience in education*[M]. New York: MacMillan, 1938.

② Schön, D. *The reflective practitioner: How professionals think in action*[M]. New York: Basic Books, 1983.

③ Brookfield, S. D. The concept of critically reflective practice[J]. *Handbook of Adult and Continuing Education*, 2000: 33-49.

④ Jasper, M. *Beginning reflective practice (2nd ed)*[M]. Andover, UK: Cengage Learning, 2013.

东西。教师所教的内容如果学生都掌握了才可以说教学任务完成了。这就要反思学生学得怎样。因为只有学生方法对头，才能保证教学任务的真正完成。通过对各单元所学内容进行概括、梳理以及对于讨论结果等进行总结，以提问的形式引导学生反思：a. 作者到底想阐述什么观点？b. 作者的依据有哪些？c.“我”是否赞同作者的观点？是否被说服？d.“我”有什么新观点？e.“我”的依据和理由有哪些？f.“我”的观点是否令人信服。学生还可以口头或书面的形式同伴互评，促进小组成员之间的交流与合作，相互活跃思维，拓展知识面。同时在同伴互评过程中掌握评判标准和手段，反作用于自己的写作和口头表达能力。

批判性思维是思维的高阶阶段，除了多角度对问题进行解释分析外，还需要对结果进行反思。大学英语课的特点导致大学英语课程思政中的隐性思政元素具有多样性、复杂性和多重性①。虽然大学英语思政元素，尤其是“隐性思政元素”不可以量化，而且思政过程也不能够固化，批判性思维也会因执行者认知差异、个人素养等方面有所不同，加上学习者学习态度和认知差异等因素，导致思政的价值与批判性思维的程度不好预期，但是大学英语教师可以在挖掘课程思政元素、重构课程的过程中，从深度和广度方面持之以恒，并设计多种形式的任务，使批判性思维的训练贯穿在所有教学环节，使大学英语课堂不仅是提高语言运用能力的课堂，同时也是训练学生批判性思维思维和逻辑推理的课堂。

(二)“大学英语视听说”课程概述

教育部在2007年公布的《大学英语课程教学要求》中明确规定：“大学英语的教学目标是培养学生的英语综合应用能力，特别是听说能力。”②如何让非英语专业学生更为有效地进行英语听说学习成了一项重大课题。本

① 王若兰．混合式教学模式下大学英语课程思政教学设计与探究[J]．高教学刊，2022(32)：177-180.

② 教育部高等教育司．大学英语课程教学要求[M]．上海：上海外语教育出版社，2007.

节将在《大学英语视听说》课程中设计并实现一个遵循任务型语言教学理论和批判性思维原则的听说任务模型，旨在探索批判性思维标准的使用在多大程度上提高了学生口语表达的能力。

1. 大学英语视听说课程基本特点

根据我校《公共外语类课程培养方案》的分类，“大学英语视听说(中级)”(College English Viewing，Listening and Speaking-Intermediate)是非英语专业B班学生在大学第一、二学期的一门必修课，其功能定位为通用英语听说技能专项提升课。课程旨在进一步提高学生的英语听说能力，增强学生的跨文化交际意识和交际能力，发展学生自主学习能力，提高综合文化素养，培养人文精神和思辨能力，为服务“双一流”大学人才培养，以适应新时期国家和社会对人才培养的需求，提高国际竞争力。课程以《大学英语教学指南》为导向设计教学目标，采用真实生活中的场景对学生进行听力技能训练，以专题的形式带领学生认识英语国家的文化，并能就话题表达自己的基本看法。但课程培养不仅仅局限于提高学生的英语听说能力，更注重通过对比中西方文化增强学生的跨文化交际意识和交际能力。同时该门课程通过线上线下相结合的混合式教学模式发展学生自主学习能力和小组合作能力，为提高学生综合文化素养，培养人文精神和思辨能力，服务“双一流”大学人才培养，以适应新时期国家和社会对人才培养的需求，提高国际竞争力打下坚实基础。该课程中不仅有英语语言知识，还涉及了人文、地理、科技、教育等社会热点话题，选材贴近学生生活，为学生结合自身情况展开讨论提供了有效素材。

2. 课程基本目标

本课程以《大学英语教学指南》为导向，从知识、能力、价值三个方面设计《大学英语视听说(中级)》课程教学目标。

(1)知识目标。基于所使用的教材，为学生提供真实语境视听材料、收听收看英语广播、电视节目和其他音视频材料，使学生直观了解英语国家的日常生活及社会文化，加强文化输入，了解专业领域的国内外发展现状、趋势和应用前景。通过听力技巧、口语表达与交流技巧的训练和专题讲座等方式，使学生了解日常话题和社会热点问题的表达方式，丰富专业知识和话题相关的词汇和句式，从而能较好地表达个人意见、情感、观点等，并就专业领域内熟悉的话题与他人展开讨论。

(2)能力目标。根据视听输入的语言材料对信息进行处理和加工的能力；能用英语有效地进行口头信息交流和正确表达个人观点和思想的能力；能在跨文化背景下以恰当得体的方式进行沟通和交流的能力；通过假设、判断、分析、归纳、推理、论证等高阶逻辑思维培养批判性思维能力；通过教师搭建的“脚手架”，培养学生自主学习能力，以及小组合作完成任务的方式培养团队合作与解决问题的能力。

(3)价值目标。结合视听材料的主题和内容，辩证地进行对比与反思，培养学生的文化自信和爱国情怀，树立正确的世界观、人生观、价值观。

3. 课程教学内容

该课程使用的教材是外语教学与研究出版社出版的《新视野大学英语(第三版)视听说教程 2 思政智慧版》。该教材遵循“以教师为主导、以学生为主体”的教学理念，并吸取原版教材 *Speakout* 的先进教学思想和教学方法。课文所选材内涵丰富，语言地道鲜活，展示多元文化，有利于训练语言能力与思维能力、探讨文化差异、培养跨文化意识；多任务组合，满足个性化教学发展；寓教于乐，激发学生兴趣。教材的教学内容共 6 个单元，根据教学大纲和教学计划的要求，总授课时间为 16 周，每周 2 课时。每单元用 2. 5 周 5 课时完成，其中 2 课时用于视听教学，2 课时用于口语教学，1 课时用于复习巩固及反思。教学内容都紧密围绕课文主题进行，通过 Sharing—Listening to the world—Speaking—Moral Education 几个部分和步骤，将提高听、说、读、写的语言能力渗透到了教材编写的各个环节。Sharing 部分为 BBC 街头视频采访，受访者围绕特定话题讲述个人经历或阐释个人看法，为学生提供语言示范和观点分享，学生也可结合自身经历诠释个人看法，为提升学生表达能力提供了很好的引导。Listening to the world 板块以相对较长的音频材料为素材，为学生提供听力策略，帮助学生有效捕捉重要细节，理清逻辑，灵活运用听力技能，训练学生的思维能力。Speaking 板块由 Imitation（模仿）、Role Play（角色扮演）、Group Discussion（小组讨论）和 Public Speaking（公共演讲）等活动组成。学生首先通过模仿原版影视材料中的地道表达，学习相应口语交际策略，结合日常生活中的使用场景，自创对话，以听促说，再集合团队力量，遵循"语言材料输入—任务分解—共同讨论—合作输出"的活动过程，培养创新思维和团队合作意识。最后，将讨论成果以个人演讲的形式呈现，训练学生的演讲能力和学术技能，在更高层次上提升语言应用能力，实现由模仿到自主表达的循序渐进式学习。Moral Education（道德教育）板块围绕单元主题讲述中西方故事，学生通过对比分析中西方在相同场景下的不同表现形式，更好地了解中西方文化，同时锻炼学生的思维能力，树立正确的价值观。

4. 课程思政教学设计

随着中国进入新时代，高校外语教学服务国家战略的目的逐渐凸显。大学英语的教学除了需要完成外语技能训练与跨文化交际能力培养的基本学科功能之外，同时也要关注学生爱国情怀和价值观的培育，从外语教学向外语教育转变。因此，"大学英语视听说"课程将"育人"纳入课程教学目标，在教学材料的选择与教学活动的设计上有意识地增强课程的育人功能（见表 8-1）。

结合点 1：在教学中增加中国文化内容，帮助学生增强文化自信和爱国情怀。在教学形式方面，在课堂活动中增加"中国文化汇报"环节，将中国文化与每个章节的讨论话题相结合，帮助学生用英文讲好中国故事，加深对中国文化的理解。同时补充有关中国文化的视听材料，设计配音或翻译活动，深化学生对中国文化的认同。

结合点 2：在教学中加强隐性育人，帮助学生树立正确的三观和健全的人格。结合单元所学材料，鼓励学生树立远大抱负和独立人格，坚持追求梦想，将自我价值的实现融入社会进步中。

结合点 3：基于每个单元的微技能选择合适的内容进行课堂训练，并加入其他合适的听力素材，通过学生模仿等活动，做到听说结合，布置适量的课外任务，并完善监测机制。同时关注学生的心理需求，在学生有畏难情绪的时候给予鼓励，帮助学生树立决心，去除学生的焦虑感，激发学生对听力学习的热爱，并在情感态度价值观上引导学生。

表 8-1　视听说课程单元主题的思政结合点

单元主题	思政结合点
Unit 1 Life is a learning curve	通过对比不同的学习方式培养学生建立良好的学习习惯。结合本校院士的故事向身边榜样学习，增加学生的学习动力，践行“强国有我”
Unit 3 Time out	理解单元主旨，引导学生合理规划时间，同时对比中西方对时间观念理解的异同，了解不同的文化差异，增强学生民族认同感和自豪感
Unit 4 Life under the spotlight	通过了解名人生平树立正确的梦想观，补充材料“人民日报谈偶像真义”，引导学生探讨成为偶像的标准和责任，同时引入“中国梦”，培养学生的家国情怀
Unit 5 Urban pulse	结合单元中讨论的城市生活的利弊，引导学生关注城市生活中的环境污染问题。引用《习近平治国理政(第三卷)》中的讲话，倡导绿水青山，绿色出行
Unit 6 Climbing the career ladder	结合单元中关于职业选择和规划，引发学生思考，同时引入“爱国精神”“工匠精神”和“职业不分贵贱”的观念，培养学生良好的职业理想和职业道德
Unit 7 Time of technology: A blessing or a curse?	通过讨论科技与人们生活的关系，深刻体会“科教兴国、科技强国”的内涵。同时通过补充中国现代科技发展的视听材料，直观让学生感受到中国科技发展的日新月异，增加学生的自豪感
Unit 8 Discovering your true identity	通过课程学习正确认识自己，客观看待自己的优点和缺点，树立正确的人生观，同时增加学生作为中国人的民族感和自豪感

(三)《新视野大学英语视听说教程第二册》Unit 6 的教学设计案例

本节以《新视野视听说教程第二册》Unit 6 的实际教学设计为例，介绍旨在探索以批判性思维为标准的综合任务型语言教学模式。

1. 基本信息

课程名称：大学英语视听说

课程类别：大学英语基础课程

教学对象：四年制本科非英语专业一年级学生(第二学期)

教学对象的特点是：a. 阅读基础较扎实，写作能力一般，但听说能力较弱，缺乏真实语境下跨文化交流的能力。b. 学习英语的兴趣因学习动机的不同而异。

单元主题：Climbing the Career Ladder(攀登职业阶梯)

教学时长：4 学时

2. 教学目标

语言目标：(1)学会与本单元话题相关的工作/职业(job)方面的词汇和谈论工作经历的表达方法(talk about jobs and working experiences)；(2)进一步掌握听懂正常语速英语广播电视节目的技巧和学会演讲与交谈中举例的用语(identify examples in speeches and conversations)；(3)掌握用英语表达喜欢与不喜欢的方法(express likes and dislikes)；(4)结合口语交际策略的学习，较为流利地开展情境对话，根据任务类型“提出一个赚钱的创意”(come up with a money-making idea)，以此提高英语问答技能、逻辑思维和思辨能力、解决问题的能力，以及组织语言个人总结发言的能力。

思政目标：(1)引导学生建立积极向上的求职观，(2)培养爱国情怀，增强民族自信，(3)树立职业不分贵贱的价值观，培养学生良好的职业理想和职业道德。

3. 教学方法与策略

J. C. Richards 和 T. S. Rodgers(2001)认为，流利的口语只能靠学生自己习得，通过对语言输入的理解逐步提高语言能力。而语言的输入就是“听”，是大脑接收语言信息的过程。① 本设计围绕批判性思维核心技能“阐释、分析、评价、推理、自我反思”，主要采用任务型语言教学法与以听导说、以说促听的策略，在语言输入和输出的过程中完成信息差、观点差和推理差三种类型的任务。

4. 教学步骤与活动形式

美国心理语言学家 Wilga M. Rivere(1978)指出，听的过程既是一个接受的过程，又是一个构建的过程，这一过程分为三个阶段：第一阶段为感觉阶段，学习者得到的仅是一个肤浅的印象，基本上是被动接受；第二阶段为识别阶段，这一阶段学习者将接收到的信号一个个加以识别和联系，其行为基本上是积极的、细致的；第三阶段为领悟和构建阶段，学习者将所获得的材料加以理解并存在记忆里，再寻求一种表达的方式以达到语言的输出。② 本设计按照 Willis(1996)提出的任务型教学三个步骤实施：前期任务(pre-task)，任务环(task-cycle)，语言聚焦(language focus)。③

(1)前期任务(pre-task)

此阶段为课堂准备阶段。教师要使学生了解该单元的主题和学习目标，要求学生利用网络及工具查阅常见的与工作/职业有关的词汇，使学生在视听前就能熟悉重点词汇和句型。

---

① Jack C. Richards, Theodore S. Rodgers. *Approaches and methods in language teaching (cambridge language teaching library)* [M]. Cambridge: Cambridge University Press, 2001: 3-12.

② Wilga Rivers. Interactive language teaching[M]. Cambridge: Cambridge University Press, 1987.

③ Willis, J. A. Framework for task-based learning[J]. *TESOL Quarterly*, 1996(33): 157-158.

任务 1：与主题相关的导入(lead-in)，比如，针对单元题目中的关键词"career"提出头脑风暴问题："What are the differences between a career and a job?"(事业与职业的区别是什么?)"What are the characteristics or concepts of each of them?"(它们各自的特点/观念是什么?)。要求学生分组完成，学生通过相互交流，根据对两个单词已有的认知，或查字典了解的定义和各自对其特点的理解进行归纳和整理，每个小组提交一份图表或 ppt 给老师。老师在课堂导入时选择一两份归纳较清晰完整的供全班分享，如表 8-2：

表 8-2　"Job"与"Career"对比图

Basis for Comparison	Job	Career
Meaning	something one does for livelihood/money/a living	not only for money but also opportunities to do what one loves to do
What is it like?	trip	journey
Exchange of	time for money	time for pursuing your lifelong goal/ambition/passion
Concept	a means to fulfill the needs	an end in itself
Duration	short term	long term
Requires	education and other skills	training in specific field
Focus on	regular income and job safety	innovation, learning more, taking risks

由于图表内容基本是以单词或词组等"只言片语"表述，教师可用适当的语速与学生一起用完整的句子简要地归纳比较，例如：

While a job is something a person does as a part of regular employment for livelihood (for a living), a career is something related to pursuing his/her passion (ideal/goal/ambition). In simple terms, job is a position of regular employment, that is paid. Conversely, career implies progress of an individual in a particular profession or in a company... 工作是一个人为了生计（谋生）而常规就业的一部分，而事业是与追求他/她的激情（理想/目标/抱负）有关。简单来说，工作是一种有报酬的固定就业岗位。相反，事业意味着个人在特定职业或公司中的长远发展……

任务2：课文主体内容。首先熟悉单元主题相关的词汇，如下面的看图配词。

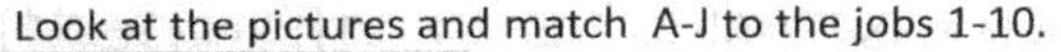
Look at the pictures and match A-J to the jobs 1-10.

__F__ 1 chef (厨师)
__E__ 2 teacher
__I__ 3 soldier
__D__ 4 electrician
__G__ 5 accountant (会计师)
__J__ 6 vet (兽医)
__B__ 7 lawyer
__A__ 8 architect
__H__ 9 estate agent (房地产经纪人)
__C__ 10 plumber

任务3：词汇扩展。为了帮助学生回忆起更多关于"工作"的名称，教师提出以下问题：

"What other types of jobs do you know?"（你们还知道哪些种类的工作？）

"What do you think are the Top 10 popular/hot jobs in China? "（你们认为中国排名前十位受青睐/热门的工作是什么？）

学生结合自己专业领域分别罗列以下工作：销售人员（salesperson）、IT工程师（IT engineer）、建筑设计师（architectural designer）、高级技师（senior technician）、公务员（civil servant）、职业经理人（professional manager）、人力资源总监（director of Human Resources）、投资经理（investment manager）、律师（lawyer）、健康管理师（health manager）……

接着老师又问：

"What do you think are the Top 10 unpopular jobs?"（你们认为排名前十最不受青睐/冷门的工作是什么？）学生也许由于关注不多，加上英语词汇有限，不能立即回答，教师可进一步提示："Would you like to be an (environmental) sanitation worker?"(你愿意做环卫工吗?)在这个问题的启发下，学生会想起一些其他工作名称，如：门卫(entrance guard)/保安(security guard)、外卖送餐员(food deliverer)、宿舍管理员(dormitory administrator)、食堂的厨师和服务员(chefs /cooks and waiters in the cafeteria)等大学师生日常生活中离不开的工作。

学生通过交流信息对这些词汇的掌握为后面任务的完成打下了良好的基础。这样的教学环节不仅可以使学生互补信息差，熟悉高频词汇及主题相关的表达方式，更能调动学生的学习积极性，锻炼学生独立思考的能力，还能在互动过程中鼓励学生互帮互助，使参与意识弱和英语基础差的学生能感受到集体的鼓励和帮助。

(2)任务环(task-cycle)

这是主体实施阶段，也是实施任务型课堂教学的核心部分。在这一阶段，教师要深入主题，设计数个小型任务，构成任务链。"设计任务活动要突出趣味性、可操作性、科学性、交际性和拓展性。"①通过信息差和观点差任务类型，提高学生英语听说能力和综合运用语言的能力。有了前期的预习和导入活动作为铺垫，学生已经熟悉了有关工作/职业的词汇和常用句型，教师可以带领学生完成课本"Listening to the world"中的视听材料。

这一阶段主要是通过视听进行语言输入。为减轻学生在完成任务的过程中产生的焦虑感，所有的听说任务都通过二人活动(pair work)或小组讨论(group discussion)协作来完成，教师起着"协调者"和"组织者"的作用。对于口语表达有困难的学生，应给与帮助和积极的鼓励，以帮助他们树立信心和激发学习兴趣。

任务1：播放视频播客(Video Podcast)Part 1 对话：第一遍为盲听

① 岳守国．任务语言教学法：概要、数据及运用[J]．外语教学与研究，2002(5)：364-367.

(不看课本)，了解视频大意：The speaker Hinda is a researcher for BBC in London. She's made some friends at work. But sometimes she's too busy to get relaxed or to tidy her flat.

第二遍学生可以看着学生用书里不完整的对话文稿，边听边写下画线部分空缺的词或词组；第三遍让学生边听边补充漏掉的信息和更正写错的单词(红色画线部分)。

Part 1

H(Hina)：Hi，I'm Hina. I work for the BBC in London as a researcher. I've learned a lot of skills in my job and I've made some good friends at work. Sometimes my job gets too busy and I don't get enough time to relax，or even to tidy my flat. What do you do?

任务2：视频播客 Part 2 BBC 访谈片段，其中说话的人物较多，有六位女士(W1，W2，W3，W4，W5，W6)和八位男士(M1，M2，M3，M4，M5，M6，M7，M8)。他们在接受 Hinda 的采访，回答她的问题"What do you do?"这个对话能使学生了解更多关于"job"的词汇，但由于说话人较多，且有些词汇学生不太熟悉，老师可让学生按照前面的方式听三遍，按说话顺序写下被采访人员的工作名称(画线部分)。

W1(Woman1)：I'm an administrator in an economics department of a university.

M1(Man1)：I'm an accountant.

M2：I work in advertising.

M3：I'm a filmmaker.

M4：I'm a mechanical engineer for an energy company in Australia.

W2：I work in an office.

W3：I'm a singing teacher. I teach singing lessons.

M5：I'm a private investigator. I run a private investigation company in Germany.

M6：I am a charity worker，so I travel to different places in the world.

M7：Well，I'm semi-retired now，but I worked for many years for a publishing company.

Book publishing.

W4：I am the director of sales for a software company called B-line.

W5：I'm a college professor. I teach communication and journalism at Jackson University.

M8：I work as an expedition leader.

W6：I'm a fashion photographer and I work for a fashion agency.

W7：I work part-time in a music store.

这种练习可使学生在对话中接触更多新的词语并加强记忆，活学活用。

任务3：视频播客 Part 3。首先让学生带着问题听第一遍"What are the best things about their jobs?"（他们工作中最棒的事情是什么？）。然后让学生快速浏览课本上的练习题："Look at the people and read the statements. Then watch the podcast and match the statements 1-6 to the people A-F."（将1-6的陈述与视频中受访人A-F的观点进行匹配）

____ 1 The best thing is that no day is really the same.

____ 2 I've made some really good friends over the years，from the locals and natives，and the，the local crews I work with.

____ 3 The best things about my job are the different people er... that I meet from all around the world.

____ 4 I get to be hands-on with everything.

____ 5 I get to travel and um... lots of different people every day and every day is different.

____ 6 Seeing people's faces when you do something for them and seeing little kids um... being very happy and laughing and... I really love that.

通过这种练习，学生既获得了关于工作经历的信息，也学会了如何描述自己工作的优点。

任务 4：视频播客 Part 4。让学生带着问题听第一遍"What are the worst things about their jobs?"(他们工作中最糟糕的事情是什么?)然后让学生看着老师展示的PPT图片上的任务，听第二遍时填空完成每位受访者的回答(画线部分为正确答案)。

What are the worst things about their jobs? Look at the people below and fill in the blanks .

Answer:

The worst thing about her job is that it can get very stressful.

Answer:

Seeing that people who are very poor and very sad don't have much opportunity and can do little about it hurts him a lot.

Answer:

The worst thing about his job is the (long) hours he works.

Answer:

He never knows what he's gonna be doing from one day to the next, so sometimes it's hard to make plans.

Answer:

What he dislikes about his job is being away from his family.

Answer:

He thinks spending a lot of time outside of the UK has its disadvantages.

任务5：观点差任务。通过以上两个视频，学生了解到不同工作性质的利弊(pros and cons)，还学会一些表达自己观点的方法。接下来学生分小组讨论，模仿视听材料的句型“the best/worst things about my job are...”，发表自己对某种工作的看法。如A同学说“I like the job of a salesperson, because the best things about it are knowing lots of different people and travelling to different places...”(“我喜欢销售人员的工作，因为最棒的事情是认识很多不同的人，去不同的地方旅行……”)B同学有不同的看法，认为“Those are not the best things for me. I don't like travelling. I'd stay home with my family as much as possible.”(“这些对我来说不是最好的事情。我不喜欢旅行。我愿意尽可能多地待在家里和家人在一起。”)

小组成员还可以以角色扮演(role-play)的形式模仿视频中人物相互问答，如A同学问B：“Li Wei, what kind of job do you want to do, and why?” B同学可以借用视听材料里的句型，说出自己心目中想要从事的工作，如“I want/expect to be a...”并用“The good things/benefits/advantages/pros of being a... are...”或“the worst things/cons/disadvantages about the job are...”来说明理由。

在此基础上，老师接着提出一个关于价值观的问题：As we all know, there are thousands types of jobs in the world. Do you think some jobs are superior and more dignified/respectable than others?（众所周知，世界上的工作/职业种类千千万，你认为一些工作比另一些工作更优越更体面吗?)

让学生认识到There is no distinction between high and low in work. People only have different division of labor and individual abilities, but in fact, every job is equal and indispensable.(工作不分贵贱。人们只是分工不同，个人能力大小不一样而已，其实每个职业都是平等的、不可或缺的。)

在此过程中教师监督各小组讨论情况，并适时地给以指导和帮助，确保每一位学生开口说话，表明“对特定情况的个人偏好、感觉或态度”①。

① Prabhu, N. S. Second language pedagogy [M]. Oxford: Oxford University Press, 1987: 47.

任务6：在播放下一个视听材料之前给学生提一个思考题，这也是大学生们都要面对的一个实际问题：What do you concern most when looking for a job?（你找工作时最关心/看重的是什么?）同时给学生提供几个备选的表达方法：flexible hours(灵活的工作时间)、stability(稳定性)、a good salary and many benefits/welfare(薪酬好、福利多)、good work-life balance(良好的工作与生活平衡)、interesting and challenging tasks(有趣又有挑战性的任务)、有利于实现我的理想与抱负(beneficial to achieving my ideals and aspirations)等，起到抛砖引玉的作用。

接着看视频对话，完成信息填空。视听材料是关于几家大公司为了激励员工而提供的各种福利。播放第一遍时仍然是通过盲听了解对话的大意。然后，Read the table carefully and complete it.（仔细阅读并完成表格）：

Companies		Ideas to motivate staff
Internet companies	Yahoo	There's 1) *a free bus ride* to work for the employees. There's also 2) *a dentist* and a hairdresser at the office. And one day a month the staff 3) *watch films* together.
	Google	4) *Lunch* is free. And after sitting at your desk for hours, you can have 5) *a cheap* massage in the office. Another nice little bonus – you can 6) *take your dog* to work.
Other companies	One company	It takes its employees on 7) *a surprise holiday* every year.
	Starbucks	Employees get 8) *free coffee*, of course, but they can also 9) *bring their children* to work.
	A phone company	It has 10) *a party* for the staff on the last Friday of every month – with 11) *free drinks*.
	An insurance company	It keeps fish in a little river next to the office. The employees 12) *go fishing* after work and they take home 13) *all the fish* that they catch.

听第二遍和第三遍时，学生完成了图表里缺失的信息，同时更好地理

解对话的内容。接下来就以小组开展讨论，针对前面提出的问题和视听材料里提到的福利各抒己见。例如：学生之间相互提问：Which way of motivating staff do you like most? Why? (你最喜欢哪种激励员工的方式？为什么？)同时，老师提示学生使用"want""prefer""expect""hope""wish""I regard... as the most important thing""I concern most..."等多种方式表达自己的愿望。

学生也可以以人事经理面试求职大学生的形式开展对话：

问：What do you expect from our company if you are offered the position? (如果你得到这个职位，你对我们公司有什么期望？)

答：I expect for... /I'm very interested in... (我期待……/我对……很感兴趣)

harmonious/safe working environment(和谐/安全的工作环境)

motivating boss and easy-going colleagues(有激发力的领导和随和的同事)

opportunities to perfect oneself(完善自己的机会)

training for professional qualifications and further education (职业资格培训和继续教育)

在听完视频对话后，学生在角色扮演中可能汇集更多诸如以上的想法和表达方式。

以上为第一次课(2学时)的课堂教学任务。下课前老师布置课后作业及第二次课的预习任务：

①信息差与观点差任务。收集有关我国优秀民族企业(excellent national enterprises)，如华为、海尔集团、格力电器等，在企业文化(corporate /enterprise culture)、经营理念(business philosophy)和人性化管理(human-based management)等方面的优点(advantages)与不足(disadvantages/deficiencies)，仿照视听材料以举例的方式写一篇报告，并

提交到批改网的布置作文中。(思政教育和爱国主义情怀培养)

②通过U校园平台自主学习本单元的"listening skills"(听力技巧):Listen to the paragraph and put down the expressions for giving examples.(找出所听段落里关于举例的信号词。)例如"for example""to name just a few"等;从本单元的"speaking skills"(口语技巧)视听材料找出"喜欢"和"不喜欢"的多种表达方式,如"like""love""prefer""I'm keen on..." "I don't mind...","dislike""hate""I can't stand...""I'm /get fed up with...""I'm tired of..."等。(语言技巧训练)

③推理差任务。了解市场需求、分析并制定可行性和实用性方案,以"A Money-making Idea"(一个赚钱创意)为题准备向全班展示的报告。(锻炼推理能力、解决问题的能力和语言表达能力)

(3)语言聚焦(language focus)(第二次课)

语言聚焦阶段也是总结与提高阶段,对所学内容进行归纳、巩固和拓展。在时机成熟时,教师可以让学生围绕新知识点、突出主题进行迁移操练,学生通过新的任务把在前面的任务中学到的知识和技能转化成在真实生活中运用英语的能力。

第一次课的主要任务是通过简单的口语互动促进语言材料的输入,该阶段重点训练"Speaking for Communication"(用口语进行交流)。通过信息差、观点差和推理差任务进行语言输出。教师要根据教材内容设计与现实生活密切关联的口语活动,培养学生批判性思维的能力和解决实际问题的能力。

任务1:以导入的形式检查上次课布置的预习任务,首先是举例信号词:

老师:Examples are often used to help explain unfamiliar or difficult concepts, making them easier for the listener to understand and remember. What are the common English expressions for giving examples?(举例子通常用于帮助解释不熟悉或难懂的概念,使听众更容易理解和记住这些

概念。举例子的常用的英语表达方式有哪些?)

学生：such as... /including...

by way of illustration,...

A classic/well-known example of this is...

namely... /respectively... /to name just a few...

X is a good example/illustration of...

X illustrates this point/shows this point clearly.

This can be illustrated briefly by...

The evidence of X can be clearly seen in the case.

以上表述都是学生从听力材料里整理出来的。接下来检查"喜欢"或"不喜欢"的表达方式：

老师：What other expression of "like" or "dislike" have you learned except those I provided for your last class? Can you give some examples? (除了我上节课给你们提供的那些以外，你们还学会了哪些"喜欢"或"不喜欢"的表达方式？能举些例子吗?) First, expressions showing "like".

学生：I *fancy* dancing. I *am mad about* drawing. They *are crazy about* Jazz. He *is fascinated by* electronic games. She'*s in love with* her new job. We *prefer* working for ourselves.

老师：Then, expressions showing "dislike".

学生：My mom *can't bear* lazy people. The little boy *is sick of* vegetables. Grandma *is not very keen on* action movies.

任务2：信息差、观点差和推理差任务交替进行。批判性思维被定义为技能与倾向的组合，能够正确有效地激活推理的各个方面，从而做出公正、准确、有证据和明智的判断。为了引导和鼓励学生批判性地讨论，老师结合我国的现实情况和热门话题，播放一则 CGTN 的新闻报道，并遵循恩尼斯(2013)提出的“RRA”基本教学策略——“反思(Reflection)、推理(Reasons)、备选方案(Alternatives)”。① 根据报道中的某些观点，设计恰当的问题，“鼓励学生反思，停下来思考，而不是仓促做出判断，或接受他们脑海中的第一个想法，或自动接受媒体上呈现的任何东西”①。

老师：In many big companies or start-ups in China，there is a culture of overwork named 996. Please listen to the news report the first time and fill in the blanks.(在中国的许多大公司或初创企业中，有一种叫做 996 的加班工作文化。请听第一遍新闻报道并填空。)

Working 996 every day makes you overtime longer 20-30 hours. It surely harms your body. That becomes a popular sentimental word. The culture of working from 9 am to 9 pm. six days a week. It has become more common in China's super competitive tech industries and has sparked the nation-wide debate about work-life balance.

Working 996 will land you in the 996 ICU，the 996 Intensive Care Unit. The harsh attack on young people trapped by 996 has also made around the Chinese social media. It's a way to share stressful work experiences and call out the companies that implement the groaning schedule.

For some start-ups or big companies，they need to compete. Their employees are called to be more competitive. It is acceptable to struggle for your career once a while，but the best method is to increase efficiency. The heads of some biggest Chinese companies have also joined the debate. Alibaba's Jack Ma posted on Weibo that he personally thinks that

① 同一篇文献引用两次：Ennis，R. Twenty-One strategies and tactics for teaching critical thinking：How can critical thinking be taught?［EB/OL］. http：//www.criticalthinking. net/howteach. html，2013.

being able to work 996 is a huge blessing. If you don't put out more time and energy than others, how can you achieve the success you want? Ma later clarified, saying that he just wanted to praise those who put out more hours voluntarily. (画线部分为正确答案)

老师：Then listen to the news the second time and tick T (True) or F (False). (然后听第二遍新闻，勾选 T(真) 或 F(假))。(括号中的答案为作者提供)

(1)996 is unique in China. (F)

(2) Richard Liu (Liu Qiangdong), the CEO and co-founder of JD. COM put it in a more blunt way that slackers(懒惰的人) are not his brothers. (T)

(3) It is acceptable to struggle for your career all your life, but the best method is to Increase efficiency. (F)

(4) According to Chinese Labor Law, the standard working time is no more than eight hours a day and at least one day off a week. (T)

(5) The young employees are in a dilemma: they cherish the valuable work opportunity, but they regret they sold themselves so cheaply. (T)

老师：(听第三遍后) Your Voice: What is your opinion/viewpoint on 996? Express your likes or dislikes by using sentence patterns on Page 101 and explain why. (你的声音：你对 996 有什么看法？用第 101 页上的句型表达喜欢或不喜欢及其程度，并解释原因。)

Opinions	Expressions
love	I adore/am mad about/am crazy about
like a lot	She's fond of/really likes...
like	He quite likes...
neither like nor dislike	I don't mind doing/don't really care. It's all the same to me. It makes no difference to me.

续表

Opinions	Expressions
dislike	I'm not a great fan of/dislike...
really dislike	l can't stand/bear...
hate	She hates/detests/loathes...

Bailin 等人(1999)认为，批判性的标准包括评估主张的可接受性、陈述的合理性、论点的质量和理由的适当性的标准。①

根据以上标准，老师着重针对新闻报道中两位知名人物对 996 现象的言论展开批判性讨论。

言论 1：Alibaba's Jack Ma posted on Weibo that he personally thinks that being able to work 996 is a huge blessing. If you don't put out more time and energy than others, how can you achieve the success you want?(阿里巴巴的马云在微博上表示，他个人认为能够 996 工作是一件巨大的幸事。如果你不比别人付出更多的时间和精力，你怎么能获得你想要的成功?)

讨论题：Do you agree that one can achieve success only by putting out more time and energy than others, why or why not?(一个人只有比别人付出更多的时间和精力才能取得成功，你同意这样的观点吗？为什么同意，为什么不同意?)

言论 2：Richard Liu (Liu Qiangdong), the CEO and co-founder of JD. COM put it in a more blunt way that slackers are not his brothers.(京东首席执行官兼联合创始人刘强东更直白地说，懒鬼不是他的兄弟。)

讨论题：Do you agree that those who don't want to work overtime are slackers, why or why not?(那些不想加班的人就是懒惰，你同意这样的说法吗？为什么同意，为什么不同意?)

① Bailin S., Case R., Coombs J. R., et al. Conceptualizing critical thinking[J]. *Journal of Curriculum Studies*, 1999, 31(3): 291.

任务 3：语言聚焦活动。首先播放一个视听材料“Get Ideas”(寻求创意)

练习 1：Read the summary. Your university is holding a contest named The Best Money-making Idea. Listen to someone talking about her money-making idea and complete the following sentences.(阅读摘要。你们大学正在举办一个名为“最佳赚钱创意”的竞赛。听某人谈论她的赚钱创意，并完成以下句子。)

(1) We want to make interesting cakes shaped like animals or trains or faces.

(2) We'll also make the cake personal by writing your name or a special message on it.

(3) We don't need very much to start our business, because we can make the cakes at home.

(4) We need to advertise in schools and have a beautiful website with lots of colorful photos.

练习 2：Read the key phrases and the statement. Then listen to the talk again and use the key phrases to complete the statements (1)-(5)(阅读关键短语和陈述。然后再听一遍演讲，用关键短语完成陈述(1)-(5)。

(1) Our business is called The Very Special Cake Company.

(2) Our idea is to make delicious birthday cakes for children.

(3) We hope to make money by selling the cakes at local markets, in shops and on the Internet.

(4) To be successful, we need to advertise.

(5) We plan to go to markets and give people a free taste.

Work in groups. Each member thinks of one money-making idea. Discuss the following questions and decide on the best money-making idea.(分组活动。每个成员都想出一个赚钱的创意。讨论以下问题，并决定最佳的赚钱创意。)

(1) What is the name of your company?

(2) What is the product/idea?

(3) How will the business make money?

(4) Who will you sell your product/service to?

(5) What will you need to start/be successful?

Then prepare to present your idea to the class. Use the above questions to organize your ideas. (然后准备向全班同学介绍你的创意。用以上问题整理你的创意。)

Now present your ideas to the class. Before you begin, refer to the checklist below to see if you are ready. (现在向全班同学介绍你的创意。在开始之前，请参阅下面的检查表，看看你是否准备好了。)

(1) Convince the others that our idea is the best one.

(2) Provide convincing supporting details and orderly way.

(3) Use appropriate sentence patterns during the presentation.

(4) Use appropriate intonation patterns.

有了视听材料的范例和组织语言的技巧为基础，大大减轻了学生的语言表达难度，可以专注于思考创意。例如：

(1) A "Smart Travel" company—a student-run on-campus travel agency offering travel services to college students.

(2) A "Faster & Better" company—picking up express packages for door-to-door delivery services.

(3) An "Order Today & Arrive Tomorrow" company—an online shopping agency offering fast delivery services.

(4) A "Small Items with High Taste" company—selling various handmade small gifts.

(5) An "Animals Paradise" company—treating and caring domestic animals including pets.

每个小组都集思广益，从市场需求、运营成本和可行性等方面策划出各种赚钱的创意，还为公司设计出语言简洁、特点鲜明的名称，如，“智慧游”(Smart Travel)公司为大学生定制经济实惠的旅游项目、“快而优”

(Faster & Better)公司为师生代取快递服务、“今日购明日达”(Order Today & Arrive Tomorrow)公司为师生做网购代理、“小物件高品位”(Small Items, High Taste)公司手工自制个性化的小礼品，以及动医动科专业学生的“动物天堂”(Animals Paradise)公司，治疗和护理包括宠物在内的家畜，等等。活动中每个小组都很活跃，每个人兴趣都很大，既调动了创新思维又锻炼了语言表达，还体现出合作精神及开放包容的心态。代表小组展示的同学也很自信，语言表达清晰，有的同学还通过音量、语调调整加肢体语言的形式来感染听众，吸引眼球。

任务4：评价与反思。学生完成任务后要对其结果展开有效的评价。评价要中肯，不能一味表扬和批评。同时还要搜集学生相互之间对任务完成的反馈，看看他们能否接受这些任务以及有什么更好的建议。① 因此，老师引导学生一起对各组代表的陈述从以下几点进行点评并打分，综合得分最高的获“最佳创意奖”：

(1)“创意”的新颖和独特性；

(2)理由的说服力；

(3)逻辑结构清晰度；

(4)语言表达的准确性和多样性；

(5)语音语调及肢体语言的感染力和激发互动的吸引力。

最后，老师对整个单元的总结和评价。教师分析并评价各组执行任务的情况和语言学习重难点掌握的程度，分析学生在任务过程出现的问题及其原因，然后针对不同问题进行分析，以免学生遇到类似问题时再出错。针对本单元的主题，老师总结了关于工作/职业等的词汇和短语以及某些常见职业的性质和特点，使学生在学习语言的同时，树立正确的求职观。

① 吕京．英语任务型教学法的有效实施[J]．中国教育学刊，2010(6)：32.

四、小　结

根据 Elder 和 Paul(2008)的观点，学生在实现批判性思维时不是被动的，而是主动的。① Emir(2009)认为，合格的教育应该向学生展示学习什么以及如何学习。当学生评估他们所学的知识和学习方法时，他们表现出了批判性思维能力。② 以下是笔者对任务型语言教学模式的几点思考。

第一，课堂教学从"以教为中心"转向"以学为中心"，是学生发展的客观要求，也是人类终身学习的发展需求，学生身心发展成为课程内容重要取向。Nunan(2006)指出：任务型语言教学可以最大限度地增加学生在英语课上发言的机会任务，还可以增强学生的动机和自信心以及亚技能(sub-skills)。③ 教师应该综合考虑学生的经验和兴趣，围绕学习目标设计出适宜的系列任务，如信息差、观点差和推理差任务。通过执行不同的任务，能充分发挥学生的认知能力，把学生的自主性、创造性综合到语言学习中，有利于提高学生的语言实际运用能力和创新精神。任务型语言教学还可以更好地改善学生与老师和其他学生的互动，因为他们有理由互动，有任务要完成。在信息差任务中，学生交换信息以共同完成任务，促进合作学习；在观点差任务中，学生对给定任务各抒己见；在推理差任务中，学生通过从他们得到的信息中推断出一些新信息。在完成任务的同时也培养了表达、倾听、综合归纳能力以及团队合作的精神。

---

① Paul, R. & Elder, L. *Critical thinking: Tools for taking charge of your learning and your life*[M]. London: Pearson/Prentice Hall, 2008.

② Emir, S. Education faculty students' critical thinking disposition according to academic achievement[J]. *Journal of Procedia Social and Behavioral Sciences*, 2009(1): 2466-2469.

③ Nunan, D. *Task-based language teaching*[M]. Cambridge: Cambridge University Press, 2006.

第二，以输出为驱动下的任务型语言教学目的是让学生获得真实的社会交际能力，获得更多的社会语言环境，培养了他们的语言综合技能，不是孤立的学习语言，对他们今后在社会的发展大有裨益。这两者相结合更能体现语言的功能性、社会性和人文性。任务的设置应体现系统性，由易到难，层层深入，形成任务链，达到课程目标。大学英语视听说强调听说并重、以听导说、以说促听，帮助学生提高听力理解的有效性和口语的流利性。教师可根据教学内容来安排形式多样的活动，如：二人活动、小组讨论、话题讨论、角色扮演、观点辩论、主题演讲等。由于讨论内容与教学内容联系紧密，学生可以将从教材中接触到的内容用自己的语言重新组织表达，这样就完成了从视听到说的过渡，将听与说有效地结合起来。学生从中得到了使用语言和感受语言复杂性的机会，从而提高了流利性和准确性。认知论认为，输出强化了学习者对语言的深加工。因此，学习者通过输出能够明确意识到自身的语言问题，修正输出，达到灵活准确使用语言的目的。

第三，任务型教学法的实施要保证各种程度学生的参与度。在大学英语视听说教学中，教师要避免把任务型教学统一化，应根据不同话题、授课对象和教学层次探索个性化的教学模式。适当的任务能使学生在实践中感知和使用目的语，激发学习热情，活跃课堂气氛，最大限度地发挥学生的主观能动性。学生在完成学习任务的同时锻炼了语言应用能力，也激发了完成后续学习任务的热情。此外，课堂的任务安排也不宜过满，不然学生会失去语言理解的空间。教师还要意识到，学生所做出的所有努力，无论结果好与差，都应当得到肯定和鼓励。

第四，任务可以为学生提供大量在课堂上使用语言的机会，而不用担心出错。任务为课堂环境中的“自然”学习提供了机会，它们有助于提高沟通的流畅性，同时又不忽视准确性（Ellis，2009）。① Skehan（1998）总结出

① Ellis，R. Task-Based language teaching：Sorting out the misunderstandings［J］. *International Journal of Applied Linguistics*，2009（19）：221-246.

任务的特征是：意义至上；通过交流解决问题与现实生活相关；完成任务优先；对任务的评价是看任务完成的结果。① 由于学习者的注意力在“用语言做事”、用有意义的表达完成任务上，因此在语言表达过程中对语言形式的监控就比较少。学生语言表达过程中没有语言结构规则的强制性制约，不必过于考虑用这个还是那个语言结构或词汇项目，表达的目的只在于能够达到双方思想交流的目的，这种自主的表达是学习者创造性使用目的语的基本前提。因此，要鼓励学生创造性地使用目的语表达思想，灵活地使用目的语的不同形式表达思想，要求大力提倡表达的流畅性，而准确性与得体性则退居其次。

① Skehan，P. *A cognitive approach to language learning* [M]. Oxford：Oxford University Press，1998：95.

结　　语

全球化时代对未来需要培养什么人提出了相应的要求，我国已广泛推行批判性思维，在大学教育中也提出了课程思政的教育政策，因此，对于如何在我国大学英语教学中融入批判性思维这一核心问题，本研究采用定性与定量相结合的研究方法，从历史演进、理论分析、实践考察等多个维度揭示了课程思政背景下的大学英语教学批判性思维能力倾向培养的应然状态和实然状态。综合运用历史与现实、理论与实践、国际与本土等多层次的比较分析，阐述了课程思政为育人目标、大学英语为载体、批判性思维为手段和方法的相互关系。通过运用批判性思维分析和判断语言的价值观，揭示中西文化政治立场存在的差异性，辩证地分析外国文化的立场，确定民族自信心。本研究视角有所创新，研究的发现与结论如下。

一、相关理论的概念和结论

通过文献梳理与考证，厘清了几个概念之间的关系：

1. 语言、文化与思维之间的关系。语言的基本功能包括：语言是文化信息的载体；语言是人认识世界的工具；语言是交际方式和交流思想的手段。文化是一种复杂的社会现象，是人类社会物质生活和精神生活所取得成就的总和。语言和文化之间并不存在因果关系，而是同时变化和发展的。语言与文化相互影响、相互作用；理解语言必须了解文化；理解文化必须了解语言。思维是思考、理解、总结或概括以及反映人类大脑对现实世界中客观事物的认知过程。从语言与文化和思维的关系来看，语言是文化的组成部分，是传播和传承文化的重要载体，同时语言也是思维存在的形式和表达思维的工具，而我们所处的文化环境又会影响我们的语言和思维方式。因此，语言、文化和思维相互影响、相互作用。一方面，语言是文化的基础，语言的发展促进文化的发展；另一方面，每种语言都是特定的民族文化长期发展的产物，语言既映射了该民族的社会历史和文化背景，同时语言又受到该民族思维方式和生活方式的影响。不同领域的经验证据表明，文化影响语言，语言影响思维，普遍共享的感知和认知制约着语言的结构。当我们思考语言或文化如何影响思维时，我们通常也会考虑思维方式如何导致语言和文化的差异。

2. 批判性思维与其他思维概念的关系。近些年来我国也有学者以思辨式思维和审辨式思维为关键词的研究，但从文献中引用的概念和标准来看，它们与批判性思维的概念和内涵都没有实质性的差别，它们都具有以下特点：在本质方面，“批判”“思辨”“审辨”都是一种有目的、有规则的思维方式，是一种探究的过程。它们都由怀疑引导，质疑已有的观念，从而引起进一步的思考、分析和论证，试图根据经验、逻辑和辩证的方法来找到更好的观念，推进知识的进步，做出合理的行动。在目的方面，“批判”“思辨”“审辨”和“怀疑”都是为了决定我们应该相信什么和做什么，即获取知识和决定合理的行动。都是为了冲破盲从，破除迷信、偏见、陈规、误导、封闭、单一和绝对的观点；提倡独立思考、开放心灵、公正考察所有已知的事实和不同观点。在思维的过程方面，都遵循了 4 个特有的原则：(1)发现和质问基础假设；(2)检查事实的准确性和逻辑的一致性；(3)说明背景和具体情况的重要性；(4)想象和开创替代选择。① 在思维特点方面，都具有合理性、反思性、建设性和决策性。

3. 课程思政教育、大学英语教学与批判性思维之间的关系。从分析语言、文化和思维之间的关系入手，进一步探讨并论证了“课程思政为育人

① [加]董毓．批判性思维原理和方法——走向新的认知和实践(第二版)[M]．北京：高等教育出版社，2017：3.

目标，大学英语为载体，批判性思维为手段”的逻辑关系：

(1)课程思政是大学英语课程的育人目标。

课程思政的核心要义是“培养什么人”“怎样培养人”“为谁培养人”，课程思政的本质在于课程育人。课程思政的最根本内涵在于以课程为基础，遵循知识传授规律，展现思政价值引领，并充分发挥课堂主渠道作用，大力提高新时代人才培养质量。

大学英语的人文特色在于其强调跨文化教育，语言本身作为文化的一部分也愈加显著。大学英语课程所使用的材料主要源自西方，这意味着语言不可避免地受到西方文化的影响。若不在课程中融入思政元素，学生可能会受到西方不良文化的影响，导致其形成错误的价值观。因此，实施思政教育成为必然之选，它不仅能引导学生正确理解和运用英语，还能在语言学习的过程中培养学生的社会主义核心价值观，协助他们确立正确的人生观、价值观和世界观。通过大学英语课程思政教育，可以帮助学生拓宽视野，了解国外思想观念，并加强对我国社会价值观和历史文化的了解，同时也培养他们对本国传统文化的认同感，实现立德树人这一根本任务。

(2)批判性思维是实现课程思政教育目标的重要手段。

批判性思维的实质是一种思维模式，是一套合理的、反思性的思维工具。批判性思维因其对学习者创新思维的重要性而日益受到教育界和学术界的广泛关注，因而批判性思维是创新人才必备的品格。课程思政旨在通过深度学习全面提升教育质量，培养高阶思维，如批判性思维。① 课程思政的核心目标是以学生为中心的方式引导学生进行分析和探索，以提高他们的批判性思维能力。

21 世纪信息化时代，对于我国大学本科生而言，运用外语“获取信息”已经不是问题，但是运用外语“解读和分析信息”却是更大的挑战，因此，

① 郑旭东，饶景阳等．STEAM 教育的本体论承诺：理想的追问与反思[J]．电化教育研究，2021，42(6)：14-19.

思考能力尤其是批判性思维能力培养尤其重要。对于英语作为外语的学生来说，批判性思维意味着做出合乎逻辑、经过深思熟虑的合理判断。这是一种思维方式，提醒我们不能简单地接受教材中所接触到的所有论点和结论，而是要有一种质疑这些论点和结论的态度，要看看有什么证据支持某个特定的论点或结论。批判性文化意识能批判地分析本国和对象国的文化，与知识、态度和技能协作，共同形成跨文化能力。① 由此可见，批判性思维是为课程思政服务的，是实现课程思政教育目标的重要手段和方法。

(3)大学英语是课程思政与批判性思维的载体。

大学英语是一门语言课程，与思想政治教育理论课一样，具有人文特质。语言的载体功能和文化内涵共同决定了大学英语在教育中的关键作用。批判性思维要求学会提问，就是鼓励学习者收集信息，搞清楚事情的来龙去脉；时时提醒自己事情的意义和重要性；考虑自己是不是错过了一些重要信息；反思自己的思考过程是否正确；分析说话者居于什么立场；除了这种说法和观点以外，是否还有其他可能。

批判性思维还要求学会用语言表达观点，并用事实和逻辑去支撑自己提出的观点。

语言既是一种文化现象，也是文化的载体。英语教育不仅是学习语言，同时也是在学习语言背后的文化。大学英语教材涵盖了西方国家的自然科学和社会科学知识，蕴含着丰富的人文内涵，但也含有一些西方文化的糟粕。因此，不仅要在教学中充分激发学生的学习兴趣和求知欲望，还应引导学生了解语言文字背后的文化内涵，并通过课程思政的价值引导和批判性思维的论证和判断，摒弃西方文化中的糟粕，从而为国家培养合适的人才。因此大学英语教育是实现课程思政和培养批判性思维的载体。

① Byram, M. Teaching and assessing intercultural communicative competence [M]. Clevedon: Multilingual Matters, 1997: 53.

二、实证调查的结论

通过运用SPSS. 22对问卷调查和部分访谈调查进行定量统计分析得出以下结论：

1. 大学生的批判性思维能力与倾向普遍较弱。从学习动机、学习内容、教学内容、课堂气氛、学习主动性、学习倾向和学习效果等方面对大学英语教学中大学生的学习情况进行调查发现：有73%的受试大学生认为学习大学英语是为了提高语言技能，有58%的受试学生认为应加强口语教学；有65%的学生认为应加强听力教学；仅有22%的学生提出大学英语教学中应对学生进行思维训练。学习倾向方面，有62%的受试学生完全依赖于教师，老师讲什么就学什么。

2. 大部分大学英语教师的批判性思维意识较强，批判性思维倾向总体积极，4个维度中，开放性倾向最强。有56. 25%的教师有意识地将批判性思维培养融入教学设计中，这是可喜的发现。然而，81. 25%教师提到教学任务量大，课堂上可用于培养学生批判性思维倾向的时间较少，93. 75%教师提到学生的学习目的比较功利，主要以考试拿高分为学习目标，对批判性思维训练的参与度不高，43. 75%教师提到批判性思维倾向的建立对教师自身的素质要求较高，教师本身没有进行系统化批判性思维的培训，在教学实施过程中会欠缺科学的理论指导，无法系统且合理地提升学生的批判性思维能力。

三、实践探索的结论

通过采用显性教学等策略帮助学生提高批判性思维意识和倾向；通过任务型语言教学调动学生探究式学习能力，同时提高学生质疑、假设、推理、解释和总结批判性思维技能；通过将批判性思维核心技能与课程思政理念纳入《大学英语综合课程》和《大学英语视听说课程》教学的思路和教学案例设计，本研究为探索基于课程思政的大学英语教学中有效促进批判性思维发展的路径提供参考结论如下：

1. 在大学英语批判性思维教学中，显性教学策略可能产生更显著的效果。(1)显性教学策略强调明确地传授批判性思维的目标和技巧。这包括指导学生如何分析信息、评估证据、识别偏见和逻辑错误等。这种明确性有助于学生理解他们需要发展的具体技能，从而提高他们的批判性思维水平。(2)显性教学策略利用认知启发，通过向学生展示问题的结构和解决方案的方法，帮助他们更好地理解和应用批判性思维技能。这种方法有助于学生更深入地思考问题，而不仅仅是机械地应用思维模式。(3)显性教学策略允许教师提供及时的反馈和评估，以确保学生正确理解和应用批判性思维技巧。这种反馈有助于学生纠正错误，改进他们的思考过程，并逐渐提高他们的批判性思维水平。(4)显性教学可以根据学生的需求和水平进行个性化调整。教师可以根据学生的反应调整教学方法，以确保每个学生都能够充分发展其批判性思维潜力。

许多研究已经表明，显性教学策略在提高批判性思维水平方面具有积极的影响。这些研究通常包括控制组和实验组，其中实验组接受显性教学，而控制组不接受。结果通常表明，接受显性教学的学生在批判性思维方面表现更出色。

2. 基于任务和基于项目的活动提供了创造有利于自主学习、积极参与、决策制定以及学习过程和英语水平提升的学习环境。批判性思维强调阅读、提问和分析当代议题的重要性。在外语学习中，培养的方法可以在不同语言水平的学生中实施，但任务的复杂度将根据语言掌握程度而异。交际法被视为最为适宜的教学方法，因为它创造了一个促进思想交流的环境。教育者们认为，批判性思维应当在大学英语教学中扮演更为重要的角色，因为它不仅要求学习语言代码以进行交际，还需要运用这些代码来进行辩论、提出观点并解决日常生活问题。批判性思维有助于显著提升学生的语言和交际能力，激发他们努力拓展自身思想并表达观点的愿望。

3. 在大学英语环境中培养批判性思维，教师必须充当批判性思考的楷模，提供指导方针并策划相关活动，以赋予学生批判性思维的机会。教师所采用的教学模式和策略可以有效塑造学生的学习习惯和思维方式。教师打造的教学氛围和课堂文化也直接影响学生批判性思维的发展。此外，学生必须具备与所涉及主题相关的知识。

四、建　议

在大学英语教学中促进批判性思维面临诸多挑战：(1)英语教师在这方面没有受到足够的培训，批判性思维概念不够清晰。(2)缺乏时间来深入研究主题和内容，主要因为批判性思维未被纳入教学大纲、课程规划或教学计划。(3)学生的英语表达能力欠佳也制约其英语交际能力的培养。对此，本研究建议以下解决方案：

1. 改进教师培训。提供专门的批判性思维培训，以确保英语教师掌握教授批判性思维的技能。引入批判性思维培训模块，使新教师在教育职业的早期就能够接触到这一概念。鼓励并提供条件，使在职教师参加培训课程，以不断提高他们的批判性思维教育水平。

2. 整合批判性思维到教学大纲和课程规划。将批判性思维纳入英语教学大纲和课程规划，以确保它成为教育的核心组成部分。制定清晰的学习目标和教学策略，以帮助学生培养批判性思维技能。

3. 开发适用的教材和资源。制定教材和开发资源，重点关注批判性思维的发展，包括案例研究、问题解决活动和辩论课程。提供学生用英语进行批判性思考的机会，通过互动式学习活动来促进学生思维的发展。

4. 提高学生的英语表达能力。着重在英语写作和口语课程中帮助学生提高英语表达能力，使他们更容易表达批判性思维。鼓励学生积极参与英语角、辩论俱乐部和其他英语交流机会，以提高他们的交际技能。

5. 定期评估和反馈。实施定期的评估，以了解教师和学生的批判性思维进展情况，并提供反馈以改进教学方法。鼓励教师和学生参与自我评估，以促进自我反思和提高批判性思维水平。

6. 鼓励跨学科合作。促进英语教师与其他学科的教师合作，以帮助学生在不同学科中应用批判性思维技能。

通过采取这些解决方案，学校和教育机构可以更好地促进英语教学中的批判性思维，增强学生的思维能力，提高他们的英语表达能力，从而更好地应对未来的挑战。

五、研究的不足与局限

1. 由于作者对于相关理论知识和研究经验比较欠缺，因而本研究还有待进一步完善。

2. 由于受疫情的影响，缺乏进行多次调查的条件，也没有进行对照实验，因而批判性思维教学实践在多大程度上有助于提高学生批判性思维能力和倾向，没有获得足够的实验数据支撑。

参 考 文 献

一、中文类

[1]爱德华·霍尔．超越文化[M]．何道宽，译．北京：北京大学出版社，2010.

[2]爱德华·霍尔．无声的语言[M]．何道宽，译．北京：北京大学出版社，2010.

[3]爱德华·泰勒．原始文化[M]．连树生，译．桂林：广西师范大学出版社，2005.

[4]彼得·法乔恩．批判性思维：思考让你永远年轻[M]李亦敏，译．北京：中国人民大学出版社，2013.

[5]布莱恩·加纳．布莱克法律词典(第 11 版)[M]．West Publishing Co.，2019.

[6]布鲁克·诺埃尔·摩尔，理查德·帕克．批判性思维[M]朱素梅，译．北京：机械工业出版社，2015.

[7]蔡基刚．大学英语教学若干问题思考[J]．外语教学与研究，2005(2).

[8]蔡基刚．课程思政视角下的大学英语通识教育四个转向：《大学英语教学指南》(2020 版)内涵探索[J]外语电化教学，2021(1).

[9]蔡基刚．课程思政与立德树人内涵探索——以大学英语课程为例[J]．外语研究，2021，38(3).

[10]蔡基刚．新一代大学英语教材的编写原则[J]．中国大学教学，2008(4).

[11]蔡基刚．英汉写作对比研究[M]．上海：复旦大学出版社，2001.

[12]蔡永强．任务型教学法——理论与实践[A]．中国人民大学对外语言文化学院编．汉语研究与应用(第四辑)[M]．北京：中国社会科学出版社，2006.

[13]柴云龙．传统教育与现代教育的碰撞及融合发展——从电影《银河补习班》出发[J]．汉字文化，2020(10).

[14]陈波．逻辑导论[M]．北京：中国人民大学出版社，2003.

[15]陈嘉欣．批判性思维培养融入高校课程思政的可行性探讨——知识通达价值的"4C"进路检验[J]．大学，2023(12).

[16]陈立思．当代世界思想政治教育的理论研究述评[J]．教学与研究，2000(11).

[17]陈世清．超越中国主流经济学家[M]．北京：中国国际广播出版社，2013.

[18]陈振明．政策科学[M]．北京：中国人民大学出版社，1998.

[19]成中英．中国文化的现代化与世界化[M]．北京：中国和平出版社，1993.

[20]程刚，郭瞻予．知识的批判[M]．沈阳：辽海出版社，2000.

[21]崔华华，赵志业．我国高等教育政策历史变迁中的价值目标解析[J]．江苏高教，2014(1).

[22]崔诣晨，刘青玉，李凡姝．批判性思维的意蕴及其培养：基于激进建构主义的视角[J]．当代教育论坛，2018(5).

[23]大学理工科英语教学大纲修订组编．大学英语教学大纲(理工科用)[M]．上海：上海英语教育出版社，1985.

[24]大学英语教学大纲修订工作组编．大学英语教学大纲(修订本)[M]．上海：上海外语教育出版社，1999.

[25]德里克·博克．美国高等教育[M]．乔佳义，译．北京：北京师范学院出版社，1991.

[26]邓晓芒．让哲学说汉语——从康德三大批判的翻译说起[J]．社会科

学战线，2004(2).
[27]邓晓芒．原创性的源泉：批判性思维[J]. 工业和信息化教育，2014(3).
[28]董文．中文版批判性思维能力测量表在广东省专科护士中的修订与应用[D]. 广州：南方医科大学，2012.
[29]董小川．儒家文化与美国基督新教文化[M]. 北京：商务印书馆，2002.
[30]董亚芬．我国英语教学应始终以读写为本[J]. 外语界，2003(1).
[31]董毓．批判性思维原理和方法——走向新的认知和实践(第二版)[M]. 北京：高等教育出版社，2017.
[32]董毓，吴妍．基础教育批判性思维技能测试：目标、原则和途径[J]. 中国教育科学(中英文)，2021，4(6).
[33]董毓．批判性思维原理和方法——走向新的认知和实践(第二版)[M]. 北京：高等教育出版社，2017.
[34]董毓．批判性思维三大误解辨析[J]. 高等教育研究，2012(11).
[35]董毓．批判性思维原理和方法：走向新的认知和实践[M]. 北京：高等教育出版社，2010.
[36]杜威．我们如何思维(第2版)[M]. 伍中友，译．北京：新华出版社，2015.
[37]杜威．民主主义与教育[M]. 王承绪，译．北京：人民教育出版社，2001.
[38]范仲英．实用翻译教程[M]. 北京：外语教学与研究出版社，1994.
[39]方校军．多模态视阈下的大学英语课程思政资源开发与批判性思维培养——以宜立特大学英语第二册 Unit2 Environmental Protection 为例[J]. 校园英语，2020(28).
[40]费孝通．反思·对话·文化自觉[J]. 北京大学学报(哲学社会科学版)，1997(3).
[41]冯国瑞．辩证思维及其当代意义[J]. 北京行政学院学报，2010(5).

[42]冯静．论积极心理学视角下的教育改革[J]．教育探索，2014(12)．
[43]冯天瑜，何晓明，周积明．中华文化史[M]．上海：上海人民出版社，1990．
[44]冯欣．“学生为主体与教师为主导”的英语教学思辨能力发展探究[J]．外语教学，2015，36(4)．
[45]付大安，李奕．英语教育中的文化安全和批判性思维培养[J]．山西师大学报(社会科学版)，2013，40(S1)．
[46]付瑞红．文明交流互鉴的秩序构建价值及实践路径[J]．燕山大学学报(哲学社会科学版)，2021(3)．
[47]傅敬民，吕鸿雁．当代高级英汉互译[M]．上海：上海大学出版社，2004．
[48]高德毅，宗爱东．从思政课程到课程思政：从战略高度构建高校思想政治教育课程体系[J]．中国高等教育，2017(1)．
[49]高玉垒，张智义．大学英语教师课程思政教学能力的结构模型建构[J]．外语电化教学，2022(1)．
[50]葛莎莎，祁文慧．从语义翻译和交际翻译理论看金融新闻英译汉[J]．江苏外语教学研究，2019(1)．
[51]龚亚夫．论基础英语教育的多元目标——探寻英语教育的核心价值[J]．课程·教材·教法，2012(11)．
[52]顾明远．教育大辞典[M]．上海：上海教育出版社，1998．
[53]顾琴轩．大学生批判性思维倾向调查与培养建议[J]．上海教育评估研究，2013(4)．
[54]郭根．高校课程思政建设的理论内涵、实践偏差与经验检视[J]．国家教育行政学院学报，2023(6)．
[55]郭梦秋．语言的本质观与外语教学[J]．沈阳教育学院学报，2002(2)．
[56]郭小辉．从社会功能看语言的本质[J]．科学咨询(教育科研)，2006(2)．
[57]郭英剑．外语专业与课程思政建设：问题、理论与路径[J]．外语教

学理论与实践，2022(3).

[58]郭元祥，王金．课堂教学何以培育学生的社会情感[J]．华中师范大学学报(人文社会科学版)，2022，61(5).

[59]郭元祥．深度教学——促进学生素养发育的教学变革[M]．福州：福建教育出版社，2021.

[60]海涅．论德国宗教和哲学的历史[M]．海安，译．北京：商务印书馆，1972：113.

[61]韩礼德．The Gloosy Ganoderm：Systemic Functional Linguistics and Translation[J]．中国译，2009，30(1).

[62]韩宪洲．课程思政的发展历程、基本现状与实践反思[J]．中国高等教育，2021(23).

[63]郝成淼．大学英语教育政策沿革略论——兼论大学英语教育发展历程[J]．河南科技学院学报，2012(5).

[64]何红，张月明，赵燕清．大学生批判性思维能力调查[J]．护理研究，2006，20(3).

[65]何善芬．英汉语言对比研究[M]．上海：上海外语教育出版社，2002.

[66]何亚卿．基于思政的批判性思维教学在大学英语阅读课中的应用研究[J]．高教学刊，2020(20).

[67]核心素养研究课题组．中国学生发展核心素养[J]．中国教育学刊，2016(10).

[68]赫尔曼·哈肯．协同学——自然成功的奥秘[M]．戴鸣钟，译．上海：上海科学技术出版社，1988.

[69]赫尔曼·哈肯．协同学和认知科学[M]．杨家本，译．北京：清华大学出版社．南宁：广西科学技术出版社，1994.

[70]洪艳梅．思想政治课教学中道德情感的培养——兼论如何实现教师价值引导和学生道德自主建构的[J]．思想理论教育，2005(9).

[71]胡文仲，高一虹．外语教学与文化[M]．长沙：湖南教育出版社，1997.

[72]胡文仲. *Selected readings in intercultural communication*[M]. 长沙：湖南教育出版社，1990：50-51.

[73]胡文仲. 跨文化交际学概论[M]. 北京：外语教学与研究出版社，1999.

[74]胡小颖. 英汉思维差异与英汉构词特点[J]. 赤峰学院学报，2009(5)：100.

[75]胡壮麟. 大学英语教学的个性化、协作化、模块化和超文本化[J]. 外语教学与研究，2004(5)：345-349.

[76]胡壮麟. 论中国的双语教育[J]. 中国外语，2004(2)：4-8.

[77]黄程琰. 大学生批判性思维倾向的量表编制与实测[D]. 重庆：西南大学，2015.

[78]黄存良. 通识课程视阈下大学审辨性思维课程设计研究[D]. 上海师范大学博士论文，2019.

[79]黄国文. 思政视角下的英语教材分析[J]. 中国外语，2020，17(5).

[80]黄国文. 外语课程思政元素的切入点与原则[J]. 外语教育研究前沿，2022，5(2).

[81]黄旭. 价值引导与自主建构——对福建省一项教改实验的考察[J]. 教育评论，2002(1).

[82]黄远振，兰春寿，黄睿. 为思而教：英语教育价值取向及实施策略[J]. 课程·教材·教法，2014，34(4).

[83]霍雨佳. 批判性思维的要素及其关系[J]. 重庆理工大学学报(社会科学)，2019(7).

[84]纪秀生，索燕华. 哲学研究中的"语言转向"及其意义[J]. 井冈山师范学院学报，2005 (26).

[85]贾国栋. 论大学英语教学改革的成果、存在的问题及措施[J]. 外语界，2006(S1)：42-47.

[86]简成熙. 批判式思维是不是普遍性思维能力？——环绕 McPeck 的相关论辩[J]. 山西大学学报(哲学社会科学版)，2021，44(1).

[87]姜龙，邵华．基于泛在学习资源共享平台的大学英语混合式教学模式研究[J]．疯狂英语(理论版)，2018(3)．

[88]教育部．高等学校课程思政建设指导纲要[S]．教高[2020]3 号．

[89]教育部．义务教育英语课程标准(2022 年版)[M]．北京：北京师范大学出版社，2022.

[90]教育部高等教育司．大学英语课程教学要求[M]．上海：上海外语教育出版社，2007.

[91]杰拉尔德·诺希克．学会批判思维：跨学科批判性思维教学指南[M]．柳铭心，译．北京：中国轻工业出版社，2005.

[92]金盛华．社会学心理学[M]．北京：高等教育出版社，2010.

[93]敬南菲．浅析中西思维方式的差异及其成因[J]．安徽工业大学学报，2006(3)．

[94]卡尔·波普尔．猜想与反驳[M]．傅季重等，译．上海：上海译文出版社，1986.

[95]卡尔·波普尔．科学就是可证伪，批判和怀疑精神不可或缺[DB/OL]．https：//baijiahao. baidu. com/s? id=1667267892317765222.

[96]卡尔·波普尔．客观知识——一个进化的研究[M]．舒炜光等，译．上海：上海译文出版社，1987.

[97]卡尔·波普尔．无尽的探索：卡尔·波普尔自传[M]．邱仁宗，译．南京：江苏人民出版社，2000.

[98]卡尔·斯雅斯贝尔斯．什么是教育[M]．邹进，译．北京：生活·读书·新知三联书店，1991.

[99]康德．纯粹理性批判[M]．蓝公武，译．北京：商务印书馆，1960：3.

[100]莱昂·罗斑．希腊思想和科学精神的起源[M]．陈修斋，译．桂林：广西师范大学出版社，2003.

[101]雷蒙·威廉斯．关键词：文化与社会的词汇[M]．刘建基，译．北京：三联书店，2005.

[102]李建国，杨文慧．对外汉语教学中的文化导入特征——从语言的文化本质谈起[J]．华侨大学学报(哲学社会科学版)，1999(3)．

[103]李良彦．大学英语教学中存在的问题及对策[J]．教育探索，2013(11)．

[104]李良佑，张日昇，刘犁．中国大学英语教学史[M]．上海：上海外语教育出版社，1988．

[105]李小艳．大学英语教育的文化思考与探索[M]．北京：中国水利水电出版社，2020．

[106]李晓玉，杨道宇．论我国课程话语的本土意识[J]．教育理论与实践，2016，36(10)．

[107]李晓玉，杨丽．中国教学理论话语自主建构中的困境及可能性路径[J]．湖北社会科学，2020(9)．

[108]李易霏．大学英语口语课程中思辨能力及其培养策略探析[J]．长春师范大学学报，2017(11)．

[109]李颖．中西方文化比较研究对大学英语教学的影响——评《大学英语跨文化交际：中西文化比较研究》[J]．中国高校科技，2020(6)．

[110]李志厚．论教学文化的性质[J]．课程·教材·教法，2008，28(3)．

[111]理查德．保罗，琳达．埃尔德．批判性思维工具[M]．侯玉波，姜佟琳，等译．北京：机械工业出版社，2020．

[112]理查德·保罗，琳达·埃尔德．思考的力量．批判性思考成就卓越人生[M]．丁薇．译．上海：格致出版社，上海人民出版社，2010．

[113]励哲蔚．非英语专业大学生英语学习观念调查[J]．外语教学，2007，28(5)．

[114]连淑能．英汉对比研究[M]．北京：高教出版社，1993．

[115]联合国教科文组织国际教育发展委员会．学会生存：教育世界的今天和明天[M]．北京：教育科学出版社，1996．

[116]林崇德．思维心理学研究的几点回顾[J]．北京师范大学学报(社会科学版)，2006(5)．

[117]林崇德．思想品德教学心理学[M]．北京：北京出版社，北京教育出版社，2001.

[118]林剑．文化与文明之辨[J]．学术研究，2012(3)：19-23.

[119]林汝昌，李曼珏．中西哲学观对英汉语言之影响[A]．刘重德．英汉语比较与翻译[C]．青岛：青岛出版社，1999：407.

[120]刘航，金利民．英语辩论与大学生批判性思维发展的实证研究[J]．外语与外语教学，2012(5).

[121]刘欧．美国核心教育成果为重心的高等教育评估[J]．中国考试，2010(5).

[122]刘儒德．论批判性思维的意义和内涵[J]．高等师范教育研究，2000(1).

[123]刘笑敢．庄子哲学及其演变(修订版)[M]．北京：中国人民大学出版社，2010.

[124]刘学东，袁靖宇．美国大学生批判性思维能力培养研究——以斯坦福大学为例[J]．高教探索，2018(9).

[125]刘义，赵炬明．大学生批判性思维倾向的现状调查——以一所地方综合性大学为例[J]．高等工程教育研究，2010(1).

[126]刘义．大学生批判性思维研究：概念、历史与实践[M]．北京．中国社会科学出版社，2014.

[127]刘泽梅．大学英语课程思政教学设计与实践探究[J]．校园英语，2022(23).

[128]刘正光，郭应平，施卓廷．主题统领二次开发实现课程思政、思辨能力与语言能力三位一体培养新目标[J]．外语教学，2023，44(4).

[129]刘正光．认知语言学对外语教学的启示[J]．中国外语，2009(5).

[130]龙玉红，符冬梅．新时代大学英语课程思政创新人才培养路径探索[J]．语言与翻译，2023(1).

[131]陆丹云，赵冉．从国家意识到批判性跨文化素养——教育语言学视阈下外语课程思政内涵式发展研究[J]．外语界，2023(3).

[132]陆道坤．课程思政推行中若干核心问题及解决思路——基于专业课程思政的探讨[J]．思想理论教育，2018(3)．

[133]陆建平．大学英语课程教学要求的人文优势[J]．外语与外语教学，2005(10)．

[134]罗常培．从斯大林的语言学说谈中国语言学上的几个问题[J]．科学通报，1952(7)．

[135]罗清旭，杨鑫辉．《加利福尼亚批判性思维倾向问卷》中文版的初步修订[J]．心理发展与教育，2001(3)．

[136]罗清旭．批判性思维理论及其测评技术研究[D]．南京：南京师范大学，2002.

[137]罗清旭．《加利福尼亚批判性思维技能测验》的初步修订[J]．心理科学，2002(6)．

[138]罗清旭．论大学生批判性思维的培养[J]．清华大学教育研究，2000(4)．

[139]罗素．中国问题[M]．秦悦，译．上海：学林出版社，1996.

[140]罗竹风主编．汉语大词典(第六卷)[M]．上海：汉语大词典出版社，1990.

[141]吕达，周满生．当代外国教育改革著名文献·美国卷·第三册[M]．北京：人民教育出版社，2004.

[142]吕国光．教师批判性思维倾向量表(TCTS)的修订[J]．黄冈师范学院学报，2007，27(3)．

[143]吕京．英语任务型教学法的有效实施[J]．中国教育学刊，2010(6)．

[144]马得清．有一说"一"[N]．光明日报，2012-05-16(12)．

[145]马焕．体育中品格教育开展的价值目标和环境营造[J]．新课程研究，2018(1)．

[146]马克思，恩格斯．马克思恩格斯选集(第4卷)[M]．北京：人民出版社，1972：217.

[147]马萍．社会主义核心价值观形成过程中批判性思维的作用[J]．河南

社会科学，2009(5).
[148]马蓉，秦晓晴．英语专业大学生的批判性思维倾向特征研究[J]. 西安外国语大学报，2016，24(4).
[149]孟旭琼，汤志华．改革开放以来课程思政教育理念的历史演进[J]. 河南师范大学学报(哲学社会科学版)，2021. 48(3).
[150]米歇尔·福柯．福柯集[M]. 杜小真，编选．上海：上海远东出版社，1998.
[151]米歇尔·沃尔德罗普．复杂——诞生于秩序和混沌边缘的科学[M]. 陈玲，译．北京：三联书店，1997.
[152]苗宁，苗兴伟．基于思辨能力层级模型的语言学课程改革与设计[J]. 中国外语，2015，12(4).
[153]潘文国．汉英语对比纲要[M]. 北京：北京语言大学出版社，1997.
[154]彭聃龄．普通心理学[D]. 北京：北京师范大学，2004.
[155]彭静．批判教育学视域中的教师角色分析[J]. 教育理论与实践，2004(10).
[156]彭凌，李晓壮．大学英语教学中若干认识问题的思考[J]. 中国成人教育，2015(7).
[157]彭美慈，汪国成，陈基乐等．批判性思维能力测量表的信效度测试研究[J]. 中华护理杂志，2004，39(9).
[158]彭漪涟．逻辑学大辞典[M]. 上海：上海辞书出版社，2004.
[159]皮亚杰．儿童心理学[M]. 北京：商务印书馆，1980.
[160]祁东方．追寻人性之美——教育哲学课程思政的价值意蕴与旨归[J]. 学术探索，2022(2).
[161]钱学森．创建系统学(新世纪版)[M]. 上海：上海交通大学出版社，2007.
[162]钱颖一．批判性思维与创造性思维教育：理念与实践[J]. 清华大学教育研究，2018，39(4).
[163]乔姆斯基．句法结构[M]. 北京：中国科学出版社，1984.

[164]邱伟光．课程思政的价值意蕴与生成路径[J]．思想理论教育，2017(7).
[165]区文伟．区文伟文集：浅谈文化[M]．广州：花城出版社，2015.
[166]曲卫国．缺乏的到底是思辨能力还是系统知识？——也谈外语专业学生的思辨问题[J]．中国外语，2015，12(1).
[167]萨皮尔．语言论[M]．北京：商务印书馆，1964.
[168]沙景荣，看召草等．混合式教学中教师支持策略对大学生学习投入水平改善的实证研究[J]．中国电化教育，2020(8).
[169]沙景荣，唐天奇等．促进高阶思维的融入思政元素的混合式教学效果研究[J]．中国电化教育，2022(8).
[170]邵瑞珍，皮连生，吴庆麟．略论课堂学习中的动机作用——兼评奥苏泊尔的动机观[J]．华东师范大学学报，1983(2).
[171]邵永真．指委会英语组扩大会议发言[J]．大学外语教学通讯，1998(3).
[172]佘双好，周伟．课程思政研究的现状、问题及建议[J]．高校辅导员，2020(6).
[173]申培轩．劳动的教育价值与劳动教育目标[J]．现代教育，2020(10).
[174]申一君．新课改呼唤“探究型教学文化”[J]．教学研究，2009，32(6).
[175]束定芳．外语教学改革——问题与对策[M]．上海：上海外语教育出版社，2004.
[176]孙鹏．社会主义核心价值观教育的批判性思维视角解读[J]．艺术科技，2016，29(10).
[177]孙杨森，于红英．输出理论视域下大学英语教学中批判性思维能力培养研究[J]．当代教育科学，2015(19).
[178]孙有中．外语教育与思辨能力培养[J]．中国外语，2015，12(2).
[179]孙有中．英语专业写作教学与思辨能力培养座谈[J]．外语教学与研究，2011，43(4).

[180]唐德海，李枭鹰．郭新伟．课程思政”三问：本质、界域和实践[J]．现代教育管理，2020(10)．

[181]唐丽萍．中国高等英语批判教育的哲学追问[J]．外语与外语教学，2008(11)．

[182]唐雯谦．以表层认知为主体的教育心理学内在发展本质探究[J]．黑龙江高教研究，2016(1)．

[183]王斌华，刘辉．大学英语学习者学习需求调查及其启示[J]．国外外语教学，2003(3)．

[184]王德春．语言学概论[M]．上海：上海外语教育出版社，1994.

[185]王凤清．人的发展：大学英语教育的终极价值目标[J]．网友世界，2013(9)．

[186]王坤庆．21世纪中国教育哲学发展前瞻[J]．教育研究，1998(3)．

[187]王力．中国语法理论·王力文集·第一卷[M]．济南：山东教育出版社，1984.

[188]王若兰．混合式教学模式下大学英语课程思政教学设计与探究[J]高教学刊，2022(32)．

[189]王世赟．审辨式思维是什么，怎么教[N]．中国教师报，2019-10-3.

[190]王守仁．中国英语能力等级量表在大学英语教学中的应用[J]．外语教学，2018，39(4)．

[191]王婷婷．厘清二语习得理论展望关键问题研究——评《二语习得中的关键问题》[J]．山西财经大学学报，2021，43(1)．

[192]王志稳，孙宏玉，吴雪等．不同年级在校学习本科护生评判性思维倾向的比较[J]．中华护理教育，2009，6(3)：123-125.

[193]威廉·冯·洪堡特．论人类语言结构的差异及其对人类精神发展的影响[M]．姚小平，译．北京：商务印书馆，2017.

[194]维果茨基．思维与语言[M]．北京：北京大学出版社，2017.

[195]维基百科汉语版“审辨式思维”词条[DB/OL]．http：//zh.wikipedia.org/wiki/审辨式思维.

[196]温彭年，贾国英．建构主义理论与教学改革——建构主义学习理论综述[J]．教育理论与实践，2002(5)．

[197]文秋芳，王海妹，王建卿等．我国英语专业与其他文科类大学生思辨能力的对比研究[J]．外语教学与研究，2010，42(5)．

[198]文秋芳，王建卿，赵彩然，刘艳萍，王海妹．构建我国外语类大学生思辨能力量具的理论框架[J]．外语界，2009(1)．

[199]文秋芳，张伶俐．外语专业大学生思辨倾向变化的跟踪研究[J]．外语电化教学，2016，(167)：3-8.

[200]文秋芳．中国外语类大学生思辨能力现状研究[M]．北京：外语教学与研究出版社，2012.

[201]文秋芳．大学外语课程思政的内涵和实施框架[J]．中国外语，2021，18(2)．

[202]文秋芳．英语学习者动机、观念、策略的变化规律与特点[J]．外语教学与研究，2001(2)．

[203]吴本虎．以发展综合认知能力为目标的外语教育评价[J]．外语界，2009(6)．

[204]吴格明．逻辑与批判性思维素养[M]．北京：语文出版社，2003.

[205]吴树敬．大学英语教学：问题与解决办法[J]．外语教学与研究，2003(3)．

[206]吴妍．我国批判性思维课堂转化的问题与反思[J]．课程·教材·教法，2018，38(5)．

[207]吴彦茹．混合式学习促进大学生批判性思维能力发展的实证研究[J]．课程与教学，2014(8)．

[208]吴月齐．试论高校推进“课程思政”的三个着力点[J]．学校党建与思想教育，2018(1)．

[209]伍醒，顾建民．“课程思政”理念的历史逻辑、制度诉求与行动路向[J]．大学教育科学，2019(3)．

[210]武宏志．批判性思维：语义辨析与概念网络[J]．延安大学学报(社

会科学版)，2011(1).
[211]武宏志．批判性思维的灵魂——理性标准[J]．逻辑学研究，2016，9(3).
[212]武宏志．四国大学哲学系的逻辑课程[J]．延安大学高等教育研究，1999(1).
[213]武晓蓓．批判性思维研究[M]．北京：人民出版社，2018.
[214]习近平．深化文明交流互鉴 共建亚洲命运共同体——在亚洲文明对话大会开幕式上的主旨演讲[N]．人民日报，2019-05-16(2).
[215]习近平．论党的宣传思想工作[M]．北京：中央文献出版社，2020.
[216]习近平．论坚持推动构建人类命运共同体[M]．北京：中央文献出版社，2018.
[217]习近平．习近平谈治国理政(第1卷)[M]．北京：外文出版社，2018.
[218]习近平．用新时代中国特色社会主义思想铸魂育人贯彻党的教育方针落实立德树人根本任务[N]．人民日报，2019-03-19(1).
[219]夏青．批判性思维视角下科学知识与人文知识的融合及其教学启示[J]．教育科学，2021，37(1).
[220]夏玉玲，钱慧，大学英语课程思政渗透式教学设计与实践[J]．高教学刊，2023，9(S1).
[221]肖川．“人性本善”：主体性德育人格教育的价值预设[J]．华东师范大学学报(教育版)，1999(3).
[222]肖川．教育的真义：价值引导与自主建构[J]．上海教育科研，1999(3).
[223]肖琼，黄国文．关于外语课程思政建设的思考[J]．中国外语，2020，17(5).
[224]谢小庆．审辨式思维能力及其测量[J]．测量与评价，2014(3).
[225]谢晓宇．西方关于批判性思维内涵、属性和影响因素的论争[J]．比较教育研究，2021(3).

[226]辛斌．批评语言学与新闻语篇的批评性分析[J]．外语教学，2000(4)．

[227]邢福义，吴振国．语言学概论(第二版)[M]．武汉：华中师范大学出版社，2011．

[228]徐海艳，李晖．外语课程思政视阈下大学生批判性思维认知能力的培养[J]．外语电化教学，2021(6)．

[229]徐锦芬．高校英语课程教学素材的思政内容建设研究[J]．外语界，2021(2)．

[230]徐立新．外语教学的关键在语言、文化和思维[N]．中国教育报，2023-07-14．

[231]徐庆宏，常漪，大学英语应试教学的问题与对策研究[J]．教育与职业，2012(36)．

[232]徐蓉．深刻认识全面推进高校课程思政建设的价值目标[J]．马克思主义与现实，2020(5)．

[233]薛晓阳．知识社会的知识观——关于教育如何应对知识的讨论[J]．教育研究，2001(10)：25-30．

[234]严梦娜．大学英语教学改革存在的问题及其对策[J]．教育评论，2014(6)．

[235]阎光才．批判教育研究在中国的境遇及其可能[J]．教育学报，2008(3)．

[236]颜玉凡，张治萍．新时代建构文化自信的三重维度[J]．长白学刊，2022(1)．

[237]杨惠中．大学英语教学需要正确评价综合治理[J]．中国高等教育，1999(10)．

[238]杨叔子．谈批判性思维是如何作用于文化育人的[J]．高等教育研究，2012，33(11)．

[239]杨颖东．提倡批判性思维 建设新型教学文化[J]．高等师范教育研究，2003，15(2)．

[240]姚林群，郭元祥．新课程三维目标与深度教学——兼谈学生情感态度与价值观的培养[J]．课程·教材·教法，2011，31(5)．

[241]应惠兰．大纲设计的理论依据和社会基础[J]．外语界，1996(2)．

[242]用新时代中国特色社会主义思想铸魂育人贯彻党的教育方针落实立德树人根本任务[N]．人民日报，2019-03-19(1)．

[243]于建平．文化差异对英汉翻译中词义和语义理解的影响[J]．中国翻译，2014(3)．

[244]于洁，张丽萍．中美权力距离文化渊源探究[J]．船山学刊，2008(1)．

[245]余国良．翻译教学中批判性思维的培养模式研究[J]．外语学刊，2010(5)．

[246]约翰·甘柏兹．会话策略[M]．徐大明，高海洋，译．北京：社会科学文献出版社，2001.

[247]岳守国．任务语言教学法：概要、数据及运用[J]．外语教学与研究，2002(5)．

[248]张保权．论大学生思辨能力培养的思路和方法[J]．教育探索，2016(5)．

[249]张弛．浅析高校外语教学中的人文精神教育[J]．中国大学教学，2018(3)．

[250]张琮．语言与文化的关系[J]．文学教育(下)，2021(6)．

[251]张达球，郭鸿杰．“大学英语”课程思政建设的探索与实践[J]．财经高教研究，2021，5(1)．

[252]张德禄．外语教学中的评价与品德教育[J]．英语研究，2019(1)．

[253]张红霞，吕林海，孙志凤．大学课程与教学：原理与问题[M]．北京：教育科学出版社，2015.

[254]张虹，李会钦，何晓燕．我国高校本科英语教材存在的问题调查[J]．外语与外语教学，2021(1)．

[255]张会平，刘永兵．语言、文化、思维方式之关系论——对语言相对

论的重新审视[J]. 语言学研究，2014(2).
[256]张慧丹. 英语课程思政的特点、问题和对策[J]. 教育评论，2020(8).
[257]张洁. 基于积极心理学视角下高职高专院校大学生社会主义核心价值观培育路径探析[J]. 高教学刊，2017(13).
[258]张晶. 大学英语教学师资队伍建设现状与问题分析[J]. 中国高等教育，2010(17).
[259]张敬源，王娜. 外语“课程思政”建设——内涵、原则与路径探析[J]. 中国外语，2020，17(5).
[260]张梅，茹婧斐，印勇. 大学生批判性思维现状及成因研究[J]. 重庆大学学报(社会科学版)，2016，22(3).
[261]张萍. 批判性思维：理论与实践[M]. 北京：人民出版社，2019(2).
[262]张青根，唐焕丽. 课程学习与本科生批判性思维能力增值——基于2016—2019年“全国本科生能力追踪调查”数据的分析[J]. 高等教育研究，2021，42(8).
[263]张瑞宏. 基于德性伦理学的医学道德教育价值目标探析[C]. 中华医学会医学伦理学分会第十九届学术年会暨医学伦理学国际论坛论文集，2017-07-20.
[264]张天宝，王攀峰. 试论新型教与学关系的建构[J]. 教育研究，2001(10).
[265]张文婷. 批判性思维：避免知识成为学生生存的异己力量[J]. 郑州大学学报(哲学社会科学版)，200(1).
[266]张文霞，赵华敏，胡杰辉. 大学外语教师课程思政教学能力现状及发展需求研究[J]. 外语界，2022(3).
[267]张雪梅，刘宇红.“语义三角”的认知拓扑性探析[J]. 外语学刊，2019(2).
[268]张焰明. 螺旋与直入的思维差异对英语写作的影响[J]. 中外教育研究，2009(11).

[269]张尧学．关于大学本科公共英语教学改革的再思考[J]．中国高等教育，2003(12)．

[270]张尧学．加强实用性英语教学，提高大学生英语综合能力[J]．中国高等教育，2002(8)．

[271]张勇先．英语发展史[M]．北京：外语教学与研究出版社，2014：516.

[272]张彧凤，杨勇萍．社会主义核心价值观视域下大学英语课程思政元素挖掘与教学实施——基于教科书的文本分析[J]．山西高等学校社会科学学报，2023，35(0)．

[273]章振邦．也谈我国外语教改问题[J]．外国语，2003(4)．

[274]赵中建．全球教育发展的历史轨迹：国际教育大会60年建议书[M]．北京：教育科学出版社，1999.

[275]赵中建．全球教育发展的研究热点：90年代来自联合国教科文组织的报告[M]．北京：教育科学出版社，1999.

[276]郑承军．文化自信：更基本更深沉更持久的力量[J]．晚霞，2016(14)．

[277]郑金洲，王方林．教育价值研究十七年[J]．山东教育科研，1996(1)．

[278]郑开春．对现行大学英语教学目标的反思[J]．中南大学学报，2010，16(5)．

[279]郑旭东，饶景阳等．STEAM教育的本体论承诺：理想的追问与反思[J]．电化教育研究，2021，42(6)．

[280]郑长明．专门用途英语专业词汇的隐喻概念表征研究[J]．英语教师，2019(9)．

[281]中百科大辞典编委会．中国百科大辞典[M]．北京：华夏出版社，1990.

[282]中村元．东方民族的思维方法[M]．杭州：浙江人民出版社，1989.

[283]中国大百科全书·教育[M]．北京：中国大百科全书出版社，1985.

[284]中国科学院哲学研究所中国哲学史组，北京大学哲学系中国哲学史教研室．中国历史哲学文选：先秦编(上)[M]．北京：中华书局，1962.

[285]中国学生发展核心素养基本要点[N]．中国教育报，2016-09-14(9).

[286]中华人民共和国教育部高等教育司编．大学英语课程教学要求[M]．上海：上海外语教育出版社，2007.

[287]中央教育科学研究所．中华人民共和国教育大事记(1949—1982)[M]．北京：中国大百科全书出版社，1983：8.

[288]钟启泉．批判性思维及其教学[J]．全球教育展望，2002(1).

[289]仲海霞．批判性思维能力测试评介[J]．工业和信息化教育，2018，6(5).

[290]周明朗．语言价值观与语言多样性[J]．云南师范大学学报(哲学社会科学版)，2019，51(5).

[291]周永利．语言的本质与表象——谈思维方式和语言表现的关系[J]．山东社会科学，2006(7).

[292]朱虹，刘晓陵，胡谊．社会文化观下的教育心理思想——维果斯基的机能性系统分析视角[J]．全球教育展望，2013(3).

[293]朱克迎．从居延汉简看西汉时期河西走廊的社会发展状况[J]．汉字文化，2019(6).

[294]朱清时．21世纪高等教育改革与发展：国外部分大学本科教育改革与课程设置[M]．北京：高等教育出版社，2002.

[295]朱婉瑜，叶玉珠．批判性思考意向量表[J]．国立政治大学学报，1999(78).

[296]朱伟．论社会主义核心价值体系的建构[J]．郑州大学学报(哲学社会科学版)，2008(3).

[297]朱新秤．论大学生批判性思维特质培养[J]．高教探索，2007(3).

[298]朱新秤．论大学生批判性思维培养[J]．高教探索，2002(2).

[299]姚小平．西方语言学史[M]．北京：外语教学与研究出版社，2011.

[300]张文婷．批判性思维：避免知识成为学生生存的异己力量[J]．郑州大学学报(哲学社会科学版)，2004(1)．

[301]左桂春．我国大学英语教材变革研究[D]．济南：山东师范大学硕士论文，2008.

二、英文类

[1]A. Astin. *Assessment for excellence: The philosophy and practice of assessment and evaluation in higher education*[M]. New York: Macmillan, 1991.

[2]Alec Fisher. *Critical thinking—An introduction*[M]. Cambridge: Cambridge University Press, 2001/2011.

[3]Bailin, S., Case, R., Coombs J. R., et al. Conceptualizing critical thinking [J]. *Journal of Curriculum Studies*, 1999, 31(3).

[4]Bailin, S. & Battersby, M. Inquiry: A dialectical approach to teaching critical thinking [A]. H. V. Hansen, C. W. Tindale, J. A. Blair, et al. (eds.) *Argument cultures*[M]. Windsor, ON: OSSA, 2009.

[5]Bailin, S. & Battersby, M. Teaching critical thinking as inquiry [A]. M. Davies & R. Barnett, (eds.) *The palgrave handbook of critical thinking in higher education*[M]. New York: Palgrave MacMillan, 2015.

[6]Bailin, Roland C., Jerrold, R. Coombs, et al. Conceptualizing critical thinking[J]. *Journal of Curriculum Studies*, 1999, 31(3).

[7]Barnett, R. *Higher education: A critical business*[M]. Milton Keynes: Open University Press , 1997.

[8]Ben-Chaim, D., Ron, S., Uri, Z. The disposition of eleventh-grade science students toward critical thinking[J]. *Journal of Science Education and Technology*, 2002, 9(2).

[9]Brookfield, S. D. The concept of critically reflective practice[J]. *Handbook of adult and Continuing Education*, 2000.

[10]Brookfield, S. *Teaching for critical thinking*[M]. San Francisco: JOSSEY-

BASS, 2012.

[11]Brown, M. Preconditions for encouraging critical thinking on the campus [J]. *International Journal of Social Education*, 1986(3).

[12]Byram, M. *Teaching and assessing intercultural communicative competence* [M]. Clevedon: Multilingual Matters, 1997.

[13]C. Giancarlo, P. A. Facione. Look across four years at the disposition toward critical thinking among undergraduate students [J]. *Journal of General Education*, 2001, 50(1).

[14]David Hitchcock. *On reasoning and argument: Essays in informal logic and critical thinking*[M]. Cham (CH): Springer, 2017.

[15] Davidson, B. W. Comments on Dwight Atkinson's a critical approach to critical thinking in TESOL[J]. *TESOL Quarterly*, 1998, 32(1).

[16]Dewey, J. *How we think* [M]. Boston, New York and Chicago: D. C. Heath, 1910.

[17]Dewey,J. *Experience in education*[M]. New York: MacMillan, 1938.

[18]Dewey, J. *How we think: A restatement of the relation of reflective thinking to the educative process*[M]. Lexington, MA: D. C. Heath, 1933.

[19]Dewey, J. *How we think*[M]. Boston: D. C. Heath, 1910.

[20]Edward, M. Glaser. *An experiment in the development of critical thinking* [D]. New York: Columbia University, 1941.

[21]Edward, T. Hall. *The silent language* [M]. New York: Anchor Books, 1973.

[22]Edward, T. Hall. *Beyond culture* [M]. NY: Anchor Press/Doubleday, 1976.

[23]Ellis, R. *Task-based language learning and teaching*[M]. Oxford: Oxford University Press, 2003.

[24]Ellis, R. Task-based language teaching: Sorting out the misunderstandings[J]. *International Journal of Applied Linguistics*, 2009, 19(3).

[25] Ellis, R. *The study of second language acquisition*[M]. Shanghai: Shanghai Foreign Languages Education Press, 1999.

[26] Emir, S. Education faculty students' critical thinking disposition according to academic achievement [J]. *Procedia-Social and Behavioral Sciences*, 2009, 1(1).

[27] Ennis, R. H. A taxonomy of critical thinking dispositions and abilities[A]. J. B. Baron and R. J. Sternberg (Eds.). *Teaching thinking skills: Theory and practice*[M]. New York: W. H. Freeman 260 and Company, 1987.

[28] Ennis, R. H. A logical basis for measuring critical thinking skills [J]. *Educational Leadership*, 1985, 3(2).

[29] Ennis, R. H. Critical thinking dispositions: Their nature and assess ability[J]. *Informal Logic*, 1996, 18(2).

[30] Ennis, R. H. Critical thinking: A streamlined conception [J]. *Teaching Philosophy*, 1991, 14(1).

[31] Ennis, R. Twenty-One strategies and tactics for teaching critical thinking: How can critical thinking be taught? [EB/OL]. https://critical thinking.net, 2013.

[32] Ennis, R. H Assessing critical thinking disposition theoretical considerations, (DRAFT) [C]. Presented to the American Educational Research Association Meetings, 1994.

[33] Ennis. Definition: A three-dimensional analysis with bearing on key concepts[A]. Patrick Bondy and Laura Benacquista et al. *Argumentation, objectivity, and bias: Proceedings of the 11th international conference of the ontario society for the study of argumentation*[M]. Windsor, ON: OSSA, 2016.

[34] Ennis, R. H. Critical thinking: A streamlined conception[A]. M. Davies and Barnett (eds.). *The palgrave handbook of critical thinking in higher education*[M]. New York: Palgrave Macmillan, 2015.

[35] F. Thomas, Laird Nelson. College students' experiences with diversity and their effects on academic self-confidence, social agency and disposition toward critical thinking[J]. *Research in Higher Education*, 2005, 46(4).

[36] Facione, P. A. *The delphi report. Critical thinking: A statement of expert consensus for purposes of educational assessment and instruction* [M]. Millbrae, CA: The California Academic Press, 1990.

[37] Facione, P. A. The disposition toward critical thinking: Its character, measurement, and relation to critical thinking skill [J]. *Informal Logic*, 2000, 20(1).

[38] Facione, P., Facione, N. *The California Critical Thinking Disposition Inventory (CCTDI) and the CCTDI test manual* [M]. Millbrae, CA: California Academic Press, 1992.

[39] Fisher, A. *Critical thinking: An introduction (2nd edition)* [M]. Cambridge: Cambridge University Press, 2014.

[40] Flavell, J. H. Metacognition and cognitive monitoring: A new area of cognitive-developmental inquiry [J]. *American Psychologist*, 1979, 34 (10).

[41] Fong, C. J., Kim, Y., Davis, C. W. et al. A Meta-analysis on critical thinking and community college student achievement[J]. *Thinking Skills and Creativity*, 2017(26).

[42] Foster, P. and Skehan, P. The influence of planning on performance in task-based learning: Studies in second language [J]. *Acquisition*, 1996 (18).

[43] Freeley, A. J. Steinberg, D. L. Argumentation and debate, critical thinking for reasoned decision making[J]. *Wadsworth Cengage Learning*, 2009, 27 (3).

[44] Frege Die. *Grund lagender arthmetik* [M]. Oxford: Oxford University Press, 1959.

[45] Geert Hofstede and Gert Jan Hofstede. *Cultures and organizations: Software of the mind*[M]. New York: McGraw-Hill, 2005.

[46] Geert Hofstede, Gert Jan Hofstede, Michael Minkov. *Cultures and organizations: Software of the mind: Intercultural cooperation and its importance for survival*(*3rd ed*)[M]. New York: McGraw-Hill, 2010.

[47] Geert ten Dam & Monique Volman. Critical thinking as a citizenship competence: Teaching strategies[J]. *Learning & Instruction*, 2004, 14(4).

[48] Geis, M. L. *The language of politics*[M]. New York: Springer-Verlag, 1987.

[49] Glaser, E. An experiment in the development of critical thinking[D]. New York: Columbia University, 1941.

[50] H. Paul, S. Ray, L. Pete, et al. Teaching critical thinking in undergraduate science courses[J]. *Science & Education*, 2003(12).

[51] Hall, E. T. and Hall, M. R. *Understanding cultural differences: Germans, French and Americans*[M]. Boston: Intercultural Press, 1990.

[52] Hall, E. T. *Beyond culture*[M]. NY: Anchor Press/Doubleday, 1976.

[53] Halpern, D. F. *Thought & knowledge: An introduction to critical thinking* (*4th ed.*)[M]. New York: Lawrence Erlbaum Associates Publishers, 2003.

[54] Halpern, D. Teaching critical thinking in education for transfer across domains: Disposition, skills, structure training and metacognitive monitoring [J]. *American Psychologist*, 1998, 53(4).

[55] Hammerly, H. *Synthesis in second language teaching*[M]. Blaine: Second Language Publications, 1982.

[56] Hitchcock, D. The effectiveness of computer-assisted instruction in critical thinking[J]. *Informal Logic*, 2004 (3).

[57] Hofstede G. Hofstede G. J. Minkov, M. *Cultures and organizations: Software of the mind*(3 *rd ed.*)[M]. USA: McGraw-Hill, 2010.

[58] Hofstede G. *Culture's consequences: Comparing values, behaviors, institutions, and organizations across nations* (*2nd ed.*) [M]. Sage: Thousand Oaks, 2001.

[59] Hofstede, G. H. *Cultures and organizations: Software of the mind* [M]. London: The McGraw Companies, 1991.

[60] Hofstede, G. *Culture's consequence: International differences in work-related values* [M]. Newbury: Sage, 1984.

[61] Jack C. Richards, Theodore S. Rodgers. *Approaches and methods in language teaching* [M]. Cambridge: Cambridge University Press, 2001.

[62] Jasper, M. *Beginning reflective practice* (*2nd ed.*) [M]. Andover, UK: Cengage Learning, 2013.

[63] John, E. McPeck. *Critical thinking and education* [M]. New York: St. Martin's Press, 1981.

[64] Johnson, Ralph H. The Problem of Defining Critical Thinking [A]. Stephen P, Norris, et al. *The generalizability of critical thinking* [M]. New York: Teachers College Press, 1992.

[65] Karl Popper. *The logic of scientific discovery* [M]. London: Routledge, 2002.

[66] Lau, J. Y. F. Applying cognitive science to critical thinking among higher education students [A]. M. Davies & R. Barnett (eds.). *The palgrave handbook of critical thinking in higher education* [M]. New York: Palgrave MacMillan, 2015.

[67] Lenburg, C. B. Confusing facets of critical thinking [J]. *Tennessee Nurse*, 1997(8).

[68] Littlewood, W. Defining and developing autonomy in East Asian contexts [J]. *Applied Linguistics*, 1999, 20(1).

[69] Lombard, K., Grosser, M. Critical thinking: Are the ideals of OBE failing us or are we failing the ideals of OBE? [J]. *South African Journal of*

Education, 2008, 28(4).

[70] Luo, Y. D. Guanxi: principles, philosophies, and implications [J]. *Human Systems Management*, 1997, 16(1).

[71] Lustig, M. & Koester, J. *Intercultural competence: Interpersonal communication across cultures* (*5th ed.*) [M]. Boston, MA: Pearson and AB, 2006.

[72] Martin Davies. Critical thinking and the disciplines reconsidered [J]. *Higher Education Research & Development*, 2013, 32(4).

[73] Mayfield, M. *Thinking for yourself developing critical thinking skills though reading and waiting* [M]. Boston, MA: Wadsworth, 2014.

[74] McGregor Debra. *Developing thinking, developing learning* [M]. London: Open University Press, 2007.

[75] Mcpeck, J. E. *Teaching critical thinking* [M]. London: Routledge, 1990.

[76] Moran Patrick. *Teaching culture: Perspectives in practice* [M]. Boston: Heinle Cengage Learning, 2001.

[77] Nickerson, Raymond S. *Confirmation bias: A ubiquitous phenomenon in many guises* [J]. *Review of General Psychology*, 1998, 2(2).

[78] Nunan, D. *Designing tasks for the communicative classroom* [M]. Cambridge: Cambridge University Press, 1989.

[79] Nunan, D. *Task-based language teaching* [M]. Cambridge: Cambridge University Press, 2006.

[80] Passmore, J. On teaching to be critical [A]. R. S. Peters (ed.). *The concept of education* [M]. London: Routledge and Kegan Paul, 1967.

[81] Paul, R. Elder, L. Bartell T. *California teacher preparation for instruction in critical thinking: Research findings and policy recommendations* [M]. State of California: California Commission on Teacher Credentialing, 1997.

[82] Paul, R. W. & Elder, L. *The thinker's guide to the art of Socratic questioning, based on critical thinking concepts & tools* [M]. Dillon Beach,

California: The Foundation for Critical Thinking, 2007.

[83] Paul, R., Fisher, A. & Nosich, G. *Workshop on critical thinking strategies* [M]. Sonoma State University, California: Foundation for Critical Thinking, 1993.

[84] Paul Richard W. Critical thinking: Fundamental to education for a free society[J]. *Educational Leadership*, 42(1).

[85] Paul, R. & Elder, L. *Critical thinking: Tools for taking charge of your learning and your life*[M]. London: Pearson/Prentice Hall, 2008.

[86] Paul, R. & Elder, L. *The thinker's guide to the art of Socratic questioning, based on critical thinking concepts & tools*[M]. Dillon Beach, California: The Foundation for Critical Thinking, 2007.

[87] Paul, R. & Elder, L. *Critical thinking: Learn the tools the best thinkers Use*[M]. New Jersey: Pearson Prentice Hall, 2006.

[88] Paul, R. & Elder, L. *Critical thinking competency standards*[M]. Dillon Beach, California: Foundation for Critical Thinking, 2005.

[89] Peter, A. Facione. *The delphi report*[M]. California: California Academic Press, 1990.

[90] Prabhu, N. S. *Second language pedagogy*[M]. Oxford: Oxford University Press, 1987.

[91] R. M. Cisneros. Assessment of critical thinking in pharmacy students[J]. *American Journal of Pharmaceutical Education*, 2009, 73(4).

[92] Rabhu, N. S. *Second language pedagogy*[M]. Oxford: Oxford University Press, 1987.

[93] Rawls, J. A. *Theory of justice* [M]. Cambridge: Harvard University Press, 1971.

[94] Richard H. Popkin. *The history of scepticism from erasmus to spinoza*[M]. California: University of California Press, 1979.

[95] Roche, M. *Developing children's critical thinking through picture books* [M]. New York: Routledge, 2015.

[96] S. R. Mathews, Lowe Katie. Classroom environments that foster disposition for critical thinking[J]. *Learning Environ Res*, 2011(14).

[97] Samovar, L. A., Porter, R. E. & Stefan, L. A. *Communication between cultures*[M]. Beverly, MA: Wadsworth Publishing Company, 1998.

[98] Sapir, E. *Language: An introduction to the study of speech*[M]. New York: Harcourt Brace and Company, 2000.

[99] Scheffler, I. *The language of education*[M]. Springfield, Ill: Thomas, 1960.

[100] Schön, D. *The reflective practitioner: How professionals think in action*[M]. New York: Basic Books, 1983.

[101] Siegel, H. *Educating reason: Rationality, critical thinking, and education*[M]. New York: Routledge, 1988.

[102] Skehan, P. *A cognitive approach to language learning*[M]. Oxford: Oxford University Press, 1998.

[103] Skehan, P. A framework for the implementation of task-based instruction[J]. *Applied Linguistics*, 1996(17).

[104] Sternberg, R. J. *Thinking styles*[M]. New York: Cambridge University Press, 1997.

[105] Tim John Moore. Critical thinking and disciplinary thinking: A continuing debate[J]. *Higher Education Research & Development*, 2011, 30(3).

[106] Ting-Toomey, S. Intercultural conflict styles: A face-negotiation theory[A]. Y. Y. Kim & W. B. Gudykunst. *Theory in intercultural communication*[C]. Beverly Hills, CA: Sage, 1988.

[107] Triandis, H. C. *Individualism & collectivism*[M]. Boulder: Westview Press, 1995.

[108] Von Glasersfeld. *Key works in radical constructivism*[M]. Rotterdam: Sense Publishers, 2009.

[109] Watson-Glaser™. *Critical thinking appraisal user-guide and technical manual: UK supervised and unsupervised versions*[M]. London: Pearson

Education Ltd, 2012.

[110]Weninger, C. & Kiss, T. Culture in English as a Foreign Language (EFL) text books: A semiotic approach[J]. *TESOL Quarterly*, 2013, 7(4).

[111]Widodo, H. P. et al. *Situating moral and cultural values in ELT materials: The Southeast Asian context*[M]. Cham: Springer, 2018.

[112]Williams, R. *Keywords*[M]. London: Fontana Press, 1976.

[113]Willis, J. A. Framework for task-based learning[J]. *TESOL Quarterly*, 1996(33).

[114]Willis, J. A. *Framework for task-based learning* [M]. Harlow: Longman, 1996.

[115]Yee Wan Kwan, F. L. Wong Angela. The constructivist classroom learning environment and its associations with critical thinking ability of secondary school students in Liberal Studies[J]. *Learning Environ Res*, 2014(17).

[116]Zhao N. Mc Dougall. Cultural influences on Chinese students' asynchronous online learning in a Canadian university [J]. *Journal of Distance Education Revue de L'educationa Distance*, 2008, 22(2).

附　录

附录1　大学英语批判性思维倾向性调查(学生版)

亲爱的同学：

你好！这是一项与大学生批判性思维倾向性有关的调查，通过调查可以帮助你了解自己的批判性思维倾向性情况，同时为提高大学生批判性思维能力对策提供重要依据。因此，你的参与非常重要。我们向你保证：答案无对错之分，调查结果仅用于学术研究，更不会将调查的有关信息泄露给任何第三方。请你一定根据自己的实际情况作答。对调查结果，我们将采用数字代码录入数据库，请放心填写。感谢你的支持与鼎力相助！

一、个人基本信息

1. 性别：　○ 男　○ 女
2. 专业：
3. 所属院系：○ 工学　○ 动医动科　○ 资环　○ 经管　○ 公管　○ 食科　○ 其他
4. 所在班型：○ A 班　○ B 班
5. 你高考的英语分数：

二、批判性思维倾向性评述

	完全不同意	部分不同意	有点不同意	有点同意	部分同意	完全同意
对某件事如果有四个理由赞同，而只有一个理由反对，我会选择赞同这件事	○	○	○	○	○	○
当我表达自己的意见时，要保持客观是不可能的	○	○	○	○	○	○
面对很多问题我会害怕去寻找事实的真相	○	○	○	○	○	○
既然我知道怎样作这决定，我便不会反复考虑其他的选择	○	○	○	○	○	○
了解别人对事物的想法，对我来说是重要的	○	○	○	○	○	○
外国人应该学习我们的文化，而不是要我们去了解他们的文化	○	○	○	○	○	○
对不同的世界观(例如：进化论、有神论)持开放态度是非常必要的	○	○	○	○	○	○
各人有权利发表他们的意见，但我不会理会他们	○	○	○	○	○	○
当他人只用浅薄的论据去为好的构思护航，我会感到着急	○	○	○	○	○	○
要反对别人的意见，就要提出理由	○	○	○	○	○	○

续表

	完全不同意	部分不同意	有点不同意	有点同意	部分同意	完全同意
我可以算是个有逻辑的人	○	○	○	○	○	○
处理难题时，首先要弄清问题的症结所在	○	○	○	○	○	○
我总会先分析问题的重点所在，然后才解答它	○	○	○	○	○	○
我善于策划一个有系统的计划去解决复杂的问题	○	○	○	○	○	○
我可以不断谈论某一问题，但不在乎问题是否得到解决	○	○	○	○	○	○
人们认为我作决定时犹豫不决	○	○	○	○	○	○
我欣赏自己拥有精确的思维能力	○	○	○	○	○	○
需要思考而非全凭记忆作答的测验比较适合我	○	○	○	○	○	○
对自己经常能够提出有创意的想法，我很满足	○	○	○	○	○	○
面对棘手的问题或者抉择时，我都能得到他人的期待去制定准则或解决问题。	○	○	○	○	○	○
我期待去面对富有挑战性的事物	○	○	○	○	○	○
当面对一个重要抉择前，我会先尽力搜集一切有关的资料	○	○	○	○	○	○

续表

	完全不同意	部分不同意	有点不同意	有点同意	部分同意	完全同意
我会尽量去学习每一样东西，即使我不知道它们何时有用	○	○	○	○	○	○
学校里大部分的课程是枯燥无味的，不值得去选修	○	○	○	○	○	○
最好的论点，往往来自于对某个问题的瞬间感觉	○	○	○	○	○	○
所谓真相，就是我自己坚信不移的事情	○	○	○	○	○	○
付出高的代价(例如：金钱、时间、精力)便一定能换取更好的意见	○	○	○	○	○	○
事物的本质和它的表象是一致的	○	○	○	○	○	○

问卷结束，再次衷心感谢！祝你生活愉快！

附录 2　大学英语批判性思维能力调查(学生版)

亲爱的同学：

你好！这是一项与大学生批判性思维能力有关的调查，通过调查可以帮助你了解自己的批判性思维能力情况，同时为提高大学生批判性思维能力对策提供重要依据。因此，你的参与非常重要。我们向你保证：答案无对错之分，调查结果仅用于学术研究，更不会将调查的有关信息泄露给任何第三方。请你一定根据自己的实际情况作答。对调查结果，我们将采用数字代码录入数据库，请放心填写。感谢你的支持与鼎力相助！

一、个人基本信息

1. 性别：　○ 男　○ 女
2. 专业：
3. 所属院系：○ 工学　○ 动医动科　○ 资环　○ 经管　○ 公管　○ 食科　○ 其他
4. 所在班型：○ A 班　○ B 班
5. 你高考的英语分数：

二、批判性思维能力评述[单选题]

1. 听力训练时，我能听懂听力材料中的＿＿＿＿＿＿＿＿。
   ○ A. 绝大部分内容　○ B. 大部分内容　○ C. 基本内容
   ○ D. 小部分内容　○ E. 完全听不懂
2. 听材料时，我能识别出说话者的情感态度。
   ○ A. 总是　○ B. 经常　○ C. 有时
   ○ D. 很少　○ E. 完全不
3. 阅读教材中的课文与其难度相当的文章时，我＿＿＿＿＿＿＿＿能理解这篇文章的主要内容。

○ A. 总是　○ B. 经常　○ C. 有时
○ D. 很少　○ E. 完全不

4. 阅读后，我__________会根据文章中的标题或段落大意用自己的话总结文章内容。

○ A. 总是　○ B. 经常　○ C. 有时
○ D. 很少　○ E. 完全不

5. 我能通过阅读理解文章所表达的文化现象(如：宗教文化、生活习惯等)。

○ A. 总是　○ B. 经常　○ C. 有时
○ D. 很少　○ E. 完全不

6. 我对中国及外国文化__________。

○ A. 十分了解　○ B. 较了解　○ C. 一般
○ D. 不太了解　○ E. 完全不了解

7. 我的英语语感__________。

○ A. 十分强　○ B. 较强　○ C. 一般
○ D. 不太强　○ E. 完全无语感

8. 听力训练时，我会根据听力材料识别对话场景并能由此分析人物关系。

○ A. 总是　○ B. 经常　○ C. 有时
○ D. 很少　○ E. 完全不

9. 听力训练时，我能根据听力材料找出论点，分析说话者的态度。

○ A. 总是　○ B. 经常　○ C. 有时
○ D. 很少　○ E. 完全不

10. 我在阅读过程中会主动划分文章的段落结构。

○ A. 总是　○ B. 经常　○ C. 有时
○ D. 很少　○ E. 完全不

11. 我在阅读过程中会有意识地勾画文章中的修辞手法。

○ A. 总是　○ B. 经常　○ C. 有时
○ D. 很少　○ E. 完全不

12. 我在阅读过程中会结合作者所处的时代背景分析作者的观点。

○ A. 总是　○ B. 经常　○ C. 有时

○ D. 很少　○ E. 完全不

13. 在英语单词学习中，我会对比中英语音来找出异同。

○ A. 总是　○ B. 经常　○ C. 有时

○ D. 很少　○ E. 从不

14. 在英语单词学习中，我会有意识地对比中英语义的异同。

○ A. 总是　○ B. 经常　○ C. 有时

○ D. 很少　○ E. 从不

15. 在英语句子学习中，我会对比中英语法结构的不同。

○ A. 总是　○ B. 经常　○ C. 有时

○ D. 很少　○ E. 完全不

16. 在英语学习中，我会有意识地进行英译汉或者汉译英。

○ A. 总是　○ B. 经常　○ C. 有时

○ D. 很少　○ E. 完全不

17. 面对听力和阅读材料中的文化信息，我会有意识地对比中西方文化的异同。

○ A. 总是　○ B. 经常　○ C. 有时

○ D. 很少　○ E. 从不

18. 面对听力材料中的观点，我会结合自己的理解评估作者观点。

○ A. 总是　○ B. 经常　○ C. 有时

○ D. 很少　○ E. 从不

19. 面对阅读的文章，我会从多个角度评价作者的观点。

○ A. 总是　○ B. 经常　○ C. 有时

○ D. 很少　○ E. 从不

20. 在英语学习中，我会和老师或同学讨论学习内容。

○ A. 总是　○ B. 经常　○ C. 有时

○ D. 很少　○ E. 从不

21. 在英语学习中，我会对同学或老师的观点进行评价。

○ A. 总是 ○ B. 经常 ○ C. 有时

○ D. 很少 ○ E. 从不

22. 我会对国外风俗礼仪等文化现象作出自己的判断和评价。

○ A. 总是 ○ B. 经常 ○ C. 有时

○ D. 很少 ○ E. 从不

23. 我____________质疑所学的英语知识。

○ A. 总是 ○ B. 经常 ○ C. 有时

○ D. 很少 ○ E. 没有

24. 当我的观点和老师或同学不一致时，我____________质疑他们的见解。

○ A. 总是 ○ B. 经常 ○ C. 有时

○ D. 很少 ○ E. 没有

25. 和其他同学相比，我在英语课堂上提出的问题的针对性。

○ A. 非常强 ○ B. 较强 ○ C. 一般

○ D. 不强 ○ E. 没有

26. 我提出的质疑有一定的理论支撑，并具合理性。

○ A. 十分符合 ○ B. 较符合 ○ C. 一般

○ D. 较不符合 ○ E. 完全不符合

27. 做听力试卷时，我会根据卷面问题和选项推测听力材料的主要内容。

○ A. 总是 ○ B. 经常 ○ C. 有时

○ D. 很少 ○ E. 没有

28. 阅读时，我会联系上下文推测作者接下来的写作内容。

○ A. 总是 ○ B. 经常 ○ C. 有时

○ D. 很少 ○ E. 没有

29. 阅读后，我会根据作者观点和表达方式推测作者的身份和所处的年代。

○ A. 总是 ○ B. 经常 ○ C. 有时

○ D. 很少 ○ E. 没有

30. 阅读后，我会在文章结论的基础上提出建议或预期可能的后果。

○ A. 总是　○ B. 经常　○ C. 有时
○ D. 很少　○ E. 没有

31. 学习课文后，我会根据自己的理解和判断论证作者观点的合理性。

○ A. 总是　○ B. 经常　○ C. 有时
○ D. 很少　○ E. 没有

32. 学习课文后，我会针对文本提出自己的看法。

○ A. 总是　○ B. 经常　○ C. 有时
○ D. 很少　○ E. 没有

33. 学习课文后，我会寻找合适的论据证明自己的看法。

○ A. 总是　○ B. 经常　○ C. 有时
○ D. 很少　○ E. 没有

34. 我对英语的喜爱程度是____________。

○ A. 非常喜欢　○ B. 很喜欢　○ C. 喜欢
○ D. 不太喜欢　○ E. 不喜欢

35. 我对外国文化的兴趣程度是____________。

○ A. 非常喜欢　○ B. 很喜欢　○ C. 喜欢
○ D. 不太喜欢　○ E. 不喜欢

36. 我学习英语最主要是为了____________。

○ A. 升学考试或出国留学　○ B. 个人职业发展
○ C. 学校和家人的要求　○ D. 增强国际视野、个人兴趣爱好
○ E. 沟通交流需要　○ F. 其它

37. 在英语学习中，我有明确的学习目标和学习计划____________。

○ A. 完全符合　○ B. 很大程度上符合　○ C. 基本符合
○ D. 不太符合　○ E. 不符合

38. 在英语学习中碰到不懂的问题，我会积极寻找答案。

○ A. 总是　○ B. 经常　○ C. 有时
○ D. 很少　○ E. 从不

39. 英语学习后，我会主动回顾所学知识。

○ A. 总是　○ B. 经常　○ C. 有时
○ D. 很少　○ E. 没有

40. 英语学习后，我会主动对自己的观点和看法做出评价，遇到不合理的观点会及时修正。

○ A. 总是　○ B. 经常　○ C. 有时
○ D. 很少　○ E. 没有

41. 英语学习后，我会主动反思学习效果。当学习效果不佳时，我会寻找失误原因并找出自我改进的方法。

○ A. 总是　○ B. 经常　○ C. 有时
○ D. 很少　○ E. 没有

问卷结束，再次衷心感谢！祝你生活愉快！

附录3　大学英语课堂教学调查(学生版)

亲爱的同学：

你好！

英语课程不仅仅是英语语言知识和技能的学习，更是培养思维模式的学习。本问卷旨在了解你在英语课程中英语学习的现状与问题。问卷采用匿名形式，所填数据仅作学术研究，并予以严格保密，不会对你和你的学校造成任何不利影响。本问卷无对错之分，敬请你如实回答，不要遗漏哦！感谢你的参与和支持！

1. 你认为学习大学英语的主要目的是[多选题]

○ A. 提高英语技能　○ B. 为考试做准备　○ C. 为就业做准备

○ D. 了解西方文化　○ E. 思维训练　○ 其他(兴趣)

2. 你会把大学英语学习重点哪些方面？[多选题]

○ A. 阅读　○ B. 写作　○ C. 词汇

○ D. 语法　○ E. 听力　○ F. 口语

○ G 思维训练　○ H. 翻译

3. 你的英语老师上课主要教授以下哪些内容？[多选题]

○ A. 阅读　○ B. 写作　○ C. 词汇

○ D. 语法　○ E. 听力　○ F. 口语

○ G 思维训练　○ H. 翻译

4. 你感觉你的大学英语课堂气氛如何？[单选题]

○ A. 活跃　○ B. 一般　○ C. 比较沉闷

5. 除上课外，你是否会利用课外时间自学大学英语课程？[单选题]

○ A. 经常　○ B. 偶尔　○ C. 基本没有

6. 你一般在大学英语课堂上的表现如何？[单选题]

○ A. 老师课上讲什么我就学什么

○ B. 主要听感兴趣或是不懂的内容

○ C. 听不听无所谓，基本靠自学

7. 你感觉在大学英语学习中什么方面收获最大？[单选题]

○ A. 英语知识 ○ B. 英语技能 ○ C. 思维训练

○ D. 西方文化

问卷结束，再次衷心感谢！祝你生活愉快！

附录 4　大学英语批判性思维倾向性调查(教师版)

亲爱的老师：

您好！这是一项与大学英语教师批判性思维倾向性的调查，通过调查可以帮助你了解自己的批判性思维情况，同时为提高大学生批判性思维能力对策提供重要依据。因此，您的参与非常重要。我们向您保证：答案无对错之分，调查结果仅用于学术研究，更不会将调查的有关信息泄露给任何第三方。请您根据自己的实际情况作答。对调查结果，我们将采用数字代码录入数据库，请放心填写。非常感谢您的支持与鼎力相助！

一、个人基本信息

1. 性别：　○ 男　○ 女
2. 年龄：　○ 30 岁及以下　○ 31～40 岁　○ 41～50 岁　○ 51～60 岁　○ 60 岁以上
3. 教龄：　○ 5 年及以下　○ 6～10 年　○ 11～15 年　○ 16～20 年　○ 21～25 年　○ 25 年以上
4. 职称：　○ 助教　○ 讲师　○ 副教授　○ 教授
5. 最高学历：○ 本科　○ 硕士研究生　○ 博士研究生　○ 其他
6. 学校类型：○ 985 院校　○ 211 院校

二、请仔细阅读每一道题目，每一小题均有 6 个选项，代表着从“从不”到“总是”使用频率的高低程度，请您根据您日常生活中的实际情况选择对应的圆圈。切勿多选、漏选，谢谢！

	从不	几乎不会	很少	有时	经常	总是
我尝试去应用一些新的观点和概念	○	○	○	○	○	○

续表

	从不	几乎不会	很少	有时	经常	总是
在讨论中，我试着去尊重他人的观点	○	○	○	○	○	○
在使用某一消息之前，我会先思考这一消息是否可靠	○	○	○	○	○	○
当证据不足时，我会暂缓做判断	○	○	○	○	○	○
在解决问题时，我试着考虑各种不同的解决方案	○	○	○	○	○	○
当有足够的证据显示我的观点偏激时，我会立即修正我的观点	○	○	○	○	○	○
在着手解决一个问题之前，我先试着去找出这一问题发生的原因	○	○	○	○	○	○
对于近来发生的争议性问题，我试着去了解其来龙去脉	○	○	○	○	○	○
当他人提出一个论点时，我试着去找出这个论点中所隐含的主要假设	○	○	○	○	○	○
我尝试去进一步探索新奇的事物和观点	○	○	○	○	○	○
在讨论中，我会仔细聆听他人的发言	○	○	○	○	○	○
在做决定之前，我试着去预测所有方案可能产生的结果	○	○	○	○	○	○

附录 5 大学英语课堂教学教师访谈提纲(教师版)

1. 您听说过批判性思维吗？您是如何理解的？
2. 您是否看过与批判性思维相关的书籍或者在受教育过程中接受过专门的批判性思维训练？您认为哪些经历促进了您有批判性思维的倾向？
3. 您在阅读材料的过程中，面对陌生的理论或观点，您会直接避开它吗？
4. 在大学英语教学过程中，当少数学生遇到困惑或与您的观点不同甚至反对您的观点时，您会如何应对？
5. 当您在课堂上组织学生就某个话题进行讨论的时候，学生找不到切入点或者找不到合理的论据佐证自己的观点时，您会怎样解决该问题？
6. 您认为英语学科核心素养是什么？你是如何看待知识的传授、技能的训练与批判性思维品质培养三者间的关系？
7. 您是否会在教学中有意识地培养学生的批判性思维能力？如果是，您是怎么做的？如果否，为什么？
8. 您认为在培养学生批判性思维倾向的过程中主要困难是什么？
9. 当您教所授课程进行结业考试后，您发现学生的学习成绩并不理想，您会怎么做？
10. 您认为在批判性思维能力教学中，老师扮演的是什么角色？